「十三五」国家重点图书出版规划项目
「中国近代日记文献叙录、整理与研究」
（项目编号：18ZDA259）阶段性研究成果
2020年南京大学优秀博士研究生创新能力提升计划A项目《江西新城陈氏文学世家研究》
（项目编号：202001A001）阶段性研究成果

中国近现代稀见史料丛刊【第七辑】

浙江省文献展览会文献叙录

张剑 徐雁平 彭国忠 主编

陈训慈等 编

刘文龙 整理

本辑执行主编 张剑

凤凰出版社

图书在版编目（CIP）数据

浙江省文献展览会文献叙录 / 陈训慈等编 ; 刘文龙整理. -- 南京 : 凤凰出版社, 2020.9
（中国近现代稀见史料丛刊. 第七辑）
ISBN 978-7-5506-3245-5

Ⅰ. ①浙… Ⅱ. ①陈… ②刘… Ⅲ. ①地方文献－汇编－浙江－清代 Ⅳ. ①K295.5

中国版本图书馆CIP数据核字(2020)第150881号

书　　名	浙江省文献展览会文献叙录
著　　者	陈训慈等 编　刘文龙 整理
责任编辑	李　霏
装帧设计	姜　嵩
出版发行	凤凰出版社(原江苏古籍出版社) 发行部电话025-83223462
出版社地址	江苏省南京市中央路165号,邮编:210009
出版社网址	http://www.fhcbs.com
照　　排	南京凯建文化发展有限公司
印　　刷	苏州市越洋印刷有限公司 江苏省苏州市吴中区南官渡路20号,邮编:215104
开　　本	880毫米×1230毫米　1/32
印　　张	17.75
字　　数	461千字
版　　次	2020年9月第1版
印　　次	2020年9月第1次印刷
标准书号	ISBN 978-7-5506-3245-5
定　　价	128.00元

(本书凡印装错误可向承印厂调换,电话:0512-68180788)

袁行霈先生题辞

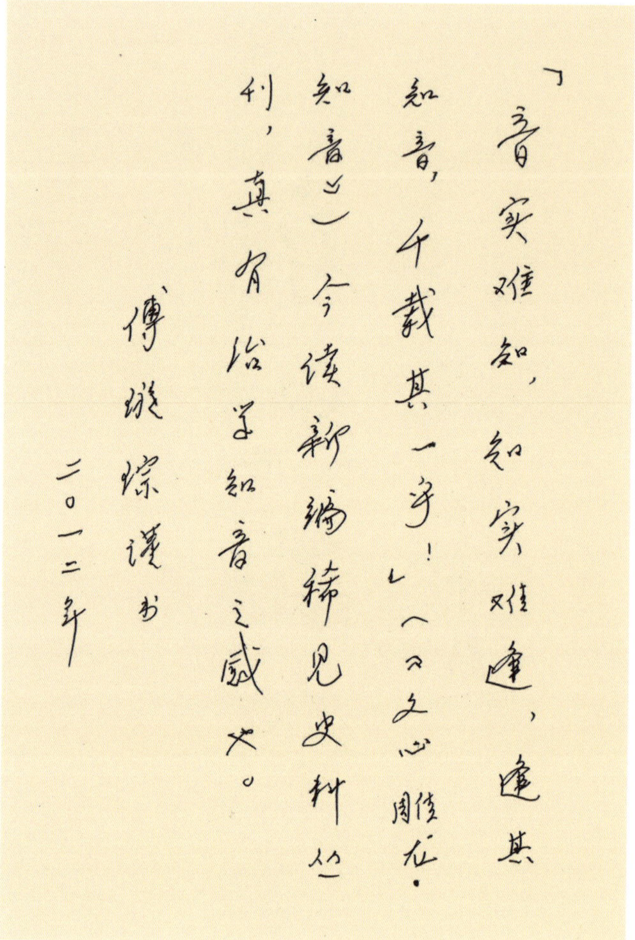
「音实难知，知实难逢，逢其知音，千载其一乎！」（文心雕龙·知音）今读新编稀见史料丛刊，真有治学知音之感矣。

傅璇琮谨书

二〇一二年

傅璇琮先生题辞

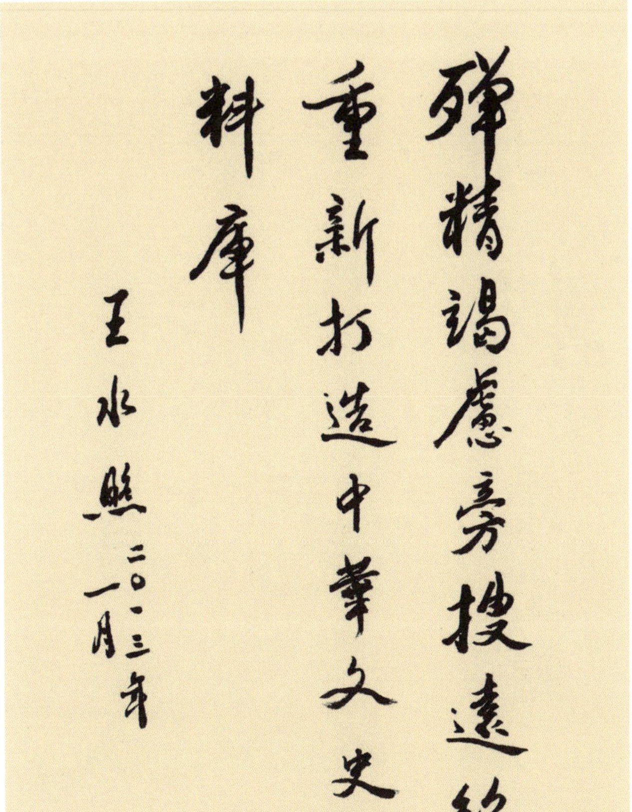

王水照先生题辞

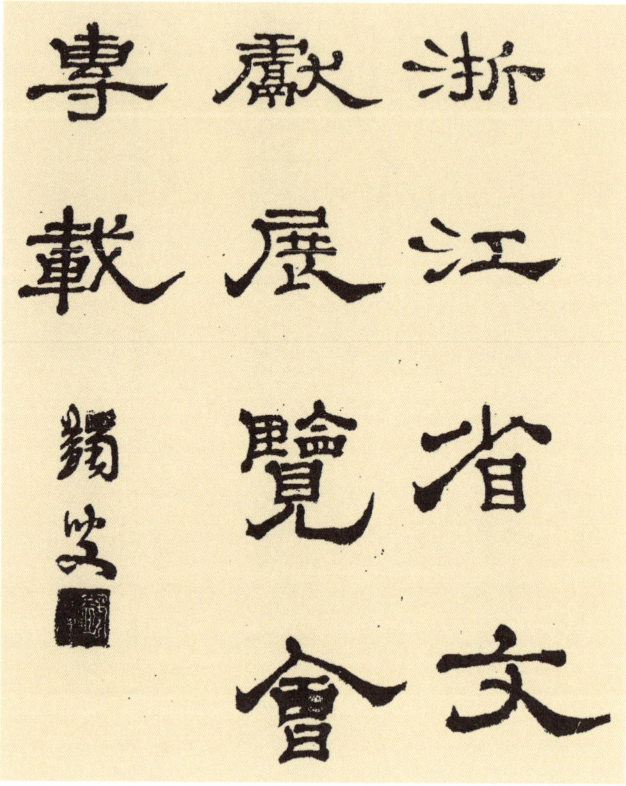

马一浮先生题辞

文瀾學報 季刊 第二卷 第三四期合刊

浙江省文獻展覽會專號總目錄

浙江省文献展览会专号总目录

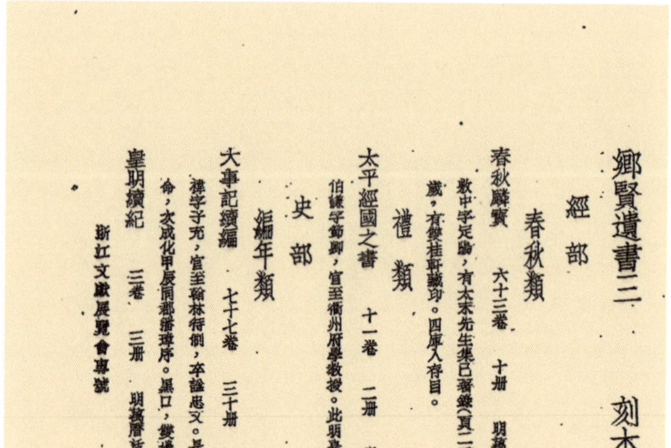

鄉賢遺書二 刻本

經部

春秋類

春秋麟寶 六十三卷 十册 明萬曆刻本 明衢州余敷中著 衢州徵品分會徵送

敷中字定duplicate敷中字定嵎，有太末先生集已著錄（頁二二七），是書輯春秋五傳為一編，以便舉業之用，刊於萬曆乙卯歲，有雙桂軒藏印。四庫入存目。

禮類

太平經國之書 十一卷 二册 明嘉靖刻本 宋永嘉鄭伯謙著 九峯舊廬王氏藏

伯謙字節卿，官至衢州府學教授。此明嘉靖時山西布政司刻本，有梅花艸堂藏印。四庫著錄。

史部

編年類

大事記續編 七十七卷 三十册 明成化刊本 明義烏王禕編 永康胡氏藏

禕字子充，官至翰林待制，卒謚忠文。是編起漢武帝征和四年，迄五代周世宗顯德六年。首有正統六年誥命，次成化甲辰同郡潘琪序。黑口，雙邊；有安樂堂明善堂藏書印。四庫著錄。

皇明續紀 三卷 三册 明萬曆活字本 明秀水卜大有著 嘉興圖書館藏

浙江文獻展覽會專號 二四九

书影

《中国近现代稀见史料丛刊》总序

在世界所有的文明中，中华文明也许可说是“唯一从古代存留至今的文明”（罗素《中国问题》）。她绵延不绝、永葆生机的秘诀何在？袁行霈先生做过很好的总结：“和平、和谐、包容、开明、革新、开放，就是回顾中华文明史所得到的主要启示。凡是大体上处于这种状况的时候，文明就繁荣发展，而当与之背离的时候，文明就会减慢发展的速度甚至停滞不前。”（《中华文明的历史启示》，《北京大学学报》2007 年第 1 期）

但我们也要清醒看到，数千年的中华文明带给我们的并不全是积极遗产，其长时段积累而成的生活方式与价值观具有强大的稳定性，使她在应对挑战时所做的必要革新与转变，相比他者往往显得迟缓和沉重。即使是面对佛教这种柔性的文化进入，也是历经数百年之久才使之彻底完成中国化，成为中华文明的一部分；更不用说遭逢“数千年来未有之变局”、“数千年未有之强敌”（李鸿章《筹议海防折》），“数千年未有之巨劫奇变”（陈寅恪《王观堂先生挽词序》）的中国近现代。晚清至今虽历一百六十余年，但是，足以应对当今世界全方位挑战的新型中华文明还没能最终形成，变动和融合仍在进行。1998 年 6 月 17 日，美国三位前总统（布什、卡特、福特）和二十四位前国务卿、前财政部长、前国防部长、前国家安全顾问致信国会称：“中国注定要在 21 世纪中成为一个伟大的经济和政治强国。”（徐中约著《中国近代史》上册第六版英文版序，香港中文大学 2002 年版）即便如此，我们也不能盲目乐观，认为中华文明已经转型成功，相反，中华文明今天面对的挑战更为复杂和严峻。新型的中华文明到底会怎样呈现，又怎样具体表现或作用于政治、经济、文化等层面，人们还在不断探索。这个问题，我们这一代恐怕无法给出答案。但我们坚信，在历史上曾经灿烂辉煌的中华文明必将凤凰浴火，涅槃重生。这既是数千年已经存在的中华文明发展史告诉我们的经验事实，也是所有为中国文化所化之人应有的信念和责任。

不过，对于近现代这一涉及当代中国合法性的重要历史阶段，我们了解得还过于粗线条。她所遗存下来的史料范围广阔，内容复杂，且有数量庞大且富有价值的稀见史料未被发掘和利用，这不仅会影响到我们对这段历史的全面了解和规律性认识，也会影响到今天中国新型文明和现代化建设对它的科学借鉴。有一则印度谚语如是说："骑在树枝上锯树枝的时候，千万不要锯自己骑着的那一根。"那么，就让我们用自己的专业知识与能力，为承载和养育我们的中华文明做一点有益的事情——这是我们编纂这套《中国近现代稀见史料丛刊》的初衷。

书名中的"近现代"，主要指 1840—1949 年这一时段，但上限并非以一标志性的事件一刀切割，可以适当向前延展，然与所指较为宽泛的包含整个清朝的"近代中国"、"晚期中华帝国"又有所区分。将近现代连为一体，并有意淡化起始的界限，是想表达一种历史的整体观。我们观看社会发展变革的波澜，当然要回看波澜如何生，风从何处来；也要看波澜如何扩散，或为涟漪，或为浪涛。个人的生活记录，与大历史相比，更多地显现出生活的连续。变局中的个体，经历的可能是渐变。《丛刊》期望通过整合多种稀见史料，以个体陈述的方式，从生活、文化、风习、人情等多个层面，重现具有连续性的近现代中国社会。

书名中的"稀见"，只是相对而言。因为随着时代与科技的进步，越来越多的珍本秘籍经影印或数字化方式处理后，真身虽仍"稀见"，化身却成为"可见"。但是，高昂的定价、难辨的字迹、未经标点的文本，仍使其处于专业研究的小众阅读状态。况且尚有大量未被影印或数字化的文献，或流传较少，或未被整合，也造成阅读和利用的不便。因此，《丛刊》侧重选择未被纳入电子数据库的文献，尤欢迎整理那些辨识困难、断句费力、裒合不易或是其他具有难度和挑战性的文献，也欢迎整理那些确有价值但被人们习见思维与眼光所遮蔽的文献，在我们看来，这些文献都可属于“稀见”。

书名中的“史料”，不局限于严格意义上的历史学范畴，举凡日记、书信、奏牍、笔记、诗文集、诗话、词话乃至序跋汇编等，只要是某方面能够反映时代政治、经济、文化特色以及人物生平、思想、性情的文献，都在考虑之列。我们的目的，是想以切实的工作，促进处于秘藏、边缘、零散等状态的史料转化为新型的文献，通过一辑、二辑、三辑……这样的累积性整理，自然地呈现出一种规模与气象，与其他已经整理出版的文献相互关联，形成一个丰茂的文献群，从而揭示在宏大的中国近现代叙事背后，还有很多未被打量过的局部、日常与细节；在主流周边或更远处，还有富于变化的细小溪流；甚至在主流中，还有漩涡，在边缘，还有静止之水。近现代中国是大变革、大痛苦的时代，身处变局中的个体接物处事的伸屈、所思所想的起落，藉纸墨得以留存，这是一个时代的个人记录。此中有文学、文化、生活；也时有动乱、战争、革命。我们整理史料，是提供一种俯首细看的方式，或者一种贴近近现代社会和文化的文本。当然，对这些个人印记明显的史料，也要客观地看待其价值，需要与其他史料联系和比照阅读，减少因个人视角、立场或叙述体裁带来的偏差。

知识皆有其价值和魅力，知识分子也应具有价值关怀和理想追求。清人舒位诗云“名士十年无赖贼”（《金谷园故址》），我们警惕袖手空谈，傲慢指点江山；鲁迅先生诗云“我以我血荐轩辕”（《自题小像》），我们愿意埋头苦干，逐步趋近理想。我们没有奢望这套《丛刊》产生宏大的效果，只是盼望所做的一切，能融合于前贤时彦所做的贡献之中，共同为中华文明的成功转型，适当“缩短和减轻分娩的痛苦”（马克思《资本论》第一卷第一版序言）。

《丛刊》的编纂，得到了诸多前辈、时贤和出版社的大力扶植。袁行霈先生、傅璇琮先生、王水照先生题辞勖勉，周勋初先生来信鼓励，凤凰出版社姜小青总编辑赋予信任，刘跃进先生还慷慨同意将其列入"中华文学史史料学会"重大规划项目，学界其他友好也多有不同形式的帮助……这些，都增添了我们做好这套《丛刊》的信心。必须一提的是，《丛刊》原拟主编四人（张剑、张晖、徐雁平、彭国忠），每位主编负责一辑，周而复始，滚动发展，原计划由张晖负责第四辑，但他尚未正式投入工作即于 2013 年 3 月 15 日赍志而殁，令人抱恨终天，我们将以兢兢业业的工作表达对他的怀念。

《丛刊》的基本整理方式为简体横排和标点（鼓励必要的校释），以期更广泛地传播知识、更好地服务社会。希望我们的工作，得到更多朋友的理解和支持。

2013 年 4 月 15 日

目　录

前　言

1936年10月1日至18日，浙江省文献展览会在杭州成功举办，观览者甚众，影响较大，一时从者不绝，江苏、福建等省纷纷效仿，甚至形成兴办“文献展览”的热潮。此次盛会后，浙江文献展览会总干事陈训慈集浙江省图书馆馆员张崟、夏定域、毛春翔等，就应征文献撰写叙录。编辑期间，高野侯、顾燮光、李浟、孙延钊、童书业等共聚一堂，赏奇析疑；成书之后，马一浮、陈训正、叶为铭、夏承焘、孙世伟、沙文若、马范等挥毫泼墨，慨赠题签。吴迈适、许如山、吴月峰等将之缮录成书，并于次年《文澜学报》第三、四两期合载，题名《浙江文献展览会专号》。鉴于《文澜学报》所载书名，并不能切实反映书目内容，今据叙录体例，将书名改为《浙江省文献展览会文献叙录》（以下简称《叙录》）。《叙录》展示了浙江一地文献留存的基本状况，能彰显浙江学人为旧籍续命的责任感。此外，文献分布的地域格局以及种类多少，也大略能体现浙江各邑的文化水准，以及浙江学人在中国学术史上的地位。

《叙录》主要分为四个部分，共著录1542条：第一部分为乡贤遗书，第二部分为郡邑丛书与总集，第三部分为刻书文献，第四部分为藏书文献。其中乡贤遗书最为丰富。各部分均有《小引》，概述文献源流以及体类特征。乡贤遗书《小引》后附插图2幅：一是《四库全书》著录浙人著作比较图；一是《四库全书》中浙江作者分布图。据毛春翔《四库著录浙江先哲遗书目》所载，《四库》著录浙人著作共796种16037卷，又不分卷9种；附《存目》1505种29061卷，又不分卷113种，总计约占著录种数25%，卷数占17%，附录《存目》种数亦居其总数22%。《叙录》参照《四库》经史子集分类，眉目清晰。卷首有陈训慈序例，历述浙江学术缘由以及浙江文献展览会叙录编写情实。

一、乡贤遗书

乡贤遗书共1119种，其中稿本575种（包括补遗在内），抄本290种，刻本100种，校本154种。稿本主要分已刻与未刻、手写清稿与传抄稿本等多种类别。其中抄本与校本两类，重点在于抄者与校者，其书不必皆浙人撰述。刻本所收止于明代，清刻繁多，一律不著录。集部略依时代与郡邑分类，淡化作者年齿与科名先后。在不著录今人著作的原则下，为全面展示浙人文献撰述的真实情形，酌情采择与地域密切相关的诗文评等作品。

各部类不乏精椠孤本，名馆藏珍，精品尤多。具体书目编排，稿本项，经部以传抄稿本宋代衢州刘牧撰《易解露研》居首；史部以抄稿本清代临海洪颐煊《诸史考异》居首；子部以原稿本清代瑞安孙诒让《校定傅子》居首；集部以抄稿本明代海宁陆嘉淑《陆射山诗抄》居首。抄本项，经部以黄岩李诚《周易解》居首；史部以明代兰溪徐学聚《嘉靖平倭通录》居首；子部以清代鄞县万斯同《讲经口授》居首；集部以唐代龙游徐安贞《徐侍郎集》居首。刻本项，经部以明万历刻本明代衢州余敷中《春秋麟宝》居首；史部以明成化刊本明代义乌王祎《大事记续编》居首；子部以明刻清修本宋代慈溪杨简《先圣大训》居首；集部以明嘉靖刻本唐代骆宾王《骆宾王集》居首。校本项，经部以明刊《明佚名氏校周易本义》居首；史部以汲古阁本《齐次风朱墨校史记》居首；子部以抄本《孙仲容校陆子新语》居首；集部以抄本《鲍渌饮校栲栳山人岑先生诗集》居首。四部之中，又以集部为多。孙氏玉海楼、高氏梅王阁、刘氏嘉业堂、朱氏别宥斋、陈氏仰逋居、张氏约园、杭州高络园等，大多启牖珍秘，竞相送呈。除诗文集、史志等大宗外，日记、谱牒、尺牍、手札、奏议、登科录等，多在应征之列，品类繁多，琳琅满目。

乡贤遗书特设校本项，打破了传统书目体例，自成一格。批校作为学术研究的一种方式，是学人赖以进业修德的重要途径，同时也是科举制度下八股批点习气的延续。这种习见的读书方式，在学人间已然成为进学的范式。此外，对典籍的精校、精批能切实反映学术治学的功力以及对问题的识见。桐城派中被视为治学津梁的归、方批点《史记》，《叙录》同样有著录，杨定夫即过录此书，这是从文学的层面对《史记》的接受与解读，是对司马迁文章艺术的勾勒与凸显，本质上属于阅读史的范畴。孙衣言也对汲古阁本《史记》一百三十卷进行校勘。他是姚鼐弟子陈用光在督学浙江所拔士，宗尚桐城家法。据此条叙录所载，孙衣言以各色笔传录归有光、方苞二家评点，复随手自为笺记，考论尤详。他将全书作一篇文章来读，以见史公大意，足补归、方所未备。并且册中订正二家原评、原点之处，亦复不少。他还采用批点《史记》之法批点《汉书》。他在72岁温读《汉书》时，曾过录某氏《汉书》批语，并将之与姚鼐所评进行比较，发现二氏批点的不同特点，姚本兼取文字奇丽浓至，此则以行文脉络为重，并认为某氏所批本可与姚本相辅而行。孙衣言批点文献众多，其子孙诒让与其父治学异趣。孙诒让是著名朴学大师，与黄以周、俞樾并称晚清三大师。此次展览会，其家玉海楼送陈二百余种三百余件，居浙江郡邑之首。

校本中更多出现乾嘉汉学家的身影，他们对古籍的校勘，体现出缜密的考证特色。如卢文弨校《逸周书》十卷，他汇集程荣、吴琯、卜世昌、章檗各刊本，以及惠栋、沈彤、赵曦明各校本，精加雠勘，朱墨杂下，搜讨无遗。其后海宁陈鳣在此基础上，重加校定，集合众长，后出转精，俨然一部善本诞生史。卢氏好友鲍廷博更是擅长古籍鉴定、校勘、收藏，在其书籍的流转中，他为好友批校、考证提供便利。由于书籍的流散，类似这种层累性质校点的情形很多。后代学者校点典籍，往往以乾嘉学者的校点本为底本，这种学风一直有延续。又如陈鳣过校本《默记》三卷，是书底本源自吴氏拜经楼，为朱文藻及鲍廷博校本，朱、鲍二氏俱用朱笔校，吴骞用紫绿笔校，陈鳣在此基础上，各依原色笔过录，意有未合则以黄笔改正。通过四人批校，《默记》集合众美，益增书价，为世所珍。《叙录》内还著录其他浙籍汉学家，如周广业、劳格、李慈铭等。近人王国维也热衷校点群书，《叙录》著录 4 条，如校点《顾亭林年谱》《大唐六典》《历代钟鼎彝器款识》《攈古楼彝器款识》等。通过校点这一途径，古籍文本去伪存真，发覆见宝光。此外，还能结合其他相关书目，就校点项来考察浙江学者的学术主张与治学趣味，甚至能构建浙江诸邑的校点史，于浙江文化文明的传播，不无益处。

从送陈文献的作者仕履来看，明代以降浙江区域基层文化生态也能从中得到一定展示。生员、孝廉、贡生、例贡生以及终生未得一衿的成员，皆占据一定数量。仅以诸生、贡生、孝廉为关键词检索，此叙录分别著录 96 人、56 人、33 人。其群体成员共同参与乡邦文献的撰述、整理、收藏、保护之中，如诸生王曾永《类辑姚江学派》等。特别是地方志的编纂，更是地方乡绅融入乡邦文化建设的重要途径，如诸生许良谟《花溪志补遗》、岁贡黄中杰撰《嘉善地略》、廪贡曹庭栋著《魏塘纪略》等。此外，在名家光环下的诸生诗文集，更是得见光明，重现光辉，如诸生沈湛《沈渊伯骈文存》、周嘉谷《蕉雨轩遗稿》、张兆棻《五十学诗斋初稿》等。其他的关于浙江一地中下层读书人的创作，也多有著录，由此可以瞥见底层社会文人创作的真实状态。

二、郡邑丛书与总集

郡邑丛书与总集共 111 种，叙录条目前附《浙江省郡邑丛书简表》，别为地名、书名、集数、种数、卷数、册数、辑刊人、刊印时期、收藏者、备注等栏，著录丛书 33 种，其中杭州 6 种，嘉兴 4 种，湖州 2 种，宁波 4 种，绍兴 3 种，台州 6 种，金华 2 种，温州 6 种。其中，明代刊刻 1 种，清代刊刻 16 种，且集中在光绪朝，民国刊刻 16 种，且集中在民国二十年左右。内容涉及经史子集四部，最早可追溯至东吴。

由表可知,浙江学人刊刻乡邦郡邑丛书,传世者以明末樊氏之《盐邑志林》为最早,清代播传尤多,蔚为一时风气。据《小引》所载,清代中叶以降,浙江编纂丛书与总集呈现两个阶段。民国肇建前,有光绪间钱塘丁氏《武林掌故丛编》《武林往哲遗著》前后编、嘉善孙氏《檇李遗书》、归安陆氏《湖州丛书》、绍兴徐氏《绍兴先正遗书》、临海叶氏《荫玉阁丛书》、黄岩王氏《台州丛书续编》等。宣统三年内,又有越中绍兴工报社印《越中文献辑存书》及永康胡氏后人辑刻《续金华丛书》。民国肇建后,又有秀水金氏《檇李丛书》、海盐谈氏《武原先哲遗著初编》、乌程刘氏《吴兴丛书》、鄞县张氏《四明丛书》、绍兴周氏《会稽郡故书杂集》、黄岩杨氏《台州丛书后集》、温岭金氏《赤城遗书汇刊》、仙居李氏《仙居丛书》、如皋冒氏在瓯东所编刊《永嘉诗人祠堂丛刻》、平阳黄氏《敬乡楼丛书》等。《叙录》就征采所及省邑诸总集,依照旧时府属进行著录,其中台州十九种、宁温并十四种、湖州十三种、绍兴十一种、嘉兴十种、杭州九种、金华六种、严州四种、处州一种。

丛书在一定程度上具有文献群落的性质,类别相对纷杂,有时是多种文类的组合。浙江诸邑所编刊的丛书,往往是文献层累的留存与传布,具有鲜明的文献体系。编纂者前后相继,收书种类、卷数、册数各异,时段跨越相对较长。如《台州丛书》,嘉庆间临海宋世荦初刊甲乙二集,光绪二十四年黄岩王棻等又刊《台州丛书续编》,民国四年黄岩杨晨再次刊《台州丛书后集》,收录唐宋以降台郡学人著作,共收书 38 种 241 卷,共 64 册。又如鄞县张寿镛编辑《四明丛书》,从民国二十二年至二十五年,先后刊印四集,内容从汉代迄清,收书 142 种 669 卷(其中有 17 种不分卷数),共计 268 册。这些丛书能展现一地人文风貌,更直接参与地方文化(文学)传统的建构。

在编写叙录条目时,编纂者充分注意到总集与丛书之间的关联。尽管丛书只列简表,并未撰写详细条目,并且总集收录内容在一定程度上与丛书有交叉。此外,浙籍总集是配套编刊。如台州文献,总集类著录有 9 个条目，分别是临海王允东《三台文献录》、太平戚学标《三台诗录》、临海宋世荦《台诗三录》、临海叶书《三台诗遗》、黄岩王舟瑶《台诗四录》、黄岩管世骏《三台诗征》《三台文征》、临海黄瑞《三台名媛诗辑》《三台名媛诗续辑三辑》等。从叙录内容看，叶书所辑是为戚学标和宋世荦二书补遗。王舟瑶同样是为补戚、宋二书之遗而续其后者。这与叶书所撰，有一定区别。此外，总集就各种文体进行辑录，诗、文、词均有，并且独立印行。特别是就女性诗歌进行汇集，能充分表彰一地诗学之盛。宁波一地文献的编刊也类似，如《皇朝四明风雅》《四明雅选》《四明文献集》《四明清诗略》《四明近体乐府》等。这些总集的编刊，属于不同姓氏之间的自觉传承，就如同“接力赛”一般。尽管目的有其不同，然对一地文献的辑存，无论是以书存人，还是以人存书，均有一定价值。

此外，总集内还有不少风雅相继的编刊案例。如督抚之间，阮元督抚浙江时选辑《两浙輶轩录》四十卷、《补遗》十卷，自清初至中叶，录诗 9241 首，3133 人，补遗 1981 首，1120 人，共诗 11222 首，4253 家。其后潘衍桐督学浙江时，慨慕阮元遗风，踵为《輶轩续录》之选，甄采所及，凡 5384 家，14949 首（内《补遗》675 人，1406 首），编纂体例，一仍旧贯。其编选卷帙比阮元规模更大，似有竞赛角逐之意。又如祖孙兄弟之间，钱塘吴颢编《清朝杭郡诗辑》三十二卷，其孙吴振棫辑《清朝杭郡诗续辑》四十六卷。其祖选诗清初迄嘉庆，凡得 1390 人，其孙上接其祖是编迄道光，凡 1758 人。此外，丁丙还辑有《历朝杭郡诗辑》四十卷，丁丙、丁申兄弟同编《清朝杭郡诗三辑》一百卷，此是接续吴氏祖孙总集而成，下迄光绪时，凡 4783 人。综合三组总集数据，大致可知从清初至光绪时，杭郡一地大致有诗人 7931 人，诗歌 178 卷。又近人杭县郑道乾编《清朝杭郡词集》二十卷，自清初至末叶，共得 654 家。诗词二组数据结合，相当程度能说明杭郡的文化基准，从其吟咏内容，也能窥测杭郡人的诗酒风流。

三、刻书文献

刻书文献共 109 种，其中吴越刊 2 种，宋刊 8 种，元刊 12 种，其他均为明刊，清刊不著录。其后有《附录》一则，收录有关浙江刻书史文字集目，共 10 种，其中有王国维《两浙古刊本考》二卷、叶德辉《书林清话》十卷等，其他多来源于期刊，如武进陶湘编《明吴兴闵氏刊书目》，即刊载于《青鹤》杂志五卷第十二期。浙江刻书史肇兴于唐代，似比吴蜀更早。据此项《小引》所载，湖州思溪、杭州南山均藏有大藏经全板，杭州还藏有元初刊西夏字全藏等。编者慨叹："综观往古刊版之盛，盖未有如我浙者。眄彼闽、蜀，方之偏矣。"以"我浙"来指代浙江省，同时以浙江与福建、四川的地理位置相较，凸显其优越性，不无自豪之感。此次浙江文献展览会征集文献，刻本相较其他版本项，稍有不同，筹备委员会并非任藏家任意送陈，而是"列目以求，冀资表阐"，也即针对性地请藏家遴选特定藏本襄助盛会，因而其著录文献有其特殊的价值。

此部分编排次第，以时代为经，以地域为纬。著录之本，并非全是浙人之作，它包含两种类型：一是浙人之镂版于他省者；二是他省名贤在浙境刊刻的版本。总之，只要与浙江省有关的刻书，有特殊代表性的即可。

刻本项首先著录吴越钱氏刊《一切如来心秘密全身舍利宝箧印陀罗尼经》一卷，此书发现于吴兴天宁寺经幢象鼻中，藏于吴兴县立图书馆；另一部二卷本，发现于雷峰塔砖孔中，分藏于西湖博物馆和浙江图书馆。此书在版刻史中具有重要地位。《叙录》对其版刻行款记录特详。它是唐刊经卷最早传世者，同时也是浙江古刻有记载的最早文献。此本曾为王国维所鉴赏，在其《观堂集林》内有《显德刊本宝箧印陀罗尼经跋》一文，对之进行考证。其后潘风起于民国二十五年对此本有更全面介绍，他见证了天宁寺本的发现过程，因此记载尤其详明，同时将此本与雷峰塔本进行全面比较。雷峰塔本要比天宁寺本晚刻二十年，它被发现的时间也晚七年。雷峰塔本的大小款式虽同，然而其字体则微异，经学者考证，大概当时钱俶刊刻此经八万四千卷，并非尽出于一板。

其次是宋刊8种，其中九峰旧庐王氏藏三部，分别为两浙东路提举茶盐司刊《资治通鉴》、宋临安府陈氏刊《甲乙集》、宋婺州刊《三苏先生文萃》，其他五部分别是山东图书馆藏南宋浙刻《晦庵先生文集》、浙江图书馆藏宋湖州刊《通鉴纪事本末》、吴兴张芹伯藏宋湖州刊《北山小集》残存四卷、长兴王氏诒庄楼藏宋湖州刊《达磨大毗婆沙论》、杭县叶揆初藏宋衢州刊《魏志》。由于宋本书历来为藏家所推崇珍视，因此各部上钤印众多，如《甲乙集》上就钤有黄丕烈、何绍基、季振宜、王渔洋、钱载等诸家藏印。此外，宋版书著录中，还附有诸刻工，同时附有断限所凭依的帝王嫌名避讳字以及缺笔。宋版书尽管著录仅此几部，但是也能从刊刻地与宋以降的版刻地的比较中来考察浙江一地的出版历史。特别是上面八部中即有湖州刊的三部，由此也能推测当时湖州书籍流通的频繁与书籍市场的兴旺。

再次是元刊12种，其中山东、北平、浙江图书馆均有送陈，共六部。叶揆初、吴县潘氏、九峰旧庐王氏、范氏天一阁、四明张氏约园等私人藏家各送陈一部。汤溪县政府征集一部。书籍有《金史》《西夏文经》《吕氏春秋》《松雪斋文集》《国朝文类》《文献通考》《困学纪闻》《玉海》《春秋本义》《通鉴前编》《香溪先生范贤良文集》。其中刊于杭州有二部、湖州以及嘉禾学宫各一部、西湖书院三部、庆元路三部。元刊本部分间有明代补版，如《松雪斋文集》。出版地中数西湖书院最为著名。它曾是宋太学故址，到元代始改，“原藏四部书板二十余万，为全省板刻之总汇，天水一朝文献之所寄。降及元代，杭州镌刻犹为诸路冠。故辽元金三史及其他要籍，皆奉旨发西湖书院刊行，足征刻工之精”，由此也能从中考察浙江元代刊本，以及与之相关的各出版地刊本的具体情况。

最后是明刊87种。此与宋版、元版相较，显然扩容很多。其中一个显著特点是出版家族的涌现，私家刻书明显增多。如天启杭州朱氏花斋刊《春秋繁露》《管子》等、仁和郎氏刊《五雅》《墨子》《白虎通德论》《风俗通义》等、嘉兴项氏万卷堂刊《古言》《全史论赞》《今献备遗》等。此外，秀水沈氏、平湖赵氏、吴兴凌氏、乌程闵氏等皆有不少刻书。其中凌氏与闵氏的套印本，刻书精良，为收藏家所宝。闵氏刻《兵垣四编》等还是三色套印本，弥足珍贵。另外，明代科举以八股取士，批点风气盛行，这在著录书中也有所体现，如吴兴沈琇卿刻《唐荆川批选史记》《唐荆川批选汉书》。特别是李贽评《琵琶记》《玉合记》《红拂记》等戏剧，更是带有明代文学艺术的特征，同时具有商业化气息。书贾在逐利过程中对书籍市场的促发与推动，更是繁荣了明代出版业，这是窥测明代社会文化(文学)的一个重要视点。

四、藏书文献

藏书文献著录 80 种，其后附录藏家簿录 87 种，征书约 2 种，藏家史籍 4 种，单篇文字集目 59 条，藏家遗像及其他 30 种。除单篇文字集目外，其他的均有叙录。其中宋刻二部，明覆宋刻一部，其他多为明抄本、明刻本以及旧抄本，且有稀世珍本。

浙江藏书风气，远肇有宋；元明以降，奕叶不绝。据《叙录》藏书《小引》所援引近人著作所载："以时代论，凡宋代三十余家，明代八十余家，至清则激增至二百六十余人；以地域论，浙西最盛，浙东次之；而以现状论，则四明天一阁已历禩五百，近年重建整目，灵光岿然，开全国私家藏书史未有之奇局；而瑞安孙氏玉海楼，楹编世守，朱墨如新，尤见著述家藏书之美，与其继承先绪之盛。他若台州项氏寒石草堂、宁波冯氏伏跗室、张氏约园，亦颇脍炙人口。浙西则陆丁之旧藏，虽散之他方，而嘉湖之间，藏书犹盛。若南浔刘氏嘉业藏书楼之插架缥缃，既雄视海内，即杭县王氏九峰旧庐比年力搜旧椠，亦颇多收获，而于全国方志网罗尤备。"这是一份稍显简略的浙江藏书概要，统计数字肯定遗漏不少，然而也能从此看出浙江藏书的丰富，以及浙江学人对藏书的热衷。

此次展览会，就藏书项应征的有50家，现将诸藏家名单罗列如下：孙氏寿松堂、汪氏振绮堂、汪氏开万卷楼、吴氏绣谷亭、鲍氏知不足斋、何氏梦华馆、罗氏吉祥室、朱氏结一庐、丁氏八千卷楼、杨氏丰华堂、陈氏向山阁、吴氏拜经楼、蒋氏别下斋、朱氏衎庐、高氏稽古堂、项氏万卷堂、冯氏石经阁、吴氏小鲍庵、朱氏潜采堂、朱氏曝书亭、秀水庄氏兰味轩、马氏汉唐斋、张氏涉园、严氏芳椒堂、张氏磨兜坚室、王氏诒庄楼、范氏天一阁、卢氏抱经楼、全氏鲒埼亭、冯氏醉经阁、叶氏得一居、冯氏耕余楼、钮氏世学楼、祁氏淡生堂、沈氏鸣野山房、李氏小李山房、周氏瑞瓜堂、傅氏长恩阁、上虞兰芎山福仙禅院、王氏知足知不足馆、王氏十万卷楼、陈氏湖海楼、王氏环碧山房、邵氏二云、叶氏荫玉阁、洪氏兰雪轩、陈氏枕经阁、永康应氏、孙氏玉海楼、蒋氏茹古精舍。

《叙录》对具有特殊意味的馆名多有介绍，也能从中发现不少关于藏书地域、数量以及旨趣的信息，如吴氏绣谷亭、沈氏鸣野山房、陈氏湖海楼等，即直接表明藏地；又如丁氏八千卷楼、王氏十万卷楼等，即能大概获知藏书规模；再如吴氏拜经楼、冯氏石经阁、卢氏抱经楼、蒋氏茹古精舍等，皆能从中透漏藏家的藏书心理与学术持守。这些馆名的背后甚至还附载一些书林逸事，如海盐马玉堂获得宋刊《两汉会要》、绍兴监本《新唐书》二书，因题其储书处曰汉唐斋，即能体会其藏家品味。特别是钮氏世学楼的命名，更是暗含藏家对家族弟子书香传家的期盼。

《叙录》还对藏家藏书的艰辛过程进行详述。藏家要想获得珍本，既要机缘、鉴藏识解，又要雄厚的财力。得到珍本后，藏家一般会钤上自己的藏书印。藏书印是极具文化象征的符号，其目的应该有标识所有权的意味，然书籍经过流转，珍本善本上面，一般钤印累累，由此也能看出此书的沉浮过程。然而，书籍能不能世守又是更重要问题。如朱氏结一庐所藏图籍，它主要有两个来源，一是咸丰庚申战乱，英人焚淀园，京师戒严，朱学勤从厂肆购得诸家散出典籍，得宋元旧本七十余种；二是清宗室怡贤亲王安乐堂珍藏散出典籍。后来其子朱澂续有所益。光绪中朱澂去世后，遗书八十柜，为其姻戚丰顺张佩纶携去，辛亥鼎革，张氏之书又散亡。又如丁丙兄弟聚书二十万卷，曾与聊城杨氏海源阁、常熟之瞿氏铁琴铜剑楼、归安陆氏十万卷楼并称为清季四大藏书家。后来丁氏兄弟去世后，后人经商失败，将其书全部售给江南图书馆。还有一个极端例子，即陆心源皕宋楼藏书，其子陆树藩不能世守，光绪三十一年四月，以十万圆的价格，尽售给日本静嘉堂文库，以致此次藏书文献中不见皕宋楼印记的藏本。为弥补此缺憾，藏书项后附陆心源遗像以及皕宋楼照片，以示纪念，莫不有“书林寂寞之感”。

《叙录》中还不断提及关于《四库全书》开馆时各藏家应诏进书的事件，以及获邀赏赐名单，由此还可以考察浙江藏书家在藏书史上的地位与贡献。寿松堂孙仰曾应诏进书 231 种，得邀《佩文韵府》之赐，其宋本《乾道临安志》且蒙乾隆御笔题识。振绮堂汪汝瑮应诏献书 219 种，与寿松孙氏同获《佩文韵府》之赏。汪氏开万楼汪启淑进书 524 种，获赏《图书集成》一部。知不足斋鲍廷博之子士恭献书 626 种，获赐《古今图书集成》一部。范氏天一阁进书 696 种，为私家献书之冠，获赏《古今图书集成》一部，《周易要义》《意林》蒙乾隆御题，另外有御制二种，御赐图二种。这份献书名单，大致能反映浙江当时文化的水准，由此也能反映浙江作为明清以来学术文化中心的原因。其他藏家进呈书也有部分，相较这六家，则稍显逊色。若从《叙录》所著录 87 种簿录来看，那么对浙江藏书的具体情况，还将会有一个更加全面直观的感受。

五、序跋文献

序跋文献，作为书目类著作的一部分，应该是其副产品，以往的书目典籍往往仅著录书名、作者、卷数、册数、版本、藏地，并不著录这些内容，然而正因辑录这些序跋，可以更加简便地查核书籍的撰写、保存、流散的具体情况。这也给解读这些文献，带来直接的“锁钥”，无益于锦上添花。如果稍加考察，这种撰写体例，似乎是浙江目录书写特色，朱彝尊《经义考》、孙诒让《温州经籍志》等均采取这一模式。《叙录》延续这一书写传统，有意识地选择序跋作为书目条目的补充，可以直接方便读者的阅读。

序跋一般都是作者、藏家、读者等人撰写，其中包涵众多的学术信息，特别是为追溯某部书的来龙去脉，更是提供解读密码。如龚橙小学类著作《六典》，前后修改达七次，始成定稿。前有道光二十年自序，后附跋语多则，历述修改至定稿的过程：

> 咸丰六年，舍杭州荐桥门内新开弄，重校定，义轩复起，不易吾言。此书实稿始道光二十五年马婆巷宅，宅即在清泰门内。时周一纪，而后大定。此为最后定本，并志，示后之人。（以上第五稿跋语）
>
> 此与《六典》皆创始道光二十年京师外舅陈先生宪曾南横街寓。明年四月，遂丁大故，奔归杭州。越二十四年十一月，再丁大故。由是奔走江淮，携此书综定不辍。至咸丰五年，寓常州而七易其草稿，乃定此本。六年六月至杭州，检记，示后之人。
>
> 此后又有定本，此不足据。十二月八日寓杭州清泰门章家桥东新开弄余宅。
>
> 此本虽不足据，勿便弃之，存以备正本之遗失，且示后人，知成书不易易也。两子知之。此本赏充儿。（以上第六稿）

龚橙尽管为龚自珍之子，然沉沦下僚，不为世用，流寓上海，与域外学人多有交流，精通欧西语言文字。他勤于著书，学问淹通，长于金石之学。此书从道光二十五年开始撰述，至咸丰五年始定稿，著述之艰辛，以及学人的执著，可见一斑。

其中有些序跋是读者阅读鉴赏后即兴题上的文字，保留了当初读者读书时的情态，殊觉真实可爱。如俞樾劝导钱塘丁立诚推迟刊刻《王风》的情形，足备书林故实。俞氏说："吾弟年少而负才名，在杭城又颇有富名，笔墨似宜谨慎。此集虽佳，且藏之箧中，不可遽出问世，此鄙人忠告之言，未识高明以为然否？……兄今秋有仿张船山《宝鸡题壁诗》十八首，以中有忧愤之词，故且藏而不出，东坡他事可学，诗案不可学也。"回信内容，足见师友之间的真诚，也能粗知当时文禁的状况。

序跋中还有部分具有重要的文献价值，值得加以辑佚整理。如王国维手抄沈曾植《海日楼诗集》二卷后所附识语："丙辰季冬，海宁王国维呵冻录此，并编定为壬癸稿甲乙稿各一卷，自初五日起，至十四日夕，凡十日而毕。"这有助于王国维材料的辑补。此外，王国维旧藏明钱塘胡氏刊《彩线贯明珠秋檠录》后附载手跋三则：

> 此吾乡碧里先生书也。碧里为从吾道人子，以文名。嘉靖《海宁县志》九卷，即蔡大令延碧里所撰也。壬子癸丑间，得此本于日本京都冷摊，越七年己未正月记之。国维。
>
> 碧里先生所著书有《澉水续志》九卷，余于上虞罗氏见写本。《碧里杂存》二卷，见《盐邑志林》。其余存者，惟此书而已。
>
> 朱子宇苍主吾邑图书馆事，方搜罗乡邦文献，因寄此本，俾邑人世守之。辛酉三月九日，国维又记。

跋语记录了王氏1912年至1913年在日本获得嘉靖《海宁县志》九卷的过程。第一则跋语记于1919年，第三则跋语记于1921年，前后时间跨度十年。跋语内还涉及王氏对此书留存情况的考证，以及将书赠予海宁图书馆的事实，当时朱宇苍正任该馆馆长。围绕这部书，还可以钩沉王氏与朱宇苍之间的交游，有助于王国维学术的全面研究。

此外，关于阮元督学浙江编辑《两浙輶轩录》时，各地送陈诗集，也能从序跋以及提要内找到明确的记载，提要也对之论述很详，从而表彰该学人的文学实绩。其后潘衍桐续辑《两浙輶轩录》，浙籍学人送陈地方诗集的例子也不在少数，如祝廷锡为章溥《绿净山庄诗》作跋语，详细述及这一征录过程。另外，《叙录》还记载有备选而未甄录的情况，如丽水何云炜著《玉雪堂存稿》。当时学人对能够入选这两个地方性诗歌总集，无不有感激与满足之感。值得一提的是，各种“书厄”对浙籍图书的损毁，也能在序跋内有所暗示。如乾隆五十六年辛酉冬，鲍廷博藏书遭遇火灾，图籍尽毁。咸丰兵燹更是带给浙籍图书毁灭性伤害，如丁丙、丁申兄弟对浙江文澜阁《四库全书》的救护补刊，即可说明问题。这次灾难对于浙江图书散佚存亡具有极其重大的影响，值得专门研究。

浙江文献展览会上送陈书籍，已有部分通过影印途径再现学人面前。近来徐晓军、李圣华主编，国家图书馆出版社出版的《浙学未刊稿丛编》，即著录部分浙江文献展览会所送陈文献，如龚橙《古金石文字丛著二十种》内《六典》手稿本、洪颐煊《倦舫碑目》等。续出的相关浙江丛书，可以就《叙录》所指示的文献线索进行查访，相信也会将书目内存世文献，陆续刊布，但愿浙江文献展览会的大部分书籍在不久的将来能再次聚首。

此次《叙录》整理，以新式通行标点进行重排。当时排印字体中异体字与正字并存，整理时往往查检相关文献，对于有错讹的人名字号以及相关的形近而误的内容，径直加以改正。此外，当初排版的版式，与现在目录书有一定差异，为了统一体例，也相应地作出调整。

凡　例

一、整理所据底本为《浙江省文献展览会专号》，载于《文澜学报》第二卷第三、四两期，浙江省立图书馆馆员编，中华民国二十六年(1937)四月三十日出版。从书前所附总目录及序例来看，当时刊刻计划分为上下两册，而下册未及刊载，《文澜学报》即停刊。目前下册未知藏地，仅从目录以及上册所互见内容粗知撰写情形，因而整理并非全璧，有待访求。根据整理内容以及目前所见目录书题名体例，暂改题为《浙江省文献展览会文献叙录》，特此说明。

二、本书叙录共1542条。叙录包括条目、正文、序跋三部分，部分附有按语。叙录体例大致仍照原书，为突出区别，排版时以书名、卷数、册数、版本为独立一行，著者、藏地另起一行，正文为独立段落。序跋内容小一号字体排版。序跋内容，部分有引号加以区别，在不影响阅读的前提下，为统一体例，删去引号。四部分叙录著录体例不完全一致，整理时尽可能调整，以求一律。其他内容，参照原书序例。

三、叙录刊刻时有部分讹舛，《文澜学报》第五期附表中已有提正。整理时径直将订正内容录入正文，不另外出注。除此之外，还有部分内容有明显错误，如人名、地名前后著录不一，经查检相关文献，径直更正。部分字词印刷不清晰，因未有稿本进行核对，一时难以辨识，暂以缺字符□代之。

四、原书为竖排繁体，部分条目中著者或者藏家为多人，为著录简洁，在相同姓氏下将名以双行夹注形式呈现。整理时，为适应横排简体要求，其中共同姓氏省略部分，补全姓氏，并用[　]括出。另外，正文中还有部分脱字，如藏地中多脱“藏”字，也用此法补全。

五、为便于书名查检，整理本后附详细目录。同时又为避免检索方式重复，删去正文中所附互见页码。

六、整理时，利用《浙江省古籍善本联合目录》与《中国古籍善本书目》核验正文条目，部分相同条目在正文下加上脚注予以说明。由于本书所录多为稿抄本，脚注内所标明版本可能并非原书，并不能如实反映现存情况，仅供参照。

序 例

吾国文化，起自西北，声教虽暨于南，而吴越之文物，终限于方隅，不能与中原争盛。魏晋而后，胡族猾夏，貊化寖寖，及于河岳，遂使青齐礼乐之邦，河洛衣冠之地，胥沉溺于膻风，历久而不能复。晋室东迁，中原文物随侨郡而南，南北风会乃大殊于昔。有唐经安史之乱，兵气蕴结，极于五季，钱氏保越，偏疆自完，天下扰扰，江东差称安乐。于是四方名族，相率来归，之江流域，文明益焕。南北两宋，理学蔚兴，鄞、婺、永嘉，各派蜂起。迨赵氏不竞，退依海隅，搢绅之属，举族相从。吾浙遂以宗主所在，成为文物枢会。虽其后外力凭陵，屡残于异族，而征文考献，缵述代有其人，保残守阙，流风未沫。故绵延至于今日，犹粲盛无替先绪。惟自海通以还，荐更忧患，新学之讲求，既仅得其形似，而夙昔之成规，又浸失夫故步。蔑古疑古，士论纷然。此表章阐述之责，固掌文教者所不容旁贷也。浙江省教育厅有鉴于此，平居既恒以表章先代人文期诸本省教育界，属又以敬恭桑梓之谊，创举为全省文献展览，而属本馆主其事。经数月之筹备，赖当代耆宿贤豪之指导，后许前邪，共襄盛举；于是米船书画，邺架缥缃，与夫乡哲日用之故物，民族革命之遗踪，剩馥幽光，咸得启匮解縢，公诸众览焉。

展览期中，因筹备匆率，兼之各地应征品物有迟至开幕时始集者，不但无暇博稽详考，即简明全目亦未克编印，故当时仅举经眼精品纂特刊一小册，以为莅览嘉宾参考之资。闭幕以后，各家藏珍均于旬日内发还，即亟欲从事考撰，又势所难能。虽排比简目，轻而易举，顾征集展览，期仅三周，非辑印专刊，不足以垂久远，此同仁等所以不揣谫陋，率然引编订详目为己任也。荏苒半载，理董粗竟，谨摅编例，述之左方：

一、本编分类，大致依据征品条例与展览时陈列大纲，间或参酌而变通之，期于理论实际，两相切合。

二、是编所收，限于当日陈列之文物，其应征而未预陈者，已另编有《浙江文献展览会应征品物全目》，与精品照片合辑为《图录》一书，别帙单行。

三、本编内容繁复，编辑大意，有非总序例所可该括者，兹于各类前页，另发其凡，以便观览。

四、展览时品物之简单说明，因时间匆促，不无漏略，兹加订补，力求详核，于所不知，则付区盖。

五、各类文物，凡属乡贤遗泽，类详其人之生平行事，以资表扬。其乡贤遗迹不限一种，或某类文物谊应两属者，则以互见例著录。

六、精品影片，已另布于《浙江省文献展览会图录》，兹不复见。惟特制图表，可以补文字说明所不及，而又未入《图录》者，亦并载之。

七、本编原拟合印专刊一册，嗣以篇幅过巨，杀青需时，屡承各方贤达，损书垂问，不敢久稽；爰先印上册求正，下册嗣出。惟是征文考献，事赜任重，斯会又属创举，蔑所据依；筹备时草订凡例，既费斟酌，今当原物发还之后，追补说明，尤多棘手。同仁等复羁于职务，咨访难周，其间失考失校，与夫谊例刺戾之处，沉沉夥颐；倘荷大雅宏达，不遴绳其愆缪，片词之锡，奚翅百朋。编辑时期，蒙高欣木野侯、顾鼎梅燮光诸丈，李佩秋洣、孙孟晋延钊、童丕绳书业诸君，赏奇析疑，多资匡益；成编之后，又荷马一浮浮、陈玄婴训正、叶品三为铭诸丈，夏瞿禅承焘、孙俶仁世伟、沙孟海文若、马公禺范诸方家，宠锡题字，俾增声价，同深感泐。至编校之役，以馆友张君慕骞鉴、夏君朴山定域、毛君乘云春翔之力为多，吴君迈适、许君如山、吴君月峰，与有缮录之劳，例得附书。

复次，训慈以铨材备员书府，躬逢盛会，勉效驰驱，赖艺林之赞助与馆友之协力，差免覆悚之羞，得稍申省当局倡导宗旨。半载以来，倡予和汝，如苏沪淮海以至闽之漳州建瓯各邑亦先后有文献展览之举，我道不孤，尤用感奋。今本会图录报告，既已授梓，斯册亦至是刊成公世，聊足慰社会期待之殷。所愿省当轴与地方贤达，览兹小刊，益笃梓桑之谊，宏是征存之业。本馆同仁虽识薄材疏，窃愿执鞭以随也。二十六年六月三十日，慈溪陈训慈谨识。

乡贤遗书

一、小引

浙江自赵宋以来，为全国人文所荟萃，提椠握铅，成名山之业者，份份称盛。特就各史艺文，历考其撰人籍隶而分地统计之，必有以知浙人在中国学术史上之地位。今第就清修《四库全书》而言，据毛君春翔编《四库著录浙江先哲遗书目》所载，凡《四库》入录者七九六种，一六〇三七卷，又不分卷者九种；附《存目》者一五〇五种，二九〇六一卷，又不分卷者一一三种；综计著录种数占全书四之一而弱案《四库全书》著录书三四五七种，七九〇七〇卷，《存目》六七六六种，九三五五六卷，卷数占五之一而强；《存目》种数亦居全书存目总数百之廿二，卷数占百之十七。而核以沈初等所编《浙江采访遗书总目》，则《四库》所收，犹不逮当时所进遗书之半《遗书总目》所载书共四五二三种，五六九五五卷；如以著录种数而论，且仅及所进书五之一。从可见乾隆以前，吾浙乡先贤在学术史上所成就者为如何矣。此本届征集展览之文物所以亦独典籍为最丰也。惟为适应会场及断限谨严起见，除将乡先生所藏、所刻及地方总集选刊之类析出各自为门外，特取乡贤遗著一门，冠诸卷首而发其凡于此：

一、本门分稿本、刻本、抄本、校本四纲。抄、校两类，所重在抄与校者，其书不必皆浙人撰述。

二、本编所收稿本五七五种并计补遗在内，抄本二九〇种，刻本一百种，校本一五四种，都共一一一九种。惟抄本中尚有不鲜手写或传抄稿，即他门如郡邑总集、选举与书院文献等项中，亦不乏有未刊稿在。因逼于程限，仓卒编次，除事先曾粗粗分类系属以外，实未遑作整个之综览，故凡在校印以后所发见者势难一一以互见例著之。

三、稿本有已刻、未刻之分。凡管见所知，辄加附注。又有手写清稿及传抄者，泾渭之辨，尤云不易，毫厘千里之失，所不能免。

四、分类准依《四库总目》。虽校本仅立部名，未著类属，而此次固仍以库书为归。

五、集部别集类略依时代及郡邑为次，其作者年齿或科分之先后则未遑详稽，且亦多无可考耳。至史部地理类亦依旧府属排纂焉。

六、刻本乡贤遗著，仅收至明刊为止；清初以来，姑从割爱，以多不胜收也。陈列时既以会场限制，定例如此，兹亦不复一一补录，以节篇幅，幸览者及各地应征藏家谅之。

七、今人著作，例不得收。惟地志、目录、诗文总集及诗文评之类，谊稍有别，仍予甄采，而上加⊙号以别之。其非本省人著而经乡贤抄校者，亦然；至如裘氏《浙江政鉴》之类，因籍贯不明，先付阙疑，又其特例也。

八、序跋最足为明瞭本书之助，尤以自序为然。凡遇是类悉予采入，以小字低三格排印。有目录者，间亦登录。其已见各地艺文或藏书志者，或其书并序跋均已刊过者，则置之惟失检处仍不能免。又其书现藏本馆者，亦姑从缓。惟此类序跋均属陈列展览时觅暇抽录，其不及移写与传抄之误于写手者，恐尚不鲜耳。

二、插图

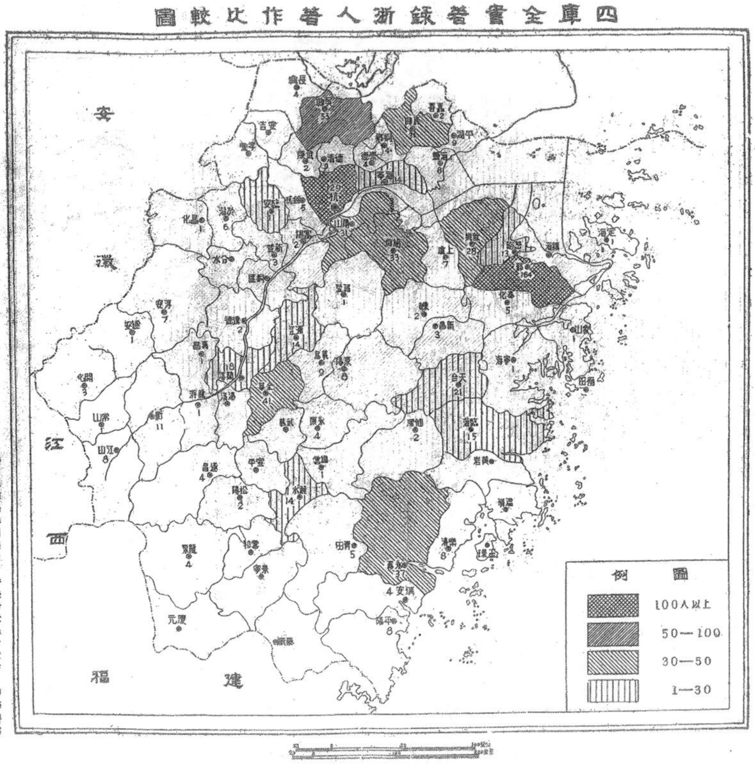

《四库全书》著录浙人著作比较图

此图据毛春翔编《四库著录浙江先哲遗书目》初稿制成

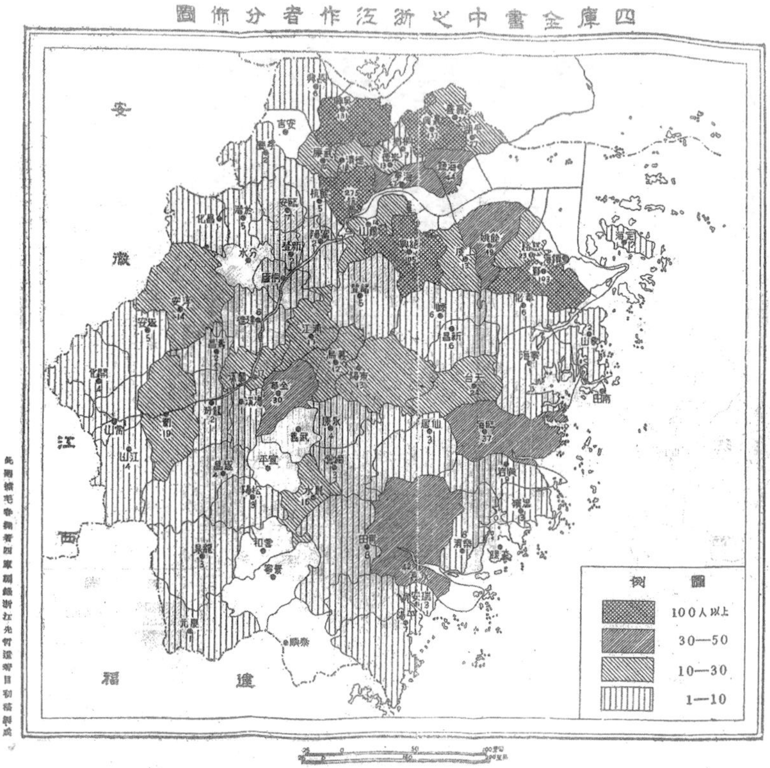

《四库全书》中之浙江作者分布图

此图据毛春翔编《四库著录浙江先哲遗书目》初稿制成

三、内容

（一）稿本

经部 易类

易解露研不分卷[①] 四册 传抄稿本

（宋）衢州刘牧撰。龙游余氏寒柯堂藏。

封皮有余氏跋，称此书得自邵月如，月如又得之方孟旋故宅，世传为孟旋遗著，而按之《西安县志》，则不谓孟旋曾有此著，疑此为刘君之原本，而卷中眉批或系孟旋手迹云。首原有序两叶，已为憸人揭去。牧字长民，宋太常博士。有《易数钩隐图》，《四库》著录，但作彭城人，据陈振孙《书录》则为三衢人无疑。方孟旋有《青来阁集》，见刻本项。

筮仪象解不分卷[②] 四册 手稿本

（明）诸暨陈洪绶撰。浙江省立图书馆藏以后简称浙馆藏。

洪绶字章侯，号老莲，又号老迟、悔迟，明季国子监生。明亡，遁迹浮图以终。此稿盖早年作，书法俊逸，脱胎褚河南、米襄阳。全书

---

① 浙江图书馆古籍部编《浙江图书馆善本书目·经部·易类》著录，浙江教育出版社，2002 年，第 12 页。

② 《浙江图书馆善本书目·经部·易类》著录，第 13 页。

义宗程朱，诠释平易，不涉术数，要自可传。卷首有陈氏六世孙绅跋，卷尾有山阴沈鹤、杨棨及民国十七年萧山单丕三跋，其详已见《文澜学报》第一集《馆藏善本书题跋辑录》。

周易省象　一册　手稿本

（清）温岭黄濬撰。温岭林爵铭藏。

濬字壶舟，号四素老人，道光壬午进士，历任彭泽、萍乡知县。此其手稿，首冠咸丰元年自序。

古今之言《易》者多矣，然以五十四卦谓自乾坤泰否之变而成，则古今无言之者。兹以《彖辞》审之，则其义有确不可易者焉。盖《彖辞》有合内外两卦之象而为辞者（如《蒙卦》"山下有险，险而止"，是），无不可解。其推乾坤泰否之变而为辞者（如《蒙卦》"童蒙求我"、"刚中正"应是），前人亦以内外两卦之象释之，则多不可通；往往牵强支离，《易》义转晦。呜呼！《易・系》不云乎"观其《彖辞》，则言过半矣"，奈何世之释《彖辞》者只知其半，无非合两卦之象而为辞者，而此外未识其旨能过半耶？予就《彖辞》省之而知其然，故著为《周易省象》。

周易参变十卷　二册　抄稿本

（清）黄岩林琨撰。黄岩王伯权藏。

琨字良宝，号琢亭，道光壬午岁贡。此未刊稿，成于嘉庆二十一年丙子，有自序，见《台州经籍志》卷一。首尾有"诵芬堂图书记"，盖黄岩王子庄先生旧藏，现仍由哲嗣世守也。所著尚有《春秋三传考义》等。

周易学古编十二卷　□册　抄稿本

（清）归安李福臧撰。吴县潘景郑藏。

福臧字芝青。是稿成于光绪元年，有王兰字九滋序及自序并凡例。卷中朱墨校改甚多。

干常侍易注疏证二卷[①] 一册 抄稿本

(清)瑞安方成珪撰。瑞安孙氏玉海楼藏。

成珪字国宪,号雪斋,嘉庆举人,官宁波教授。此稿朱墨纽互,未为定本,孙仲容先生为之校理,并手跋其后,以为精备远出近代屠曾、张惠言、孙堂、马国翰诸家之上云。

干令升《易注》,南宋以来久佚,微文碎义,略见于陆氏《释文》、李氏《集解》,近代集本有屠曾、张惠言、孙堂、马国翰四家。惟张本间有笺释,然甚疏略。于干《易》义例,未能详述也。此书为吾乡方雪斋教授所著,校释精备,远出于诸集本之上。又以干《易》义本孟京,以孟例校干诂,大较符合。别为《集证》一卷,以广其义。干书得此,足见其概矣。稿本藏教授曾孙中矩家,余从访得,别录为此册。手稿朱墨纽互,未为定本,今以意审校理董之。《集证》尾叶霉烂文缺,未敢擅补,谨仍其旧。光绪辛巳冬校成,记之。邑后学孙诒让。

周易古义三卷附录一卷 二册 抄稿本

(清)黄岩姜丹书著。黄岩王伯权藏。

丹书字世铭,号册言,黄岩廪生,事亲孝,与弟友爱,不析炊。咸丰十一年十一月,太平军至,与姊及弟并罹难焉,《邑志》有传孝友。是稿未刊行,柔桥隐居王氏传抄,《邑志·艺文》及《台州经籍志》并著录。末有“光绪丙戌孟陬初旬,王棻粗校一过”并印记。是书一名《学易筌蹄》,计经文、古义、大传古义、外传古义各一卷。

周易观象十六卷 六册 抄稿本

(清)临海汪度著。临海项士元藏。

---

① 《温州市图书馆古籍普查登记目录》著录此书有两个版本:一是《干常侍易注疏证》二卷,孙诒让校补,二册;一是《干常侍易注疏证》一卷,佚名过录,孙诒让校跋,一册。此条提要后有孙诒让跋,应该为一卷本,是书著录似有误。参见温州图书馆编《温州市图书馆古籍普查登记目录》,国家图书馆出版社,2017年,第50页。

度字蓉塘，道光岁贡，为学使罗文俊所赏，调入西湖诂经精舍肄业。善《易》，此其遗著。原书十六卷，八册，今佚“噬嗑、贲、剥、复、无妄、大畜、颐、大过、坎、离、震、艮、渐、归妹、丰、旅、巽、兑、涣、节、中孚、小过、既济、未济”二册，故项氏《台州经籍志》卷一页十八径题曰《周易观象剩稿》。所著尚有《台州文献补》及《蓉塘文稿》等，兹并征陈。

读易记不分卷　一册　抄稿本

(清)西安陈圣泽著。衢县陈志农藏。

圣泽字云崿，别号橘洲。幼习贾，年二十四，始折节读书，精治经传，抉要钩玄。诗学韩、杜，名重一时。著有《诗经集说》《读杜解》《橘洲近稿》及此书。未刊。嘉庆《西安县志・艺文》著录。首有费淳序。

十翼后录不分卷　十二册　稿本

(清)定海黄以周著。四明张氏约园藏。

以周字元同，号儆季，式三子，同治举人，官分水训导。为学不拘汉宋，尤精三《礼》，有《礼书通故》《儆季杂著五种》等。此其遗稿之一。首有道光戊申冬及咸丰丁巳从兄以恭序，次道光戊申十一月以周自序。封面有“敬敷字竹亭”朱文、“黄印以恭”白文两印。

儆季杂著之二《群经说》首自序云：“初予治《易》，有《十翼后录》，《书》《诗》《春秋内外传》《论语》《孟子》《尔雅》未有成书，而有读书小记。”则此固元同先生所自认为尚未完成者也。

书　类

尚书启幪五卷　一册　原稿本

(清)定海黄式三撰。定海黄荣爵藏。

式三字薇香，清诸生，事亲以孝闻。道光十四年赴乡试，会母丧，驰归恸绝，遂誓不复应试。平生于学无所不窥，尤精三《礼》。是编已有浙江官书局刻本，此原稿有爱经居藏书印并以周手记。

尚书启幪疏二十卷　五册　原稿本

(清)定海黄以恭著。定海黄荣爵藏。

以恭字质庭，一字竹亭，式三弟式颖子，以周之从兄。幼慧，讲经能知大义。清光绪乙亥，以拔贡领乡荐，就礼部试，不售，遂归理旧业，颛力治经。《清史稿》有传附《式三传》。著有《读诗管见》《爱经居集》等。此系疏证式三书者，经以周手校。

另一部题《尚书启幪疏证》，为光绪时以恭子家桥所誊录，首有王先谦题识。

诗　类

鲁诗世学不分卷[①]　二册　手稿本

(明)鄞县丰坊著。杭县九峰旧庐王氏藏。

坊一名道生，字人翁，嘉靖进士，除吏部主事，博学工文，尤善书。此本十之八为手写，邑志艺文失收。首有"四明卢氏抱经楼藏书印""虞山周大辅左季藏书"印，及沈曾植手识。

丰人翁经学博辨不减毛西河，西河《仲氏易》实袭人翁故智也。世人尊西河而绌人翁，甚可怪也。书则弇州、月峰以来久经定论，世无异词，而真迹乃至罕见。此《鲁诗世学》四册数十万言，十之八为翁手写，悬腕双钩，愈草愈见腕力之妙。去月见枫林黄氏所藏文衡山所书一年诗草，功力相等，而神骨不及此也。

---

① 程小澜、朱海闵、应长兴主编《浙江省古籍善本联合目录·经部·诗类》著录《鲁诗世学》三十二卷，存十五卷，一至十五，宋鄞县丰稷正音，明鄞县丰熙正说，明鄞县丰坊考补，明抄本，今藏天一阁，国家图书馆出版社，2017 年，第 57 页。

左季新得此，持以见示，借题数语，为翁稍抒郁抑。丙辰秋季寐叟。

沈氏诗醒八笺二十五卷　十八册　手稿本

（清）山阴沈冰壶著。浙馆藏。

冰壶字心玉，一字清玉，号梅史，清廪生，乾隆丙辰荐举鸿博。是书世无刊本。首有乾隆十六年自序。其标名曰“醒”者，以诗义沉霾已久，为此以提撕唤醒也。八笺者，每章以一比兴、二分章、三标宗、四音义、五条旨、六匡讹、七研故、八录剩，解之；采集群说，断以己意，大旨在宗三家，斥毛《序》，剥朱《传》。其间分章比兴，亦皆与朱《传》异。有“鸣野山房藏印”。冰壶所著尚有《抗言在昔集》一卷，《四库》存目，又《古调独弹》一种。

毛诗笺不分卷　二册　原稿本

（清）秀水杨燮著。濮院沈访磻藏。

燮号勖亭，乾隆时人，居秀水之濮院。少负隽才，为诸生时，与兄炜有“雷潭二杨”之目。晚岁，颇精治毛《诗》，此其遗稿之一也。

读诗管见不分卷　二册　手稿本

（清）定海黄以恭著。定海黄荣爵藏。

此竹亭遗稿，不著卷数。据元同先生《先兄质庭传》，实十二卷也。

韩鲁齐三家诗异文释三卷[①]　一册　手稿本

（清）嘉兴冯登府著。浙馆藏。

登府字柳东，号子芸，嘉庆进士，官宁波府教授。是稿增改眉注之处颇多，曾经同里李贻德校注并跋。卷首原题《汉三家诗异字诂》，

---

① 《浙江省古籍善本联合目录·经部·诗类》著录为《韩鲁齐三家诗异字诂》三卷，第59页。

后改今名。阮元收入《清经解》时，又改为《三家诗异文疏证》。取以勘此，详略互异。此本每卷首有提要数行，刻本则无之，刻本末附《补遗》一卷，此则缺如，盖为初稿也。有登府藏印。李跋已见《馆藏善本书题跋辑录》《文澜学报》第一集，兹不更详。

礼 类

周官指南一卷 二册 手稿本

(清)临海沈榕著。临海项士元藏。

榕字巨南，岁贡生。此家藏稿，未刊，首有自序，《台州经籍志》著录卷三页十三。

礼记衍脱错考 一册 抄稿本

(清)秀水吴瀛著。沈访𥗽藏。

瀛号青峰，嘉庆拔贡，历任广西知县，有政声。早岁归田，以著述自娱。著有《青峰集》。此未刻稿。首有嘉庆甲子自序。卷面题"补琴手抄"，未稔何人。

衍文、脱句、错简，经书皆有，而《小戴礼》为尤甚。尝见陈伯鲁《集注》一书，所载较他本为更详，因参考郑《注》、孔《疏》、陈氏《集说》诸书及先儒诸说，汇录一卷。其中有必须更正者，有不妨仍旧者，有当缺疑更俟详考者，汇而存之，聊便训蒙云尔。

家礼经典参同不分卷[1] 一册 稿本

(清)归安郑元庆著。南浔刘氏嘉业堂藏。

元庆字子余，一字芷畦，少习《易》《礼》，通史传及金石文字，康熙

---

① 《中国古籍善本书目·经部·礼类》著录，上海古籍出版社，1985年，第222页。

中幕游四方，以诸生终。著述甚富，此特其一耳。

顾升署端。首题“仪封张伯行孝先定，归安郑元庆录”。有“郑印元庆”白文、“芷畦”朱文两印。末有“雍正戊申十一月覆校起，至廿三日校讫”手识一行。原为四明卢氏抱经楼旧物。首页有毛西河手跋。

康熙壬申夏四月，集城东草堂。与莫子蕙先、张子风林，同观是书。叹其参经酌典，引据精核，为从来言《礼》家所未有。至其论三族，论室老，论公子之外兄弟，论嫂叔服，类哄然一词，曰：“发天地之扃矣。”因朗吟旧句以赠之：“关西学术推夫子，天下英雄只使君。”盖实录也。具此学力，岁不我与。闻尚有《礼记集说折衷》，当速脱稿，老眼摩挲望之。九十叟西河弟毛奇龄漫笔。

周人礼说[①]　三册　手稿本

（清）萧山王绍兰著。杭县孙儆庐藏。

绍兰字畹馨，号南陔，乾隆癸丑进士，积仕至闽浙总督。道光十五年卒，寿七十六。著作极富，已刊者仅《汉书地理志校注》《说文段注订补》等，余多经乱散佚。此王氏知足知不足馆抄本，据王氏墓志凡八卷，今存三册，不分卷。卷首所缺者，为《左氏说礼》。

礼堂集义[②]　三册　手稿本

（清）萧山王绍兰著。杭县孙儆庐藏。

此亦王氏知足知不足馆抄本，据王氏墓志，凡四十二卷。前南海刘氏望山楼藏有全帙抄本二百册，今此只存第四、第七、第十七等三卷，凡三册。

---

① 《浙江省古籍善本联合目录・经部・三礼总义》著录，今藏浙大，第 81 页。

② 《浙江省古籍善本联合目录・经部・三礼总义》著录，有十六卷本、四十二卷本，今分藏于杭图、浙大，第 81 页。

春秋类

春秋传注三十六卷　陈列二册　抄稿本

（明）乌程严启隆著。嘉业堂藏。

启隆字尔泰，号开止，《湖州府志》有传。此稿前有朱竹垞手识及钱牧斋手书，与严氏自序，末有康熙戊辰侄民范跋，称是稿创于明天启时，甲申乙酉后，决意进取，专心卒业，旋得钱牧斋之指示，遂以成书，书未成而辛丑岁逝世云。据竹垞老人跋，似此书且出朱氏手录也。

《春秋传注》二十六卷。乌程县学生严启隆尔泰，名在复社，甲申后遁迹，自称巅軨子。始为是书，示学徒，以胡氏为非，而不敢尽攻其谬，钱尚书受之遗之书，劝其改作，此编成，庶几起膏肓而针废疾矣。康熙戊子二月，竹垞老人抄竟，因书其略。

春秋公羊传正解三十卷　□册　稿本

（清）天台陈省钦著。天台县立图书馆藏。

省钦字赓廷，同治进士，官福建长乐知县。按清代经学崇尚创见之作，独《公羊》仍本何《注》。陈氏承乾嘉学风，力辟谶纬之说，以为其说起于汉，此传注之失，非《公羊》之本义，故作此解。书凡三十卷，中六卷出自手抄。《台州经籍志》卷四著录。

案省钦有《繁露书帷文集》二卷，民国八年刊行。其咸丰癸丑年日记及乡会试朱卷与宴琼林之遗服等，兹亦应征陈列，参见后。

春秋纬史集传四十卷　八册　手稿本

（清）天台陈省钦著。天台妙山陈一阳藏。

是编以经纬史，开以史解经之创例。所列诸家言，断以己意，并多创见。陈氏别有《春秋历朝金鉴》三十六篇，自称以史纬经，附于是篇之后云。今按是书十二卷，与《正解》并见《台州经籍志》卷四著录。首有同治七年戊辰总制闽浙使者盱眙吴棠及仪征卞宝第手书序。

春秋上律表不分卷　四册　原稿本

(清)钱塘范景福著。浙馆藏。

景福字嘉禄，一字介兹，乾隆壬子举人。阮元在杭设诂经精舍，先生肄业，称高材生。湛于经术，尤精历算之学。此未刊稿，旧藏丁氏八千卷楼，《善本书室藏书志》著录，《书志》浮签尚粘卷首。详细题识，已见本馆《文澜学报》二卷第二期。

复堂董子定本二十四篇　一册　稿本

(清)仁和谭献编定。杭县邹适庐藏。

此为谭复堂先生未刊稿之一，以崇文局刻本《春秋繁露》次第剪粘而成，原封面自题"《董子》二十四篇原作五卷，复堂集校叙次，始事于咸丰戊午六月，写定于光绪壬辰六月"三行。卷首有自序，末有目次；目次末行眉批云："录前序于此。"此序为无锡徐氏所刻《念劬庐丛刻》本所无，目次繁杀亦略异。且徐本仅校录定本之要语，而著其与原本不同处。与此本相较，又多不同，如徐本《蕃露》第一"'春秋之道奉天而法古'之'二者离而复合所为一也'"，注云"同楚庄王第三节"；今案此本"所为一也"以下尚有"故王者受命改正朔……故圣人能系心于微而致之著也"六句三十八字。徐云"复堂定本本篇共分三节，正文悉依卢本，唯第三节'亲近以来远'句，谭改'亲迎以来远'"，此本则仍崇文局本之旧。《玉杯》第二"'春秋之法以人随君'之'春秋大义也'"，注云"本节'缘民臣之心'句，谭'民臣'两字互易作'臣民'；又'屈君而伸天'，谭改'屈民而伸天'"，此本并仍旧。又如"盖自文公以来之谓也"以下"君子知在位者之不能以恶服人也"至"不可不察也"原《玉杯》，第四节，徐注有云："本节眉上又手注高骏烈曰当入《正贯篇》,次大义所本节";此本已改列《正贯》第十一之末。凡如此类,不胜偻指也。案复堂殁于光绪廿七年辛丑,此本写定于光绪十八年壬辰,则此当为最后之定本,而徐氏所据以校录者犹属初稿耳。自序前后有"谭献"白文、"仲仪"朱文诸印,《繁露》第一首页有"复堂随身书卷"朱文长印。全书经邹适庐先生校读,书眉并有朱注,盖适庐曾在西湖诂经精舍从复堂学,复堂晚年特以此相授,冀为梓行,而犹未果者也。另有《复堂词续》及日记未刊本等,兹亦征到陈列,详见后。

《春秋》,天子之事也。圣人亡位,黑不代苍,废文从质,故宋吾祖乃因行事加王心焉。懿哉!六艺之卒业,其文则史;今之经,古之史也。四方之风,百国宝书抑亦多师矣,而忠厚宅心者,其《诗》教与?"《诗》亡而后《春秋》作。""吾其为东周乎?""王者孰谓?谓文王也。""文不在兹,政事之大,孰谓《尚书》不在,《春秋》辍简,《秦誓》反袂而泣,薪采之获焉。拨乱世反之正,非礼不行焉。""《春秋》有经礼,有变礼",董仲舒言,大义昭然,讥丧取,恶实来,或讳内恶,或讳天王,莫非礼谊。纯太平之世,作乐象德,六羽物始,闻《韶》忘味,至讥"二名",微而著之。麟至者,太平之应,今非其时,感而著书。师挚往矣,然本末具,俟后王。探阴阳之本,正天元,体天行,五德代新代故,用九无首,成始而成终,《易》之蕴耶?《春秋》大传,厥惟《论语》,问十世以通三统,多闻见以张三世。口耳授受,"六科""六指",游、夏之徒,默识微言,博深切明,鲁齐之管辖,在胡毋生云。董生蔚然将以《春秋》推大汉治,江都之问,五行之对,后不及见刘向。并世而有公孙弘,著书十余万言,亲受业之弟子,且以师为大愚。《闻举》《玉杯》《蕃露》《竹林》《清明》之属,胡为乎若存若亡?子政部居班志,袭而糅之,传《公羊》者祢而若祧之,遗文失次,董生之不幸与?《春秋》之不幸也。汉魏之际,何休之伦殆已不见全书,后益茫晦,凌杂掇拾,《楚庄王》云者,阙失而还,登为首简,《公羊》治狱,甲乙设辞十六篇,非其书也(周中孚信之,《郑堂札记》卷四《春秋繁露》前十七篇皆论《春秋》之义,当即《汉志》"《春秋公羊治狱》十六篇"之文;自《离合根》第十八以下皆与《春秋》无涉,当即《汉志》"儒家百二十二篇"之文)。夫十六篇说《春秋》者,从衡羼乱,犹可阅读,儒家篇第,传写断烂,阙疑抱残,亡伪焉尔。国朝大师诃责吕步荼,目摄程大昌者,钩鈲之,鰓理之,渺哉承学小生,备闻嘉定钱氏、余姚卢氏、武进张氏、兴化凌氏、归安周氏之言。既冠以来,垂四十载,北南之游,壮老之迁变,未能学于《春秋》也,学于董子;未能学于董子,学于诸先生。以天治王，以王治天下，儒者曰：《春秋》当新王，悬诸日月而不刊者，勿乃世亡王，则始可以亡《春秋》乎？然且不可。《春秋》有事有文有义，孟子得之。邹、夹、铎、虞，世亡书，董生有书焉，乃任其茫晦，掇拾一至于是，诸先生告我矣。引而申之，锐乎写定其文，悠乎籀其义，如亲见其事，十六篇其大本也。今十六篇可以当其书，未可知也。然观《春秋》之大法，其庶乎？彼五十凡，寱语耳。《王道》以上六篇，旧第也；稍稍进退其言，后十篇差更次焉。《观德》者笔削之迹，《灭国》《消息》《会盟》云者，所谓据乱而作也。正其贯，万事理，于是《十指》者人事，《二端》者天事，尽人以合天，有质文之运，人以承天，《爵国》之等也。若夫《俞序》所次，或相应，或不相应，昔之十六篇，必其相应者与？今不可质言矣。儒者百二十三篇，殆有废坠？而大统在仁义。董子承问抗对，则曰仁义，学《春秋》之学在是，故首以仁义。孔子曰："必也正名乎？"《深察名号》而下，正名之学也，故次之以名。政者，正也，《春秋》之书，以正春秋之时之政，天人交会以成其政，故次之以政。政莫大于法制，制有物，物有则，故次之以制。人道迩，天道远，苟求其故，王者之受命，非王者治人也，天法云尔，故天人义次之。何以谓之天？天难知者也。阴阳也者，物物而有，尽乎阴阳，则尽乎天，故阴阳次之。阴阳盍著乎？五行而已，故五行(义)次之。王者不可不知《春秋》，则不可以不知天。惟王祀天于郊，所以告事天于宫，未受命则已，受命则郊天，丧且不避，况他物？故以郊义终焉。夫惟董子，《春秋》大师，则儒家所传百二十三篇不离其所宗。吾生十五年读《春秋》，二十年而读《董子》，蓬转燕闽，逆旅独学亡津涘，以先进所次第为梁为舟，庶几破文析理，一人之私言，亦非绝亡师说者也。后三十年，赓续以往复，时闻疑，时载疑尔。若夫诂言大略，卢、凌成业推说，匪难理董，崽诸来者可见。谭献撰。案此亦见夏寅官撰《谭献传》，惟字句微异。

五经总义类

石经阁日抄　一册　手稿本

(清)嘉兴冯登府著。嘉兴图书馆藏。

原题《编柳斋日抄》，后改今名，前后无序跋，内容为笙诗说、孔子去鲁说、明堂非路寝解、召公辨、季黎解、春秋异文考、箕子明夷辨、禹贡蚕桑说、易伐鬼方解、尚书古文礼记逸篇证。

四书类

四书遇不分卷　六册　明抄稿本

（明）山阴张岱著。浙馆藏。

岱字宗子，号陶庵，别号蝶庵居士。明亡，隐居以终。是编未刊稿，不见各家著录，卷末附有《寿王白鹤》七古一首，系手迹，尤可珍，详细题记已见本馆馆刊第三卷第六期。

此次展览，陶庵手稿共得三种，自此以外，尚有《石匮书》及《陶庵杂录》，其详见后，览者参焉。

论语集解义疏二十卷　陈列二册　原稿本

（清）定海胡夤著。四明张氏约园藏。

夤字伯寅，一字止三，薇香先生式三之弟子。此其手稿，首有同治六年三月自序。所著尚有《明堂考》一卷、《切音启蒙》一卷、《大衍集》一卷。光绪《定海厅志・艺文》著录。

孟子四考[①]　二册　抄稿本

（清）海宁周广业著。九峰旧庐王氏藏。

广业字勤补，号耕崖，乾隆举人，著作甚富。此为已刊底稿，《海昌艺文志》著录。

---

① 《浙江省古籍善本联合目录・经部・四书类》著录，今藏天一阁、浙图，第115页。

乐 类

易律通解四卷 四册 抄稿本

(清)临海沈光邦著。黄岩县九峰图书馆藏。

原题内阁撰文中书沈光邦著,裔孙沈久霖同男维宣、[维]哲录。无序跋及目,书品宽大。

案光邦字廷飏,号皆山,康熙五十九年举人,雍正间官中书舍人,后迁福建漳州府同知,未之任,卒。此书共一百五十七篇,《四库》入《存目》。另有宋世荦传录本,书品相若,题作《易律神解》。首有宋氏序,于著者仕履及本书内容,叙述致详。《台州经籍志》卷七著录,惟误作八卷。所著《皆山堂集》,今亦应征陈列。

易律神解四卷[①] 四册 抄稿本

(清)临海沈光邦著。三台民众教育馆藏。

小学类

尔雅一切注音十卷[②] 六册 手稿本

(清)乌程严可均著。吴兴周越然藏。

可均字景文,号铁桥,嘉庆举人,著述甚多。此书首叶有“严可均印”朱文、“铁桥”白文两方印,书眉浮签甚多。德化李氏盛铎已收入《木犀轩丛书》中。有书影,载本刊第三卷第一期。

---

① 《中国古籍善本书目·经部·乐类》著录,第232页。此条叙录阙。

② 《中国古籍善本书目·经部·小学类》著录,第384页。

史籀篇疏证 一册 手稿本

(清)海宁王国维著。海宁王哲安藏。

此为已刻《海宁王忠悫公遗书》本底稿，中增改处甚多，最可见大儒作述心营之迹。国维字静庵，为学博大精醇，称近代大儒，述作等身，于宋元戏曲、考古学、西北地理等贡献为尤大。民国十六年，不幸怵于世变，遽自沉颐和园之昆明湖以死，寿仅五十一，举世惜焉。平生著作，多已刊行，身后更由上虞罗氏汇印为《王忠悫公遗书》。忠悫，逊清旧君所谥也。

说文理董前编 陈列四册① 手稿本

(清)仁和吴颖芳著。松江费龙丁藏。

《理董后编》六卷，已由南京江苏省立国学图书馆影印行世，其《前编》则卷数亦无定论。王述庵昶谓为四十卷，谢蕴山启昆谓三十卷，近人丁仲祜福保又谓作二十四卷。盖其书隐沦已久，即谭复堂日记所谓此书残稿《前编》四卷者，亦久已为世所未见也。此为松江费氏藏帙，谓批校本以明天启七年世裕堂刊《说文五音韵谱》为底本，天头地脚，评识几遍，浮签亦不少。间有朱文藻附加者，则作"文藻按"云云。第二、三、四册封面尚存，有朱氏手题"吴西林先生理董手稿"右上方"说文解字五音韵谱二"左上方，三、四两册仿此二行，并有"碧溪草堂"白文长方、"朱氏文藻""孟征"朱文三方印。可为吴氏手稿之确证。而由《五音韵谱》之卷止十二，则《理董前编》之卷数，亦从可论定矣。惜仅存首四卷，不知其余八卷，现尚存人间否耳。颖芳字西林，幼赴童子试，为隶所呵，耻之，遂弃举子业，一志读书。与厉鹗交，从之学诗，尤精六书音律。后习梵行，精研唯识，自号树虚。著辑甚众，此特其一耳。乾隆四十六年卒，寿八十。

---

① 按因此书下八卷八册仍存费君处。

说文解字考异八卷　八册　手稿本

(清)归安姚文田著。浙馆藏。

文田字秋农,嘉庆进士,官至礼部尚书,卒谥文僖。是稿经其孙觐元手校,签注数百则,涂乙钩勒甚多,向未刊行。近丁氏所出《说文诂林》号称搜罗宏富,亦未收入。而《诂林》后语云有三十卷本,则较此几羡出四倍,惜无由获见,较其同异也。详细题识,已载《馆藏善本书志》。

说文引经异同疏证　四册　手稿本

(清)温岭吴观因著。温岭林爵铭藏。

观因字郊农。此初稿尚未厘定,不见《台州经籍志》。未知视吴县雷氏浚著《说文引经例辨》三卷,为《雷刻八种》之一、承氏培元著《说文引经证例》廿四卷,有《广雅丛书》本及吴氏玉搢撰《说文引经考》,有《咫进斋丛书》本诸书为何若。

说文音义六卷　一册　抄稿本

(清)上虞王煦著。夏丏尊藏。

此书前后无序跋,第五、六两卷题《说文五翼》,盖其初名也。坊行有光绪上虞观海楼刊八卷本,正作《说文五翼》,则其后又名从其朔矣。煦字汾原,号空桐,乾隆己亥举人,历知甘肃崇信、通渭县事。为学力宗许、郑,所著自此书外,尚有《小尔雅疏》《诗古音》《文选七笺》《国语释文并补音》十二卷,又尝预修《湖南通志》。卒年八十二,光绪邑志有传。

说文声律表　二册　原稿本

(清)归安严鼎臣著。临海项士元藏。

内分十七部。首有序例及道光七年宋咸熙序。据凡例末称是书

“自道光甲申年迄今戊子稿已三易”云。书眉有朱墨笔校，有“谭献”“仲仪”“复堂所藏”“谭”“仓”诸印。按鼎臣字徐卿，九能族子。少闻绪论，于小学声韵有神契。此其遗著，未刊，专主古音，而以《说文》之声为纬，与姚氏文田《说文声系》之专主《说文》以声为纬者不同，颇为宋咸熙所称许，以为“洵足以为段氏之功臣，与《音均表》相辅而行，并传千古”云。

声训纬纂不分卷[①] 四册 稿本

(清)定海黄以愚著。四明张氏约园藏。

以愚字深诗，以周兄，道光廿九年己酉岁贡，候选教谕，著有《声训纬纂》十五卷、《杂著》二卷。此本未分卷。自序云：“以《说文谐声》之字联系录之，并略言其本义通借之用。大要本于段氏，补其所未备。书曰《声训纬纂》，以许君书为经，此为纬也。后有《重订谐声表》一卷，依段氏《表》而订之也。”

六书古训四十二卷[②] 十二册 稿本

(清)黄岩王棻著。黄岩王伯权藏。

棻字子庄，别字耘轩，同治六年举人，事迹具邑志《儒林传》。全书分六书解、六书表、六书辨、六书谱、古文故等。手稿与清抄相参。首有潘衍桐手书序，备致钦挹。案子庄有自序及后序，见《台州经籍志》卷七，惟潘序阙如，盖编者项君尚未及见也。又《经籍志》著录是书作六十四卷，而今兹所陈列本作四十二卷，不识何故。

下车观风，尝以《说文释例补》命题课士，阅临海某生卷，论六书假借之间有反事为今、倒亡为长一说，心窃异之。今冬来霞城，子庄孝廉录其所著《六书古训》首尾三卷见示，则向所见数千言悉在焉。乃知孝廉撰述之富，沾溉后学为不

① 《中国古籍善本书目·经部·小学类》著录，第397页。

② 《浙江省古籍善本联合目录·经部·小学类》著录，第167页。

少也。细绎再四，益服其体大思精，取九千余字，经之以六章，纬之以五十五类，力通奥窔，一意相承。段、王之外，自树一帜，信为仓史之功臣，非徒洨长之诤友矣。他日者，尽刊其全书四十二卷，流布宇内，就傅之童，朝学执笔，莫识造字，以视余之仅见一斑者，其忻幸为何如哉？庚寅，长至潘衍桐敬志。

名原二卷[①] 一册 原稿本

(清)瑞安孙诒让著。瑞安孙氏玉海楼藏。

是书尽取金文、龟甲文、石鼓文、贵州红岩石刻与《说文》古籀校其异同之迹，推其省变之源，而会最比属，以寻古文大篆沿革之大例。而于象形原始，论之尤详者，以愤于外人著文明史者有中国象形文已灭绝之谬说也。册中篆籀文字，皆著者手写，丹黄烂然，较印本尤易见著者之用心。先生字仲容，同治举人，学行为世所咸知，无俟更赘。遗稿此次应征陈列尤夥，兹已依类著录。

六典 三册 手稿本

(清)仁和龚橙著。杭州高氏梅王阁藏。

橙字公襄，号石匏，更号孝拱，自珍长子。仁和监生，少以才自负，应试久不遇，间以策干大帅，不能用，遂益玩世自高。流寓上海，依英人威妥玛居。欧西语言文字，一过耳目即洞精。咸丰十年，英兵入京师，或谓挟橙自导，实则"君方以言詟长酋换约而退，而人间遂相訾謷"耳谭献《亡友传·龚公襄传》，后卒于沪。生平治经宗晚周西汉，多非常异谊，类其父。所著仅《诗本谊》，已梓入谭氏《半厂丛书》，此书经七稿始成定本，未刊。全稿涂乙沾注几遍，字用正体，古气盎然，首有道光二十年自序。

予既改正古文为形九百八十，事三十四，意二百六十五。以为今世之古文，

① 《浙江省古籍善本联合目录·经部·小学类》著录"名原"两条，一为象山陈汉章校，刻本，一为瑞安孙延钊校并跋，刻本，分藏浙图、浙大，第168页。

为秦汉不通六书，省改象形，曾改假借之形，而非庖羲、黄帝、仓颉、五帝、三王、七十二代之旧也。说以隶书，以今日之书，习用程邈。而刊本许氏《说文解字》不特古文未复，篆亦隶后之篆。篆隶改古文屈曲、大小、方员、满实随物之形为椭员，方直齐一曾省之笔。通脱之后，又自别嫌。今篆则又屈曲方直而成，而李斯制作亦已久废，不足再存。邈书既沿，汉石多在。（天头原有自批云："今存秦金石刻不如东汉碑隶，书多近正，是亦隶后之篆，惜《玉篇》不知用石正隶，以正篆，徒既不用篆曾俗字不用六书说形。"）学者可遂由隶以识古文也。于是重定六书，以为《周官》之六书无形声转注，而当有音书，有谊书。形声后起，不知假借者之所为。有形声转注，故假借废不明。不知六书假借之用大，形声不能夺。（天头原有自批云："汉许慎父子以古文杂糅，泯没于形声合意之中。既并不得为形书，形声当别为书，不得因六书亡缺而以形声转注补之。形声与假借相反，转注又与形声造字之意相反也。"）乃补音书、谊书，与形、事、意、假为六书。而隋陆法言四声二百六部之书，与明陈第、本朝顾炎武以下用陆韵分合古音，又皆不得为音书。汉刘熙之书，欲于声求谊，而不辨古今文字。附会牵强形声转注，与夫汉唐以来儒者说经解字、名物故训，皆不得为谊书。音与谊不明，不知所以假借，徒数其迹，则《尔雅》《释诂》《释训》《释言》之书也。尽罗形声，则所数又转注之迹也，不得为假借之书。（天头自批云："经传古文假借已收入别撰《理董许书》删字之下。"）假借非比字所可明，非比字所可尽。而为形、事、意、音、谊五者之枢，予已成为五典，乃大序以卒发明假借之意，为《六典》。曰一切圣作明述皆自有而之无，有先知知后知，有先觉觉后觉，乃自无而之有；卒之吾心之精微，仍自有而之无。自有而无，自无而有者，昼夜寒暑，剥复生死，天之道也。吾心有精微者，自有而无，所以立天之道也。非有自有而之无者，又安能自无而之有哉？人心有谊，而后发为声音，形为文字。世有世无，世明世昧，而人心之谊无绝续，声音无授受。上古结绳而治，上古之文字，人心之所知也。夷狄羌戎，略有记识，以为文字，人心之所寄也。是故假借者，有文字之世之无文字，同此音则同此形。音本不能殊，殊之于文字也。同此谊则同此音，谊既无可殊，殊之于品类也。是故假借者，吾心自有之文字。故古者既已造形，而不禁人之假借，自有而之无之道也。必欲废假借而尽造本形，无论形声不能肖，即尽肖，是废人心而徇物也。是湮文字之原而遗缣墨之迹也，是使天下日趋于无而不复有也，是欲补六书而势将无一书也。虽然，吾心自有而之无者，民但有谊与音而已。学问之所得，其精微又不可以诏人也。天下之物，方皆自有之无已。今日之务，先将使之自无而之有。大清道光二十年正月《六典》书成，文字重明，时在京师，龚爨尹公襄自序。

此为其第五至第七，三种稿本，第五稿未录自序，第六稿所录者又与第七稿字句微殊。五、六两稿书皮均记“咸丰六年”，可知缮录之时期。第五、六稿尾均有跋。

咸丰六年，舍杭州荐桥门内新开弄，重校定，羲轩复起，不易吾言。此书实稿始道光二十五年马婆巷宅，宅即在清泰门内。时周一纪，而后大定。此为最后定本，并志，示后之人。（以上第五稿）

此与《六典》皆创始道光二十年京师外舅陈先生宪曾南横街寓。明年四月，遂丁大故，奔归杭州。越二十四年十一月，再丁大故。由是奔走江淮，携此书综定不辍。至咸丰五年，寓常州而七易其草稿，乃定此本。六年六月至杭州，检记，示后之人。

此后又有定本，此不足据。十二月八日寓杭州清泰门章家桥东新开弄余宅。

此本虽不足据，勿便弃之，存以备正本之遗失，且示后人，知成书不易易也。两子知之。此本赏充儿。（以上第六稿）

《六典》者，首《文典》，二《形典》凡百四十文，三《事典》凡三十六，四《意典》凡三百七十五，五《音典》，六《谊典》。自一、六两典外，余四典末各有序。

《形典》末云：凡予正形九百八十一，类为七篇，人身、衣服、宫室、制度、日用、器械、天地、山川、草木、鸟兽、虫鱼具已。序曰：圣人之道，莫大于豫，帝王之事，莫盛于备，学问之要，不外乎知。今夫文字之有象形，所以储六合之情状于一室，陈百王之大法于一朝，贯千圣之制作于一时一事。自有汉律，匪知是资，匪备是窥，匪豫是师，而唯迹是姿，斯六合之情状不储，百王之大法不陈，千圣之制作不贯，不储不陈不贯，则器不载道，学不究治，一出于姿，反以乱世，岂作者之适与？故大甲君共之形亡，而人禽之别殽已；衣丽貌带之形亡，而夷夏之防隋已；井国封里之形亡，而经体之始末已；耒犂犂升量之形亡，而日用之质缺矣；钟鼓卜氏之形亡，而文武之烈蔑已；一水火风之形亡，而并生之祸亟已。如是而书，羲轩之象，何殊异方之字母？台音用三五之体，奚异狱隶之曾减哉？帝尧之言曰：予欲观古人之象，日月星辰山龙华虫作会，宗彝藻火粉米黼黻絺绣，以五采章施于五色作服，唐虞之修明也。禹采九牧之金，铸鼎象物，魑魅罔两，莫能逢之，有夏之修明也。《周官》保氏教国子六书，《大行人》九岁属瞽史谕书名，听声音，外史达书名四方，文武成周之修明也。周之失官，仲尼起而修明之。汉臣许慎说孔子书六经以古文，古文者自相似。子路问卫政奚先？子曰正名。子所雅言，诗书执礼，孔氏之修明也。后之王者，有敢乱名改作而卒不能尽易者已（原注：秦始皇以“辠”似“皇”，改用“罪”；汉文以“对”非诚，以改“对”作“新”，以“垒”太盛，改“叠”；武后遂以意造字），有以八体课最（汉律）而卒不敢遂废大篆者已。至于穷极则亦必有修明之者，形复而后名可系也，谊可比也，事可识也，意可辟也，用可知也。

《事典》末云：凡予正事三十六，别为一册。序曰：凡物可象，有不可象，非象形所得而尽也。然而不可象物之不可象也。还以物之可象者，姑以我心拟之，是人必居其半，文字居其半也。故一黍一墨，皆形也。

《意典》末云：凡予正意二百七十，为一册。序曰：凡物之可象者，前之圣人，既一一象之已，不可象者，物之情也。后之述者，以为形而无不见，六合之内赜已，文字具已。六合之内不能出六合之外，而文字益大具。

《音典》末云：以六律六同类形事意为十有二，以补《周官》书名之缺。序曰：天下之至无定者，其人之意乎？百里相笑，千里相詧，自命命物，各不相谕，然而古之圣人有正名百物者已。既为是象形之文，又一一而命之。（原注：事皆依一二三音及所加形音意有不用形与合音。）命之而各如乎其形，而民之耳目心志，始不得而自有，始各得而自有，始不相阂。市井嚣嚣，鲜不以为圣人之私也；蛮夷鴂舌，鲜不以为圣人之专也。牛鸣窌，鸡登木，合而不自知，齐天下之声音者，其治人之道之始乎？同天下之声音者，其治人之道之终乎？民生哑哑，孰先之？喜怒哀惧爱恶欲，孰后之？中不中也，孰中之？文字固不必有声也。民将以其私与专失心之本然，失心之同然，而形亦将失之。是故寸寸而象之，又一一而命之。含宏象天（自注：黄钟，《广韵》“冬钟肿宋用”音也。凡《广韵》字但取其时所读之音，本此一类不问字之本音，故形声字多同声而不同类，不可绳以造字之本音与所从声也），广大象地（大吕，《广韵》“鱼虞模语麌姥御遇暮烛沃”音也），有阴阳之分，于是乎始合已（黄钟阳声，大吕阴声，合而生太族夹钟。《律历志》所谓律取妻而吕生子，合而未生则为后世之入声，入声之不成音也。俗音又重读入声别去声，古上声如今去，阳平而不分。《广韵》四声二百六类所谓知音而不知乐者，阳不能生，故阳声至今无入声。阴声，《广韵》平上多与入去同从一声字,亦可证取妻生子)。合而生必肖,肖亦必杀也(阳声大族,《广韵》"蒸登拯等证嶝"音也。阴声夹钟,"支脂之纸旨止置至志职德"音也,合而生姑洗中吕);再产而犹似广,广乎其进也(阳声姑洗,《广韵》"东江董讲送绛"音,阴声中吕,"萧宵肴豪尤侯幽篠小巧皓有厚黝啸笑效号宥候幼屋觉药铎"音也,合而生甤宾林钟);三产而犹似沨,沨乎其无所止也(阳声甤宾,《广韵》"阳唐养荡漾宕"音,阴声林钟,"侵覃谈盐添咸衔严凡寝感敢琰忝俨豏槛范沁勘阚艳桥酽陷鉴梵合盍叶帖洽狎业乏"音也,合而生夷则南吕);四产而始敛,似其中不似其外(阳声夷则,《广韵》"真谆臻文欣魂痕仙先庚耕清青轸准吻隐混很铣狝耿静迥震稕问焮恩恨映诤劲霰线"音,阴声南吕,"彻齐佳皆灰咍尼荞蟹骸贿海未霁祭泰卦怪夬队代废质术栉物迄月没曷末黠辖屑薛陌麦昔锡缉"音也,合而生无射应钟);五产而尽入,似其外不似其中(阳声无射,《广韵》"元寒桓删山阮旱缓潜产愿翰换谏裥"音,阴声应钟,"歌戈麻哿果马个过祃"音也。于是复于黄钟大吕不能再生,故无入声)。阴阳各六而成于十二,于是乎终则复始,天之道也。先王以文字制天下之声音,而制礼作乐之原也。过则不中(东之为"江"音,微齐之为"佳皆"音,支脂之之为"咍"音,尤侯幽之为"萧宵肴"音,歌戈之为"麻"音,皆过于中声,其中又分则为二百六类),细则不中(冬之为"钟"音,模之为"鱼虞"音,覃谈之为"侵盐添咸衔严"音,真谆臻文欣魂痕庚耕清青之为"仙"音,元寒桓之为"删山"音,皆细于中声)。后王失政,有敢以不中之声惑听乱形者(周颙、沈约),先王之所必诛也。周失其官,以至于今二千余年,羲轩三五之所名,神瞽之所考,孔氏之所雅言,纷而为沈约、谢朓、王融之四声,散而为陆法言之二百六韵,文字之于言尤其精者,遂去而与乐大远。学士临文诵书,与市井不殊,蛮夷无别,虽有文字,已无声音。故孔子为政,必先正名,名不正,则言不顺,以至于事不成,礼乐不兴,刑罚不中,可胜叹哉?有士焉伏而诵先王之书,悦乎游乎,《大行人》九岁属瞽史,谕书名,听声音,外史达书名四方之世,而悠然弦哥韶武之音。言一己之志,雍乎揖让国风二雅三颂之人,欲齐天下之心志而人莫假也。思齐万世之声音,而天若牖也。于是尽复羲轩三五之正名,以合乎神瞽之所考量,学孔氏之雅言,补周官之缺典,以俟兴礼乐考文者。

三种稿本,内容互有异同,大抵后出加密,故其第七稿封面自识谓"此第七稿,此后始为定本"云。

理董许书不分卷 一册 手稿本

(清)仁和龚橙著。高氏梅王阁藏。

共三种本子,两本附订《六典》第五稿及第六稿之后。首有道光二十年长序,序许书之误如半从牛,此、正从止,用从卜,左从工,巫从工,京从高,不从反之,出象草木,冥从日,有从肉,宫误宫,丘从北,老从毛,履从舟,男从力田,里从土,许书之当并如人页目口山川诸部、当删如今书古籀,大半俗误不古,籀文尤繁缪无理,不可以六书说、当补三代以上器铭象形古文之迹。全书分:改正部首《理董许书》一,改误俗字,并正文字,补许古文大题下注云:"凡补皆依予书类,不依许部",删俗误字,重次部目,改误文字,并正文字,补许古文。另一册定本,封面自署"理董许书全",并记云:"余识古文诚罕,此书作始于道光九年己丑,余年九龄,书重成于道光四年岁戊寅,余六十二矣。老耳而精神还少,眉落景巨,须长过二尺,中阅四十九载。龚橙识于上海之夷场祖楼。"所载自序但引许序驳其子冲之说,与前二本之历举当删、当并、当补者不同,盖成书后先之殊也。封面里页原亦有著者肖像,今亦被揭去。中粘浮签甚多,盖尚待重写清本者。兹录定本序于后。

汉许慎《说文解字自叙》云:皇帝之史仓颉,初造书契,仓颉之初作书,依类象形,故谓之文;其后形声相益,即谓之字。文者物象之本(此句从左氏《宣十五》疏引补今脱),字者言孳乳而浸多也。以迄五帝三王之世,改易殊体,封泰山者七十二代,靡有同。及周宣王太史籀著大篆十五篇,与古文或异。至孔子,书六经以古文,其后诸侯力政,不统于王,恶礼乐之害己,而皆去其典籍,分为七国,文字异形。秦始皇帝初兼天下,丞相李斯乃奏同之,罢其不与秦文合者。斯作《仓颉篇》,中车府令赵高作《爰历篇》,太史令胡毋敬作《博学篇》,皆取史籀大篆,或颇省改,所谓小篆者也。是时秦烧灭经书,涤除旧典,大发吏卒,兴役戍,官狱职务繁,初有隶书,以趣约易,而古文由此绝矣。自尔秦书有八体:一大篆,二小篆,三刻符,四虫书,五摹印,六署书,七殳书,八隶书。汉兴有草书。尉律:学僮十七以上,讽籀书九千字,乃得为史;又以八体试之,郡移大史并课,最者以为尚书史;书或不正,辄举劾之。今虽有尉律,不课,小学不修,莫达其说久矣。

孝宣皇帝时，召通《仓颉》读者，张敞从受之。凉州刺史杜业、沛人爰礼、讲学大夫秦近亦能言之。孝平皇帝时，征礼等百余人，令说文字未央廷中，以礼为小学元士。黄门侍郎扬雄，采以作《训纂篇》。凡《仓颉》以下十四篇，凡五千三百四十字，群书所载，略存之矣。亡新居摄，使大司空甄丰等校文书之部。自以为应制作，颇改定古文。时有六书：一曰古文，孔子壁中书也；二曰奇字，即古文而异者；三曰篆书，即小篆；四曰佐书，即秦隶书，秦始皇帝使下杜人程邈所作也；五曰缪篆，所以摹印；六曰鸟虫书，所以书幡信。郡国往往于山川得鼎彝，其铭即前代之古文，皆自相似，虽叵复见远流，其详可得略说也。而世人大共非訾，以为好奇，诡更正文，向壁虚造不可知之书，变乱常行，以耀于世。诸生竞说字解经谊，称秦之隶书为仓颉时书，云父子相传，何得改易？乃猥曰马头人为长，人持十为斗，虫者屈中，苛字止句。若此者众，皆不合孔氏，谬于《史籀》。俗儒鄙夫，玩其所习，蔽所希闻，不见通学，未尝睹字例之条，怪旧艺而善野言，以其所知为秘妙，究洞圣人之微旨。又见《仓颉篇》中幼子承诏，因号古帝之所作，其辞有神仙之术焉。其述误不谕，岂不悖哉？《书》曰："予欲观古人之象，言必遵修旧文而不穿凿。"孔子曰："吾犹及史之阙文，今亡也夫！"盖非其不知而不问，人用己私，是非无正，巧说邪辞，使天下学者疑。盖文字者，经艺之本，王政之始，前人所以垂后，后人所以识古。今叙篆文，合以古籀，博采通人，至于小大，信而有证，稽撰其说，将以理群类，解谬误，晓学者，达神恉，别部居，不相杂厕。以上叔重《自叙》，中有误说，后曾去之。

据叔重言，仓颉之初，书皆象形，五帝三王，改易殊体。改易殊体者，如□之为□、为□，□之为□、为□，□之为□，□之为□。史籀大篆不可知，叔重言或异古文，孔子书六经以古文，是不用大篆也。七国文字异形，秦篆省改史籀，形声相益，盖始于兹？叔重疾其时不别文字，不识古今，慨然欲复仓颉之书契，孔子之六经，是秦汉诸儒之所不及而贻后学于无穷者也。惜其书古俗仍多未分，以古合篆。其时古器出土尚少，所合寥寥，不知所据五千三百余字中古文正多，所当一一改复象形。凡古文象形，一文一形而已，后人辄嫌其彼此相似而加一形，或加一形以为注，或加一声以为别。如□用为南北而加□、□加□声、留加卜、□加□、□加止声、□加已声、□加□、又加□、□加黍声、□加已、□加□声、□加屮、□加□、□加口声、□加己，去其加皆古文也。古人之文，象形而已。（中有象事则二形又识事亦也象。）物之能自异者，圣者既皆象之，其不可象则用它形，所谓假借。后来作者必欲一物一事皆有其字，则以其形合它形以为之，亦不能不相假借，于是有转注。转注者，形声之假借也。《周官》保氏教国子六书，刘歆、班、郑众皆曰：象形、象事、象辞、会意、转注、假借，叔重亦曰指事、象形、形声、会意、转注、假借。夫周初岂有形声转注？假借与形声不并域而居，假借转注不必分，汉初诸儒已不通小学也矣。叔重既不知改复古文，于形声之中，后来曾许古文多为形声，籀文动合数文，尤繁缪无理。自庸人谬仞北魏猎碣用其时所造始光新字者为周宣王时刻，遂傅会为籀文。曾许氏者，大氐依旁始光字造。吾恐秦书八体，叔重未必尽见。叔重云：六书中古文，孔子壁中书也。而云壁中书者，鲁恭王坏孔子宅而得《礼记》《尚书》《春秋》《论语》《孝经》。又北平侯张仓献《春秋左氏传》。《礼记》《左氏》又岂能尽古文乎？此皆其子冲妄曾。建光元年召陵万岁里公乘许冲上书云：臣父故大尉南阁祭酒慎，本从侍中骑都尉贾逵受古学，慎博问通人，考之于逵，作《说文解字》。慎前以诏书校书东观，教小黄门孟生李喜等，以文字未定，未奏上。今慎已病，遣臣赍诣阙。冲《后叙》云：此十四篇五百四十部九千三百五十三文，重一千一百六十三。其建首也，立一为端，方以类聚，物以群分，同条牵属，共理相贯，据形系联，引而申之，毕终于亥。今观五百四十首象形多夺，而有形声以统尤俗之字。其所串属系引，谬误甚多。始一终亥，一者识事之形，不知其形而妄说之，以居于首；亥当并豕，[illegible]十日十二晨次人，如《尔雅》《急就》，非叔重理群类之恉矣。叔重之《说文》也，说其本义而已。书未成，多未说。或但云某也，是说其义也；或但云象形象某某，是说其形也，二者可以相足。如说甲至女阴，曾者必欲补完，遂多非本义本形。如说甲人头空，白自并鼻，[illegible] [illegible]并象人颈，又手也，[illegible]人之臂[illegible]中私也，“也”女阴。甚至以形声说象形，以会意说象形。会意者，以此一形会彼一形，以彼形形此形也。多即用彼形之声，书多误入彼形之部，而倒说之。形声者，以此一形合彼一形之声，书或误入彼声之部，而倒说之。古音书亡，叔重但说某声，当于象形建首之下，说其声类。窃以周官当日，如有六书，必当有声书与义书，而必无形声与转注。曾成者不知补，不明古音，多改原说某声为某省声，又不能遍识古文殊体，不知某声即某声也。诸子百家，皆好说字，观于叔重所说本形本义而皆废矣。曾者引左氏以下说字，大氐“马头人”“人持十”之类也。叔重之称经也，如《孝经·仲尼居》《左氏·韩厥执马首》《诗·桃之夭夭》，真古文古字也，惜不多见。曾者漫引经传异字，于叔重之恉无当。孔安国家有《古文尚书》，安国以今文字读之，汉魏人遂名孔本为《古文尚书》，而以欧阳夏侯《尚书》为《今文尚书》。其实《古文尚书》经安国以今文读易，不得为《古文尚书》矣。叔重方将观古人之象，复孔子之迹，何有于汉之古文今文？而冲又妄称云：其称《易・孟氏》《书・孔氏》《诗・毛氏》《礼・周官》《春秋・左氏》《论语》《孝经》，皆古文也。此不过以贾逵世传《左氏》《古文尚书》《毛诗》，谄附時贵，以显其书，不知父之绝业至尊，妄以古学尊父，真可鄙也。所引逵说，多类叔重所讥，尝叹汉以后不分象形与形声，不知象形唤作古文，是东周以前制作，形声乃是俗字，为周末秦汉制作，叔重书既不成，此事卒无明日。余自束发受经，以至今日，未尝一日去书，既尽复书中古文，又幸后叔重千七百年，得尽见古器名与秦汉至唐石刻，以正篆说，不为无证。因记其改误之迹，[illegible]公乘请，颜曰《理董许书》。光绪四年正月写成于上海。龚橙自叙。

象书七篇　一册　手稿本

（清）仁和龚橙著。高氏梅王阁藏。

封面原题“象义七篇”，后改今名，里面有“直夌四十二岁象□”二行，像则已为浅人揭去。末自序。首页第一行大题侧注云“戊寅秋日重录定本直夌精省凡六十纸”，今案实六十四页。计第一篇，人匕古俗一览，计文四十六，重八十四，十三页；第二篇[illegible] [illegible]文三十有二，重四十有四，三页；第三篇十井文，凡六十又六，重九十九，六页；第四篇盘敦文一百有四，重八十一，八页；第五篇契刀文七十五，重十二，七页；第六篇一天文八十八，重七十九，八页；第七篇毛羽文七十八，重六十，六页，都五十一页。末页题云“大凡文三百五十□□光绪四年九月写成于上海”二行。次空页四页，又次为“识事”二页，凡一二文十九，重文九；会意文九十又六重十四，七页。尾跋云：“时大清光绪四年九月既望，龚橙直夌自为写成于上海夷场租屋。时齿落复生，天畀二十万金，精神复如少年。此遂续仓颉、孔丘、许慎二千年之坠业。其福无量，寿亦无穷，自祷自颂，乐亦无亟。将携京师精刊之，以惠后学。”其笔飞墨舞，踌躇满志之概，至今犹可想见。间有复重处，如第四篇成字，其一例也。

字形声辨一卷[①] 一册 手稿本

(清)归安沈棠臣著。南浔刘氏嘉业堂藏。

卷首例言有云:字之所重者三:形也,声也,义也;而闱中题字点画误写,文虽佳,揭出不阅,则形其首重矣。今以诗取士,倘字音误读,失黏出韵,碍难入彀,则声即次之。兹故摘字之易于误写误读者,以为初学平时浏览云。盖字辨之类也。棠臣字持谦,廪贡生,所著尚有《爱庐诗抄》,见府志艺文。

幼学津梁 四册 稿本

(清)钱塘章鹏飞著。浙馆藏。

鹏飞别字觉慧主人,仁和人。是书原为课蒙识字簿,同邑太学生倪维镛所录。继经吴学宏辑补,并缀识字法则二十三条,录弁简端。章氏得其原本,为之校注,复多补列,分为金、石、丝、竹、匏、土、革、木八部,凡历数载始成云。虽无关宏旨,然于童蒙初学固不无小裨也。

音韵校正 四册 抄稿本

(清)萧山来景风著。浙馆藏。

景风字万嘉。此清抄本,版心有"来氏家谱"四字。

三体摭韵 卅二册 抄稿本

(清)秀水朱昆田等辑。嘉兴县立图书馆藏。

昆田字西畯,竹垞太史之子。此书亦名《攒笔录》,无刻本。卷首题"同里陶越艾村增订",盖昆田殁后,陶氏为之勘定也。艾村,曹秋岳之弟子,即增定《学海类编》者。首有"金蓉镜""燕诒堂"二印。末有金氏手跋及所录仲鱼、白山两陈氏跋,知此书成自数手也。

---

① 《浙江省古籍善本联合目录·经部·小学类》著录,今藏浙图,第167页。

《摭韵》亦谓之《攒笔录》。当时秀水朱笛渔先生偕吴兴蔡懒人展武、沈南浮二公，客窗合辑，笛渔手书，世称宝秘，近不可得矣，惟山舟翁出示真迹（平声起四支秋棋终十五咸药镵）。借阅十日，抄录成编，字虽太拙，以俟大君子擅书作楷，藏之名山，子孙永宝。嘉庆戊午夏，海昌陈鳣识。

素绢女兄刺绣之余，恒工韵府。壬戌之秋，七月既望，于归小桐溪朱氏。购得仲鱼师抄本，又求西畯先生草稿，即书补遗于此。每当良辰美景，试一披览，岂不快然自足？古盐官陈受采白山氏记。

右两跋见余楫江藏本。又蟫隐庐有《攒笔录》十二卷，旧抄本，署“朱、蔡合辑”。此则陶艾村增订，较前两本为多。知此书经数手共成，老辈娱情翰墨，下笔不苟，非后人所及。丙辰正月，后学金蓉镜记。

连珠均考[①]　一册　稿本

（清）镇海张成渠著。鄞县郭传璞重订。萧山朱氏别宥斋藏。

成渠字东甫，号蘧轩，后更名寿荣，字菊龄，幼从定海黄式三治汉学，从鄞县徐时栋求古文义法，以故学有本源。同治初，尝肄业西湖诂经精舍一年，旋中庚午科第九十六名举人，由直隶州州同保举五品衔，就职教谕。性澹于荣利，惟喜校刊古籍，如《花雨楼丛抄》、《杂抄》、赵一清《水经注释》、姚燮《骈文类苑》、姚评《骈体正宗》等。他著尚有《舫庐文存》《诗存》及《花雨楼随笔》等。此本尚署初名，盖早年作品。传璞字恪士，号晚香，同治丁卯举人，著有《金峨山馆诗文集》。此书卷首题“镇海张成渠蘧轩辑著，鄞郭传璞晚香重订”。有“臣郭传璞”“恬士”二印。

六经传记逸诗周书均表二卷重定易均十二类一卷论语诸子屈原均表一卷四卷　一册　原稿本

（清）仁和龚橙著。高氏梅王阁藏。

---

① 《浙江省古籍善本联合目录·经部·小学类》著录，今藏天一阁，第182页。

封面自题“尊典一卷”“论语诸子均二卷”“六经传记逸书均表二卷”三行。今案内容，实不尔也。第一种首页大题上自批云：“此稿只诗均细校定，余不可据。《左传》已校，《易》《礼》多未定。”全书分宀先作宫类第一，末行眉批云“凡《易均》以后蓝格本为定取嵌各类”云。与先作乌类第二，囟类第三先作厷类第四，后以删去获类第三故改，牛类先作贻谜，改右，后改牛第四，或类第六，红类第七，侯类第八，壳类第九，昌类第十天头批“卷之二”三字，涉类第十一，合类第十二，人类第十三案初作人，后改君，后又改斤，终复圈去，不补其字，今姑从其朔，萫初作佳，后改威，最后改君类第十四，日类第十五，元类第十六眉批云“此二类文字多须改入上二类”；兀先作何类第十七，月类第十八。末页自题云“六经传记韵表两初作一字，后改卷完”一行，又“庚子五月，馆南横街外舅陈学士宅，重写成六月，又并乙校定叙成记之”“重录时，必须取各书备检校，易韵未细乙尤须合阴入细对识之”两行。第二种十行蓝格子纸纱，首页阑外识云：“易韵多误，已另有定本。”内容计：囟类一，与类二，囟类三，牛类四，红类五，侯类六，昌类七，涉类八，君类九，萫类十，元类十一，兀类十二。第三种首页有眉批云：“周以前实无四声，此表必存三百之钧，经后人改从四声，诸子多未经改，正可相证也。”又云：“周末实已有入上，乃强使隶吾十二类中，不可也。然聚而一览，因以知此时阴声亦尚未有去，阳声尚未有上；观阴类去与入上韵处，阳类上与平韵处，可悟。翻阅之劳亦不徒矣，勿以入全书可耳。”

史部　正史类

诸史考异十八卷　四册　抄稿本

（清）临海洪颐煊著。临海洪荦堂藏。

颐煊字筠轩，《清史·文苑》有传。是书有光绪十五年广雅书局本，而此则为家藏底本，有同里程霖手书序。

史记校勘记　五册　抄稿本

（清）嘉兴钱泰吉著。浙馆藏。

泰吉字辅宜，号警石，官训导，著有《甘泉乡人稿》二十四卷、《学职禾人考》、《海昌备志》等，卒于同治二年，寿七十三。生平博学，精校雠，史部中如《史记》、两《汉书》、《晋书》，并经遍加丹黄。惟《史记》经及门唐仁寿为之移录成帙，但无何即经乱散佚。此五册，本馆以民国五年得之。封面题云“钱警石先生《史记》初校本”，下注云“只存四册”，右方有“子密检原本，只存五册，较多一册，余四册与此同”墨识一行，殆唐君端甫手识。第五册封面有“甘泉先生《史记校勘记》末册，丁丑案光绪五年夏秋之交洪鲁轩抄赠，唐嘉登子巢谨记”，下钤“补农”朱印。案泰吉次子应溥字子密；嘉登，端甫子也。则此五册者，亦几经转折，至光绪初年始获完聚也。而本届展览，乃能汇集各馆藏本骈陈一处，虽参互凑配，仍未能复原书全豹之观，然已不可谓非创获矣。此本存《苏秦列传》第九至《太史公自序》第七十，第一至四册首页均有“唐仁寿读书记”朱文长方印，版心并标记篇名页数，末一册首页有“讽字室”白文方印，版心不记篇页。

又一部　四册

刘氏嘉业楼藏。

此钱警石手书原稿。首册封面题有“道光戊申正月录起”等字数行。存夏、殷、周、秦四本纪四册。

又一部 一册

海宁县立图书馆藏。

此存三皇、五帝、夏、殷、周、秦六本纪，字非极细，而篇帙与嘉业藏本，丰约迥别，当由详略不同之故。俟暇当再借集合校之。

又一部 五册

嘉兴县立图书馆藏。

此与浙馆藏本相同，盖从之传录者。

编年类

资治通鉴后编校勘记 一册 手稿本

（清）富阳夏震武著。富阳夏贞立藏。

此为清光绪廿四年浙江官书局本之底本。震武字伯定，号涤庵，别号灵峰，同治进士，官至工部主事，以直言敢谏称。学宗程朱，著述颇富，类皆刊传于世。

周季编略[1] 四册 清稿本

（清）定海黄式三著。定海黄荣爵藏。

式三有《尚书启幪》，已著录。是书有同治十三年浙江官书局《儆

---

① 《中国古籍善本书目・史部・编年类》著录有两个版本，一为《周季编略》不分卷，清咸丰九年抄本，一为《周季编略》九卷，清同治十二年浙江书局刻本，第140—141页。

居遗书》本。此黄以恭手抄，从式三定稿出。首有以周手识及以恭子家桥跋。

袁宏后汉纪补正 残存一册 稿本

（清）萧山王绍兰著。杭县孙儆庐藏。

绍兰字南陔，有《礼堂集义》等，已著录。此亦王氏知足知不足馆抄稿本。据南陔墓志凡三十卷，今只存第七卷十一卷一册。

纪事本末类

通鉴纪事本末补后编五十卷 陈列二册（原书四十册） 手稿本

（清）仁和张星曜著。嘉业楼藏。

星曜字紫臣，仕履未详。此书卷首有康熙廿九年自序。历述历代佛老二氏祸乱事迹，以为世鉴。

古今何以有治乱，人心为之也。人心正，则有治而无乱；人心不正，则有乱而无治。人心何以不正？道术不明，异端邪说得而入之。三纲沦，五教斁，浸淫溃渐，不可救疗矣。予观唐虞三代有道之长□率不能如古之盛者，岂有他哉？道术不明而人心不正之故也。孟子言治乱自洪水猛兽以至乱臣贼子，而尤以杨墨为惧。故放之、息之、距之，以正人心；虽不得位，而拨乱反正之功不在禹下。后世无孟子而佛教之害甚于杨墨，无惑乎治者少而乱者多也。宋司马温公编《通鉴》，朱子作《纲目》，其于治乱兴废、异端邪说悉载于册，以为鉴戒，所以启人心而命之觉也。编帙繁重，袁氏枢于是类为纪事本末□。彼之以年月贯者，悉以事贯之，□用心亦勤矣。凡乱臣贼子贤奸得失之际，有纲有纪，灿然悉备。独至二氏禍乱，间附他册，未有专卷。岂以史惟纪事，二氏乱道，当为辨理，不及细录欤？夫《通鉴》一书，人主之溺于佛而禍乱者多矣，佛徒之为乱于斯世者踵相接矣；使不为之明辨焉，则孟子可不必距杨墨乎？虽然，佛口之难辨不自今日始也。程子曰昔释氏盛时，只是崇设像教，其害至小；今日之风，便先害性命道先驱了，智者才愈高明，则陷溺愈深，今日便有数孟子亦无如之何。观程子之言，益忧深而虑切矣。夫言性命道德，莫明于性理，世之陋儒未暇深究，反为之说曰三教同原也，于是异端之言得以日炽。予窃忧焉，爰是取《通鉴》之所书，类为数类：一曰历代君臣奉佛之祻，一曰佛教事理之谬，一曰佛徒纵恶之祻，一曰儒释异同之辨，一曰禅学乱正之失，一曰历代辟佛之正，总之曰释氏之乱。其老氏之乱亦以为准，皆以《通鉴》为经，性理诸儒之说为纬，而间以愚意附焉。使人之阅是书者，俾知吾道之与二氏，判然若黑白不相淆，庶人心世道其有瘳乎？孟子曰："能言距杨墨者，圣人之徒也。"盖杨墨乱正，天下之人从风而靡，独孟子一人起而正之，故有望于辅之者。今二氏之乱正历二千年，程朱大儒亦尝辨之矣。而世犹未之悟者，以诸儒之言，零星散佚，未获会聚，而阳儒阴释之流为之推波扬澜，得以助其焰也。予之是书，凡目之所及，有为二氏辨者，必确究而备录之，亦以遵程子之意，集百十孟子，与之讲明而廓清之耳。时康熙庚午八月，仁和张星曜书。

别史类

明史稿不分卷　十二册　原稿本

（清）鄞县万斯同著。萧山朱氏别宥斋藏。

此季野先生撰《明史稿·列传稿》之一部，展转流传，自中州而南京，卒入朱氏别宥斋。经时贤审鉴，鉴为先生手迹云。惟内中暦字已作歴，则又避乾隆讳矣。斯同字季野，号石园，《清史·文苑》有传。

海盐朱逷先先生辑有万氏《明史稿·南明列传》二十卷，兹亦应征陈列在抄本部分。说明另详。闻朱氏尚藏有康熙蓝丝阑抄万氏《明史稿》残本二百七十余卷，储北平寓所，未及南运应征云。

案关于《明史稿》事，有陈守实《明史稿考证》载《国学论丛》一卷一号及柳诒徵《明史稿校录》见江苏国学图书馆第四年刊二文可以参看，而柳文即为此本过京时所校记者焉。

石匮书　十册　手稿本

（清）山阴张岱著。诸暨陈氏仰遖居藏。

是书记明代三百年时事。此其列传初稿，未定卷次。中多残缺，经毛西河原名甡，字初晴，一字齐于，又名奇龄，字大可改窜补删十之三四，复经杜煦字尺庄，会稽人，博通经史，著有《苏甘廊诗集》朱笔评点。

卷首有陈蓉曙遹声长跋，并为补目，逐条系说，至便读者，今移录于后方。

《石匮书》十册，会稽张石公岱著，有列传而无纪志；列传亦多未完之稿，并有稿已完而后失者。否则，如永乐之改革，天顺复辟，武宗之巡幸，张江陵之相业，严分宜之权奸，隆万后之三边，启祯世之流寇，不应一字不及。若嘉靖议礼，建文逊国，定陵倦勤，祸邸归藩，皆有明一代要典。思陵殉国后，如南京之建立，鲁藩之监国，隆武永历之纪年，以及黄石斋、史道邻、张苍水诸公之死事勤王，郑国姓，李晋国之兴国存亡，夏肄殷顽之屡灭屡起，皆不应阙如。石公浙人，若于忠肃、王文成、刘忠介诸乡贤，不应不为之立传。且石公撰是书，注意在明以朋党亡国，而三案始末不详。观毛西河(原旁注：详见目录下注)所改及原书之不定卷数，则其为未完书可知。《叛逆传》不始于胡惟庸、蓝玉，而始于王振，则王振以前必有佚残可知。《群雄列传》"刘基独不拜韩林儿"一段，云事见《刘基传》，此十册中无基传，则其为已成之传稿而后失去可知。大约石公稿未完者十之四，稿既完而佚残者十三，此十册所存者亦只十之三耳。乡邦先贤大著遗墨，虽残膏剩馥，弥足贵也。

石公感朋党之亡明社稷，而作此书，故吾箧中收有石公文稿一帙，内有门户列传总论一篇，后有《顾宪成传》，附载曹于汴、乔充升等十四人传略，寥寥数语。后有《石匮书》曰云云，并其手录稿也。与此书体例稍不符，似可将顾宪成推及孙珑、赵南星、高攀龙诸君子而为十四人，各立一全传。又推及奄祸中左桐城、杨应城诸公作东林传或朋党传，(又公左杨入三案诸君子传或奄祸传)仍冠以石公总论。又石公文稿有三案诸臣总论，亦可以备采。苟得绛云楼未焚残稿，潘力田等所草史稿，及湖州南浔庄氏史祸未发以前所刻漏毁之书而踵成之，则莫大之著述也。余以亡国之臣，偷生视息，既老且病，饰巾待终，无能为矣，书之以告来者。

王弇州《类稿》，钱牧斋《群雄事略》，查东山未刻之史稿，万季野文集，《牧斋初学集》，《有学斋集》，全谢山正续文集，及国初诸遗老野史家集，多可采者。著雍敦牂岁酉夏，紫石山民志，时年七十三。

案石公一生著述，多胚胎说部，非迁、固正传。而于有明一代朝典、野乘、谀闻、轶事，则搜辑靡遗。此《石匮书》尤其生平所自夸者。又为其手录之真稿，经毛西河之点窜、杜尺庄之删订，虽未完之稿，已残之书，郡城草茆桥杜氏家藏百余年，秘不示人，海内别无副本，此固史家之天球大宝也。当此鼎沉社屋，天崩地陷，神州板荡，斯文将绝之会，天忽举而畀之余，岂无意乎？惜余老病，无以上承天意也。宗子先生书学钟繇，古香盎然，西河先生笔力遒劲。

群雄列传

原目作"韩徐陈明张方群雄列传"，西河乙上六字。

李时勉陈敬宗列传

稿为宗子先生手书，毛西河，杜尺庄墨朱亦是二先生手书，惟末数卷有非宗子书者。

戴珊张骞华黄孔昭周经列传

西河于戴珊下补闵圭、耿裕，周经下补童轩。

皆补目而不补传，亦未完之稿也。

王李蔡陈伯颜列传

蔡陈伯颜事皆不见扩廓传中，三人当别有传，可见石公原稿亦有践殃缺或目已标而传不即撰，亦未可知，其为未完与完而复失之书无疑。

西河改作《胜国遣臣列传》。

杨守陈吴宽张悦谢铎陈寿列传

西河乙去谢、陈二人。

刘俊陈洽刘子辅何忠列传

商辂彭时列传

刘健谢迁列传

杨一清王琼列传

韩文林俊列传

毕亨许进列传

西河于毕亨上补林瀚，然只补其目，传又于许进下补熊绣，旋又乙去，可知石公原著与西河所补皆未完之稿也。適注。

张永利传

杨廷和梁储列传

西河改为《梁储费宏列传》，又别立宏传，而附蒋冕、毛纪于杨梁传后。

杨慎列传

李东阳列传

吴廷举梁材雍泰列传

石公原目如是，西河乙去吴廷举、梁材，而于雍泰上补王鸿儒，旋又将原目全行乙去。原本之雍泰传又全割去，以愚肊度之，大抵西河欲改吴、梁为一传，别立王鸿儒、雍泰为一传，故割雍泰传，亦移合于王鸿儒也。逌注。

胡世宁李承勋伍文定列传

西河改李承勋为吴廷举，旋又乙去。

孙燧许逵列传

费宏列传

西河所补，原目无。

叛逆列传

上下俱残，王振、曹吉祥可入《宦者列传》，盖叛逆莫甚于魏忠贤也。且于《宦者列传》中间夹入叛逆，于撰书体例亦不合。

汪直梁方列传

论赞末缺一页，西河何不改，并二人于《宦者列传》中。

宦者列传

阮浪上恐亦有残缺。

云奇列传

杜尺庄补杜安道、吴亮、金英。

怀恩列传

陈准列传

阿丑列传

覃吉列传

陈谔陈祚列传

陈谔、陈祚列传当在李时勉、陈敬宗列传之次，误订入宦者传中。

刘瑾列传

原目如是，西河总改为《宦者列传》，是也。然陈谔、陈祚无端夹入宦者传中，石公、西河不应如此之无别，其为未完未定之稿益信。

宦者列传

魏忠贤、曹化淳。

案海盐朱希祖藏有此书传抄本六十三卷八册，原本闻在北平，其传抄本今附陈于抄本项。

罪惟录一百六卷 陈列二册 手稿本

(明)海宁查继佐著。嘉业楼藏。

继佐字敬修，号东山，明季举人，国亡隐处，讲学以终。此编在清代閟藏三百许年，吴兔床跋《明史传稿》，亦以未见为憾。是本自序尚为手笔，古芬盎然，为世珍秘。序末称《罪惟录》得复原题之日，即左尹得复原姓名之日，盖序中隐姓与名，仅著左尹也。而今则已由商务印书馆印入《四部丛刊三编》矣，东山有知，定当称快。

鲁之春秋二十四卷[①] 六册 手稿本

(清)海盐李聿求著。海盐朱希祖藏。

聿求字五峰，诸生，著作甚富。光绪《海盐县志·文苑传》云："少好学，不事章句，闭户研经，亲殁，布衣终身。"有《后汉书儒林传补逸》，道光间刊。此书记南明鲁王监国事迹，最称详核，为吾浙东近代一重要史案。亦于道光时付梓，仅印样本，即罹兵燹。此其手写稿，朱氏有跋。载《文澜学报》三卷第一期。

---

① 《浙江省古籍善本联合目录·史部·杂史类》著录，清咸丰刻本，又海宁朱希祖、徐益之《校勘记》二卷稿本，今藏浙图，第81页。

杂史类

列朝私记三卷[①]　三册　手稿本

(清)永嘉周天锡著。瑞安孙氏玉海楼藏。

此书所载明至清初礼制政事以及朝野丛谈,凡二三百则,亦治掌故者考证之资也。天锡字懋宠,号樗庵,永嘉人,明清节先生周应期子。清康熙时岁贡,遗著三十七种,其稿本归玉海楼者此书及《问古新编》《樗庵日抄》《花萼楼集》。所编辑书又有二十六种,今存《慎江诗类》《慎江文征》《问古诗编》三种而已。案诸书均由永嘉区乡哲遗著委员会送会陈列。

粤寇窜遂纪略　一册　手稿本

(清)遂安毛淦著。遂安县政府征集。

淦字景澄,一字丽堂,诵芬子。少随宦滇南,读书过目成诵。精经史考据,尤擅词赋,以廪贡授武康县学教谕,旋擢署江西建昌南城知县。服官清慎,有克家之誉,清季新政丛脞,以劳瘁卒于官。著有《善补过斋稿》,未梓,此其一也。身后遗稿均散佚,此幸独存。

海宁倭寇始末[②]　一册　抄稿本

(清)海宁吴骞著。嘉业楼藏。

此拜经楼抄本,末附《海宁州志校勘记》一卷,未刊。骞字槎客,

---

① 《浙江省古籍善本联合目录・史部・传记类》著录,清末抄本,今藏浙大,第108页。

② 《浙江省古籍善本联合目录・史部・杂史类》著录《海宁倭寇始末》一卷,清海宁吴骞批注,海宁张宗祥增补,今藏浙图,第75页。

海宁诸生，生负异禀，过目成诵，笃嗜典籍，好藏书，校勘精审，所得不下五万卷，筑拜经楼藏之，驰誉宇内。夙共陈仲鱼讲学，所为诗文，词旨醇厚，气韵萧远，晚益深造，不屑为流俗之作。著述备见《海昌艺文志》。

⊙甲申传信录考证十卷[1] 八册

（清）平湖钱□撰，爱新觉罗·仲谦考证。海盐朱希祖藏。

□一名士馨，字稚拙，康熙时贡生。是书有刻本，此为觉罗仲谦考证，搜罗颇弘富，手稿未刻，颇有裨于□书云。爰附列于此。板心有“蕙气清荫书屋”字。

传记类

太史公系年考略 一册 手稿本

海宁王国维著。王哲安藏。

国维有《史籀篇考证》，已著录。此书亦已刊入《王忠悫公遗书》。

张杨园先生年谱一卷 一册 稿本

（清）语水姚夏撰，海昌钱馥校。沈伯钦藏。

姚夏字大也，杨园门人。钱馥字广伯，号绿窗，又号幔亭，布衣。生平服膺杨园之学，著作甚富，其已刊者有《钱氏谱系略》一卷、《小学盦遗稿》四卷；未刊者为《集古钟鼎千文》一卷、《图书谱》一卷，此书亦其一也。为管庭芬旧藏。

---

① 《浙江省古籍善本联合目录·史部·杂史类》著录，清抄本，今藏浙图，第 77 页。

杨园先生年谱补订四卷 一册 手稿本

(清)桐乡陈梓著。郑折三藏。

梓字俯恭,一字古铭,亦作古民,号一斋,为杨园私淑弟子,乾隆时人。先是杨园门人石门姚大也夏尝辑杨园年谱,多从追忆而得,颇多舛误。古铭病其疏陋,为之补订成此稿。末有附录,并乾隆十九年四月晦日自跋。据云其生癸亥,距杨园之殁已十年,此谱则成于七十二龄顷云。时古铭右臂病风痺,握笔用左手,故是稿字迹异常人。首有"澹宁堂书画"之印,即古铭藏记也。末有李元绣跋。所著遗诗及《淑芳塾课余随笔》,兹以征到陈列焉。他著尚有《删后诗存》及《濮川诗抄》《四书质疑》《志仁困知记疑》。

宋元学案补遗一百卷① 陈列二册 原稿本

(清)鄞县王梓材、慈溪冯云濠著。四明张氏约园藏。

云濠字五桥,道光十四年举人,得黄宗羲、全祖望《宋元学案》于四明卢氏抱经楼,乃与同年生王臒轩梓材,邑志有传校补,出赀刊木;并同辑补遗百卷,采摭之富,与黄氏原著相埒。现已由约园张氏刊入《四明丛书》。另有四十二卷传抄本,见抄本项。

宝婺献编不分卷② 一册 原稿本

(清)永康王同痈著。永康吕俊恺藏。

同痈字淡庵,为明遗民永康王柳斋之后。此书首有手书总序末署康熙二十六岁在丁卯七月下浣书于南屏山房及小引,末均钤有"敬夫王耀宗印",岂同痈别名耀宗又字敬夫欤。全编分十类:醇儒、正学、事功、文

---

① 《浙江省古籍善本联合目录·史部·传记类》著录《宋元学案补遗》四十二卷首一卷,稿本;又《宋元学案补遗》四十二卷,单丕抄本,均藏浙图,第106页。

② 《中国古籍善本书目·史部·传记类》著录,清抄本,第457页。

才、忠节、孝友、卓能、高隐、贞介、义侠；末附录遗。自宋迄明，凡金属之先贤行谊，庶萃于是。书皮有藏家吕君跋云："王柳斋，逸其名，为我邑民族观念最烈之志节士，相传以诸生与明末诸贤图反抗，志不获伸，楼居终其身，示不戴天不履地之意。予于其族中觅得此编，以为公之遗墨在矣，然中有康熙年号，则知王同痈者当为公之后嗣，观其论断，怀抱尤矫矫。以此知其为遗教所熏陶与？然遍觅志书无可考。岂竟以时讳见削耶？则睹此编如见柳斋可也。姑志之，以待知者考焉。"

紫硖文献录二卷　一册　传抄稿本

（清）海宁曹宗载著。海宁县立图书馆藏。

宗载号桐石，硖石人，岁贡生，以孝廉方正征，不就。此其道光间整缉乡里文献之作。凡紫硖自明以来诗宿寓公，并著其里居，详其德行；或因诗以存人，或因人以存事，颇有裨于征稽。首有道光甲申陆景华序。按此书未刊，抄本传世尚多，浙馆亦有之。

湖州氏族考[①]　二册　稿本

（清）归安沈树本著。嘉业楼藏。

树本字厚余，一字漫真，号操堂，晚号觎翁，康熙壬辰进士及第第二人，授编修。生平恬澹，不趋荣利。著有《竹溪诗略》、《德本录》十卷、《唐宋六大家诗》十二卷、《湖州诗摭》一百八十卷、《湖州府县官考》、《清肄录》、《觎翁文录》等。今除前四书外，余悉由南浔刘氏嘉业藏书楼应征送陈焉。

湖州府县官考　一册　稿本

（清）归安沈树本著。嘉业楼藏。

---

① 《中国古籍善本书目·史部·传记类》著录《湖州氏族考》六卷，稿本，第 456 页。

所考仅及安吉州知州，武康、孝丰知县，府学训导、教谕，乌程教谕、训导，归安教谕、训导，及协守湖州左都督管副将事止。末附《本朝科名盛事录》一卷。朱墨涂乙，手泽烂然。

明季正气录十一卷[①] 二册 手稿本

（清）天台张廷琛著。天台县图书馆藏。

廷琛字念诚，号补瑕，岁贡生。所著书有《三台闺范》及《国朝学统》等书，并著录《台州经籍志》。是编述甲申前后殉节诸臣事迹，凡若干人，虽诸生、布衣之仗义而死者，亦备述靡遗，人立一传，系以赞。首有光绪丁未年褚传诰骈体长序。

闱事纪闻六卷[②] 一册 稿本

（清）海宁周勋懋著。北平图书馆藏。

勋懋，广业子，字虞嘉，号竹泉，道光壬午副贡。自序称甲申秋从管芷湘处假《西湖逸志》一册，内涉浙闱事颇多，因摘录之，并向所闻见者，汇集成此书云。他著尚有《增校海昌五臣殉节轶事》一卷、《重修西湖周元公祠志》三卷曾藏杭县金氏豸华堂、《彤史遗编》二卷、《海昌诗系补》二十卷、《四书考异疏证》一卷等十三种，备见《海昌艺文志》卷十五。

重泮纪闻不分卷 一册 原稿本

（清）萧山鲁燮光著。浙馆藏。

燮光字瑶仙，号卓叟，原籍山阴。以廪贡生选授慈溪训导；任满，保升知县，历署山西和顺等县令。光绪时，晋省洊饥，办赈颇力，巡抚

---

① 《浙江省古籍善本联合目录·史部·传记类》著录，今藏临海博物馆，第117页。

② 《中国古籍善本书目·子部·杂家类》著录，清抄本，第721页。

李秉衡器之。性好学，手不释卷，初选辑《永兴集》一百数十卷，遭乱残缺，晚年著有《萧山儒学志》八卷、《湘湖水利志》四卷、《西河志》一卷、《山右访碑录》一卷，均未刊云民国《萧山志》本传。作此书时已八十一龄矣，足见前辈劬学之精神。是编辑集有清一代重游泮水之学者小传，中夹浮签，散页不少，似尚未完稿。末页天头补记山阴鲁燮光光绪戊戌重游，则适符光绪丙申俞曲园序《春在堂杂文》六编有《鲁卓叟观察重游泮水纪盛录序》所谓“豫为观察重游泮水告”之语谶，是尤艺坛韵话矣。卒年已九十余。

重宴鹿鸣姓氏录不分卷 一册 原稿本

杭县孙峻著。浙馆藏。

此师鲁燮光之《重游泮水纪闻》意而作者。自毛奇龄至梁同书止，亡虑二百许人。惟尚多空幅，次序亦未确定，杀青盖犹有待。峻字康侯，事迹见后《仁和县志稿》条。

湖州人物志 二册 手稿本

（清）归安朱孝臧著。吴兴周越然藏。

此民国初年古微预修《浙江续通志》时所辑志稿之一部，内分仕绩、忠节、儒林、文苑、幕僚、武功、孝友、义行、介节、遗逸、艺术、寓贤等类，从旧志及文集、国史稿辑录原文而成。原已送局，后以局中某君爱其手笔，特乞录副存局，即以此稿藏家。晚岁以赀匮，乃出而易米，致归周氏言言堂云。

海昌五臣殉节轶事① 一册 稿本

（清）海宁周广业著。北平图书馆藏。

五臣者，俞元良附兄之礼、祝渊、周宗彝、启琦也，皆明季殉国者。

① 《中国古籍善本书目·史部·传记类》著录，第455页。

耕崖先生既于乾隆乙卯呈请五臣入忠义祠，复汇辑其事与诸贤自撰及他人撰作有关者成此编，末有子勋懋手跋。稿纸版心有“种松书塾抄本”。

鸣呼！此先君子于乾隆乙卯呈请五臣入祠后汇辑次成是书也，方议与俞、祝二姓付之梨枣，以垂不朽。未几，先君子辞世，遂不果。勋懋半生历碌，垂老无成，先君子所有著述，不能寿梓以传；兼之四方名德，凋谢已尽，戚好之素称同志者，真陆平原所云十年之外，索然意尽。荒村键户，岑寂无聊，因取曩时旧稿，抄录校订，为自娱计。是册虽有清本，而错误甚多，且他有所见，陆续补缀，另录存之，阐幽表微，或有当焉。道光丁酉嘉平月谨识，时年七十有二。

越中先贤祠栗主目次　一册　手稿本

(清)会稽李慈铭著。萧山朱别宥藏。

此本已刊印行世，末有光绪十一年八月廿二日自跋，详厥去取增删之谊。慈铭字莼客，《清史·文苑》有传。

东石涧日记①　一册　手稿本

(明)释南潜著。嘉业楼藏。

南潜字宝云，俗姓董，名说，乌程人。明亡为僧，改名，《明诗综》及《全谢山集》俱有传。此其随笔真迹，中多禅语，前有周季贶跋。原封面季贶夫人隶书“明遗民湖州释南潜真迹日记”一行，尚存。

同治丙寅三月，予奉左季高伯帅檄统所部赴郡属瓯宁县、建阳县查办齐匪。随员司文案事，江阴夏大令子镕，日夕侍谈谦，为余言前建阳令廷雅南樾在城郡常卖家，以百钱购得《吕晚村日记》一册，并尺牍数张，予心识之。雅南故予旧日属县令，又五兄星誉癸卯京兆试同年也。越岁，晤之会垣，首以此询，果有之。次日持以披谒，因留览焉。尺牍二纸，与人论制艺者，寥寥数纸，尾有名语印识，魏稼孙审之曰不真，而雅南甚宝重，遂先归之。雅南以此册中夹有吕尺牍，因定

① 《中国古籍善本书目·史部·传记类》著录《东石涧日记》一卷，清周星诒、李蕙跋，第521页。

为晚村日记,时以夸人,人亦多信之。予借得翻阅一过,是释家语。又遍考晚村著述,亦无此书。其记年与晚村踪迹亦殊不合,而书文法均极荒寒萧寂之致。览之令人神意俱远,疑为胜国遗老,有托而逃于释者。时稼孙方得晚村遗集二种,借考之,亦无其名氏,且其见于录者,情致高雅,亦与吕所致尺牍语不类,此其必非吕著矣。顾案之虞山《列朝诗集》、竹垞《明诗综》、其年《箧衍集》诸书,皆不载南潜其人者,时恒为之悵悵。盖予每考事迹不得,辄眠食不安数日,其素性也。隔越数日,有邻家以残书数种求售于内子者,中有明遗民诗二十余卷,时予赴人谯集,未返。内子见予日夕焦愁闷,时助检核,思所以宽之。因遍稽其入选诗人名氏,则南潜在末卷焉。其字曰月函,乌程人,住尧峰云。遂售其书,俟予归而迎告之。予大喜,飞简以告雅南。初以予言非吕著,甚不为然,及既考得撰人,遂忽视之,不复肯珍重矣。予因而乞得,属内子以隶书署首而为志其缘起如右,不厌琐琐,仿宋宾王书益公集例也。丁卯二月望日,祥符周星诒季贶父书于福州余府巷寓舍。

壬申纪游　一册　手稿本

(清)海宁查嗣琏著。浙馆藏。

嗣琏字夏重,号他山,后更名慎行,晚号初白老人。康熙四十二年进士,官编修。是稿系于壬申岁应朱恒斋太守之招,幕游九江,起正月讫七月,排日记事,并吟咏。后其诗已刻入《敬业堂集》,称《溢城集》,是记则未刊,《海昌艺文志》亦失载。

壬辰日记　四册　手稿本

(清)钱塘王际华著。吴兴周越然藏。

际华字秋水,号白斋,乾隆乙丑一甲第三名进士,历官至户部尚书,赠太子太保,卒谥文庄。著有《白斋诗存》。此其乾隆三十七年四月朔至是岁杪之日记,书皮尚有“王际华”“白斋际华”二印。

尊行堂日记　陈列四册　手稿本

(清)象山姜炳璋著。象山姜伯喈藏。

炳璋号白严，乾隆进士，知石泉县，多善政，署江油，亲督民修壩堰成，开田数千亩，民因号为姜公堰。著述颇富，此记未刊，论者谓几可与钱大昕《十驾斋养新录》媲美云。

甲戌北上日记 一册 手稿本

（清）诸暨骆葆庆著。诸暨骆晴皋藏。

葆庆后更名元邃，字筠孙，同治六年丁卯优贡，本科举人。后官至青田教谕。此为甲戌年赴京会试途中及抵京后之日记。自是年正月二十一日起至六月二十二日止。多记朋侪游谦及唱酬诗词，亦足见一时风气。

陈赓廷日记 一册 稿本

（清）天台陈省钦著。台州征品分会征集。

赓廷有《春秋公羊正解》等，已著录。此稿记咸丰癸丑年公车北上道里路程及沿途景物。

陈辛畬日记 一册 手稿本

（清）乌程陈经著。吴兴陈勤士藏。

经字辛畬，号抱之。精考据，嗜金石，善治印，工书画，富收藏。此其二十三岁时所记，起嘉庆乙亥元旦迄六月十七日。原封面题“嘉庆二十年岁在旃蒙大困记事”二行，并有“经”朱文印。卷尾有民国庚申夏河上逸民陆树基跋，云“此陈抱之先生二十三岁时纪事册也，自嘉庆乙亥正月初一日迄六月十七日，计一百六十五日，凡七十二纸。先生工书画，嗜金石，当时名士如严铁桥、高薮洲辈皆乐与之游。是册所记，虽仅半载之事，而先生之行已可见矣。……”又录《墨林今话》一则。

陈抱之经，乌程人，酷嗜金石，家藏三代尊彝及秦汉以下古钱、私印、古砖极多。所居鱼计亭，为乡前辈郑子余读书处，竹垞题额尚存。君革而新之，更辟一室。……二三博雅之士，日相过从，成《金石图》一书，仪征相国亟加叹赏。……家贫，入赀为主簿，非其志也。

越岘山人日记 残存十二册 手稿本

(清)会稽宗稷辰著。浙馆藏。

稷辰字迪甫，号涤楼，道光举人，累官山东运河道。著有《躬耻斋诗文抄》《四书体味录》等。此其手写日记，仅存道光六、七、十一、二、三、四、六、七等八年及不详年份奇零残册，合共十二本：

道光六年六月十五—七年四月廿一日

十一年九月二十—十二年六月十四

又十二年六月十五—十三年四月初九

十三年十月十六—十二月十八

十三年十二月十九—十四年二月十八

十六年十一月初五—十二月廿五

十六年十二月廿七—十七年三月初七

十七年三月十三—五月初十

又□□年闰四月十五—六月十一日案此当为道光十八年记，因嘉庆廿四年虽亦闰四月，而五月为月大，此册则五月仅二十九日也。

□□年二月廿二—四月二十日疑为道光十三年。

五月十一—六月二十

六月二十一—八月十九此两册相联属，疑道光十七年记。

又一部残本三册，计咸丰十年二月朔至六月三十日一册，封面题“流沛二编庚申中和月”；同治壬戌年八月廿八日是月大次月为闰八月，故虽失纪年，仍可断定为同治元年壬戌日记也至十一月二十日一册，十一月廿一日至癸亥三月三十日一册，封面题“正谊书堂第三编”；版心印有“越岘山馆”四红字，核对笔迹又与上一种相同，则兹亦迪翁记事无疑。据翁□年闰八月十九日补记十八日“与诗人徐毅甫书”有云“山房数千卷，日记三十年，不知飘落何所也”，是翁笔札之勤可知，而此十五册者，特其一鳞一爪而已。

瓯江归棹录　一册　手稿本

(清)青田端木百禄著。瑞安张扬藏。

此端木叔总先生手写日记，未刊。叔总为太鹤山人令嗣，而会稽宗涤楼稷辰之婿也。道光己未拔贡，候选直隶州州判，著有《石门山房诗抄》。此记起壬子年正月初一，至十一月廿九日止。首有何翰臣手识云："光绪四年处州刘修珊家取来珍藏。"现归瑞安张宋顾家。

避寇日记[①]　二册　手稿本

(清)秀水沈梓著。沈访磻藏。

梓号北山，同治拔贡，授职内阁中书，光绪中举孝廉方正，不赴。居家敦行读书，以圣贤自励。此为其咸丰间避太平天国兵事时之日记，起咸丰十年二月十六日讫庚申年十一月初一日，多有为史志所不及载者。

养拙轩笔记[②]　一册　稿本

(清)秀水沈梓著。沈访磻藏。

此亦北山手稿，排日记事，与《避寇日记》同时作。首记太平军陷金陵，末记至乙巳年止，亦可供治太平天国史者参考。

---

① 《浙江省古籍善本联合目录・史部・传记类》著录《避寇日记》不分卷，稿本，清咸丰十年至同治三年，今藏嘉兴图书馆；又《避寇日记》不分卷，清抄本，今藏浙图，第148页。

② 《浙江省古籍善本联合目录・子部・杂家类》著录《养拙轩笔记》不分卷，清咸丰十年至同治三年稿本，今藏嘉兴图书馆，第251页。

山桑宧记[①] 击壶记 蛇足记 共四册 手稿本

(清)仁和谭献著。杭州高络园藏。

此仲修先生未刊日记。《山桑宧记》二册，起光绪五年六月廿二至次年七月廿五日止，时先生方宰全椒。《击壶记》一册，自廿二年正月元日至六月初八日。《蛇足记》一册起六月九日讫十月卅日，末附杂抄五纸。起有云“六月九日，半厂老人徂署戒装，又作渡春申浦溯长江之游，诚画蛇添足也”。献初名廷献，字仲修，号复堂，同治举人，历知歙县、全椒、合肥诸邑事，性恬澹，不数年告归。少劬学，好为六朝三唐骈丽文。比长，潜心经训诸子，精博绝伦。工诗文，尤擅倚声，所选《箧中词》，词家奉为圭臬。好聚书，插架数万卷，丹铅寒暑不去手。著述极富，有《半厂丛书》行世，建德胡氏又为校刻《复堂文续》五卷，无锡徐氏为刊其日记、诗续等四种入《念劬庐丛刻》，惟先生已先于光绪廿七年逝世矣，寿七十二。未刊遗稿佚存人间者尚夥颐也，其《董子定本》手稿已著录。

计偕日录[②] 一册 手稿本

(清)新城吴璇著。新登汪德振藏。

璇字星甫，道光庚子举人，历官广东知县，有政声。此为甲辰年先生计偕入都时所记，起正月十五，至九月廿四抵家止。民国《新登志》未著录，汪氏从吴氏后裔访得，并识卷端。

---

① 《浙江省古籍善本联合目录·史部·传记类》著录《山桑宧记》不分卷，稿本，今藏浙大，第149页。

② 《浙江省古籍善本联合目录·史部·传记类》著录《计偕日录》不分卷，稿本，今藏桐庐图书馆，第146页。

弓斋日记[①]　十册　手稿本

(清)归安姚觐元著。吴兴周越然藏。

觐元字彦侍，姚文田孙。道光举人，官至广东布政使，著有《大叠山房诗集》。此记起光绪四年元旦至十六年十月朔止，中缺六、七、十一、十二四年，而十年特详。刻有《咫进斋丛书》。其日记亦多记文献掌故，不独可考时事及社会习俗而已。官川东兵备道时，有惠政，今成都西门外浮屠关尚有姚公生祠及德政碑在云。

渐西村舍日记　一册　手稿本

(清)桐庐袁昶著。桐庐袁叔滓藏。

昶字重黎，一字爽秋，光绪进士，官至太常寺卿。庚子拳乱，挺身直言，卒遭于难。寻追复原职，谥忠节。其日记凡六十余册，守在令裔，凌杂尚待整理。此本起自庚寅七月晦，讫十二月廿二日止。其他如戊戌后三载所记，因置坐室，已遭毁灭；庚子五、六两月残稿，则系抄本，非手泽也。

忘山庐日记　移画斋日记　梧竹山房日记　日益斋日记　各送陈二册　手稿本

(清)仁和孙宝瑄著。杭州孙希尧藏。

宝瑄字子玙，宝琦弟，已故。此其日记遗稿之一部分，计《梧竹山房》本记光绪十九、二十两年，《日益斋》记光绪廿一至廿三年，《忘山庐》记光绪三十及三十一年，《移画斋》记民国三、四两年，虽不能与李越缦日记比观，然要亦谈清季及民国初年政闻者所不废也。

---

① 《中国古籍善本书目·史部·传记类》著录《弓斋日记》不分卷，稿本，第544页。

傅氏先世事实编[1] 六册

（清）山阴傅以礼辑。永新贺扬灵藏。

以礼字节子，博极群书，以名太守留心郡国故实。是编专采傅氏先世之见诸载籍者，虽制敕、铭传、诗文、挽歌，片缣只楮，耆拾靡遗。朱墨笔眉批旁注，皆傅氏手书，足以羽翼家乘，为谱牒之骖靳。封面手识云："共五册，附录一册，同治壬戌订于吴融村钟氏日省堂。"第二册《三朝北盟会编》条下有细楷墨识云"同治丁卯七月从武林书肆借录"，下有《礼记》朱钤及"庚午七月从都下书肆借得写本重校""光绪壬午四月借蒋香生太守新得龚氏玉玲珑阁旧抄再校"诸行。

丁氏先人老屋记 二册

（清）钱塘丁丙著。杭县丁鹤庐藏。

此丁氏清抄稿本，未刻，序末有张元济、徐珂、姜殿扬手识三行。首叶有"公束检读"白文方印，卷中浮签校字甚多。又有传抄本一部，丁宣之藏，原列抄本项，并记于此，不复别出。

东溪小谈 一册 手稿本

（清）分水陈本忠著。分水章汉秋藏。

本忠字号、行谊未详。此记本人生活之断片兼及本地风光者。

---

① 《浙江省古籍善本联合目录・史部・传记类》著录《傅氏先世事实编》不分卷，稿本，今藏浙图，第153页。

史抄类

明史续编　残存六册　稿本

(清)山阴傅以礼著。浙馆藏。

节子先生熟于晚明掌故,尝欲辑《明史续编》,惜未成书,此其残稿也。

唐书猎组十六卷[1]　一册　稿本

(清)萧山毛奇龄著。九峰旧庐王氏藏。

奇龄字大可,号西河,博极群书,著作极富,有《西河全集》行世。《清史稿》有传。此书未刊,经顾莼校点,书眉有题记,序得书始末,有"真州吴氏有福读书堂藏书"印。

鉴古辑览不分卷　二册　原稿本

(清)归安沈涵著。吴兴嘉业楼藏。

沈涵字度汪,号心斋,晚更号象余居士。康熙十五年进士,累官至内阁学士、礼部侍郎。是书不分卷,白纸九行抄本,无序目,系摘录《元史列传》而区为蒙人、汉人,体例与列传仿佛。每段尾后均有心斋按语。末有吾暇堂跋云:"沈涵字度汪,又字心斋,归安人,清康熙丙辰进士,历官至内阁学士、礼部侍郎,著有《赐砚斋集》。此稿中有臣按云云,当为其时进御书。惟最录元史而区为蒙古色目人、汉人,可见其时犹不讳言满汉也。戊午立冬夜,吾暇堂书。"

---

① 《中国古籍善本书目·史部·史抄类》著录,清抄本,顾莼校并跋,第715页。

地理类

武林志余残存四卷 一册 原稿本

(清)钱塘张旸著。浙馆藏。

旸字东榑,行谊见杭志列传。此书原卅二卷,见《四库存目》。今残存卷八之十一。卷十第廿五页,犹有旸朱记二方,盖为原稿,世无第二本。旧藏孙氏寿松堂,有"寿松堂书画记"及"赐砚堂藏阅书"二朱印。

仁和县志稿不分卷 一册 稿本

钱塘孙峻著。浙馆藏。

仁和自清康熙一修志后,已二百余年失修,此为光绪廿九年萧治辉宰县时,有意于此,属康侯先生具稿者。会萧氏移宰鄞县,事遂搁置。是稿复因寿松堂回禄而大部化去,孑遗者仅此戋戋一帙而已。卷面有是年十月孙氏识语,聊寄感喟。今孙氏已逝,而杭城无新志自若也,不知邑人莅观者,当作何感。

峻字极于,号康侯,清岁贡,精簿录,尤熟杭郡掌故。早岁,助同里丁松生先生编《善本书室藏书志》。清季,受命掌文澜阁四库书,编有《文澜阁志》与余杭孙树礼合纂。其他著作甚夥。此次选预陈列,亦不下十余种,兹其一也。民国二十五年元旦卒,寿六十八,遗书大部捐藏浙馆。

余杭县志补遗 一册 传抄稿本

(清)余杭褚成亮著。余杭县图书馆藏。

成亮字叔寅,成博之兄,光绪丁丑进士,幼敏颖,中举后,五上春官,始得通籍,病咯血,榜发遽归,逾岁卒,年仅三十三。此传录褚氏遗稿，所补数十百条，每条下标明页卷。

余杭文献賸存 一册 传抄稿本

（清）余杭褚成亮辑。余杭县图书馆藏。

此亦录自褚氏手稿。仅《孙穀古微书跋尾》至《跋清教录》十一篇。凌乱尚未理董。

⊙余杭文献杂抄 一册 传抄稿本

余杭褚德顺辑。余杭县图书馆藏。

德顺字幼觉，清附生，入民国历任浙江高等检察厅杭县县法院书记长，民国三年取第一届县知事，分发热河署平原县事，曾任京绥铁路局警察处科长等职。

海昌胜览二十卷 新抄本

（清）海宁周春著。浙馆藏。

春号松霭，乾隆进士，官岑溪知县。是书与周广业《宁志余闻》可称宁志双璧，且均未刊，尤为巧合。道光乙巳，钱泰吉修《海昌备志》，访得稿本于宝纶堂许氏，管庭芬为之录副，并为校勘。光绪丁未，同邑张光第假得管氏副本传录，此又从张本出者。此次陈列，尚有海宁县立图书馆及绍兴沈伯钦藏抄本各一部。

海昌外志不分卷 八册 旧抄稿本

（明）海宁谈迁著。浙馆藏。

迁字孺木，明季诸生，入清不仕，隐处讲学以终。是编撰于崇祯间，尚未刊行，分舆地、食货、职官、建置、选举、人物、丛谈、艺文八门，每门又详具子目，盖较旧志颇多考录云。《海昌志》多至七八种，要以是编为最精善。末有道光时同邑陈恭溥手跋。

按，此次陈列，尚有静得楼抄本一部，海宁图书馆藏。

修川小志一卷 一册 传抄本

(清)海宁邹存淦著。海宁县立图书馆藏。

存淦字俪笙,长安镇人,修川即长安之旧名也。此志撰于同治三年客越州时,分河道、桥梁、堰闸、官署、乡校、坊表、园亭、庙祀、冢墓、风俗、物产、人物、寓贤、杂记十四门。书未刊行,有所佚脱,邹氏惧其全湮,乃于光绪五年重录存之。然艺文一门,已不可复见矣。首有同治丙寅山阴陈敦彬及萧山姚燮序,末有邹氏自跋,乃光绪廿二年应绍先跋。案此书浙馆亦有之。

修川志余二卷 一册 抄稿本

(清)嘉善钟兆彬著。浙馆藏。

兆彬字啸荪,寓长安镇有年,因作此以补正邹著,未刊。首有光绪十四年自序,末有邑人陈汝康跋。

花溪志补遗不分卷 一册 新抄本

(清)海宁许良谟著。浙馆藏。

花溪即袁花镇,为海宁四镇之一,向无志书。乾隆季年,里人许良谟始创为之,凡十八卷,复为补遗一卷。今正志已佚,此本赖邑人费寅收得,诒诸张光第,光第为之爬梳缮录,始有传本行世。首有王国维跋及张氏手识。海宁县立图书馆藏抄本,即从此出,末有民国七年冯翼云跋。案良谟字雯嵒,号梦椽,诸生。

宁志余闻八卷 八册 抄稿本

(清)海宁周广业著。北平图书馆藏。

清乾隆季年海宁周耕厓先生遗著,内容分十二目:曰方域、建置、海塘、典礼、食货、盐法、官师、选举、人物、列女、艺文、杂志,搜罗极富,考核极精,去取是非,极公且慎。道光间,钱泰吉修《海昌备志》,

多因之。其书尚未刊行，初稿存北平图书馆，即此是。盖犹未写定者，南方公私藏家所得多为录副本。本届同时征到陈列者，计有浙江省立图书馆藏光绪丙午海宁张光第传录本及海宁县立图书馆藏民国七年传录本两种。案广业有《孟子四考》，已著录。

新塍琐志十四卷[①] 四册 原稿本

(清)嘉兴郑凤锵著。郑折三藏。

凤锵字拙言，道光甲午举人，官开化教谕。桐乡人，侨居新塍镇，以掌故无稽，乃创为是志。手稿藏家，未刻，开朱士楷《新塍镇志》之先声。

濮录 二册 手稿本

(清)嘉兴岳昭垲著。沈访皤藏。

昭垲字容春，号蓉村，贡生。以洪、杨劫后，濮川文献失散，故辑此录。首录徐石麒、颜鼎受《濮川志略旧序》，吴宗泰《槜李稗编自序》，赵佑《濮镇纪闻序》，杨树本《濮院琐志自序》二篇，袁渭川、朱方增及宋咸熙、叶渭庚《濮川所闻记序》四篇，金淮《濮川所闻记续编序》及昭垲自序。自序于前志源流及存佚，纪述尤详。

记濮院者，自有明迄我朝嘉庆甲戌，凡十书：一《濮川小志》，一《濮溪志草》，《所闻记》云：《小志》散佚已久。《志草》，明别驾周之学冲宇著，仅见于《桐溪纪略》等书所引征者。一《濮川残志》，濮侣庄道水辑。一《濮川志略》，道水从子龙锡九上增定之。《记》云：二书为伊郡伯汤安所采，第《残志》辑于明季，仅存十余页，《志略》板亦漫漶，不可卒读，今并不获一见矣。一《槜李稗编》，国朝吴宗泰伯让辑。《记》云：只存一序，未见其书。今其序已刊入《所闻记续编》中。一《濮川纪略》，张其是文韩纂。一《濮镇纪闻》，胡琢珠船纂。《记》云：二书具在，幸得借观，今并借观无从矣。一《风土记》，一《濮川琐志》，皆杨树本荫轩辑，垲妇兄

---

① 《中国古籍善本书目·史部·地理类一》著录，清郑凤锵撰，郑文谦增补，稿本，第 857 页。

杨茂才名世珍，曾假予读之。庚申乱后，二书亦不知所之矣。一《濮院志》，屠本仁莼渚著。《记》云：仅见十余页，乃沈雨存茂才所摘录。垲未之见，今并不知何在矣。一《濮川所闻记》，嘉庆十九年甲戌，金淮晓澜、濮镇秋槎、承钧政衡暨家从伯名洙传号古香，取张文韩、胡洙船、杨荫轩三先生原本辑而成之，为卷六，分门亦如之，子目三十有一，后附垂训朴语。余家有是书，发逆之乱，不知散失何在，板存濮氏斯可堂，亦化为劫灰矣。同治乙丑，桐乡萧孝廉琳村于禾市得《所闻记》六册，归而赠余。余喜甚，如获异宝。将书中事关岳氏者录数十条，合旧时手抄载志录订为二卷，易其名曰《金陀述志录》，浼余友严大令钫序而藏之。壬申夏，里居无事，念镇志久不修，余生是乡，不可不从事也，遂决然以增订《所闻记》为己任。雪抄露纂，阅岁而书成。先是同镇诸君知余有是役，各出所藏见示。濮君莘田、沈君梦周并假予家乘及《桐县志》，夏君韵笙假予《桐溪诗述》，仲君竹泉则以《濮川诗抄》及双瓣香编《二杨诗抄》借予，邹君菊如出手抄《邹氏宗谱》示予，而沈君北山则尽出所藏各家刻本、抄本、诗文稿，并伊高祖东畲公所著杂记，赠公苇汀先生所著《幽湖百咏》，洎其自著诸作，与庚申后所编吾镇男女殉难录各种畀予。予又向妇侄杨介庵借伊家荫轩司马所订《杨氏宗支考》一册，而予亦自发旧箧，取先人著作之未遭散失及先后所修宗谱旧时手录各册，次序编纂，博访周咨，而底于成。分门为五，目四十，较《所闻记》，略有异同。选举一门则如府志例，而以闺范附之者，依归安汪孝廉谢城《南浔镇志》例也。盖列女一门，若入人物志，必置方外之后。汪君之变例，必有所本，余故从之。至前人咏古之作，及各庙宇祠墓碑记志铭题咏等，随条附录。其余著作，凡人可传、文可传者，录之；或其人著作十不存一，则虽花月闲吟亦必著录一二，以存其概，其有专稿而已刊者，则录关惩劝资考镜者，示限断也。予谫陋无文，流览未广，其亟亟于是役也，窃以沧桑之后，若不网罗放失，恐微言垂绝，后之有志者，虽欲从事于兹，而苦无依据，其安能凿空而为之哉？然又不敢以纪载自居也，名之曰录，亦聊附抄胥之列云尔。倘博雅君子匡余不及，起而订正之，或采所未备，踵其事以成美备，永为吾镇之信史，斯则余之大快也夫。同治癸酉秋七月，里人岳昭垲容春氏撰于邹氏书塾之慎余堂。

闻湖志稿二十卷① 六册 手稿本

（清）秀水唐佩金纂。九峰旧庐藏。

闻川世称王江泾，一名雁水，又名芦泾，嘉兴之一镇也。此志内容：

卷首：闻湖镇全图，八学图原记云“已绘就”，但此册缺。

卷一：沿革、界域、街坊、水泉、坊表、学校

卷二：名胜、农桑风俗附

卷三：物产、桥梁、官口、善举

卷四：古迹

卷五：寺观祠庙附

卷六：宅第

卷七：孝义

卷八：乡贤

卷九：文苑

卷十：隐逸艺术附

卷十一：忠义、选举、贡生表

卷十二：撰述、墓域、释道

卷十三：列女

卷十四：贤母

卷十五：寓贤

卷十六：才媛、贤母案原如此。

卷十七八：集文

卷十九：集文、集诗

卷二十：集诗

---

① 《中国古籍善本书目·史部·地理类一》著录《闻湖志稿》二十卷首一卷，稿本，第857页。

首有宣统辛亥案原题壬子，后改秋日自序，原有“方今民国成立颁行新政”后复乙去之句，则此志当至民国初始成，然实未定稿，体例亦多可议也。一说此书源出秀水李道悠手著有《闻湖诗三抄》《求有益斋诗》及《竹里诗萃》等，现原稿尚存陶拙存葆廉家云。佩金字映荪，逝世未久，所著有《闻川缀旧诗》一册，已印行。

三江所志　陈宗洛、傅月樵合编

附《江城文献》　张应鳌编　邢振纶增　两册 稿本

（清）里人何留学合编。绍兴修志委员会征集。

是书乃私家著述，其志江城一隅，颇为详备。查三江应宿闸为山、会、萧三邑水利攸关。自明以来，又称防倭重地。其间人才辈出，弦歌武城，迥非寻常村落比也。首有光绪元年何留学序，今录于后方。内容分理学、山川、险要、塘闸、风俗、物产、官署、祠祀、名宦、世勋、补遗。《江城文献》分庠生、文科、武科、武甲、乡贤、忠烈、孝友、义行、儒林、寓贤、贞节、孝养，附贤淑。

始祖何源公以开国功于洪武二十八年授世袭千户职，世居三江，至我朝大清咸丰同治年间，盖数百年矣。窃我江城一区，置于广庄之中，仅如黑子弹丸耳。加以迭遭兵难，城址半为瓦砾，户口凋敝，衰耗特甚。而自有明以来，本城科第蝉联，民物殷阜，居无隙地，如志中所载，每观此书，未尝不叹盛衰升降焉。《江城文献》编于张公应鳌，增于邢公振纶；《三江所志》纪于陈公宗洛，增于傅君月樵，未曾付梓，距遭咸丰壬戌癸亥年间粤匪兵燹，篇页焚失，绝无存者。学常为恨恨焉。适光绪元年，家君馆于安昌徐馨池家，伊处尚有遗本，急为借录，欣跃殊常。然断简残编，字句多缺。学敬于各编中无者增、重者删，又将《所志》《文献》，合订一书。现尚有陈公宗洛《志引》未能录入，而所志跋，得于向惕斋先生志学后录序中，仍以存旧。昔欧阳文忠公云：读汉唐书目，见其所列著者不啻千余，而散亡磨灭，百不一二存，以立言之不可恃如此！嗟呼，何况是书？何况是书之未刊刻乎？得失存亡，可亦置之度外矣。然经学如张宇侗先生，道学如向惕斋先生，后学小子欲考其人，将焉所得乎？则是书之存，不亦大可幸耶？况内载诸书诗序，现惟鸣九程公《闸务全书》颇行于世，而此外泯焉。学又悲昔贤之立言，真如文忠公所云，“无异草木之荣华，飘风鸟兽好音之过耳”，同归泯灭，则是书之存，不宜重加爱惜耶？或曰：是书志三江耳，何足为外人道也？学又以为不然。夫圣贤立言大旨，欲劝善惩恶，使本城人读之，知祖上盛德如此，不敢为非；倘外村人见之，知某者忠，某者孝，某者节，某者义，而善心不油然生乎？则是书之志也，岂第载山川、塘闸、科第而已耶？亦大有关于名教矣。光绪元年夏季江城后人何留学希文书于东门城内听潮书屋。

江志采访稿 一册 稿本

（清）佚名氏［著］。嘉善县图书馆藏。

此清末嘉善江峰青邑令修县志时之采访稿，仅存名宦、宦业、隐逸、隐逸补遗、文苑、文苑补遗等寥寥二十一页而已。

吴兴掌故纪要不分卷 二册 抄稿本

不著撰人姓氏。浙馆藏。

前无目录，又无序跋。首记山水，而次之以古迹、寺观、祠祀、郡建、守官、选举、遗逸各类，每类中间，或分县纪载，当为摘《吴兴掌故集》或府志而成。其以山水始，又似卷首尚有脱佚也。

上虞志刊补廿四卷末附天香楼遗稿四卷 共十八册 抄稿本

（清）上虞沈奎辑，王振纲重辑。《遗稿》，（清）上虞王望霖著。九峰旧庐王氏藏。

题“邑人沈奎仙源辑，王振纲冶香重辑，俞廷飏半农校正”。计地理、水利、田赋、建置、祠祀、职官、选举以上四卷、人物八至十一卷、古迹、典籍、艺文十四至十八、杂记、志余、续补廿一至末，共八本。末附振纲之父王望霖石友遗著《天香楼遗稿》四卷二册，末有道光廿八年振纲手跋并印记。按天香楼王氏藏书画有名。

上虞志备稿未分卷[①] 二册 稿本

不著撰人。九峰旧庐藏。

此与上列王氏《上虞志刊补》同，存典籍一门。下分经易、诗、书、春秋、礼、孝经、群经、四书、小学，史正史、编年、纪事本末、史评、史抄、传记、书录、奏议、政书、地理，子理学、兵、医、术家、杂家、类书、小说家、道家、释家，集历朝名人别集、释家及附录、闺彦、总集、金石补遗四部，疑即王治香书之副本。

台州外书订三卷[②] 三册 手稿本

（清）黄岩管世骏著。黄岩管之辙藏。

清嘉庆初，太平戚学标尝辑《台州外书》二十卷，以补《康熙府志》之缺略。惟论者讥其染明人习气，好窜改如己出者。是编即为订其得失、正其抵牾之作。《台州经籍志》未见。计卷一舆地，卷中艺文、武备、兵患、客宦、轶事、科名，卷下古迹、物类、遗闻、存疑、辨误。首有丙辰年自序，惜未及录出。世骏字德舆，号讷齐，肄业西湖诂经精舍，为俞樾所激赏。光绪戊子举人。著述颇富，具见《台州经籍志》。

咸丰临海县志稿不分卷 三册 原稿本

（清）临海程霖等纂。临海项士元藏。

此为纂修未成之稿，原藏洪雨芗处，题《临海县续志》。首有咸丰十年霖自序。《台州经籍志》卷十三著录，云有"沈元朗题词，今未见"。霖自序亦失载。霖字心树，岁贡生，教授里中，门下多知名士。

---

① 《浙江省古籍善本联合目录·史部·地理类》著录《上虞志备稿》不分卷，清上虞王振纲撰，今藏浙图，第288页。

② 《浙江省古籍善本联合目录·史部·地理类》著录，清黄岩王舟瑶跋，今藏浙图，第328页。

邑志自洪观察南沙先生修后，迄今一百八十余年矣。际重熙累洽之世，士食旧德，晨服先畴，各蒙安闲之福，未有念及修志者，其间山川城郭之增损，忠孝节义之传闻，市贾民风之迭变，休祥灾变之多端，往往听其湮没，后之人欲征文考信，将何所依据乎？乾隆初年，秦大令锡淳、黄大令河清，嘉庆时洪大令蒙煊、宋大令世荦诸先进，皆欲继先人之志，慨然有意于续修，皆居官日久，天不假年，遂至作而中辍。厥后广文宋经畬、明经汪度两先生亦有此心，曾商于霖，以物力艰难而止。甚矣志之不易修也。咸丰丁巳，洪君瞻台、建封、陈君协埙三明经，始为是谋，乃于岁杪举行，一切章程，初未详备。至次年粤匪纵横，鹤唳风声，无处不警。而吾邑乃有林王之变。有财力者方捐输兵饷之不足，一二有学识之士，奉上司令筹办事宜，莫不疲于奔命，而邑志遂为不急之务矣。夫当军需旁午之秋，士女震惊之日，而以数墨成行为不急，则诚不急矣。抑知一百八十年来，秦、黄、洪、宋诸前辈，其初稿仅有存者。设一旦付之兵燹，是濯濯者更甚于杞宋之无征。此人所谓不急，正吾辈所谓至急者也。而顾可已乎哉？因与两洪君从艰难辛苦中，借书于潘上舍日初，得其可据者百余种。又于各乡村网罗散失，咨访旧闻，及搜检诸先进断简残编，缉成此稿。所载事实，皆前志所未有。而忠臣义士，贞女烈妇，皆由采访确实，然后笔之于书。即传记、序跋、诗赋之作，亦必有关于风俗人心者，方载诸简内。所谓宁缺无滥，慎之又慎也。然此特名之为稿，原多不纯不备，未为成书，而大略已具。后之修志者，或可为陵泽之因。而规矩之严明，裁量之精当，使尽美尽善，卓然与洪观察先后媲美；而乡先进无限苦心，亦庶可藉以自慰。此则霖与洪君所深望而厚幸也欤？咸丰十平闰三月朔，程霖序。

临海县补志料　二册　传抄稿本

（清）临海宋世荦著。临海项士元藏。

世荦字卣勋，号确山，乾隆举人，知扶风县事。《清史》有传。著述备见《台州经籍志》，辑刊《台州丛书》，尤称网罗乡里文献之巨编。此就各书采集人物传记及故实遗闻，备供志书之补正者。《台州经籍志》卷十三著录。

邑乘管窥二卷[①] 二册 手稿本

(清)黄岩管世骏著。黄岩管之辙藏。

此光绪时作以补旧志之疏陋者。原题“黄岩县志黄岩集订”,首有光绪庚寅年自序。《台州经籍志》失载。

《黄岩县志》及《黄岩集》成于吾邑王子庄、子常两先生,盖兼取陈氏《赤城志》、林氏《赤城集》之例,罔罗宏富,信乡邦文献之渊海矣。惟是卷帙浩繁,雠校匪易。子庄先生校议尝订其讹,然不尽于此也。予批阅之下,偶有所见,辄题卷端,或别纸记之。长夏无事,始抄出为二卷;非敢轻议前人,亦求其义例之有当而已。光绪庚寅,邑人管世骏识。

台郡文献补不分卷[②] 一册 手稿本

(清)临海汪度著。临海项士元藏。

度有《周易观象》,已著录。此为补戚氏《台州外书》《三台诗录》、宋氏《台郡识小录》等拾遗补阙之作。首有目录约百卅五则,又咸丰元年自识数行,已见《台州经籍志》卷十五著录。

方志涉台不分卷 一册 手稿本

(清)黄岩管世骏著。黄岩管之辙藏。

此系搜录各地方志有关台郡之纪载,初稿凌杂,尚未整理。

群书述台二卷 二册 手稿本

(清)黄岩管世骏著。黄岩管之辙藏。

此从群书中抄摘有关台州记载,凌杂未成条理。

---

① 《浙江省古籍善本联合目录·史部·地理类》著录,今藏浙图,第290页。

② 《浙江省古籍善本联合目录·集部·总集类》著录,今藏临海博物馆,第137页。

台典不分卷[①]　四册　手稿本

(清)临海宋世荦著。临海项士元藏。

此确山未刊稿,专辑有关台郡之文字。卷面有宋氏曾孙元德手跋云:"此书不知卷数,毛逆乱后,邑人某获后二本,与王子庄诸人定为《台典》。郡伯刘公续修县志,家大人觅还。同治九年,残书中又得此本,知当时必另有定本也。曾孙元德识。"《台州经籍志》卷十五著录,云"今存原稿三册"。

⊙桐庐风土志八卷卷首一卷　二册

桐庐臧承宣著。著者应征。

承宣字益芗,清光绪拔贡,原籍分水,久居桐庐,曾掌教于杭州私立之江大学。

东瓯掌录[②]　一册　抄稿本

(清)钱塘陆进著。瑞安孙氏玉海楼藏。

此书所载温州一郡掌故一百五十余事,多明末清初轶闻,惟采录不标出处是其弊。此传录瑞安项氏藏抄本。原本书眉有墨笔校语,末有海昌管庭芬题记。此帙经孙仲容先生手校。进字荩思,以岁贡官温州训导,著有《巢青阁集》《付雪词》,有刊本。

---

① 《浙江省古籍善本联合目录·集部·总集类》著录,今藏临海博物馆,第137页。

② 《浙江省古籍善本联合目录·史部·地理类》著录《东瓯掌录》不分卷,清陆进撰,清抄本,清海宁管庭芬校并跋,清瑞安孙诒让校,今藏温图,第329页。

东瓯大事记六卷[①] 一册 抄稿本

(清)瑞安孙锵鸣著。永嘉区征辑乡哲遗著委员会藏。

锵鸣字韶甫,道光辛丑进士,官至翰林院侍读学士。取历朝以来瓯郡建置沿革及灾异寇乱诸事,仿通鉴纪年例,辑为是《记》,间附考证。始东汉惠帝三年,迄明神宗万历三十七年,殆未成稿也。

瓯乘补二十卷[②] 四册 抄稿本

(清)永嘉黄汉著。永嘉区征辑乡哲遗著委员会藏。

汉字秋明,道光诸生。此书采辑梓里故实,巨细雅俗,并蓄兼收,以补郡邑乘之遗漏。原稿尚守在后裔云。

郡志选举考正六卷 四册 稿本

(清)瑞安孙衣言著。孙氏玉海楼藏。

衣言字劭闻,号琴西,道光庚戌进士,官至太仆卿,生平著述甚多,流布儒林。此书援据群籍,以举正旧《温州府志·选举门》之阙误者数百事。书眉有朱墨笔批注。衣言又有《郡志职官补正稿》,亦甚精博。

滹阴志略一卷 一册 抄稿本

(清)海宁管庭芬著。海宁县立图书馆藏。

滹阴县亦称滹县,清初省入通州,旧有志,不传。道光十一年,管氏为创此编。时其从兄嗣许官滹阴,氏以应京兆试往依焉。撰稿未

---

① 《浙江省古籍善本联合目录·史部·地理类》著录,瑞安林庆云惜砚楼抄本,今藏玉海楼,第329页。

② 《浙江省古籍善本联合目录·集部·总集类》著录《瓯乘补》一卷,清王棻抄本,清黄岩王棻跋,今藏黄岩图书馆,第140页。

成，即南返，故称《志略》，《海昌艺文志》著录，未刊。宣统己酉，同邑张光第茂才假得原稿录副，此又从是出。又省立图书馆亦有抄本一种，与此同。庭芬号芷湘，诸生。博览载籍，有名于时，著作甚富。《海昌经籍志略》兹亦征到原稿陈列其最著者也。案此志与后载《越游小录》集部并为管氏《花近楼丛书》之一种。全稿现藏国立北平图书馆，见该馆《善本书目乙编》。以上郡县之属。

天竺续志备稿不分卷　一册　稿本

杭县孙峻著。浙馆藏。

此但摘录《西湖志》《西湖游览志》及《志余》中有关天竺之资料而成，未分篇目，曰备稿，实犹《备稿》之草稿耳。

中天竺法净寺备志不分卷　一册　稿本

杭县孙峻著。浙馆藏。

系据康熙《钱塘志》、雍正《浙江志》、姚氏《西湖志》、管氏《天竺志》，以迄翟氏《湖山便览》等，摘抄成编，未分篇目。

六和塔志稿不分卷　一册　原稿本

杭县孙峻著。浙馆藏。

杂采地志及各家咏六和塔诗篇而成，复重冗乱，未经理董。

白马神庙小志　一册　抄稿本

（清）海宁释达受著。海宁图书馆藏。

达受字六舟，精鉴赏，好金石，工吟咏，字画篆刻，无一不擅。天头有过录眉批。省立图书馆亦有此抄本。

约略说残存卷六　一册　抄稿本

（清）钱塘施朝幹著。浙馆藏。

此为考述杭城坊巷故实之作，不见《杭志·艺文》，残存卷六，题“琼花街人施朝幹庭午辑”，丁氏《武林坊巷志》曾采及，惟原书卷数不可考矣。案朝幹字庭午，钱塘诸生，熟于南宋掌故，所著有《仰西山稿》《补杭州府七志》《武林人物新志》。工诗，著有《璚花馆诗存》，阮文达《輶轩录》曾采其《夜宿山家》二首入录。

武林坊巷志八十卷 五十五册 稿本

（清）钱塘丁丙、孙峻同辑。浙馆藏。

丙字嘉鱼，别字松生，晚号松存，清诸生。居乡，与兄竹舟先生申，好为义举。洪、杨乱后，省垣初复，浙抚左文襄委办善后，荐授江苏知县，不赴。家富藏书，八千卷楼、嘉惠堂之名，至今尚传海内外。好网罗乡里文献，辑刊《武林掌故丛编》二十六集，海内郡邑丛书，莫之或先焉。编有《杭郡诗三辑》《善本书室藏书志》等，并为学林传诵。其救护并抄补文澜阁《四库全书》，尤有系于东南文献。民国二十一年为先生诞生百周纪念，本馆馆刊一卷第七八期合刊曾为编纪念号，可供参看。此书集杭城地方掌故之大成，松生先生纂缉之于前，康侯茂才续补之于后。惟因史实悠久，采摭难备，故虽积稿可隐身，而仍丛残待理，未能即授梓人也。原稿五十八册，经借失第十三及第十八两册斯如二图及芝松一图，赖康侯先曾抄补十七本，始得差完。今丁氏本亦由令裔宣之送陈，合置一处，联成双璧，可谓书林快事矣。惟其中南良二图，两本并阙，则拾补之责，不能不有待后贤耳。

附录总目：

引用书目均编一册	坊巷志坊均目一	总志一
太平坊二	西壁坊一	丰上四
丰下四	斯如一图一	
斯如二图一第十三册缺		斯如三图一
保安一图一	保安二图一	保安三图一
芝松一图一缺	芝松二图上一	芝松二图下一

松盛一图上一	松盛一图下一	松盛二图一
南良一图上一	南良一图下一	南良三图一
北良一图	羲和一图上下一	羲和二图一
羲和三图一	平安一图一	平安二图一
平安三图一	平安四图一	平安五图一
东里一图一	东里二图一	东里三图一
东里四图上下	如松一图一	南北一图一
南北二图一	东西一图一	东西二图一
东西三图一	羲同一图上下一	羲同二图一
羲同三图一	卫所上图一	卫所中图一
卫所右图一	卫所下图一	驻防营上一
驻防营下一		

首有俞樾序及丁、孙两氏自序，俞序已收入《春在堂杂文六编》，孙序末称有凡例，乃今未见，殆已佚，惜哉。

先父母迎陈舅祖母于家，丙尝受抚抱之慈，陈固姚春漪丈之姑也。下学之次，时为道里中故家遗事，谨识之不敢忘。稍长，即好掌故诸书，偶订小册，录其闻见，如《武林旧事》《梦粱录》《辍耕录》《西湖游览志》，皆类而采之。咸丰辛酉，再遭兵火，新旧图籍，荡为烟云矣。同治甲子，杭既收复，搜得胡君次瑶旧绘省城坊巷图；其时满城榛莽，途路湮迷。访胡君手辑《坊巷志稿》，不能得。胡君之志，原于朱先生朗斋，先生固书农学士之师也。学士长君琅圃比部《听香斋集》中，有《答金亚伯大理借坊巷志》云"此是先生未定书，寥寥数叶竟无余。茨山七述如重补，拟向君家借五车"诗可证也。先次瑶君而采辑录者，则有张东樽旸之《武林志余》、施亭午朝幹之《约略说》，皆分坊条缀，杂载事实；虽得残帙，不足续补也。庚午冬，见王松溪《乡试行卷》，履历之下，继以著作，有《杭城里巷考》《湖墅旧闻》，急索其稿，松溪笑曰："吾姑列其目，实未有书耳。"于是归寻胡绘旧图，按图排目，若街、若坊、若巷、若弄，都八百余条。稽之图志，证之史传，下至稗官小说，古今文集，靡不罗载。间有涉湖墅者，则抄寄松溪于江右。或有规余曰："著书远且广，要宜上下五千年，纵横数万里。子之为书，天水迄今，岁未及千，区区方隅，里仅周十，何自近自狭乃尔？"余谓十室之邑，必有忠信；惟桑与梓，必恭敬止；生本不贤，甘于识小；道听途说，虽弃不恤。日积月累，草册渐盈。丁亥初冬，家孟溘焉而逝。回溯少日钓游之地，倏少人烟；老成通德之门，已无哭处。沧桑俄顷，遑论古初？齿发寖衰，惮于纂述。寿松后人康侯文学，勤于著述，雅有同心，因举丛编，郑重付托。康侯气锐神王，寒暑载更，排比图经，勿使遗漏；泛览说部，增益新奇，如遄行而不废半途，如掘井而不止九仞。编缀将完，顿慰迟暮。惜次瑶君久籍忠义，竹舟兄亦归道山，无以相为印证也。光绪丙申元旦，田园老人丁丙。

杭州襟江带湖，灵秀甲天下。吴越以前，纪载阙略；自天水建为行都，典章文物，灿然大备。元末，淮张拓缩城闉，胜国因之；我朝首重培养，改邑不改井，而志乘之存于今者，若宋则乾道、淳祐、咸淳临安三志，明则成化、万历两郡志，嘉靖之仁和，万历之钱塘两邑志。圣清府志，一纂于康熙，再修于乾隆；县志则钱塘、仁和并成于康熙间，俱可考也。至《一统》之巨编，两浙之省志，载其大者而细者遗焉，《东城杂记》《南宋古迹考》《西城杂志》《北隅掌录》《新门散记》《湖山便览》《武林第宅考》，非域于一隅，即兼详郭外，举其偏者而全者慊焉。惟明之田氏《游览志》，循途纪事，有条不紊，惜书成万历，后事无征，附载《志余》，各里失限，美则美矣，未尽善也。乾嘉以来，朱朗斋、胡次瑶两先生起而振之，先后著《武林坊巷志》，一虽草创，一已编成。庚辛两劫，片纸不传，可慨也夫。峻尝念先景高公应诏进书，其一为《乾道临安志》，蒙赐御题，而《提要》称为南宋地志最古之本。考武林掌故者，必以是书为首。峻守旧帙，思先绪，未尝不思由干以及支，从原而竟委，心有余力不逮也。光绪己丑春，获睹松生丈《杭城坊巷志稿》，蝇头蚕足，幅尽黝如。仅载城北一区，与敝庐咫尺，按册以求，如指诸掌。抠衣载扣，更示全稿，往往近属目前，远超顶上，黄口所得而道，白首不得而穷者。丈则汲古搜今，辨同析异，纲举目张，条分件系，纵衡八百目，上下一千年，分之则通衢僻巷一志也，合之则四隅八界亦一志也，小志云何哉？且丈之所处，视前哲之掌录者更有三难焉。自来模山范水，登临凭吊，广衍数十百里，浩漫无际，而丈之所探，限于城隅。南不及凤山，北不至皋亭，论其地则广狭不侔也。纪录自凭卷轴，讨论半藉友朋，昔之小山秀谷，图籍埒于秘府，益之以天一范氏丛书、马氏之借录，岁有社，月有会，琴尊谈谦，教学相长。丈则插架虽雄，望古云遥，老成凋谢，请益无从。仅取裁于八千卷楼之储藏，不事外求，独寐寤歌，其采辑之劳逸殊矣。又若修书纂志，动多设局，征聘文雅，分门编排，积日违时，始得竣事。丈则情悫德满，于泽及髦悼之余，虽晨抄暝写，时作时辍，综计前后，不逾十霜。其用力何勤以敏，而其才何宏以肆也？丈尝语峻曰：余虽然自乱后归来，满城荒草，巷无居人。不惟朱、胡二志已化燹灰，即故家文献，里老语言，亦渺不可追，如敬恭桑梓何？粗翻简编，随手杂记，积久汇集，渐能贯串。片楮之间，或为盛，或为衰，于以验天理之循环焉。十步之中，某也贤，某也否，于以寓人事之劝惩焉。此草志之微意也。而日月不居，冉冉老矣，于名德后也。年富才强，幸拾遗补阙，匡谬纠寖，其幸成斯志哉！峻不敏，何足膺諈诿？然不敢自弃，辄为增损，为卷八十，为图四十又四，冠以宋京城图，明与国朝省城图，别著凡例总目、坊巷韵编、引用书目各一卷以附之，以识生平之幸。光绪丁酉小暑节，仁和孙峻。

又一部未分卷　五十四册　原稿本

（清）钱塘丁丙纂。杭县丁宣之藏。

此为丁松生手稿本。前无序目及图，纸色不一，有用补抄文渊阁《四库全书》纸抄者，有用《杭州府志》料纸抄者，亦有截取印本订入者。与孙氏本较，编次详略均不侔。自序目及图外，并无引用书目韵编，坊目及坊巷韵编、总志等。惟斯如二图及芝松一图两图，尚完帙，而较之孙氏续抄清本，亦无以相逾也。全书蝇头蚕足，朱墨纽互，飞页浮签，比比而是，可以想见前辈留心文献与戢孴之劬也。

又一部不分卷　十七册　抄稿本

（清）仁和孙峻重编。浙馆藏。

前五十八册稿辑纂自丁松生先生者为多，观丁氏后裔送陈本可知。此十七册，系孙氏节抄，其中斯如二图及芝松一图曾遭借失者，兹已有之，差成完书。惟斯如二图，仅寥寥数页而已，兹列其目如次：

驻防营上下	驻防营下合订一册	丰上下坊一册
卫所中右图	卫所上下图合订一册	北良一图一
松盛一二图一	西壁坊一	南良一三图一
如松一图一	斯如一二三图一	东里一二三四图一
东西一二图一（与南北一图合订一册）		羲和一图一

羲和三图一合一册 太平坊一　　　　　　南北一图一
保安一二三图一　平安一二四五图缺三图一册今订一册
芝松一二图一　　羲同一图一

北郭丛抄不分卷　一册　手稿本

(清)钱塘丁丙辑。浙馆藏。

此丁氏考稽杭城北隅掌故之笔记，当亦《武林坊巷志》之一种史料。首尾残缺，坏字甚多，经孙康侯先生装裱成册，始获保存。其《北郭诗帐》则已梓入《武林掌故丛编》中。

北隅续录[①]　一册　手稿本

(清)钱塘丁丙著。鸽峰草堂周氏藏。

此松生先生遗稿，以黄扣翁《北隅掌录》为底本，逐条批识天头。第一页上方有光绪丁酉先生自识十三行，即今《武林掌故丛编》第二十六集本之自序也。以上古迹之属。

听雨录　二册　抄稿本

不著撰人。九峰旧庐王氏藏。

此选录杭州旧闻轶事。有"沈馥之印""沈氏鸣野山房图籍印"。以上杂记之属。

吴下寻山记一卷　一册　手稿本

(清)嘉善黄安涛著。嘉业楼藏。

安涛字凝舆，号霁青，嘉庆进士，官至潮州知府。博学工诗词。此其与吴门顾湘舟沅游太湖遍历洞庭诸胜所撰，诗文俱备。首有芑

---

① 《中国古籍善本书目·史部·地理类》著录《北隅续录》二卷，稿本，第978页。

蕉山人左晖春、道光丙午八月袁起字竹畦及江宁何咏字梅屋、丙午春江都符葆森及道光辛亥暮春汪藻鉴斋氏等跋。末有"辛亥立夏后三日壶园居士汪锡珪字秉斋"题并手识。以上游记之属。

黑车子室韦考　一册　手稿本

海宁王国维著。王哲安藏。

此稿写定于丁卯四月，末附《鞑靼考》《萌古考》，合装一册，均已刊行。《鞑靼考》末手书曰："丁卯四月十四日改正清写。观翁。"《萌古考》末题："丁卯四月八日重改正清写。观翁。"均先生最后定稿之证。其《史籀篇疏证》及《太史公系年考略》已著录。

辽金时蒙古考一卷　一册　手稿本

海宁王国维著。王哲安藏。

此即《上世蒙古考》，后改《萌古考》。以上外纪之属。

政书类

文献通考补增三卷参补残存二十三卷　三十三册　稿本

（清）嘉善叶濬发著。浙馆藏。

濬发字杏元，一字道香，岁贡生，博学工文，力追古雅。家贫，笔耕墨耨，沉酣经籍中，杜门著述，垂二十年，成此书，曾以呈督学使者韩城王文端公，极为赞赏。其他诗文尚富，惜无子，悉佚云。邑志艺文作《拟正文献通考》，本传作《文献通考拟正》，并不著卷数，得此可以斠补矣。此稿写于乾隆中，据自序尚有《质疑》一种，今佚。又《参补》原有二十六卷，今缺三卷。

经济类苑四卷　四册　稿本

（清）嘉善顾秉坚著。嘉善县立图书馆藏。

秉坚字云一，号汉芬，一名城，字赤霞，清康熙二十六年丁卯科经魁，出仕会稽县教谕，卒后，门人私谥为端毅，所著尚有诗文集十二卷，已佚。是书首有自序及凡例，卷首三垣、经星、皇清舆地、海防附漕河、江防五图、舆地考、历代年号表。卷一天地集、君臣集，卷二吏集、户集，卷三礼集，卷四兵集、刑集、工集。首有“顾城之印”白文、“赤霞”朱文印。以上通制之属。

大统平议一卷　一册　原稿本

（清）黄岩王棻著。黄岩王伯权藏。

棻有《六书古训》，已著录。此为光绪初争嗣统问题时所作，后列二书，均同期作品。自跋有云：“议礼之不平久矣。不失之过则失之不及，不失之过薄则失之过厚。若予此书，折衷于经训，体验于人情，权衡乎律令，殆百世以俟圣人而不惑者……然自宋治平至今八百余年，未有以濮议为是者，而有明议礼诸臣，二百五十余人，亦未有以濮议为是者，则余之詹言赘语，亦乌足以重欧阳子哉？……”著书之旨，可以概见。与以下三议并著录《台州经籍志》卷十六。

大礼平议四卷　二册　原稿本

（清）黄岩王棻著。黄岩王伯权藏。

此书辨历代帝室尊崇本亲之得失。

明大礼驳议　一册　原稿本

（清）黄岩王棻著。黄岩王伯权藏。

子庄先生既为《大礼平议》，以明代之大礼聚讼尤甚，乃复刺取《明史》列传具载诸臣之议，考其识见之是非，审其心术之邪正，为兹作焉。首有光绪八年二月自序。以上仪制之属。

中外和战议十六卷　六册　稿本

(清)黄岩王棻著。黄岩王伯权藏。

此书历考前史，自汉至明中外交涉之事，分为三纲十九目，各系案语，意在作主政者之借鉴，盖时当道咸之后，内有粤寇之乱，外有外洋之衅，时变方亟之际也。首有俞曲园序及光绪十五年自序。《台州经籍志》卷十六著录。以上军政之属。

浙江政鉴十六卷附道光间抄目　共十七册　稿本

(清)□□裘瀛先著。钱塘杨氏丰华堂藏。

此犹乾隆时原稿。首有乾隆三十九年傅继先及甲午年裘婿王兆椿序并自序。瀛先字竹溪，仕履未详。据自序，似系其时浙江巡抚三宝幕僚。封面题“乾隆三十九年甲午岁成”。首册目录乃道光时徐昱所录者，末有“半楼徐昱录存，时道光十四年甲午秋九月之朔，并志于山阴之玉屏金帛间书藏浣香吟社”手识一行。是书纪载详备，不但为浙献之渊概，亦谈国故者所当注意也。顾吴氏《杭州艺文志》乃遗之。全书分二十六门，兹条其序目于后。

尝思宇内之境广矣，天下之事繁矣，而欲周知其详，不亦难乎？然有可知者，亦有不可知者。不可知而不知，不失其为知；可知而不知，是诚无知矣。孔子曰：“后生可畏，焉知来者之不如今也。四十、五十而无闻焉，斯亦不足畏也已。”诚以少壮岁月正富，能求所不知，则所知似不可限。若至老无闻，实不足畏。夫农而不知耕稼，安望有收？商而不知货殖，乌能致利？士而不知博学，终于鄙陋。此犹不知之贻患一身者。若夫政事，上关国计，下逮民生。操簿书者，宁得以不知自谢哉？予从事三十余年，凡一切公牍，固不敢自信为知，而亦耻于不知，筹之有素。而未遽创者，恐贻强知之诮。会抚军三，有浙省事宜汇集一册之令。同侪各陈其概，予得与汇订。缘此搜罗博采，考志乘，核印档，因流以溯源，就案而稽例。增删去取，一从详慎。自癸巳之春，越甲午夏，竣事。分门二十有六，为卷一十有六，名其页曰浙政鉴。载铨政，知职掌也。列管制，知备御也。稽赋税，知所出纳也。计仓廪，知所积储也。学校继以祠祭，知盛朝乐育酬庸之旷典。塘工兼诸水利，知圣世保障捍卫之隆恩。若夫驿站所以速邮传，界址所以分畛域，因革宜详。漕运系正供天庾，鹾引乃通商裕食，输行须备。至于旌扬之典，优锡之条，皆逾格深仁。名胜物产，上俗民风，亦政事所系。不厌繁冗，悉具其概。纵使见闻未广，但在浙言浙，正尽所知以为知，毋嫌缺略。若推而及之，扩而充之，虽非浙省，或于公牍不无小补云尔。谨序。乾隆三十九年孟夏中浣，竹溪瀛先氏识。

总目

以上邦计之属。

目录类

经义考 一册 手稿本

（清）秀水朱彝尊著。国立北平图书馆藏。

彝尊字锡鬯，号竹垞，《清史》有传。此其《经义考》卷一经部易类手稿三十二页。原题《经义存亡考》，后以朱笔乙去“存亡”两字，中多朱墨圈识校改。首页有“登府手校”白文、“某里冯氏勺园收藏印”白文长方及“得庵曾读”白文等记。

经义考 一册 手稿本

（清）秀水朱彝尊著。番禺叶誉虎藏。

此亦竹垞《经义考》易类手稿之一，有剪贴痕迹，存十八页。稿纸形式，与上一种不同。并陈于此，可称双璧。其书影刊本学报三卷第一期。

经籍跋文不分卷[①] 二册 手稿本

（清）海宁陈鳣著。杭县叶葵初藏。

鳣字仲鱼，号简庄，嘉庆戊午举人，《清史》有传。此其写定原稿，后由钱甘泉之介刻入《涉闻梓旧》。今钱氏致蒋生沐原札，犹黏卷首。后有吴槎客跋并管庭芬藏印。

慈云楼藏书志未分卷[②] 陈列四册 稿本

（清）乌程周中孚著。杭县叶葵初藏。

---

① 《中国古籍善本书目·史部·目录类》著录《经籍跋文》一卷，清抄本，清钱泰吉跋，清管庭芬校并跋，第1415页。

② 《中国古籍善本书目·史部·目录类》著录《慈云楼藏书志》不分卷，稿本，第1404页。

此上海李筠嘉字筍香家藏书志，为周氏所作。首有顾千里氏手跋。中孚字信之，号郑堂，《清史》有传。

承示大著，铺陈排比，富哉言乎，真可谓藏书、读书两臻其善矣。走虽未窥全部，已不胜赞叹钦服。但悬计卷帙未免过于重大，岂独观成非易，即将来之刊印者及日后购藏流行等类，恐皆较难。莫如变而通之，改从易简，避去自来书目式样，用赵明诚《金石录》例，先将六千部之目，每部下只用细字注时代撰人及何本一行，分若干卷，列于前，复将每书按语，择其精华，做成跋体。不必部部有跋，亦不必跋跋自始至末，胪陈衍说。其无甚要紧及读者自知，则置而勿论，亦分若干卷，列于后，通为一书，约在卷内，似于作者观者，两得其便，兼又可以事轻而寡失也。辱大雅不弃，加以下问，故敢瞽言，尚望高明裁而教之。乙酉仲春，元和顾千里拜识。

藏书题识存二卷　陈列一册　手稿本

(清)钱塘汪璐著。杭县叶葵初藏。

璐字仲连，号春园，宪弟。其家振绮堂，以藏书名。此光绪时汪氏后裔得之于丁氏八千卷楼者，绿格抄本，版心下方有“松声池馆”四字。原题《藏书题识》卷□，钱塘汪璐仲连甫手辑《振绮堂书录》则不标撰人。卷一经部易至说文七种凡三叶，史部自《三国志》至《金石录》凡三十六叶，卷二子部《论衡》至《合璧事类》凡十九叶，末附光绪壬午振绮堂后人汪曾唯跋，曾学书《书录》无此三字。每书版本如抄或刊本，均注书名下《书录》则均另起一行上冠“此书”二字，其为朱朗斋说者，均标“朱文藻记曰”云云，凡此均与下一种《书录》不同者。

振绮堂书录[①]　六册　原稿本

(清)仁和朱文藻著。杭县叶葵初藏。

---

① 《中国古籍善本书目·史部·目录类》著录《振绮堂书目》不分卷，清汪远孙藏，清顾氏玉笋山房抄本；《振绮堂书目》不分卷，清光绪二十九年章寿康抄本，清章寿康校并跋；《振绮堂书目》四卷，清抄本，第1405页。

文藻字映漘，号朗斋，乾隆诸生，精簿录金石之学。此其为振绮堂汪氏撰，但不标名氏。书凡十册，乱后佚去，仅存此数。起地志至集部止，稿中有涂改，为振绮堂主人手批，末亦有光绪十二年振绮堂后人汪曾唯跋。

华延年室题跋不分卷　二册　稿本

（清）绍兴傅以礼著。九峰旧庐藏。

节子先生有《明史续编》等，已著录。此亦先生手稿，其外孙余杭俞人蔚已为刊行。

海昌经籍志略[1]　四册　原稿本

（清）海宁管庭芬著。九峰旧庐藏。

芷湘有《滆阴志略》，已著录。此稿本朱笔涂改甚多，盖即今坊行《海昌艺文志》之底本也。

百宋一廛书录不分卷[2]　一册　手稿本

（清）山阴姚振宗辑。浙馆藏。

振宗字海槎，布衣，精目录学。所著《快阁师石山房丛书》七种，已有印本。此所辑《士礼居藏书录》，为未刊遗著，经同邑陶方琦、濬宣兄弟朱蓝笔批校。卷首有陶氏兄弟序。

---

① 《浙江省古籍善本联合目录·史部·目录类》著录《海昌经籍志略》六卷，稿本，存二卷，五至六，今藏浙图，第 405 页。

② 《中国古籍善本书目·史部·目录类》著录《百宋一廛书录》一卷，清劳格抄本；《百宋一廛书目》一卷，清姚振宗辑，清光绪陶氏寒梅馆抄本，清陶方琦、陶濬宣校并跋，第 1403 页。

古今刊椠闻见录八卷 陈列二册 稿本

(清)归安丁宝书著。吴兴莫叔未藏。

宝书,清布衣,以朴学著声同光间。本书一名《读书识余》,于板本源流,考录甚富。

护叶后有费屺怀题记云:“光绪十五年正月,从公蓼仁兄假读,鄙意以为近岁坊贾以旧本复雕者甚夥,皆不必增入也。时将力疾北上,倚装记之。武进费念慈。”中有朱肇校补,殆亦出费氏手。

清闺秀艺文略五卷 二册 清抄稿本

归安钱单士厘著。山东省立图书馆藏。

士厘,萧山人,不庵先生女兄,适归安钱氏。书中有不庵朱笔手校。民国十六七年,不庵掌书浙江省立图书馆时,曾布之馆报第一、二两期,末有戊辰年士厘自跋,时年已七十一矣。

文澜阁旧抄书目 一册 手稿本

萧山单丕编。单氏藏。

案此即民国乙卯重购《文澜阁旧抄本书目》。丕事迹详后《手稿八种》节。

长兴先哲遗著征未分卷 六册 稿本

长兴王修著。王氏诒庄楼藏。

修字季欢,号杨庵。寓居杭州,颜其室曰诒庄楼,藏书颇富,日以诗酒会朋为乐,年来递遭变故,郁郁寡欢,致染肺疾,卒于民国二十五年五月逝世,年才三十有九。纂有《诒庄楼书目》,早印行世。其他著作未刊者尚夥。此本胪列长兴人著作目录,存佚不问,各著提要,并附题跋,且详列各种书目著录之语,体例颇善,搜罗亦备,尚未付梓。

金石综例跋 一册 手稿本

(清)钱塘罗以智著。瑞安孙氏玉海楼藏。

以智字镜泉,原籍新城,道光乙酉拔贡,官慈溪教谕,著作甚富。此嫌冯登府《金石综例》驳杂不纯,引据多疏,乃就所知笺正之,朱墨纷披,煞是可爱。卷端有"瑞安孙仲容珍藏书画文籍印"。

碑录二卷 一册 手稿本

(清)仁和赵魏著。杭州翁成甫藏。

魏字晋斋,号洛生,恩贡生,为名金石家。所藏碑帖善本,久已散佚,此手稿犹流存故里,蝇头端楷,一笔不苟。碑字空阙及泐损者,均用朱笔钩识,其订补字亦出以朱墨。卷末有"曾在六舟处"朱印及"陈寄磻珍藏印"白文长记。末有乾隆癸卯巴慰祖及光绪丁亥张维嘉两跋。

竹崦盦主将竭毕生之力,传有唐一代之文,而以汉魏后出诸碑,编次补苴,广洪文敏之所不及见。其用心良苦,而嘉惠来学实深也。此二卷为其手书,余以乾嘉癸卯十月来谒,得观,遂订平生交。并欲拉海内同志,如江蔗畦、黄小松诸君,共促而成之。晋堂愚弟巴慰祖记于杭郡寓斋。

乡先哲赵晋斋先生于金石文字,裒集甚富。是册所录碑版原文,自夏后氏岣嵝古刻以暨中唐诸碑,已斑斑可考,用力可谓勤矣。晋斋先生所著《蓄碑帖善本》,久已散佚,《碑录》尚流传故里,为幼鲁兄大父西村先生所藏。先生为武林耆旧,与同里赵啸云次闲两布衣及屠琴坞太守,均称心契。梓里经兵燹后,此册幸未坠劫灰,仍为幼鲁兄珍弆。先世之手泽,又非寻常记录之册可比。惟翁氏子孙,世世其永宝之。光绪丁亥春仲,武林后学张维嘉谨跋。

两罍轩校汉碑录未分卷 一册 手稿本

(清)归安吴云著。杭县叶葵初藏。

云字平斋,历官苏州知府,为清代金石名家。此书未刊行,盖初属稿而未经雠定者。经吴清卿蓝笔批校,末有校记,卷尾有张之洞、任道镕、叶昌炽、江标、柯逢时、端方、俞樾等题识。卷一首页有“吴云”“平斋金石”“古吴趋”“乐安”“钱塘陈氏”诸印。其抱罍子六十三岁小像及尺牍等，兹亦征到陈列。

此平斋先生遗著也。曩寓京师，叔荃宗兄时相过从，尝述其令祖富藏金石，研精考据。其《钟鼎彝器图释》及《印考》等书，业已次第梓行。此稿久藏篋笥，全书不仅止此，盖先生初属稿而未分卷帙、未经校雠者也。今春因事南旋，叔荃亦聚晤吴趋，携此稿本见示，并乞分卷校字，商榷成书。见获心喜，因详加校勘。先将首数帙僭分六卷，偶有心得，附识眉语。尘世倥偬，不及叙引，姑俟缮成定本，序以付梓云。吴大瀓校读并跋。

金石之学，足正经史讹阙。平斋手撰此稿本，不及校订成书，遽归道山，良用惋惜。窓斋中丞，身任校勘，色翰纷披，附加眉语，不愧金石契也。老朽获读遗书，藉资研索，谓为解经之助，亦无不可。平斋有知，其亦引我为知己否耶？光绪廿有一年四月，曲园居士俞樾拜读。

翠云草堂金石存略[①] 二册 手稿本

(清)钱塘蔡鼎著。杭县叶葵初藏。

鼎字公重。是编所录，以近日碑石尚存可以往拓者为主，自周秦、两汉、魏晋、六朝至有唐中叶，下及宋元，共得三百六十有奇。前有光绪癸未自序并凡例，又仁和谭廷献序。卷中多涂乙，颇有校正王氏《金石萃编》处云。

欧阳文忠之言曰：“物聚于所好，而恒得于有力之强”，讵不信然？然果好之笃而癖之深，虽力不足，亦有以致之。盖节衣缩食，典质假贷，专而为之，其所得亦可与有力者相颉颃。余童年即性嗜碑版，初学握笔，先君子授以唐碑数册，依样涂写，点画未成，辄复自喜。年十五六，稍知购求，得萧本《淳化帖》、钱氏《攀云阁》，几视若鸿宝。求所谓汉碑，则《曹全》外，罕有睹焉。时方习应试书，父师又戒勿令观。逮逾弱冠，见闻稍扩，以困于帖括，不克讲肄及此。乃竭精敝神，

---

① 《中国古籍善本书目·史部·金石类》著录《翠云草堂金石存略》四卷，稿本，清谭献、吴受福批注，第1445页。

迄无成就。正悲老大，复丁乱离，庚辛之际，救死不暇，笔砚屡弃。甲子而后，重睹承平，故里得归，身无长物，惊魂甫定，夙好渐萌。值金石之学，与时中兴，风会所趋，莫知而致。于是秦中碑估，四出穷搜，古刻靡不复见；而墓碣志石更岁有出土，新本所至，群焉争购，风雅附庸，南北一辙，莫不案列碑册，群悬墨本，以为时尚。然其间从事考订，真能鉴别者，亦一二出焉。杭地碑估，月至数辈，余自得稍购向所欲得者，而碑估于时代年月，多不了了，常以余为导师，余亦多正告之。故每有新出，恒得先睹。且以余之不欺也，所售值亦较杀。计自庚午辛未以来，所得遂多。丙子，一至都下，于厂肆又得如干通。于是自周秦两汉魏晋六朝，至有唐中叶，下及宋元，共得三百六十有奇。东京六朝，十居八九，唐仅什一，宋元数种而已。一以书迹为断，不求备也。衡之昔人藏弆，自知寒俭，然物力所限，得已匪易，所谓典质节缩者往往而是。屡经选择，精本为多，副本又过半焉。或付之潢治，或手自剪贴，副本则褾轴以存碑式，凡有额及阴侧者咸备，自顾亦足观矣。余年已过五十，苟得相与以终，即为大幸，将来散失，非所计也。迩来风气渐改，碑估绝踪，翻刻杂出，各碑原本复不易得，因亟编次成帙，略加考识，颜曰近存，所以识实也。尚希博雅君子垂教焉。光绪癸未十二月，蔡鼎叙。

倦舫碑目附续增碑目六卷[①] 一册 稿本

（清）临海洪颐煊撰。子瞻墉续。临海项士元藏。

临海洪氏倦舫，在道咸间藏碑达一千三百六十四种，金石拓片三千六十一种，兰亭八十八种。此目为洪少筠手写，目末有"黄岩王玖伯校阅金石文字印"，有"小筠平生珍赏"朱文长方印、"子孙世守"白文方印、"洪氏停运山馆珍藏金石书画碑帖砖瓦之印信"朱方印。《台州经籍志》卷十七著录。《续增碑目》一卷，首有咸丰七年瞻墉手识。颐煊字筠轩，《清史稿·文苑》有传。瞻墉字容甫，号少筠，嗜古有父风，工篆籀，著作亦富。

---

① 《浙江省古籍善本联合目录·史部·金石类》著录《倦舫碑目》六卷，清黄氏秋籁阁抄本，今藏浙图，第418页。

砖文考略四卷附一卷[1] 一册 手稿本

(清)临海宋经畬著。临海秦梗友藏。

经畬字心芝,世荦子,仕履详民国《临海志·文苑》。此书陆氏《冷庐杂识》作《瓴甓录》。首有道光辛丑武昌潘观藻序及辛亥六月自序,时年六十一。首叶残。《台州经籍志》卷十七著录。

运甓录六卷 一册 手稿本

(清)临海陈春晖原著。临海秦梗友藏。

此清玉环儒学训导陈春晖氏原著,惜已残损,仅存首帙。左下角每叶缺十数字,亟待修补。有黄岩王六潭、临海黄子珍手批。春晖字瀛东,仕履详《玉环志》及光绪《台州志》。家多古砖,宋心芝作《砖文考略》,与有力焉。首有咸丰十年自序,首亦残缺。每页中缝下方亦缺,以《台州经籍志》未录此序,特抄于后,藉觇其概。

(上缺)成四册,携诸行箧。越中所得,又增六十余种,排列斋头,讲案余闲,氈椎从事。官衙冷落,古趣盎然。一日之摩挲,夏不知汗之浃,冬不知肤之裂,夫岂好之偏而嗜之癖哉?其中月朔、闰余,可参律历;章安、临海,足辨地舆;太守、右尉,堪补职官;官寺、浮图,藉寻古迹。观锥画,知汉以后民间已习行书,而右军创为新体之言,未可深信。

张芑堂《金石契·永和九年砖跋》云:"晋人书承八分之遗。"赵文敏《跋兰亭叙》谓:"会稽内史创为新体,兰亭新体之最著者,是专与山阴修禊同在癸丑,犹是分书,知当时所谓新体者,特行于士大夫,陶旊小民尚未遍习。"

玩笔法,知唐以前台属早攻儒术,而司户始开文教之说,未尽足凭。

府志唐以前吾台(缺)自郑著作虔谪台,文教乃兴矣。

且也声音之假借,点画之饶(缺)互参,知巨人之非出杜撰也。吉语之沿袭(缺),宋元概不复见,知风尚之渐趋简率也。批阅间有足资考证者,恒手为签

---

[1] 《浙江省古籍善本联合目录·史部·金石类》著录《砖文考略》四卷,稿本,清临海黄瑞校并跋,今藏临海博物馆,第 422 页。

注。适英夷犯四明，大兵屯越，予亦奔走行间，偶有暇晷，即以此为惜阴习劳之具。次其年代，详其尺寸，记其出处，间附以论说，抄写成帙，名之《运甓录》，将以质方家广闻见焉。甲辰秋中，居先修职心忧，返里门，米盐琐屑，家累撄心。此调久不复弹。咸丰癸丑水灾，旧藏书画，半付波臣，此帙亦归乌有，年来生涯愈绌，逆境频遭，时事日非，桑榆景迫；而三十余年收藏之苦心，不忍废弃，乃于极无聊赖之时，勉作排遣之计，重为审释，间附各家品题，都为四卷。又增儿辈续得宋砖九十三种，共成六卷。自东汉迄宋明，计砖三百余方，元号六十有四。编纂既成，窃忆从前每得片甎，近则与同好开樽煮茗，共相欣赏，远亦邮寄拓本，互为品评，洵极平生之乐事。今则风流云散，如斌笠耕司寇、刘燕庭方伯、吴子苾督学、冯柳东太史、张叔未、杜禾子两孝廉、向右平贰、六舟上人，暨同里宋心芝学博、陈卧楼茂才，皆后先归道山；而韩韵海司马、陈左卿大令、陈抱之府尉、吴康甫贰尹，又(缺)攘之中，死生莫卜，鱼雁难通。顾兹谫陋，(缺)边夫，爰序其大略，付儿辈藏之。他日烽烟永息，重睹承平，枌榆掌故之士，留心志乘，庶几有所采择焉耳。咸丰十年太岁庚申辰重阳后三日，章安陈春晖寅东氏书于二十四竟斋。

金石文录识余四卷[①] 二册 原稿本

(清)仁和龚橙著。高氏梅王阁藏。

公襄有《六典》《理董许书》等，已著录。此稿首有自序。

古泉布流传于今者，有如袴形，上为要，下为当，与两襱裥，此一品也。有如臿形，其上如钟之下，穹曲而上，其下空，中可容枋，此又一品也。有如书削，下为环，以系佩，此又一品也。有员形，中为员穿，此又一品也。绔形者之文有梁邑、有侯邑……有安阳、有平阳、有宅阳……不可识者尚多，大氐地名。文字已多形声，其为春秋以后，战国时各地分铸可知。唐宋人不通六书，不辨古今文字，而好言古，封演张台并有著录，并形制不辨，谓绔形为首肩足(《食货志》载货布谓要为首，谓襱裥为足枝，盖未见古货也)，董逌《作谱》、郑樵《通志》、罗泌《路史》，并沿之。更附会为三皇五帝之金，虞夏之币，学者弃置勿道，一任专门者之

---

① 《中国古籍善本书目·史部·金石类》著录，收录于《古金石文字丛著》，第1443页。

玩好,为可惜也。有梁一金化,有梁正当金当镮……视诸地名者大厚,臿形者之文。……有松,有品金;书削者之文,有齐吉化……有节墨吉化……此与节墨化为田单以即墨复齐襄王立田单相之时所铸矣。……员形者之文有……燕贝六化,凡此四品文字,虽有形声殊异,省羡形误,犹有象形古文,许叔重所云七国律令异法,文字异形,不统于王者也。至于新莽小布,以上十品货布一品,略为绔货而长要,中为穿,已不制,栔刀五百,一刀平五千二品,则不为齐即墨之形,上员函方径,建武尺寸二分有奇。下直刃长二寸,上员若泉非泉,若刀环非刀环,下刃若削非削,而名栔刀。栔者㓞契之俗字,此岂筑氏之制乎?

第三十七页有何蝯叟手识浮签云:

嵩山之石阙,昔与定庵研析甚辨,今见孝拱此册,家风竨雅,古昧婵绵,不胜佩忆。蝯叟注。

卷首护页有椭员"古微堂藏书印""蝯叟眼福"两朱印,盖曾为邵阳魏氏子弟所得。书名《金石文录识余》,所录实石刻居多。封面原签题作四卷,惟册内实未第卷数也。下册封面签题《金石识余》下篇,卷尾护页有"光绪三年,孟春宝琦读于金山县署"一行,末钤县印。

石刻文字四卷[①] 二册 原稿本

(清)仁和龚橙著。高氏梅王阁藏。

第一册护页有"古微堂藏书记"椭圆朱文印。首有自序,末有后序。

篆隶曾省古文象形,又改象形以就其方员之一致;而五帝三王之制作,文字之状貌,不可得而见矣。篆书之存于今者,其迹有郎邪台石刻,其书有汉平帝徵爰礼等百余人所说,扬雄采以作《训纂》,凡《仓颉》以下十四篇五千三百四十字,汉许氏书所据以说解者。《仓颉》一篇,李斯自作,程邈无书,八体六书制遂不传。其迹存者,东汉人刻石数十,及宋洪氏从石刻移写,名曰《隶释》。或以韵次其字,而不辨形义、不知弃取者,观秦刻石,知李斯不识古文。篆书之误,误于作

---

① 《中国古籍善本书目·史部·金石类》著录《石刻文录》四卷,收录于《古金石文字丛著》,第1443页。

者，不待汉唐以后传写之误也。邈迹无闻，东汉石刻，大氐于形近则彼此相沿，又竞书好。毁形而任笔，然其沿古文象形与古文殊体出篆外者甚多，有数十字一字十数见，从未有如今篆书之误者，始晤下杜之作，盖不得已，非书石者所知。其同于篆误，与彼此相沿，任笔取势，则皆有不误者，可自相正，皆书石之过已。夫礼等所记，其形赜已。扬雄采录，必有据依，以定于一，其余惜不可得闻。然许书所引它说，多可笑者。若宋洪氏所录五倍，其书今存，宋刻幸存，众形具在。何以无如汉许叔重者，分别部居，说成一书；又何以无如扬子云者，采续史篇，以定于一？苟有识古文者，别白是非，以隶书之沿古文象形者，证古器名及许说古籀，以隶书之沿古文殊体者，补古器名及许说古籀，且以是正斯篆，理董许氏。又生后宋洪氏，隶迹止此，益不可以不务矣。录石刻文字。

书之托于金石以至今日者，秦汉篆隶之迹，寿已过二千年，托于木与楮墨者，南宋时刻《隶释》《隶訚》诸书，八百年，中间已不能不移写重刻，文字存而形容亡已。洪景伯欲摹写隶形为韵而不成，即成，至今日能毋移写重刻乎？刘球《隶韵》十卷，嘉庆中扬州重刻旧拓，以今所存石拓对之，往往而误。其录字，于书法小异，辄再录之，而于隶书之近古文象形，与古文殊体，即不识而不敢录之矣。又有误识如以日稷为稜，以徙为從，以匈奴为智，以畀其为畁，以憂为夔，以糜为麋，以母为毋，以羸（嬴之误）为羸，以迁为还，以更为叓，以穼为穿，以舡（邪）为船，以烋为俆，以波（汲）为没，以茫为芒，以戕为找，以疆为畺，以暘入平，以亨（永亨）入平，以滕为滕，以嗜为噜，以偲（偲）为偲，以纪为纪，以楚为楚，以股为股，以假为假，以掌为掌，以額为额，以血为皿，以臯为皀，以廾为廾，以石经《尚书》各共尔事维正之共，与史晨共禋祀为众共，以隞为隧，以痺为庳，以句阳为章句之句，以衛（禦）为卫，以差为左，以舜为舜，以筭（笑）为算，以官（官误）为宦，以殷为段，以遬为速，以惔为燅，以夫为失，以柰（柒省）为未，以炳（炳误）为炳，以綪为繢，以扐为勒，不似从石拓审录者。宜梁州集蚩其编次疏略，采字讹舛，《隶释》叙于乾道三年，曾改于淳熙三年，《玉海》载刘韵成于淳熙二年，疑即用洪《韵》以成书，故所据诸刻，出《释续》外者甚少。洪氏当日集此非易，刘氏果亦集此石拓，不应著书如此粗疏，观其误识，似并未及取《洪释》原文一校读也。庆元三年，洪景庐叙娄机《汉隶字原》，云娄君彦发守吾州，刊此，吾兄文惠为韵书，摹写至难，众史孙甥不堪赞一笔，使获睹是，应兴不并时之叹。今观其书，仍不出以韵次字，无大过刘。不知何以遽名《字原》？且即用刘书，刘误识字虽有更正，而误字仍多未删。虽有曾字，而于石刻古文殊体遗者由多。多收假借于本字之下，尤非《字原》旨已。亦有误识如以邪为船，以技为祇，系阳杨君予字误入平訇，以弧（张省）为弧，以仪为倪，以俳为俳，以賓为宾，以尉为欣，以雉为难，以舩为船，以多为多，以鹰为膺，以㐬（不误）为梳，以夲为本，以惷为惷，以玔（冉为纠）为玖，以㴜为汭，以爯为再，以怕入祸，以遬为速，以谲（此字不知何从亡，白驹以遯阻知是遁字）为逐，字且不识，何有于原？凡两书识误，亦有沿洪，要如《释续》之勤审，恐皆无能为役，生乎今日，所见汉魏石拓，视洪《释》目录，才六之一，欲于此三书者，录补遗文，盖不可以不审已。《隶释》下用转抄昆山叶氏所藏抄宋本黄荛圃以校汪刻明本者也，知当日洪录已不苟《隶续》，前七卷用转抄泰定刊本，以下用汪刻明本，娄《訇》有嘉定壬申饶州重修本，未见用常熟毛氏重刻饶本，重刻为坊间，不知隶书者所移益不胜正已。若其彼此相沿，信笔取势，不可胜正者，又乌用尽摹以疑后学？余既录此，可证古文而补殊体者，已不为少。洪、娄之志，其亦可以无恨也与？

器铭文录不分卷[①] 二册 原稿本

（清）仁和龚橙著。高氏梅王阁藏。

此为公襄手稿定本。护页有古微堂藏印及“乙丑三月蝯叟读于上海”手识一行。另自粘“鼎彝文录　阮元”拓片一纸，盖拟借作题署者。每篇末都计文数及重文，尚未精核。首有自序六篇。第一篇题“自叙器名文录”，中以首两序最有关本书撰述缘起及内容。

自序：汉许慎为《说文解字》自序云：“仓颉之初作书，依类象形，故谓之文。其后形声相益，即谓之字。”又云：“郡国往往于山川得鼎彝，其铭即前代之古文，皆自相似。周宣王太史籀著大篆，与古文或异。至孔子，书六经以古文。其后七国，文字异形。秦兼天下，李斯奏同之，罢其不与秦文合者。斯作《仓颉篇》，赵高作《爰历篇》，胡毋敬作《博学篇》，皆取史籀大篆，或颇省改，所谓小篆。是时秦烧灭经书，涤除旧典，初有隶书，以趣约易，而古文由此绝。”是古文无不象形者。象形者，象一物之形。象形简，故相似，又象形文少，多相假借，故相似。

① 《中国古籍善本书目·史部·金石类》著录，收录于《古金石文字丛著》，第1442页。

若形声相益，安得相似？而以予今日所见器铭，与夫宋吕、王所录，大氐古文与形声错出，如后世古文字者。其视汉郡国山川所得，叔重所见，大不牟已。此由唐宋以后，有昉铸，有伪铸，不知古今文字之别，不知古器铭，亦如《尚书》二十八篇，本皆象形；古文经伏、孔以汉隶书读易之，而后易形尽识，其义可知。其为象形之文者，如二十八篇中古文不易隶书，犹古文《尚书》孔子所书六经已。其有形声字者，则如伏、孔读易之，犹汉今古文二本，与东晋伪古文已。古文托于汉人读易之后，人犹知之；伪器铭托于秦汉未读之先，而人不晤；文字不辨，小学久废故也。汤之盘铭，武王席几鉴盥盘诸名，考工嘉量之铭，卫孔悝之鼎铭，正考父之鼎铭，谗鼎之铭，礼至之铭，嗛嗛之铭，不知皆谁读易？美阳之鼎，则张敞所读易也。夫以隶书易古文，以形声本字易古文假借，此非尽识古今文字，学有传受，如今古文大师通仓颉读者，不能。若如吕、王所录篆铭而隶释，则亦何难之有？而汉廷独让一敞哉？今器铭于古文殊体与古文异许书者，多仍不易，盖不识也。昉铸伪铸，取前人读易之铭，篆书而模范之，其于未读易之古文殊体，与异许书者，则多摹误，或改同许；又取一名，衍为多器，则反曾入俗字。元明俗工，取吕、王书传写失误者，而模范之，又戏作也（如阮录之相夫亚宝鼎晋姜鼎，皆取自吕王而模误，吴荣光录戊日鼎，更沿博古，原缺，此等原为不识字俗工戏仿，并非伪作，录者尤可笑）。又有凭空伪作文辞，一览可知，则妄作也。近人犹较量于字之多少，以定为商周，意测国邑名氏以传之某器，辨别色泽华朴以知久近，此何异奉薛季宣书古文训为古史竹册也？余长京师，往来大江南北，得见故家藏器百数，裒拾盈千，其铭苟有一二古文，不见经传，不见字书，可正篆许之误者，概所不弃。其铭或伪，而此文固不伪，必有所自，非作伪者智所能为。辟之《尚书》一篇之中，他文已易以形声，此独不易，许书虽经后人曾杂，而古文具赖以存；若非此仿铸伪铸，此诸古文何由至今日也？且所不易者，象形殊体，古文异许，则所易者，大氐不出许书，然则虽出唐宋仿伪，今之所获，未必不逮汉郡国山川所获得？叔重所藉以定古文象形识事，类取之以补李斯以下诸人之所不见，庶几五帝三王改易殊体七十二代封太山靡同者，犹复略见于今日，而灼然可见篆隶与许之多误。其一二古文假借，亦足正六经俗误；其匜壶敦簋尊爵之制，足以考定汉唐人说经，而正聂陈之图。若夫器之不度，若儿戏，若明器，不难一一别识也。录既成，可无兴师之求，不惜泗水之沦也已。咸丰十一年十二月，序于上海城内。

自序二："凡古器之文亦当分别观之。一者，古文象形而多殊体，许叔重所云五帝三王改殊体，封太山者七十二代靡有同焉者也。其为许书未有此形之文，亦甚少；此予今日所据以补许而正篆隶误改与许书误说者也。惟叔重以古合篆，即以篆笔书之；余录入《象契理董》，亦不复能如其书，故又别录为此。二者，器铭之体，有省有羡，后世行草之所由昉，如甲省作十，○省作◇，品省作[illegible]，包省作已……羡作一，重文则省书下一作= 不必书，以古象形之文绳之，此可想见古人契竹木。三者，象形之中有象事，事为日用，不可废；故作者以补象形之缺，器铭亦有自作象事，非古有之象事也。……则不以补许。四者，器铭又有合文，亦如会意，而非会意也；又非形声也，而为会意形声之所出。视后世属文简而明，又属文之祖也，如十一篇。五者，犬豕羊牛马鹿鹰象兕乌鸭雁蝙蝠龙鱼龟，皆为画，古之圣王视鸟兽之形以为文，唯在简而能别，所以为制作，不贵毕肖也。而作者心闲手敏，遂至于此。六者，当王之书展转摹写，不得见原铭，不知汉人所谓书好古亦有之，不妄意古人文字取识事物而已，不若汉后求工于书。岂知墨本中一二象形，各有状貌，各有性情。三千年来，气足神完，即此可辨器之真伪。有此亦者，故既以补许者撰入《象契理董》，又别为《器铭文录》以观之。"

所收铭文，均就印本剪贴，次弟秩然，可以上石付印矣。另有一本，题"古器文录"一册，即此书之初稿。自序止五篇，与此本首五篇亦略有曾改，惟其第一卷，自标篇名为"器名原作鼎彝后改文录篇一"，以次各篇，虽仅记篇一篇二……然如第七卷末即记"大凡象形七篇"，则此上均象形字也。第八卷末记"大凡识事一篇"，第九末称"大凡会意一篇"，第十末称"器铭象事一篇"，第十一末称"器名合书一篇"，第十二称"凡器名画文一篇"，第十三"凡器名古文假借一篇"，则每卷均有专属也。其末二卷固未标明，惟籀其内容，似第十四卷为器铭举伪，第十五为鼎彝释文也。卷尾有跋二行："丁丑三月九日入城重写，戊辰岁莫校补新居洪口。"则固可供刊印定本时参观者也。

秦汉金石刻录文一卷秦汉金石篆隶记误一卷汉石文录补遗一卷魏晋北魏宋梁东魏北齐周隋石刻录文一卷唐金石刻录文一卷五卷[1]　一册　稿本

（清）仁和龚橙著。杭县高氏梅王阁藏。

此亦公襄金石学遗稿。第一种自“秦二世刻郎邪台刻石”至“四老神祚几刻字”，凡五十九条。第二种自“秦二世刻琅邪刻石残字”至“豫州从事孔褒碑”，凡五十九条。第三种自“建平五年郫五官像史石工刻”至“驺氏二镜”，凡九十八条。末有跋见后。第四种自“魏公卿将军上尊号奏”至“大业十二年左御卫长史宋永贵墓志”，凡八十七条。第五种自“武德九年宗圣观记”至“后梁贞明六年荥阳县造院修佛殿记”，凡八十五条。末页尾有“乙亥五月重对毕”自记一行。后二种原署检并作“魏晋南北隋唐石刻录文一卷”。

洪文惠自叙《隶释》云：“既法其字，为之韵；复辨其文，为之释。”其弟文敏序娄机彦发《汉隶字原》云：“文惠书五种，释缵韵图续，四者备矣；唯韵书不成，以为蠹竭目力，摹写至难，众史堵廧，孙甥鱼贯，不堪赞一笔也，使获睹是书，且悉循其《隶释》次弟，应兴不得并时之叹。”今观彦发书，以韵次隶，殊体兼载，许氏说篆之后，小学不可无之书。惜其仍用洪法，以韵次形，而不能说隶之异篆者，以补篆而正许，而丽许书也。尝取今所有汉石以对娄《韵》，形失已多，则其他吾所未见者甚多，可凭信乎？是并洪志未易补也。有宋嘉定重刻本，吾未得见，见虞山毛氏重刻宋嘉定本，则任俗工不知国书者移刻，其形失更可知。近杨州重刻宋石本刘球《隶韵》十卷。据《玉海》，此书成于淳熙二年，洪文惠有书刘氏于《隶韵》，讥其辑次疏略，采字误舛，皆诚然已，而娄《韵》实藉刘《韵》以成书。虽曾多刘书所不敢收之殊体，而沿误不少。又有刘不误而娄误，则或移写之失。亦有两《韵》不同，深于隶书者自知，一失不须尽有石证，则以今存汉刻与此二书参观而得之，斯二书者，亦未可以遽废已。既用景宋抄本《隶释》《隶续》补首缺

---

① 《中国古籍善本书目·史部·金石类》著录，收录于《古金石文字丛著》，第1443页。

文，又以此二《韵》参定而慎取之。

南浔石刻存考二卷[①] 二册 原稿本

（清）乌程孙履元著。嘉业楼藏。

无序跋。首有咸丰戊午冬仲履元自题书名，下钤“乌程孙履元手摹商周彝器秦汉碑碣印”朱文印。又“履元”“少樵金石”两印。履元字少樵，乌程诸生，所著尚有《聚好斋丛残》二卷，见同治《湖州府志·艺文》。此书《艺文》失收。

恒春阁泉图[②] 六册 原稿本

（清）德清徐敦叙著。王氏诒庄楼藏。

自序署恒春阁主人，考同治《湖州府志·艺文》，有徐敦叙《恒春阁诗文稿》，又封荫表有徐敦叙名，本立之父，知此书著者即徐敦叙也。钱图用朱拓印，注文则用墨。未见簿录家著录。首序后有其子本立藏印。

钱文考略残存四卷 一册 稿本

（清）临海黄瑞著。叶灿如藏。

瑞字子珍，即秋籁阁主人，民国《临海志·文苑》有传。原稿凡八卷续一卷，今仅存卷一之四，《台州经籍志》未收。

绥州金石志 一册 稿本

长兴王修著。王氏诒庄楼藏。

---

① 《中国古籍善本书目·史部·金石类》著录《南浔石刻存考》不分卷，稿本，第1482页。

② 《中国古籍善本书目·史部·金石类》著录《恒春阁泉图》不分卷，稿本，王修跋，第1493页。

修字季欢，有《长兴先哲遗著征》，已著录。此亦未成手稿，盖旅游陕中时作。

史评类

史记末议五卷　一册　手稿本

（清）归安杨以贞著。浙馆藏。

以贞字铁夫，又字正夫，学宗程朱，与富阳夏震武友善。著述颇富，《止焚稿》《求艾录》《彭城寻骸记》《百战评》《志远斋集》及此书，均由长兴金氏花近楼归本馆。此其读《史记》后所随录。题曰末议，自谦也。

志远斋史话三卷　一册　手稿本

（清）归安杨以贞著。浙馆藏。

此书原六卷。首经孙琴西、俞曲园是正，终乃自定为三卷。

辩章三卷　一册　手稿本

（清）黄岩王棻著。黄岩王伯权藏。

棻有《六书古训》，已著录。此未刊稿，有朱墨笔手校并瑞安孙诒让朱笔批注。目前有光绪丙戌孟冬短序曰："《中庸》曰有勿辩，辩之勿明勿错也。会稽实斋章氏学诚，著《文史通义》八卷、《校雠通义》三卷，以明经史、诗文、方志之法，以纠刘《略》班《志》郑樵之违，其说辩矣。然精诣者十之七，乖谬者十之三，而世之不善学者，往往舍其正而袭其违，遗其精而逐其粗，故予不能以无辩。谨就浅见，节其要，驳其违，分为三卷，命曰《辩章》，以质世之稽经、诹史、纂志、校书、能文章者，共商榷焉。"卷尾有同邑王彦威、会稽徐元钊、钱塘丁立诚等手识三行。

蕴生先生批各志稿 一册 抄本

(清)云和王士鈖著。云和王氏藏。

士鈖字蕴生,咸丰辛酉拔贡,著有《读香楼吟草》等。咸丰《云和县志》亦其手纂。此本原题“批各志稿”,当系哲嗣追加者,今为改署如右。先生遗著尚有《书画船庵诗抄》稿本,兹亦征到陈列。此本所评各方志,以临海、仙居为多。

子部　儒家类

校定傅子　一册　原稿本

（清）瑞安孙诒让著。瑞安孙氏玉海楼藏。

册面自题“校定傅子一卷”篆书六字。诒让校理古籍，精审绝伦，所著《札移》，章炳麟称其校雠之勤，倍于俞樾《诸子平议》。此所校《傅子》，《札移》尚未著录者。存稿待刊。其《名原》手稿本，已著录。

宝纶堂经史讲义　一册　稿本

（清）天台齐召南著。台州征品分会征集。

召南字次风，号琼台，晚号息园，雍正副贡，乾隆初举鸿博，授庶吉士，累官礼部侍郎，坐事削职。《清史稿·儒林》及《邑志》并有传。幼有神童誉，读书过目不忘，博学多通，尤精舆地之学。著作如《水道提纲》《历代帝王年表》《宝纶堂集》等，已行于世。乾隆《温州府志》亦其主纂。外此述造，不可胜纪，备见《台州经籍志》。此其侍讲经筵之作。另有《台山初稿》一种，未见传本，又手校本《史记》《汉书》，兹并征到陈列，详参后集部别集类及校本史部。

人道大义录　一册　原稿本

（清）富阳夏震武著。富阳夏贞立藏。

原书已有富阳里山灵峰精舍刊本。灵峰有《资治通鉴后编校勘记》，已著录。

自省约言　一册　手稿本

（清）秀水董耀著。孙稼仲藏。

耀号枯匏，道光时人，乐闲先生名桀之子。诸生，治宋五子学，于程朱尤深。兼擅艺事，自刻印章曰“陶诗欧字倪黄画”，其高致可想。此乃辑先儒粹言，精楷写成，用自警励，初非有意传世也。

求艾录十卷 二册 稿本

（清）归安杨以贞著。浙馆藏。

铁夫有《史记末议》等，已著录。此杨氏自抒心得之作。卷首有徐树铭、邹仁溥、王同序及自序。

读书求心录二卷 二册 原稿本

（清）嘉兴张维岳著。郑折三藏。

维岳字子庚，号南山，清贡生，潜研理学。此其家藏稿，拟刻而未果者。首有康熙五十六年侄起文小引，末有吴晞渊跋及民国十九年郑之章跋。闻新塍沈梦松藏有此书副本。

余伯父南村先生，讳维岳，字子庚，宋南轩公第十五世孙，秀庠生讳伟湘水公子也。公见背，奉养母氏，贫苦万状，而孝养愈笃。年二十二，游嘉府庠后，又受知于王亦庵先生，冠诸生，遂食饩。其评语有云：“槜李多才，未易觏也，即两浙有观止之叹。”其见赏如此。古吴范雪樵先生讳周，闻伯父名，至家日与讲学论文，一时吴中贤士大夫，无不倾倒焉。伯父又豪于诗及古文，每一举蓬蓬勃勃，顷刻数十纸，有一泻千里之势。尤笃志于理学，《太极》《西铭》诸书，研究极精。惜一生数奇，赍志以殁。所著有诗八卷、古文六卷、《读书求心录》二卷。余弟补南，不忍先人之著述湮没无传也，思欲付梓，而贫未能举，将以浼当世之大人先生序之刻之，而先以《读书求心录》示余。余伏而读之，其言皆读书做人作文之要法，与《小学》《近思录》相表里，俾学者晓然知修己治人之方。孟子曰：“学问之道无他，求其放心而已矣。”然则《求心录》一书，实得孔孟之真传，即与宋明诸先儒所著并存焉，亦无忝矣。因亟梓以行世，非为余伯父博后世名，亦以见先圣之正传犹在人间，千古不绝也。时康熙五十六年岁次丁酉五月望日，侄起文盥手拜书于二录草堂。

辟毛先声四卷 二册 传抄稿本

(清)平湖蒋元著。平湖胡宛春抄藏。

元字大始,号澹村,庠生。自少潜心理学,遇有诋斥程朱者,力斥之。年六十余,坎坷以卒。著有《人范》《古文载道编》《张杨园先生年谱》等。此书系辟毛奇龄而作。《嘉兴府志》称未刊已佚,而不知犹有传抄本存也。首有嘉庆三年自序。此传录平湖葛氏传朴堂藏本。

素闻萧山毛奇龄雠疾朱子,著书诽谤,不遗余力。每欲得其书而一效鹰鹯之逐,顾家贫不能买,又无友人处借阅,久遂置之。以为此等龙言,亦不足以寓吾之目也。丁巳岁,馆于当湖陶氏。重九日,张子士周来晤,时余辨次《四时释地》事方竣。言及之,意尚有愠色。士周曰:"某近观毛氏西河合集,见朱子诚有可议,不特如阎氏所云者。子何尚域于旧见而不自知乎?"余聆之,悒郁者累日。幸别借得此书,日夕批阅之,见其以蛇虺之心,掉苏张之舌。动辄引经据史,以恐吓人。而按之实义,无不背违。是诚六经之蟊贼,名教之罪人,有不容不辨者。于是鸣鼓而攻之,声罪以讨之。不量轻弱,而日以辟毛为事。朝有评,夕有论,积成卷帙,名曰《辟毛先声》。盖以善善恶恶,人心所同。以元之至愚不肖,犹不甘隐忍苟嘿,使山魈木魅白昼公行也。则海内不懦君子,其肯听邪说横流,坏人心术,而不出一言以救之乎?是区区名书之意,无非为辟邪崇正之士,执策前驱云尔。或曰:"今自通都大邑以至穷乡僻邑,上而宗工臣匠,下而誉髦斯士,无不鄙夷宋儒而指斥之,皆奉毛氏为臬圭。虽功令森严,亦阳奉阴违。尔何人斯,欲障百川而东之,不几为天下笑乎?"曰匹夫不可夺志,志之所在,气必至焉。曾子曰:"自反而缩,虽千万人,吾往矣。"何奇龄憸壬之有?时嘉庆三年戊午三月上巳,乍浦蒋元自序。

云吟老人醒世编 四册 手稿本

(清)嘉兴姚应龙著。嘉兴图书馆藏。

应龙号云吟,郡庠生,品行端粹,诲人不倦,著述有《四书五经旁训》。此书为俗人说法,故多述果报。晚年多纂改添注,字如蝇头,想见前辈心力之专凝。首有“味辛”白文印。

寤言质疑 一册 原稿本

(清)富阳夏震武著。富阳夏贞立藏。

此书已印入《富阳夏氏丛刻》内。书版现存浙江省立图书馆。

知止斋得师录二卷 六册 原稿本

(清)绍兴李沆度著。浙馆藏。

沆度字凝植,同治时人。此为读书随录。间有小字增注,首有同治癸酉自序。

辛庐语录不分卷 一册 手稿本

(清)海宁蒋学勤著。海宁县图书馆藏。

学勤,光煦子,字苕伯,辛庐其号也。又号苕虹,廪生。所著有《辛庐吟草初稿》《辛庐杂志》。此书不见《海昌艺文志》。内容有日记,有论文,有琐记,或即与《辛庐杂志》相同,亦未可知。卷首有近人朱尚宇苍跋。

书仓编四卷 二册 抄稿本

(清)海宁曹步垣著。海宁图书馆藏。

步垣,宗载子,字桂星,号辛浦。所著尚有《硖川诗抄续》《紫硖文献续录》《辛浦小草》《小嫏嬛仙馆诗余》各一卷,均未刊。此本版心有“翠微山房”四字,卷中有误字,已经校正。

家编百则二卷 一册 稿本

(清)嘉兴蒋大本著。嘉善县图书馆藏。

大本原名廷栋,字阆园,清初人。此本序已残。全书首尾亦损,中多朱墨改字及墨笔沾补。

二十四孝笺 一册 手稿本

钱塘唐咏裳著。绍兴县图书馆藏。

咏裳字健伯，清岁贡生，民国二十五年春卒。生平著作颇富。此其未刊手稿，以侨寓越中久，故特捐赠绍兴藏书楼即今图书馆，供人浏览。首黏附山阴何豫才进士寿章识语一纸，怂恿付剞劂，然卒未果，故未有流传。《二十四孝》，坊本图说亦有绝工者，但笺则鲜见。唐氏为学注重伦纪，于书之有关世道人心者，辄繁征博引，不惮烦言，于此笺可征。所列虽二十四孝，有事实相类者，辄著于笺，实不尽二十四孝，自足以裨参稽。末有“特健药斋所学书第五种”一行。

法家类

折韩一卷[①] 一册 稿本

（清）黄岩王棻著。黄岩王伯权藏。

自序称韩非之书可取者少，可辟者多。因钩提玄要，距放诐淫，录为一卷，名曰《折韩》云。此书未刊。前有“诵芬堂图书记”朱章，封面题签书名下注云“光绪丙戌五月著，丁亥二月誊清毕”。《台州经籍志》卷十九著录。

---

① 《浙江省古籍善本联合目录·子部·法家类》著录，今藏浙图，第66页。

医家类

古今名医汇粹八卷[①] 十二册 旧抄稿

（清）慈溪柯琴、新安罗美同辑。九峰旧庐王氏藏。

琴字韵伯，美字澹生，书成于康熙时。第一册目录末附浮签一条云："新刻书板在嘉庆前已遭失火，此则柯氏原本，然则与未刊稿无殊矣。"首有康熙乙卯七月罗美自序，次凡例七则，次目录。

外治世方二编四卷 二册 稿本

（清）海宁邹存淦著。杭县邹适庐藏。

佩笙先生有《修川小志》，已著录。是书初编已有刻本，此则尚存稿待梓也。扉页有适庐题云："初集已刻印，分送各方，多有奇效，索者纷纷，今板存我家，正拟重印，此稿未刊。"卷首有著者自序。

曩辑《外治寿世方初编》四卷，兹复搜辑《二编》四卷，以备用之者之选择。谚云"千方易得，一效难求"，其实在人之善用与不善用耳。善用之，则药与证对，一试即效验非常；不善用之，则方枘圆凿，格不相入，虽百试亦不能验矣。莫谓其方之不良，愿用之者之善自审择焉。光绪庚辰重阳后五日，海宁邹存淦俪笙氏识。

天文算法类

西术推步法例 一册 抄稿本

（清）秀水张雍敬著。嘉兴县立图书馆藏。

---

① 《浙江省古籍善本联合目录·子部·法家类》著录，清抄本，清罗美辑并评，今藏天一阁，第132页。

雍敬字珩佩，号简庵，布衣，善绘事，尤精天算，与吴江王寅旭、宣城梅勿庵相切磋。《新塍镇志·艺术门》有传，并见著述门。此其未刊遗稿，所著《宣城游学记》，今亦征到陈列。

宣城游学记不分卷　一册　稿本

(清)秀水张雍敬著。嘉兴沈访磻藏。

此即其往访宣城梅氏昆弟时相与辨论之纪载。原有潘耒序，已佚云。

如积引蒙八卷　原稿本

(清)乌程汪曰桢著。浙馆藏。

曰桢字刚木，号谢城，别号薪甫，咸丰举人，官会稽教谕。通天文算法之学，著述甚富。是编即其未刊稿，向藏山阴周氏敬容家，后归裘氏双啸轩，现归本馆。诸可宝《畴人传》称其副稿藏山阴许孝廉在衡家，不识即此本否。

方田易知不分卷　一册　原稿本

(清)镇海蒋德铉著。浙馆藏。

德铉精究算术，宦游粤时，适有清丈沙田之举，屡肇争端，因作此书，俾为清丈者之一助云。所著《乘方图说》，有刊本。

丈量形术全书　一册　原稿本

(清)嘉善屠钫著。嘉善县图书馆藏。

钫字荻楼，国学生，工诗，能医。所学无所不窥，此为其治学成绩之一种。护叶题“同治二年仲秋，《丈量形术全书》，屠陶月主人校定”三行。

艺术类

愚谱[1] 二册 原稿本

(清)山阴姚涧著。嘉业楼藏。

涧号逞庵,副署怡云子。此为其刻印集。前有甬上仇兆鳌序及丁亥腊月自序。序末钤"家在山阴梅山之北里"朱文圆印、"江左散人怡云"白文方印,卷首有"臣姚氏第八一郎,向名五堂,今曰弘僩,字子威,号怡云"白文印,末有已丑六月十六日怡云书于陆氏之一枝亭跋,尾钤"臣僩""逞庵"朱文印。知涧实名弘僩,或单作僩也。

飞云阁印赏 一册 稿本

(清)嘉善汪埰、[汪]埙合著。嘉善县立图书馆藏。

埰字子受,乾隆时人,与弟埙字应吹同嗜篆刻。各取庋石,奏刀成谱。

强勉斋印谱 二册 手稿本

(清)嘉兴曹世模[著]。孙稼仲藏。

世模号山彦,诸生,道光时人。工篆刻,尝集秦汉数百印,一一摹之于石,几与原印无辨,张叔未叹为神技,此即其摹拓印谱。

益智图千字文 八册 原稿本

(清)钱塘童叶庚著。童心庵藏。

叶庚字松洲,别号睫巢老人,原籍崇明,后寄籍钱塘。博学,多巧

① 《中国古籍善本书目・子部・艺术类》著录《愚谱》不分卷,清康熙四十六年钤印本,第438页。

思，晚年以益智版排比成各种文字，汇辑成书，此其一也。曾由商务印书馆缩版印行袖珍本，视此原本，形制悬绝矣。又有《续图》及《燕几图》各二，亦并有石印本行世。原制铜片益智版，兹并附列。

谱录类

醯略四卷　一册　抄稿本

（清）仁和赵信著。浙馆藏。

信字意林，清初仁和名藏书家小山堂主人也。此即醋史，为其遗著之一。卷一次行撰人名下题“曾孙应端校刊”，似备付梓者，但今未见传本。《杭志·艺文》作二卷，讹。旧藏寿松堂孙氏，去岁始归浙馆。

醯略补四卷　一册　清稿本

（民国）杭县孙峻著。浙馆藏。

峻字康侯，清诸生，自幼即助八千卷楼主人丁丙治书，故记诵益富，而于杭郡掌故尤熟。所著《仁和县志稿》等已著录。今大部在会陈列。此补赵意林征君所未备者，繁征博引，篇章视原书为犹富。以上饮馔之属。

蚕书　一册　手稿本

（清）归安高铨著。吴兴周越然藏。

原系耆梅散人藏本，其后曾留陆氏皕宋楼，述育蚕之法极详，惜未绘图原留有空白，末有“砚林”“兵燹之余”等朱印累累，首尾有“家在白蘋洲”白文印，又“高铨”朱文印。案铨字文衡，号蘋洲，嘉庆时贡生，官寿昌训导，旋即乞归，人品高洁，淡于荣利，收藏书画，甲于苕溪。工楷书，善墨竹。此书同治《湖州府志·艺文》作二册，尚有《五亩之宅诗稿》，未见。

花史十卷[①] 十册 稿本

(明)永嘉吴彦匡著。瑞安孙氏玉海楼藏。

首叶为吴氏手书自叙，上钤“翰林院印”，盖即纂修《四库全书》时经进本也。卷一首叶钤“海陵张氏石琴收藏善本”“张氏文梓”“树伯”三印。此书仅见《四库存目》，旧府县志并未著录，惟选举门举人有其姓名而已。光绪戊寅，孙琴西先生得此册于金陵，为跋其后《逊学斋文抄》卷十，于著者官历及事迹考证甚详。

动植小志 陈列一册 手稿本

(清)海宁周广业著。北平图书馆藏。

广业有《孟子四考》，已著录，此稿未刊行。目首行标“《动植小志》目录第二”，计为兽类、水族二门，则此似残本也。起兽类犀，讫水族江豚，共八十九条。每条博引故书杂记，如《洞冥记》《东观汉记》《海语》《万毕术》等以证成之。间亦分“事”“附”或“类”，以资诠释，盖似略师《图书集成》例者。以上草木虫鱼之属。

杂家类

竹垞道古录二卷 二册 手稿本

(清)秀水朱彝尊著。嘉业楼藏。

首尾无序跋，首行题“秀水朱彝尊述”，眉端有竹垞自批墨迹，中多浮签及改字。前有“小谷”“端履图书”二印。下卷尾页有“嘉庆甲戌进士官翰林院庶吉士”朱文印。竹垞著述，惟此未刊，近始由上海

---

① 《浙江省古籍善本联合目录·子部·谱录类》著录，清抄本，今藏浙图。又，藏浙江省中医药研究院图书馆，第206页。

《艺文杂志》自一卷第二期起陆续印布。

炳烛轩答问二卷　二册　稿本

(清)武义王清臣著。武义县政府征集。

此王清臣牧垌手稿,解释经史疑义,批评世事得失,考证习俗来源,间有新解。

荀庄摘微　一册　手稿本

(清)定海黄家桥著。定海黄荣爵藏。

此以恭子家桥手稿,未刊。

意林佚子书[①]　四册　原稿本

(清)定海黄以周著。杭县孙儆庐藏。

此原稿本,眉端有朱墨批校。原题《意林佚子辑存》,后改今名。

长恩阁丛抄　四册　手稿本

(清)绍兴傅以礼辑。浙馆藏。

节子有《傅氏先世事实编》等,已著录。此书除卷首《国朝谥录》为稿本外,余皆录自他书。

长留阁随手丛订　三册　手稿本

(清)德清戴望辑。浙馆藏。

望字子高,诸生,为颜李之学,治今文,由此本所录,可观其为学旨趣早年已然。封面有"《长留阁随手丛订》望题此"一行。先生著述甚富,如《颜氏学记》《谪麐堂集》《管子校正》等,并行于世。同治十二

---

① 《浙江省古籍善本联合目录·子部·杂家类》著录《意林逸子书》六十二卷,清光绪五年稿本,今藏浙大,第253页。

年卒，寿仅三十七。

闲闲草堂随笔 一册 手稿本

（清）石门胡镤著。浙馆藏。

镤字菊邻，晚号老匊，精篆刻，善书画，工吟咏，诸生。卒年七十余。此录有金石文字及诗文杂著，胡氏著作流传不多，斯虽未必可传，然固乡贤手泽所存也。

三余摭录 一册 原稿本

（清）海宁周广业著。北平图书馆藏。

自署“监官周广业渐屋甫著”，有“广业”白文、“耕厓”朱文两方印。案此书尚有南浔刘氏嘉业藏书楼藏旧抄本及海宁铁如意馆张冷僧先生手抄本各一种，应征陈列，并记于此，不复别出。

香严庵杂记 一册 稿本

（清）秀水金蓉镜著。嘉兴县图书馆藏。

蓉镜字甸丞，光绪进士，官至永顺府知府。民国初年，预修《浙江通志》，所成就独多。其田赋一门，且已以《田赋略》名义私资印行。其他著述甚富，此其遗稿之一。中有涉猡猡[①]文一条，盖官永顺时作。

治经堂外集 四册 抄稿本

（清）海盐朱锦琮著。海盐朱冠士藏。

锦琮字端方，号尚斋，曾官赣、鲁等省知府。工诗古文词，兼长书画，著有《治经堂集》《诗文集》《信疑随笔》等，均有刊本。此为《治经堂外集》《计宦学琐言》二册，记在官时所闻所见事。《休亭杂录》四卷二册，则致仕后所作者，并未刊。

---

① 旧时对彝族的蔑称。

壶舟随笔　一册　手稿本

（清）温岭黄濬著。临海项士元藏。

濬号壶舟，积学工书，有《周易省象》，已著录。此稿写作俱佳，未刊。首有己亥年自序。

配谈录不分卷　一册　原稿本

（清）温岭黄濬著。温岭林爵铭藏。

此仅存《担粪者言》《纪梦问答》《阙党童子将命》《翼云字说》等四篇。卷端有自署“四素老人戏墨”，下钤“臣黄濬印”。

三余草堂赘笔六卷　三册　原稿本

（清）汤溪章敬修著。兰溪县政府征集。

首尾无序跋。首有“敬修印”白文印，版心上印“三余草堂杂著”，下印“小嫏嬛书阁”。敬修字慎余，号雨亭，同治癸酉拔贡，候选教谕，民国邑志有传，附其父《骏昌传》后。

红豆庵随笔　七册　手稿本

（清）临海陈润芳著。临海项士元藏。

润芳字蔚青，光绪时拔贡。此为信手杂抄之作。

类书类

典类四十二卷[①]　二十八册　手稿本

（明）永嘉刘光亨著。永嘉区征辑乡哲遗著会征送。

---

① 《浙江省古籍善本联合目录·子部·类书类》著录，稿本，今藏浙图，第309页。

光亨字贞父，泰昌选贡，官进贤县丞。自序言“余质钝寡颖，强记未逮，但每得一典故，随收之片楮，或粘案壁，或束巾笥。崇祯辛巳，解榕城篆，瑟居无事，乃取而缮草焉。顺治辛卯再录过，而聊增所备，名之曰《典类》云”。至甲午缮录告成，时光亨已七十五矣。自署号曰遗民后人。卷首有周天锡藏印。

鬟剔雎奇六十四卷[1] 陈列二册(原书十六册) 手稿本

(明)余姚胡敬辰著。嘉业楼藏。

敬辰字直卿，天启进士，官至光禄寺录事。此书无序跋。凡分□□□缕，卷□占候缕，卷□占测缕，卷二五行缕，卷三至卷五地理缕，卷六都舆缕附居处，卷七居处缕，卷八郡县合，卷九性行缕，卷十隐逸缕，卷十一宫闱缕杂出孔子，卷十二科第缕，卷九十五学序缕卷数疑衍，卷十三人事缕此卷内杂出历代统记，元会下注十四，战守下注十三，疑必分卷，卷十六音乐缕，卷十七理财缕，卷十八职官缕，卷十九帝业缕，卷二十宫闱缕此卷杂出封爵及将军等武职，卷二十一祭祀缕，卷二十二杂出父子等人伦，此下数目脱，卷二十五职官缕再见，卷二十六宦竖缕杂出诗文母教治妆及妾女朋友等类，卷二十七卷二十八君道缕卷二十七杂出文学礼乐等，卷二十九圣学缕，卷三十君德缕，卷三十一职官缕三见并杂出岁时节侯，卷三十二岁时缕起于秋，似接前卷，卷三十三释教缕杂出道经，卷三十四道教缕，卷三十五仙教缕杂出黄巢及外国，卷三十六出使缕杂出军饷，卷三十七谥法缕，卷□□□物用缕，卷三十八文友缕，卷三十九臣舛缕，卷四十职官缕四见，卷四十漕运缕卷数重，卷四十一理财缕再见，卷四十二珍用缕杂出仪仗，卷四十三符玺缕杂出衣物，卷十四贡献率杂出君臣太子等，卷二十六君道缕卷数重出，卷□□□技艺缕，卷四十六典礼缕，卷□□□方术缕，卷四十七征聘缕，卷□□□封爵缕杂出税课招抚，卷四十八职官缕，卷四十九御将缕，卷五

---

① 《中国古籍善本书目·子部·杂家类》著录，明末抄本，第712页。

十练兵缕，卷五十一边海缕，卷五十二狱律缕，卷五十三人品缕，卷五十四性行缕再见，卷五十五人品缕再见，卷五十六经学缕，卷五十七史学缕，卷五十八氏族缕杂出性行人事，卷五十九言语缕杂出丧礼，卷六十名誉缕，卷六十一叙述缕，卷六十二性行缕三见，卷六十三鬼神缕杂出商贾等，卷六十四百谷缕。体例舛驳，不足以言撰述。至每类杂出，盖误简也。有“盱眙王氏十四间书楼藏书印”。

请肄录[①]　二册　原稿本

（清）归安沈树本著。嘉业楼藏。

树本字号仕履已见前《湖州氏族考》。是书卷首第二行目题“吴兴沈树本艅翁抄撮”，盖晚年作品也。

兰言萃腋十卷拾遗二卷[②]　二册　手稿本

（清）嘉兴吴展成著。嘉业楼藏。

展成字螟巢，别号二瓢，《嘉兴县志》有传。此本经沈莲手校，前有春在草堂印，展成病中致耕云原札粘附焉。

顷蒙厚惠，却之不恭。谢谢。仆自晤别之后，精神渐感难支，奄奄欲斃，殆不久于人世矣。今以生平所署《兰言萃腋》并《拾遗》一部，共五本十四卷，敬以奉赠。虽为书不多，亦颇费数年心力。今岁春间复自手抄成帙，特草草未及装订耳。仆与足下，忝在主宾，留此片墨，付于令郎，以作师生之遗念。足下他日倘能付梓，则仆更为不朽也。此致畊云二兄足下，吴展成力疾拜奉。

卷首有嘉庆壬戌秋仲陈蕴斋球序及自题五律四章，尾钤“螟巢翰墨”“老我一诸生”二印。末一行有“道光丁酉四月后学沈莲敬校”一行。每卷有“臣莲手校”“灵兰馆”印。卷尾有沈莲跋六行。

---

① 《中国古籍善本书目·子部·杂家类》著录《请肄录》三卷，稿本，第672页。

② 《中国古籍善本书目·集部·诗文评类》著录，稿本，沈莲校并跋，第1901页。

丁酉四月，渔间邹上舍松坪介茂才姚丈以螟巢先生《兰言萃腋》求校，雨窗无事，批阅一过。虽所采未能如渔洋之洁，小仓之广，而伤知感旧，植朽嘘枯，前辈风流，犹可想见，是可传也。上舍方欲与先生诗集共谋付梓，搜亡辑存，其意尤非世俗所及，因附致数语以归之。梅花泾沈莲书于灵兰寓舍。

同文鉴不分卷　四册　原稿本

钱塘孙峻纂。浙馆藏。

峻有《仁和县志稿》等，已著录。此系类书性质，多空行，未成稿也。

小说类

封神演义诠解十卷　六册　稿本

（清）仁和俞景诠解，海昌邹存淦删补。邹适庐藏。

是书仿悟一子诠解《西游记》之意而作。据谓“神道设解之言，皆寓发金丹大道之旨”云。作者俞景字湖隐，仕履不详。案自序则作于嘉庆十五年馆京教读时也。原稿隐沦已久，咸丰间始为邹俪笙所得，为之句解辑录，编为十卷，并序其首。十卷之前，另有卷首一卷，阐述诠解之旨，其后有卷末《封神演义》改目一百回，因原本纲目与丹旨多未合也。原题“仁和湖隐俞景诠解，海昌俪笙邹存淦删补”。前有两氏自序，末有俪笙先生哲嗣适庐手跋。每卷末均有俪笙抄毕手识，往往可藉以见当时气候焉。俞曲园曾为之序，称“其设想之奇，会意之巧，与悟一子异曲同工”云。文见《春在堂杂文六编补遗》，此本失之。其书《杭州艺文志》失收。近人孙楷第《中国通俗小说书目》始著录，云未见，盖亦但见俞序之故。

演义不知起于何时，今所传施耐庵《水浒传》、罗贯中《三国志》似最古，盖施、罗皆元人耳。自此以后，《列国志》《西游记》《平妖传》《金瓶梅》诸书，皆传自明季,《封神传》亦其一也。第《列国》《三国》虽约略正史,疑以传疑,每多杜撰;不知者据为典故,诬古人而误后学,流弊实不可胜言。至《金瓶梅》《水浒传》之诲道诲淫,更不足论矣。《西游记》之取经西竺,当时实有其事,所不可知者行者等耳。悟一子《真诠》出,而人始恍然悟为证道之什,然尚未能知《封神传》之亦含玄理也。咸丰丙辰,客杭寓陈君耀奎(溶照)家,偶得俞湖隐(景)《封神诠解》草稿,勾勒涂抹,几难入目。时日长无事,因约略其句读,辑录一过,编为十卷,是亦证道之一种。悟一子视之,定当把臂入林矣。今人必不古,江河日下,读正史者每不终卷,得小说读之,则津津有味。豆棚瓜架之间,拍手纵谈,自以为博识者有之,然终不免为通人所笑。何不以此为谈柄,庶不致厚诬古人,而转知服食养胎秘诀,其所得不已多乎?越三十许年,重理旧作,为叙数言于卷首。时光绪十年甲申大寒节,海宁三百三十有六甲子老人邹存淦俪笙氏识于白莲花寺前之勤艺堂。

《封神》一书,传是释氏作。道家因邱祖西游雪山作《西游》,假佛教阐发丹经以贻释氏,释氏亦假道教作《封神》还答。彼此机锋暗对,心照不宣。然《西游》世知道家手笔,而《封神》名氏泯灭无闻。《西游》有悟一子《诠解》,而《封神》六百年来,璞质浑然天地间,亦一缺陷事。予究心元教多年,如坠五里雾中。嘉庆乙丑,游京师,晤庞睿谷,蒙彼指示《天仙正理》《仙佛合宗》等书,始得斯道端倪。然金丹大道,最秘者火候,天仙正理诸凡,和盘托出,独于火候不敢违天禁例,集历代仙□□□半语汇集成篇,名曰《火经》,要人摭拾自悟,亦复传而不传,□□夏□蒙授以《火经印证》《天仙正理》,一一符合,此真莫大之恩也。予虽无室家之累,而亲柩未葬,未便作出世想。庚午,教读□□,馆政之余,假友人《封神传》作消夏计,细阅之,神道设教之言,皆寓发金丹大道之旨,与《西游》实相表里。其筑基、炼己、周天、火候、采药、过关、服食、养胎、移神、迁鼎、炼神、还虚,又与《天仙正理》一一符合,其寓意立局,有胜《西游》之处者,真仙笔也。予既蒙天地赋以此身,又得亲炙历代仙师之书,况复年力未衰,曷敢偷惰。以予之所得印证处诠解之,使作者六百年后得一知音,未必不点首虚空者也。然古本难得,坊刻者字多舛讹,其挂一漏十之处,尚望同志指示,幸甚。爰赘数言以为序。嘉庆乙亥除夕,仁和俞景序于京都如舟书屋。

野语九卷　陈列二册　抄稿本

伏虎道场行者著。吴兴莫叔未藏。

本书不著作者姓名，所记皆湖事，首有嘉庆十三年荆溪周之冕序。

书共九卷，卷一至四《语逸》，五至六《语幻》，七至八《语屑》，九《语余》；后附《西吴蚕略》及《菊略》二种，各系序目。自署星甫。《语余序》作于道光甲辰，时年七十有六，则著者当生于乾隆三十三年，第不知其姓氏耳。据藏家莫叔未先生称："以其地考之，当是费姓，盖吴兴道场山惟费姓有读书人云。"又谓此书系纪事小说，瑕瑜互见，府县志艺文均未著录，吾乡老宿，从未谈及此书，是册盖为孤本矣云。

人各有消遣法，未尝同也，而亦未尝不同。或一己消遣，或供人消遣，或自消遣，而又供人消遣，其途判然。然消遣之法各异，而其为消遣则一。戊辰新正，余游尧城，维时柏酒桃符，银花火树，呼卢喝雉，斗茗拍浮，罗绮香闻，笙歌向沸，笑声满室，烛影满堂，其人之消遣法也。我则安能？素无所好，亦无所长，时携一卷，孤坐吟讽，或弄柔翰，随意摭拾，徐步闲庭，细嗅梅花。仰者明月入室，则一灯青荧，照我无寐，人欣佳节，我则如常，此一己消遣法也。先生又不然，以彼旧闻，抒其新见，兀坐一室，著书自娱，得录数则，则附就商榷，可验风俗，可备乡评，可作劝惩，可资谈助，未及旬日，裒然成编，此自消遣而复供人消遣者也。余维齐谐志怪，众所乐观。近今转相仿效，坊间居为奇货，此书一出，行见不胫而走，人各有消遣法，惟先生消遣法为最优，因述斯意为之叙。时嘉庆十三年岁戊辰上元后一日，荆溪周之冕拜题。

《野语》一至四《语逸》目[次]引言：

仆，西吴之鄙人也。早岁远游四方，吾乡名胜，半未涉历，吾乡畸士，少所交接；而吾乡掌故诸书，又不获荟萃而遍读之，中心怦怦，曷其有极？忆初涉征途时，见江光山色，苍苍茫茫，言语不通，风物殊致，彳亍道周，辄觉天地改色。稠人中闻有操乡土音者，必与之通款曲，如平生欢，或谈乡里人物，奇闻谰语，欣然神往，倾听忘倦。每遇客窗岑寂，良友未来，辄随草数则，展阅一过，仿佛湖山清远中，听野老谈新闻、述往事也。其无关吾乡而足广见闻、示劝诫者，亦附焉。语逸。

《野语》五至六《语幻》目次引言：

神仙鬼怪，无地无之。吾乡如张确逐碧衣女、晁紫芝听蹈波吟，尤幽艳可喜。尝欲汇录成帙，而说部綦繁，美不胜收。兹就故老流传，与近时逸事涉于仙鬼者，编辑为一类。客中所得，亦附之。文虽芜杂，然以驱睡魔、解宿酲，宜无不可。语幻。

《野语》七至八《语屑》目次引言：

客窗偶暇，泛览杂书，遇有近时风尚，溯所从来，或世俗相沿，辨其讹误，随手采录，自备遗忘。间有管见卮言，亦存一二，以为谭天炙毂之资，琐碎芜杂，辑为一类，虽笑牒言鲭，无裨果腹，而芹虀蒲鲊，亦供朵颐。野人所屑屑，正博雅所不屑也。语屑。

《野语》九《语余》目次引言：

仆自壬辰辍来，眄逾一纪；中更多故，衰病颓唐，无复怡情翰墨。所得奇闻逸事，往往笔之于书，岁月既久，裒然成帙，琐碎芜杂，更无体例可言。属家弟选泉，去繁存简，聊资谭助。语余。道光甲辰长夏，星甫自识，时年七十有六。

《西吴蚕略上下编》目次引言：

蚕桑事要，见诸记载者綦繁。其专论养法者，如宋秦少游《蚕书》、乃究《蚕法》、元司农《农桑辑要》所载《栽桑养蚕》二卷，虽极精赡，亦北法多而南法少。明黄省曾《蚕经》始与湖法差近，犹泥古而不宜今，渊雅而勿通俗。惟吾湖沈东甫征君《蚕桑乐府》，摹写湖蚕始末，尽态极妍，无一字涉虚，无一首不趣，府志已全录。余鳞次湖蚕诸法，自惭固陋不文，特录沈诗以快阅者之目。余书以行箧无多，涉猎未广，间采一二，聊资印证。其古奥艰深与吾乡无涉者，概从割爱。盖自鸣土音之操，非遽谓狐腋之集也。星甫识。

《西吴菊略》目次引言：

吾郡爱菊者多，种法胜于苏杭。程文岱庵性尤酷嗜，著有《晚香志》五卷，向尝读于五河。道光辛丑春，其季子子翔、孙心斋携书见访，重读一过，不胜今昔之感。因思丈关中禄养垂四十年，寿考令终，足副晚香之目。惟全书富赡，美不胜收，谨录其种法始末，名曰《西吴菊略》云。道光癸卯秋，仲星甫谨志，时年七十有五。

道家类

道德经参互不分卷　二册　手稿本

（清）会稽朱敦毅著。浙馆藏。

敦毅字玉泉，号远斋，同光间人，著有《庄子南经心印》《槐荫庭小草》，今并陈列。此书卷首有自序三篇。

庄子南华经心印不分卷　四册　手稿本

（清）会稽朱敦毅著。浙馆藏。

此亦朱玉泉遗稿。首同治三年自序，末有同年十月自跋。

集部　别集类

陆射山诗抄二卷[①]　二册　抄稿本

（明）海宁陆嘉淑著。嘉业楼藏。

嘉淑字冰修，号辛斋，又号射山。生有异禀。父殁后，弃诸生，晚以鸿博荐，不就。遗著甚富，均未刊行。此本末有邑人管庭芬及佚名氏手跋。

道光十九年秋，硖川蒋广文生沐校刊冰修先生遗集，合十三家本，汇为廿六卷，武林陈大令文杰为之序，授梓甫竣，或有中以蜚语，遂不印行。余曾见其样本六册，庚申寇变，并版片咸毁于火，广陵散绝矣。余读此册，仅五、七古一门，细考之，强半出于十三家之外，惜当日未见纂录，以成大观。然其中多阐幽纪事之作，可资佚闻。蛰庵主人发珍守之，勿以散帙捐弃，行将有辅轩者见访焉。时同治二年嘉平月，乡后学管庭芬子佩跋于斜川馆舍，时年六十有七。

客冬，余于石泾徐氏检得先生所作五律二百余首，亦多蒋本所无，知先生吟咏甚富，其散佚者不少矣。又记。

余于射山先生诗访求有年，未获全集。惟管丈芷湘贻余二册仅古今体诗六卷，非完帙也。此册为亡友杨兄抑甫所赠，虽仅古体一门，而其中感时纪事之作，往往皆在，读之颇足以考见当年时事，诚善本也。辛酉之乱，余藏书散佚，什一仅存，此册独得完好。偶出质管丈，云中多生沐广文所见十三家本之未有，诚未可以残帙少之。今载经兵燹，故家藏弆，半付劫灰，蒋版亦毁于兵火，荡然无存矣。则此本幸存，将来复有从事于先生诗者所当取资也。乡贤文献之留，在在所当爱护。

---

① 《浙江省古籍善本联合目录·集部·清别集类》著录《射山诗抄》三卷《拾遗》一卷，清抄本，清海宁管庭芬批校并跋，今藏浙图，第396页；《陆射山七律诗抄》一卷，清查六其辑，稿本，今藏浙图，第397页。

碧山学士集未刻稿二十卷 十二册 传抄稿本

(明)秀水黄洪宪著。嘉兴县图书馆藏。

洪宪字懋中,号葵阳,隆庆进士,官至侍读学士,为一代文章宗匠,受知于张居正。江陵败,先生亦被谮去焉。此稿乃从黄氏借抄者,未刊。卷首次行题"八世孙治谨录"。所著尚有《朝鲜国纪》《玉堂日抄》等。

调象居士外集二卷 六册 原稿本

(明)秀水沈狮著。临海项士元藏。

狮字□□,别号调象居士,秀水人,生于明万历廿二年甲午,久寓仁和,崇祯己卯以仁和籍举北榜,官江西上饶知县。先生庶出,于异母兄弟中雁行居第九,诸昆阋墙,受煎迫颇惨,今集中有《先妣汤太孺人行实》述之颇详,令人览之增涕。子儒通,崇祯十五年山东举人,迟其父甫一科,后殉闯寇之难。

卷中朱墨增删圈识极多,上卷为文三十卷,下卷为文三十一卷,其《汰僧议》末附录顺治十八年十二月十六日上谕一节,则先生当至清康熙间犹健在,寿臻古稀矣。其名仅见《题名碑录》及康雍两《浙江通志》、康熙《仁和县志》、光绪《杭州府志》等《选举表》。斯集各志艺文失收,中间多"珍秘""九官"朱记。先生行九,九官殆其小名矣。

茗斋诗不分卷[①] 一册 手稿本

(明)海盐彭孙贻著。海盐张菊生藏。

孙贻字仲谋,一字羿仁,明亡,奉母不仕。此其手稿本。卷端有

---

① 《中国古籍善本书目·集部·清别集类》著录《茗斋诗稿》不分卷,清抄本;《彭茗斋诗》六卷,清陆大成抄本;《茗斋诗》十八卷《补》一卷,张元济辑跋,稿本;《茗斋诗七言律》一卷,清抄本;《茗斋杂著》不分卷,清抄本,第946页。

“疆部所得善本”及“桐风庼翻辑疏录之书”两印。卷尾有“徐恕私印”“洪州高士后”两朱记。所收有五七言律绝诗。

南山黄先生家传集五十六卷　陈列一册(原书六册)　明抄本

(明)鄞县黄润玉著。嘉业楼藏。

润玉字孟清,少有至性,永乐初徙南方富民实北京,润玉得请代父行焉。举顺天乡试,历官至广西佥事,提督学政,所至有声,旋谪含山知县,致仕。学宗程朱,著有《四明文献录》《仪礼礼记注》《书经补注》《学庸通旨》等书。此书旧藏四明卢氏抱经楼,未见刊本。邑志艺文著录。

朋鹤草堂文集十二卷　十四册　稿本

(明)鄞县林时跃著。鄞县张伯岸藏。

时跃字遐举,晚号荔堂,茧庵先生时对之兄。甲申国变,隐居不仕。所著有《霜怀集》《葵向篇》以上诗集,《三易评林》《四传衍奥》《毛郑会笺》《十七史林》《明臣传疏》《明史大事记闻》《智井留书》等,此其文集也。首有李杲堂文胤、高废翁斗权两序,及康熙癸丑高宇泰、徐凤垣所为传。目录前有“东林道学复社文章”“千古薇香”两白文方印。《登天封浮图集诗序》首页有“智井留书两师友”朱文方印。

游二岳草[①]　一册　手稿本

(明)慈溪秦祖襄著。慈溪秦氏抹云楼藏。

祖襄字复斋,崇祯进士,守徽州,清兵入关,与熊汝霖欲有所为,不果,遂隐居不仕。清室诏举隐逸,不就。是集为其顺治十六年己亥游嵩、华二山所作,首有自序。首页大题下钤有“断山吟”大方印。中

---

① 《浙江省古籍善本联合目录·集部·明别集类》著录,张氏约园抄本,今藏浙图,第385页。

多朱墨评点，间盖“选”字木戳，末朱笔识云“约选七十首，尚须删改”八字，不知出谁手。

象川文稿　一册　明抄稿本

(明)象山应云鸾著。象山陈子良藏。

云鸾字瑞伯，别号东塘，嘉靖辛丑进士。初令临川，即刻《王荆公集》，并为置祀田。其他善政甚多，官至兵部武库司郎中。此稿蓝格绵纸抄，天头已损，未刊行。

徐文长文集　陈列二册　手稿本

(明)山阴徐渭著。九峰旧庐藏。

渭字文长，一字天池，晚又号青藤，明诸生。诗文书画，精绝一时。《明史·文苑》有传。文集虽早已行世，但此为手稿，弥可珍矣。其遗像及画，本届展览亦征到陈列。此六舟僧旧藏，有道光间春如居士吴超手识及达受自跋。

壬子夏，王仲英自南屏归，述六舟所藏徐文长手录文集，字体奇伟，真希世物也。余亟借观之。读其文，想见其人。字虽随意所录，而一种磊落之概，犹露于楮墨间也。春如居士泽长识。

徐文长小楷书，以山阴杜氏所藏为最，结体端正，笔意洒脱。此虽无意为书，而字几数万，一线到底，所谓颗粒中具大千世界是也。苍劲姿媚，固天池本色，无庸再缀。壬子夏日，仲英吴超观于南屏宝素室并识。

徐文长生于正德辛巳岁，卒于万历癸巳岁，年七十三岁。后有自传墓志一篇，效韩昶之例。按乙丑是嘉靖四十四年。四十五岁遭无妄之祸，当在囹圄中所作也。是书得于山阴市廛中，虽不经中笔，具大体势，实为道人手抄本无疑。道光三十年六月十日，南屏六舟达受随笔妙香文室。

雪屋未刊稿[1] 一册 稿本

(明)山阴徐缄著。绍兴章天觉藏。

缄字伯调,著有《岁星堂集》。施愚山为之序,谓缄诗魁奇自负,当其研练匠心,则坚金美玉,无可瑕疵。《雪屋集》中有“乙酉七月十三日满兵薄城下”语,则是诗未刊于清代,明矣。然能逃于雍乾文字之厄,此本似有神灵呵护者。前后无序跋,中多朱墨圈识并改字。

刘念台先生抄稿 一册

(明)山阴刘宗周著。杭县姚虞琴藏。

宗周字起东,号念台,万历进士,官至左都御史。明亡,绝食二十七日卒,清赐谥忠介。其学以诚意为至,慎独为功。学者称念台先生。又尝讲学蕺山,亦称蕺山先生。是稿多有钩乙涂改圈点,似系先生绝食后勒定全书时所为。或哲嗣伯绳手写全稿,而请父执鉴定,致有删节也。首有“嘉惠堂藏图书”及“翁同龢观”二印,末有黄岩王棻手跋。

右《刘念台先生抄稿》一册,凡尺牍四十八首,文二首,诗五首,语录四则。内尺牍抹去者十二首,抹其半者二首,不知谁所为也。今以雷翠庭所刊《蕺山先生集》校之,如《答秦履思》共十七首,而刻本仅载五首,首尾间多刊落。此外所删甚多,而第五首又不在此册,则抄稿当倍蓰于刊本矣。第抄首全帙,其存佚不可知,然即此册以观,可以考见刊本删节之善否,亦学者用心之一端也。修甫孝廉家藏此册,出以示余,先贤手泽之遗,尚其永宝弗失也哉。光绪二十二年岁在柔兆涒滩九月几望,黄岩王棻谨书于求己斋。

松月轩诗稿不分卷 四册 手稿本

(明)山阴田嘉年著。浙馆藏。

---

① 《中国古籍善本书目·集部·清别集类》著录《雪屋未刻集》一卷,稿本,第933页。

嘉年《山阴县志》作嘉生崇祯十年进士，授知县，甲申国变后，足迹不入城市，隐居授徒为生，与同里张岱友善。是稿《千顷目》不载，杭大宗亦未补及。其流传于世者，恐仅此本矣。书名原题《松月轩忧生集》，又涂改为《劫余录》，今为改署如此。

陶庵杂稿不分卷附山居诗一卷 选录宋元明人诗一卷 一册 手写本

（明）山阴张岱著。诸暨陈氏仰遹居藏。

宗子有《四书遇》及《石匮书》，已著录。此其手录杂文，并选宋明人诗赋序文，盖随时写录者。内计书牍十三，传三，家传十二，志铭四，祭文八，史论二，诗一，长短句十七，题赞九，操二十一。虽凌杂未理，间多俚语，而恢奇恣肆，亦自可喜云。

宝纶堂集 四册 稿本

（明）诸暨陈洪绶著。诸暨陈氏仰遹居藏。

此来园钱氏故物，洪绶七世孙陈畸叟遹声购还。计第一册十五页，第二册十五页半，第三册廿七页，第四册十五页。笔精墨妙，可与经部之《筮仪象解》参观。惟此已刊，彼则尚无传本耳。末有钱洪襄、吴庆坻及畸园老人长跋并诗，不备录。

来来轩诗稿 一册 手稿本

（明）诸暨傅日炯著。诸暨陈氏仰遹居藏。

日炯字中黄，明诸生，幼孤，好学，事母孝。长游京师，与倪元璐、祁彪佳等以诗酒相唱和。受业于刘宗周。国变，闻江上师溃，蕺山绝食死，遂自沉于湄江。事详诸暨、会稽诸邑志及《越中三不朽图赞》。《明史》附《朱大典传》。是稿未刊，旧藏沈复灿小云巢，现归诸暨陈氏。

金冬心集中未刻诗　一册　抄稿本

(清)仁和金农著。杭县丁祁之藏。

此为仁和张维善、凌病鹤、魏锡曾等手录。农字寿门,号冬心,别号稽留山民。嗜奇好古,足迹半天下。工书画,诗格高简有奇气。乾隆初以布衣举鸿博,不赴。卒年七十余。本届展览尚有先生自绘小像及字画作品陈列,详见后。

冬暄草堂诗稿二卷　四册　稿本

(清)仁和陈豪著。杭县陈叔通藏。

豪字蓝洲,号迈庵,别号止庵。官湖北蕲水知县,有德政。所作诗,冲夷澹远,如其人。此其手书诗稿,凡四百三十三首。首有吴庆坻撰家传,陈三立、潘鸿撰序,及乙卯年盛庆藩时八十八岁跋。孙树礼录武进瞿长龄《述随州陈刺史蓝洲公牍摘录》并书后、清史传稿附循吏《方大湜传》、姚惟寅《随县陈公遗爱祠记》《湖北蕲水县士民恭颂陈邑侯德政颂》。原本已由哲嗣叔通敬第于辛亥年刊印行世矣。

古芬山馆遗稿　一册　抄稿本

(清)仁和周芝沅著。浙馆藏。

芝沅字逸坡,尚风雅,善书画。此稿系其子兆烜所辑。

复堂未刊诗　一册　抄本

(清)仁和谭献著。平湖胡宛春藏。

复堂有《董子定本》等,已著录。此其未刊诗,盖为后人所辑存者。

汉铙歌十八曲集解　一册　手稿本

(清)仁和谭献著。杭县陈叔通藏。

书已收入《复堂类集》第九种，此为其手稿。编者案，此书展览后即承叔通先生举以赠本馆矣。

见青阁遗稿 一册（册页装） 手稿本

（清）仁和鲍靓著。杭县许季明藏。

靓字玉士，为霖女，许书台茂才妻。早寡，能孝侍舅姑。工诗，髫龄即解吟咏，有不栉进士誉。遗稿不及付梓，经咸丰辛酉之乱，竟毁于兵火，此中所粘荷包牡丹七律一纸，其幸存者也。全册名家题咏极夥，如仁和夏子松，秀水沈蒙叔，会稽陶子珍、李莼客、孙德祖，仁和谭复堂，钱塘丁松生、吴炯斋，余杭章太炎等。

卓庐初草十四卷 送陈一册 稿本

（清）钱塘陈墉著。嘉业楼藏。

墉字作甫，道光乙未进士，官甘肃肃州知府。其所为古文负名海内，而出宰陇西垂三十年，亦有政声。以为上官诬陷，遂郁郁死。《两浙輶轩续录》引钟骏声语，谓其著作亦毁。今此稿固在，凡文四卷，诗十卷。

芳洲诗抄 一册 抄本

（清）钱塘沈用济著。吴县潘景郑藏。

用济字方舟，康熙时国子生。首夹订写刻沈归愚《方舟兄遗诗序》二页，当系从《归愚文集》刊本中剪出者。序中有云"用济迁嘉兴，将老又迁江宁，来吴寓师林寺中，母柴太夫人名静娴，配朱夫人名柔则，皆以诗名"，可谓风雅萃于一门矣。此帙诗共一百廿五首。

游吴楚吟 二册 稿本

（清）钱塘张云璈著。长兴王氏诒庄楼藏。

云璈字仲雅，号简庄，晚号复丁老人，乾隆庚寅举人，官湘潭知县。生平于学无所不窥，而尤长于诗，以其才气横溢，所作直逼盛唐，晚清诸家，殆少能望其项背者。其诗集之名，凡有数十种，独此未见著录。

临川集唐[1]　一册　原稿本

（清）钱塘柴杰著。新登汪德振藏。

杰字临川，乾隆丙午举人，赐国子监助教。此集唐人诗句。末附《邗江杂咏》《诗余》，则系其父次山上舍所作也。次山名才，号卯村，诸生。末有“道光己酉年夏月抄录，桐友氏识，时年七十有一”一行，尾钤“书礼传家”“东安汪氏鉴藏书画印”两朱记。

松梦寮文集不分卷　三册　抄稿本

（清）钱塘丁丙著。浙馆藏。

《松梦寮诗集》已刻印行世。此文集仅有抄本，向藏寿松堂孙氏，近始归本馆，闻丁家亦无底本也。丁氏虽不以诗文名世，然所纪述，类多有关乡邦故实，固不容等闲视矣。惟夺漏尚多，有待觅补。

江干杂咏未分卷　二册　稿本

（清）钱塘丁丙著。浙馆藏。

绿格抄本，不著书名撰人，亦无序目。自《范村阅武楼》一首起至《钱江童谣》止，凡七言绝句二百二首，亡虑皆江干掌故，其诗注中引张尔嘉《江干丛谈》者尤多。闻松生先生《江干杂咏》未刊，则此其遗著无疑。中多朱墨批校。第二册首并有“诗多二首，结尾似可酌删，注中舛错尚多，均须查改补阙，镐拜读并注”浮签，盖同里杨春浦振镐先生手识，而是书原例当以二百首为限也。

---

① 《浙江省古籍善本联合目录·集部·清别集类》著录，清道光二十九年抄本，今藏桐庐图书馆，第485页。

有至乐斋吟稿[1] 二册 手稿本

(清)钱塘吴俊琪著。杭县高鱼占藏。

俊琪字半耕，钱塘诸生，道光时人。此稿经其友陆灏评选，朱墨斑斓。其致陆艾生原札，尚附粘卷首。盖半耕乞艾生转求评定者。原题《桥南草堂集》，封面则署今名。并有"平生无所长""诗句留删尽数抄"二印。首页有"钱江布衣""吴俊琪印""半耕"三印。前有道光廿六年同里潘小云照、廿八年海宁张淮两序，又修川倪又田镕及近人鉴湖徐梦鱼寿荃题辞。南海潘衍桐督浙学时编《两浙輶轩续录》，半耕诗亦入选焉。

王风不分卷 一册 抄稿本

(清)钱塘丁立诚著。浙馆藏。

立诚字修甫，号慕清，八千卷楼主丁申之子而丁丙之侄也。光绪元年乡试亚魁。聪慧多才，能世其家学。工诗，著有《小槐簃吟稿》《联存》《武林杂事诗》《郭孝童墓纪略》《东河新棹歌》《永嘉三百咏》《永嘉金石百咏》等。此为清季庚子年丁氏讽世之作，故但署"燕九游人"，而不题真姓名。程宗裕、孙树礼两序亦然。当时经俞曲园去函规劝，未果付刊，至宣统三年始由徐珂笺注，于民国庚申夏月印行。此卷首尚附粘曲园叟原札，为刻本所无，足备书林故实也。

修甫仁弟老世台惠览：令弟来，询悉起居清吉。翁铁梅大令来，又交到手书并拙文一册。昨又由康侯兄寄到大著一册，题既新鲜，又两两对耦，足见搜罗之富。鄙人昔虽挂名朝籍，而留京日浅，闻见所不及者多矣。至辞意尤为妙绝，其暗寓时事，想入非非，抑何文心之灵巧乃尔邪？惟兄有一言，窃愿为老弟陈之。方今京华兵燹之余，殊令人有风景不殊之叹；然不久大局砥定，法驾回銮，帝城

---

[1] 《中国善本古籍书目·集部·清别集类》著录《有至乐斋吟稿》四卷，稿本，第1321页。

景物，自当如旧，尚非梦华著录之时。大著激于忠愤，忧时感事，不免太切。即如第一首《颁恩诏》结句以罪己诏作反照入江之举，洵有味外味。然不谅者读之，以为近于讥讪矣。吾弟年少而负才名，在杭城又颇有富名，笔墨似宜谨慎。此集虽佳，且藏之箧中，不可遽出问世。此鄙人忠告之言，未识高明以为然否？如欲鄙人作序，则亦无所不可，当率书数语，以副雅意也。兄今秋有《仿张船山宝鸡题壁诗十八首》，以中有忧愤之词，故且藏而不出，东坡他事可学，诗案不可学也。拘谨之见，勿笑勿笑。手肃布复，敬颂吟安。世愚兄俞樾顿首，十一月十七日。

小槐簃吟稿　七册　抄稿本

（清）钱塘丁立诚著。杭县丁机平藏。

此《吟稿》积四十六年手录而成，附《杂诗》一册，内关旧都及杭州与温州时丁氏开设裕通银号分号在温之掌故颇多。全书已刊光绪己未家刻本。

吟花室诗存不分卷　一册　稿本

（清）钱塘孙兆麟著。浙馆藏。

兆麟字祥士，诸生，议叙训导，年甫逾冠卒。此其遗著，未刊。向藏孙氏寿松堂，近始归本馆。

吟红阁诗抄　一册　抄稿本

（清）钱塘夏伊兰著。杭县丁鹤庐藏。

伊兰女士字珮仙，夏之盛女，未字而亡。首有“梅花馆主”印。

蔡中郎集举正[①]　一册　稿本

（清）钱塘罗以智著。瑞安孙氏玉海楼藏。

---

① 《浙江省古籍善本联合目录·集部·汉魏六朝别集类》著录《蔡中郎集举正》不分卷，清光绪五年朱桂模抄本，清朱桂模跋，今藏浙图，第158页；《蔡中郎集举正》二卷，清抄本，今藏浙图，第159页。

此书尽取两《汉书》以下诸书中有与中郎文相关者，博证旁通，求其确据。凡得若干条，而仿方崧卿校韩集例命曰《举正》，未刊。与《金石综例跋》并以同治戊辰年为孙仲容先生所得于四明，又有旧藏手校本二十余种，亦为玉海楼所得，兹亦应征数种陈列。

孙康侯遗集不分卷　七册　抄稿本

杭县孙峻著。寿松堂孙氏藏。

康侯有《仁和县志稿》等，已著录。此稿现由哲嗣等保存，将谋校印问世。内分诗文公牍之类，驳杂尚待理董。

陇笑馆杂稿　二册　稿本

（清）余杭鲁宝清著。杭县丁宣之藏。

宝清一名坚，字澄伯，一字月暗，诸生，官湖北知县。擅诗古文词，晚年卜居湖墅散花滩上，颜曰散花阁。此稿经桐乡劳偶庵、桐城萧敬孚、同县章枚叔炳麟审阅。枚叔有贻书代序。按此书太炎先生《文抄》《文录》均未收。

澂伯长兄左右：前承尊旨，以大著《陇笑馆杂稿》属为删定，代匠斫削，诚恐伤指。亦谓巙人善涂，足当臣质，故不欲以不文辞。此已籀览一匝，粗为加墨。论缫丝书，平彻闲雅，可见施行。书贏客事，质而不俚；戴某传赞、杨某事略，数显僤幽，庶几茗柯。《周维城传》《祭梅庵先生文》及《陈府君姜孺人传》，笃挚有体，事复明绚，皆集中佳者。其他繁杀雅郑，未能一途，而语率副情，绝去模拟，亦云可尚。比于近世作者，最似安吴。安吴知类通达，善言事情；碑传诸作，复非谀墓，斯亦君所具体也。乃杂糅古近，鲜所洮汰，芜音累气，往往而有，九京复作，亦有同病之叹矣。安吴品藻前哲，最重昆山。吐辞朗畅，故亦雁行。文质相宜，乃非伦比。君宜以《亭林文集》，化其粗章，成其安雅，庶几远于凡俗。亭林旨在明道，鲜作碑志。君于叙事，是惟擅场。又当参以大虑，令就隐括。若湘乡之曾，无锡之薛，虽细大不同，要其记事翔尽，并可楷式。非谓皕年作者，尽此数公。唯君体性，习斯为近。故不欲滥举百家，妄下砭艾。计念温雪，目击道存。宜有契鄙言，勿云谰语者矣。鄙人少耽训诂，擩跻秦汉。模拟数年，乃成伪体。

由是泄以王、欧，荡以方、姚，每念灵皋揭橥理学，誉者以为周情孔思之作，毁者以为腐木泾鼓之音，抑扬佚仰，多非其实。所定格律，故不可逾；若其卫言洛闽，挟以自重，斯则艾英氏之故智，梨洲已犁其庭、扫其穴矣。于是思恽子居言，上窥诸子，以捄八家，亦曾籀释西书，董理哲学。九流绪言，于兹为近。乃复刻意数稔，铸万潜书、台山文集，咸有取焉。然犹自守矩度，不为哇咬。并世文士，乃誉以双料定盦，斯则缪矣。自岭南诸子昌言龚、魏，二家文笔本多伪词。学龚不至，体骸愈甚。万窍同风，思革其敝；乃复职志退之，辅以临川。朝夕循讽，不去几案，谓可以变革弔诡，抑止流荡。顷岁以来，私谓朱公梅崖独窥秘奥，惜其读书过少，积理未富，发为篇章，文肆质饐。吾虽谫陋，幸谢斯短焉。综述平生，徽帜四易，与左右所学，轨辙或殊。今为点定，譬之移植相黎，以附橘柚，裁剪貂鼲，往施纱縠。异章殊味，庸有当乎？言之不惭，惟恃知我。附去大著两册，即望检收。临颖神驰，敬颂万福。章绛谨再拜，九月初九日。

原函文多正体，兹稍易今字，以利排印。

查初白诗 二册 手稿本

（清）海宁查嗣琏著。杭县姚虞琴藏。

初白先生有《壬申纪游》，已著录。此手写稿，草书密行，手自圈识涂乙，朱墨斑烂，间有眉批及小笺，末有嘉庆时许嘉祐跋。此本虽属不全，但持校刻本，多有不同，盖刻后再经手改者。

右初白翁手录稿，残缺不全，间有涂改，与镌本不同。我乡先达手泽，百数十年犹存，可不宝诸。嘉庆二十二年丁丑正月谷日，妙果山长许嘉祐识于遂初园之宝翰山房。

二查尺牍不分卷 一册 抄稿本

（清）海宁查慎行、[查]嗣瑮著。海宁图书馆藏。

初白、查浦二公赤牍，只有抄本，未见传刻。此本卷末有邑人费寅手识二行云："初白、查浦二公赤牍，所见传抄本亦甚少，安得好事者为之梓行？庚申六月，校读一过。复斋。"嗣瑮，慎行弟，字德尹，号查浦，《清史稿・文苑》与兄同传。

守素斋诗抄不分卷　一册　传抄稿本

(清)海宁张均著。海宁县图书馆藏。

均字湘石,监生,居与管庭芬比邻,得其指教,颇工吟咏。此稿未刊,首有咸丰壬子管氏序。所著尚有《越中吟》,见《海昌艺文志》卷十七。

蜜香楼集不分卷　一册　精抄稿本

(清)海宁陆椷著。海宁县图书馆藏。

椷字容圃,号尔咸,布衣。此其诗集,《海昌艺文志》著录,未见传刻。此海宁图书馆副本,末有民国壬戌费寅手识二行。

居易斋初步草四卷　一册　抄本

(清)海宁倪祖喜著。海宁县图书馆藏。

祖喜字嘉宾,号云逸,遗著仅此一种。诗文合订,未刊,稿存管庭芬家。此海宁图书馆传抄本,形式一仍其旧云。

还读我书斋诗抄附诗余　一册　抄稿本

(清)海昌查绍籛著。吴县潘氏藏。

绍籛字铿友,号玉彭,又号尧斟,道光丙午举人,候选郎中。遗著见之传闻者仅此。首有"同治戊辰仲冬,吴门叶廷琯读于城西僦舍重见故山楼"末钤"苕生"朱记一行。《海昌艺文志》著录。

庚庚石室近稿一卷　一册　抄稿本

(清)海宁朱至著。海宁县图书馆藏。

至字履伯,一作礼伯,监生,尝从陈鳣受《说文》音训之学。此稿未刊,《拜经楼书目》著录,末有吴兔床藏印。所著尚有《随意吟》一卷、《壶口山人诗》三卷,不知犹在人世否。

琴畅轩百花诗不分卷　一册　抄稿本

(清)海宁张骏著。海宁图书馆藏。

骏字信裳,号荔园,乾隆庚子恩科进士,官处州教授。著作详见《海昌艺文志》卷十三,仅《荔园诗抄》及《续抄》已刊。此书止传抄本。首有周松霭序及乾隆三十八年自序。

南湖避暑录二卷　一册　抄稿本

(清)海宁曹宗载著。海宁县图书馆藏。

宗载字问渠,号桐石,道光辛巳岁贡生。当事者以孝廉方正征,不就。著作详见《海昌艺文志》卷十五。此与《紫硖文献录》已著录,俱未刊,乃海宁图书馆传抄自东山楼藏本者,浙馆亦有一本。

镜海楼诗稿四卷[①]　四册　原稿本

(清)海昌杨凤翰著。绍兴沈伯钦藏。

凤翰字抑甫,号筠卿,诸生。《海宁州志稿·文苑》有传。著《镜海楼词》一卷,未刊。是书则光绪十一年邑人钱保塘已刊于蜀中,此其原稿本也。前有薛时雨、管庭芬、吴艾生手书序并钱保塘序,又《鉴湖夜泛图记》。稿纸版心印有"嵩少山房"四字。

镜海楼文稿一卷　一册　原稿本

同上人撰。绍兴沈伯钦藏。

此书《海宁州志》未著录。首有"杨印凤翰""筠卿""镜海楼主人"朱文三印。

---

① 《浙江省古籍善本联合目录·集部·词类》著录《镜海楼诗稿》四卷《文抄》一卷,稿本,清薛时雨、海宁管庭芬、吴艾生跋,今藏浙图,第590页。下一部书著录,参此条目。

抱秋亭诗集六卷 二册 旧抄残本

(清)海宁吴嗣广著。海宁图书馆藏。

嗣广字芑君,号樵石,诸生,博综典籍,请业于查东山,故诗境相近,预修《浙江通志》。与厉太鸿、杭大宗、沈归愚持论多合。其诗集《海昌艺文志》作十二卷,此仅六卷,然属旧抄,亦可贵。首有乾隆丁卯沈德潜等序及自序。

袜线集八卷 二册 抄稿本

(清)海宁孙清著。海宁图书馆藏。

清字申甫,号霞峰,诸生,工于诗,劬学至老不衰。此其未刊稿。首有光绪十三年钱塘熊宝寿晋卿及十二年修川陆之祺两序,宝寿别有题词。

所著《琴厢吟草》六卷、《依旧吾庐吟草》五卷、《茅栗园吟草》四卷附《闲情集》一卷及《茅栗园杂文》,并见《海昌艺文志》卷十八,云已刊,惟此失收。据《志》,《琴厢吟草》注谓有陆镜蓉、熊宝寿、孙廷翰、陆之祺诸序,及宝寿、柴文藻、李圭等题辞,则此《袜线集》或即其传抄足本而收序则较少欤?

曳尾涂中不分卷 一册 手稿本

(清)海宁蒋学勤著。海宁图书馆藏。

此蒋氏遗稿。卷面自题袁随园、陆放翁、罗洪先句,并记云:“此册多记游之作,随性闲适,自龟庄落成,与同人唱和,毕集于此。”盖取庄生之意,名所居并以名集也。学勤,光煦子,字茗伯,号辛庐,又号茗虹,廪生。所著尚有《辛庐吟草》二卷、《词稿》一卷及《杂志》,并见《海昌艺文志》卷十八,惟此失收。本届展览几于毕萃,茗虹有知,当亦忻慰于九原乎?

兰陔诗集四卷　四册　抄稿本

(清)海宁周大业著。浙馆藏。

大业字致堂,号存斋,广业兄。乾隆四十五年进士,官宁波府教授。平生笃于孝友,覃研经籍,旁通百氏。诗以神韵为主。此集未刊。据《海昌艺文志》载所著尚有《兰陔文集》及《春晖草集》案此《草》已收入《诗集》云。

朱鲤舫诗不分卷　一册　抄稿本

(清)海宁朱二铭著。海宁县图书馆藏。

二铭初名宽,字载常,号鲤舫,监生。是书《海昌艺文志》卷十四引《桃源朱氏谱》作"请息斋诗草"。卷中间多有题无诗,殆抄自残稿者。

艮庐吟稿残存二卷　一册　抄稿本

(清)海宁蒋元樾著。海宁县图书馆藏。

元樾字照生。稿中有其亲笔涂改,中多空行。

苏阁吟卷①　一册　手稿本

(清)海昌吴寿旸著。嘉业楼藏。

寿旸字虞臣,号苏阁,兔床之子,岁贡生。此其未刊稿。原题"蘧庵剩稿",旋改"蘋花馆剩稿",继改"春庭小稿",最后乃定今名。《海昌艺文志》卷十五著录作《苏阁诗稿》四卷、《词稿》一卷,注云:"谱传作《苏阁吟卷》五卷。以上皆未刊。"

---

① 《中国古籍善本书目》著录《苏阁吟卷》一卷,清抄本,第1276页。

内自讼斋文集十一卷　六册　原稿本

（清）富阳周凯著。富阳周筱泉藏。

凯字仲礼，号芸皋，嘉庆进士，官至台湾道，卒于官。生平工诗文，擅书画。所著诗文抄，其姻亲朱俊甫为刻之道光庚子年刊，颇少见。而周氏闽南门人则为刻文集凡十卷，今尚有通行本。此原稿本系周氏亲自校定，编次较闽本有异。首有芸皋藏印。

养正楼诗稿　一册　原稿本

（清）新城陈倬著。新登汪德振藏。

倬字禹梁，嘉庆时人。卷首有陆介眉序。自序则称《遣兴编》。作者虽为一塾师，而诗却清丽可诵云。

香池集稿 香池续稿　各一册　原稿本

（清）新城徐时敦著。新登汪德振藏。

时敦清季岁贡，《民国新志》有传。此稿所记，多关清季本邑掌故。末附汪圣康撰小传。

清仪阁诗抄[1]　一册　抄稿本

（清）嘉兴张廷济著。嘉善张天方藏。

廷济字叔未，《清史稿·文苑》有传。此其早年诗存，内已刻者二十余首集名《桂馨堂集》，未刻者一百余首。题下大都有年月题记，可备编清仪年谱者参考。末有藏者张天方手记。

此过抄《顺安诗草》原稿，传出其子稚春手笔，然或出于徐士燕手。与刻本校对，知此为定稿时删去不少，刻本始于乾隆甲辰，此存自丙辰，早十余年。其

---

① 《中国古籍善本书目·集部·清别集类》著录《清仪阁诗稿》不分卷，稿本，第1258页。

中诗篇见于刻本卷一者，得二十五首，删去者有一百二十三十首。且此册题下多系年月日，可知清仪老人早年事迹，当日读可也。从古有谱，清仪无之，将来有人从事及此，可备参考。所删多为应酬、题画及未第时愁叹之作。二十三年十月十日购入。天方记。

老芥土苴　三册　原稿本

（清）嘉兴吴受福著。嘉兴县图书馆藏。

受福字介兹，号晋仙，又号琎轩，老芥其晚年别号也。光绪五年己卯科乡试亚魁，广西巡抚昌寿之子。此稿文二册、诗一册，为其手写原本。其女夫郭起庭曾为刊行，题曰《贞孝先生遗墨》。贞孝，门人所私谥也。另有手校《隶释》一种，今亦征到陈列。

寒松阁诗[①]　二册　手稿本

（清）嘉兴张鸣珂著。吴县潘承弼藏。

鸣珂字公束，号玉珊，晚号窳翁。咸丰拔贡，官德兴知县。工词。此书已有刊本行世。封面有光绪六年五月魏槃阿彦题签，卷首有咸丰八年徐兰史锦序，黄燮清、俞樾、周闲、孙福清、吴仰贤、潘介繁及南汇张文虎等评识。海盐孙意林谋、黄韵甫燮清、朱桂卿福诜、仁和钟雨辰骏声等题词。又光绪五年李士棻字芋仙、十六年易硕甫及樊樊山增祥等题记。首页有“寒松阁”“公束”二印。浮签极多，盖付刻前底本。

不负人斋诗稿八卷　二册　稿本

（清）嘉兴王福祥著。海盐张菊生藏。

福祥字春渔，一字春漪，嘉兴附贡，官云和训导。此稿首有同治五年长白月舫清安序据谓曾与春渔同宦栝苍，次咸丰八年上元朱绪曾、

---

① 《中国古籍善本书目·集部·清别集类》著录《寒松阁诗》三卷，稿本，李慈铭序，第1346页。

丹徒戴槃序、同治壬戌元和袁学澜春巢序有"君尝棘闱八试,履荐不售,现就学博一官,非其志也"语,次桐乡陆以湉、郑凤锵、石门叶蓁字蒨士、嘉善张祖陆、西安崔世霖、江宁卓荧、山阴屠石麟、仁和余弼、秀水蒲华等题词。

金心斋诗稿　陈列一册　手稿本

嘉兴金介复著。北平图书馆藏。

首有海宁费寅跋:"《金心斋诗稿》分集不分卷,原稿四册。按《梅里志》:心斋先生名介复,字俊民,嘉兴人。康熙戊子副车,湛深经术。尝从朱李前辈游,著述颇富。弟子问业者甚众。李遁麓制府维钧选刻《梅里诗抄》,皆出其手。此为心斋诗手稿,装成,漫记于后。时辛未冬日,复斋谨书。"

白云集　二册　稿本

(清)嘉兴张淮著。浙馆藏。

淮字桐川,号听渔居士,世居嘉兴王店,朱竹垞故里也,咸同时人。此集诗凡二百余首,颇具骀宕之致,间有编年。首有秦桢、许祖昱、胡锡祥题辞,及咸丰八年、同治四年自序,末附自传与其他文数首。《嘉兴府志·艺文》有淮著《小山吟馆集》,不知即此是否。

柳东先生诗剩稿　七册　稿本

(清)嘉兴冯登府著。嘉兴县图书馆藏。

柳东有《齐鲁韩三家诗异文释》,已著录。此诗稿拟刻未果。首有"石经阁""冯""冯十三印""柳东子吟稿"诸印。首页阑外有"钱泳读过"一行,尾钤"钱泳私印"白文记。上册阑外,间记抄手,如"以上屠梅雨录""以上许淳斋录"以及丁学棠等。参评者有"寄南""鲁南""沂"诸人。下册原题"冷斋猥稿",后改"冷斋集"。有诗及诗余,末附《象山县志目》及例言,则道光间,先生主纂《象志》时稿也。

绿净山庄诗 一册 抄稿本

（清）嘉兴章溥著。嘉兴县图书馆藏。

溥字云台，道光乙未举人。其诗未刊。此本乃竹林祝廷锡据凤桥吴氏所藏原稿移录。首有俟庐老人祝廷锡过录吴贞孝跋及老人自跋。

光绪辛卯，南海潘峄琴学使莅浙，踵阮文达故事，撰《两浙辅轩续录》，檄征乾嘉以来诸老遗诗。有持乡先辈云台章先生诗稿，介鸳湖院长石莲舫广文，选送学使者。院长时方纂修邑志，留其稿于家。受福得从而借读，觉极貌写物，穷力追新，锻炼精纯，自成馨逸，叹为近百年来吾禾一作手也。惜《辅轩》仅登三首，尝鼎一脔，未足以厌读者。按先生，邑之凤嗜桥人，道光乙未举于乡。生平栖迟衡门，非试事，足不出里巷。而性复介特，不事标榜，以故知之者鲜。受福尝语先生所亲吴孝廉春墅（廷华）曰："君之乡，蕞尔一隅，自巢端明后，阒无闻人。今有集如此，而忍令湮没不传，亦生是乡者之耻也。盍醵资谋梓，以发幽光？君为倡，某请继之可乎？"春墅唯唯。乃未几而春墅随使节泰西，死海外矣。未几，而石院长又死矣。此本不知流落何所。夙愿未偿，辄为之扼腕不置。顷秀水沈稚严孝廉（进忠）告余先生诗故在今海上，有搜刊近贤著作者，将付以传世。余亟为索观，如与故人重道契阔，不禁狂喜。第前所见先生定本，端楷密书，颜曰《苹花馆诗》，都十卷，附词六卷，李戋园骈文序首。李名文赍，先生同岁生。此署"绿净山庄"，亦分十卷，词与序均未之及，审经梅里布衣汪一江（澍）所校阅者，眉耑多着评语，持律甚严，间有匡正处，实先生诤友也。全稿勇于自砭，一再改窜，虽非当日缮定之本，亦可泯遗珠之憾矣。沈君属赘一言，受福愧不知诗，为疏所缘起于右。宣统纪元己酉孟陬，邑后学吴受福跋。

三复斯编，写景诗居多，词意难免有犯复要。前三卷，汪君未加钤识，妄就（鄙）意，略从删薙，上盖半月印以别之，丁卷以后应照汪君所钤，录之。眉端诸首，当日汪所未见，凡涉怀古游山之作，皆应入选，应酬诗可删。己卯春，受福读。

二十年前秀水沈孝廉稚严语廷锡曰："凤溪章云台先生诗稿在吴君鸿逵所。"锡心识之。今者孝廉墓木拱矣，鸿逵乃出其稿相示，欣如饥渴之得饮食。既录副以储，复稍为装褙而归之。吴贞孝跋称尝怂恿春墅大令醵金付梓，诺而旋殁，赍志以去。鸿逵，大令独子也。能历久保藏，使免于水火鼠蠹之厄，诚可贵矣。倘进而竟成先志，不尤善乎？如有待焉，曷勿庋诸图书馆，徐俟他日之剞劂，庶乡先哲呕心鉥贤之杰作，汪、吴两前辈后先甄择之盛心，与夫大令泉台耿耿之念，孝廉亟亟称述之意，咸赖以不坠，而于敬恭桑梓，保持文献之谊，不更周至乎？鸿逵意谓然否？辛未小暑后一日，海昌后学祝廷锡拜跋于嘉兴里仁乡古笃行里之俟庐。

按《两浙𬨎轩续录》，章溥字宝华，号云台，嘉兴人，道光乙未举人，著《苹花阁集》，录诗凡五百首。即壬卷《夏日杂兴》之第一二两首，而改题为《夏日圃居杂兴》，第二首起联为"竹屋萧森水槛凉，日长散发傲羲皇"，又"晚风"为"微风"，其三首则庚卷之《读诗》三首也。观此本于汪布衣眉间指点匡正之处，咸仍而未动，知其酌改者当在他本，而《𬨎轩》所录题句有异，且先壬后庚，其次第亦必有所变易，又可知矣。先生之作，自应制体入妃红俪白，工于对仗，而于景物难免虚拟。观《游金陀图次韵》连用山峦字，类于此者尚多，亦习焉而不察耳。先生所居在凤桥市中，至今人称章厅。近处未有山，而曰绿净山庄，晚年觉其未安，乃更称苹花阁。然则吴贞孝所谓勇于自砭，一再改窜者，必为苹花本矣。惜今之不可复见也。廷锡于辛未夏，谬赘数语于原稿。越五年丙子长夏，重录一本，送储嘉兴图书馆，因又识此。俟庐老人祝廷锡时年七十有二。

朗山遗稿不分卷　一册　传抄稿本

(清)嘉兴沈传弓著。嘉兴县图书馆藏。

自署"长水沈传弓武功父著"。案传弓字武功，一字朗山，诸生，与朱竹垞友善，年仅三十卒。诗少流传，阮氏编《𬨎轩录》时，仅得六首，后以其送人诗七言二律入选。此本五七言律绝具备。其《白莲寺日本国书歌同周筼、朱彝尊作》在焉。其书世已罕知，此系抄自金甸丞家藏本云。

烟霞万古楼诗未刻佚稿　一册　抄稿本

(清)嘉兴王昙著。嘉兴县图书馆藏。

昙字仲瞿，乾隆举人，博通百家。负奇才而不遇，佯狂玩世以殁。

其诗，仁和陈氏、上海徐氏、嘉兴张氏屡刻之。惟此本未刊，后有徐銮跋，知为严氏旧抄本也。

意香阁诗词草[1]　二册　抄稿本

（清）嘉兴李澧著。海盐张菊生藏。

澧字篁园，梅里人。此本上册诗草，下册词稿，颇多缺页。原封面有“北支十六世孙芦洲宗唐”手识云：“此书誓不借友，藏之以待族中有力者选刻”，尊宗敬祖之意，溢于楮墨矣。又里页有“题上有朱点已选录，寄省垣潘学使署，以备《两浙輶轩录》之刻，光绪庚寅九日族孙兆熊僭笔”数行。据谓曾摘录十余首，然今《輶轩续录》并补遗不见一首，盖卒无所采也。又据道光十三年其侄縠跋，先生盖殁于二十三年云。

族祖篁园公，诗名为倚声所掩，人仅知擅长短句，而不复知其能诗。所著《意香阁词》已风行海内，识者谓为曝书亭后无多让也。原稿久藏予家，遭扰，逸数页，余尚完好无恙。惟诗集不可考。先君子曾于友处假抄先生《落梅诗》一首，已纂入《梅里诗辑拾遗》，以未读全书为憾事。丙子秋，有故家子以斯稿见示，索值甚昂，予以一饼银货得之。按先生没后数传，先祀竹茂园亭，已为桑林野圃。道光季年续刻《梅里诗辑》，时以无从物色先生诗，阙焉。后有作者，当亟为刊行，庶先生一生吟咏之苦心，不至湮没云。族孙兆熊周翰氏谨志。

光绪庚寅，学使潘峄琴（衍桐）续辑《两浙輶轩录》，熊司采访梅会里各家之役，已将此稿摘录十余首，并书小传以备选。

北郭集四卷　二册　抄稿本

（清）嘉兴钱仪吉著。平湖胡宛春抄藏。

仪吉字霭人，号新梧，又号衎石。嘉庆戊辰进士，官刑科给事中，通经史，精校雠，与从弟警石有“钱氏二石”之目。此里居北郭秋泾桥

---

① 《中国古籍善本书目·集部·清别集类》著录《意香阁诗草偶存》一卷《词》一卷，稿本，清李兆熊跋，第1276页。

时所作诗，未刊，首有自序。此从衎石族裔振声楷写本录出。

昔吾父教仪吉诗，曰："孺子，诗律未易言也，不可无诗情；情亦未易至也，不可无诗况。诗况云者，情移而味出，充其极即比、兴、风雅不外是。"仪吉谨识之。中年稍悟斯旨。舅氏余斋先生及朱存庐先生皆尝教余诗。余斋先生曰："子诗自有家法，文端宗伯学不尽，勿效随园，益以时尚所趋，戒从俗也。"又曰："汉魏乐府诗，唐宋以来大家集，随意读，博其旨趣；及自作诗，即目前情景，写出便得，无求似前人。"一日偶言黎二樵，颇推许，云"此是自作诗，但有意崛奇，欲为昌谷，奴仆命骚，然不可有二"。因言某先生工雅，自是好诗，惜味近甜，文则去古已远。先生朝夕谈诗，古今家数皆有说，不胜记。余后得李少鹤诗于京师，以为是亦作者，欲寄先生论定，惜未及也。存庐先生评本，手迹尚存，所奖许愧不欲录。其论诗则曰："杜诗微妙，苏诗通脱，都是言下了然；若可解，不可解，最是误人入魔道，元遗山论文喻以国子下棋，着着有着落，盖深有鉴于蹈空之弊也。"又曰："说理归于雅，便不腐。"又曰："谈禅须了彻，不可生翳，偶然凑泊；又不可有意求之。"又曰："求深反晦，求脱易离。"此皆中余隐疾者。今录里居时诗，因以当时所奉父师之教，书于卷前。

初大父卜居于吾郡北郭之秋泾桥，先后居不二年，卒后十余年，屋赁他姓。吾父尝曰："是先人之所经营也，必复之。"复之，居月余，捐馆舍，人以为不祥。余居之七年，后又属他姓，余以为修短之数，非居宅之所为也，亦欲复之，而仕废客贫，不得遂，今殆已矣。然历时既久，主人屡改筑，静读斋前花石悉他徙；庭左小屋四间，若号舍者，是先人课文地，亦早坼去；独门外广场十余步，老柳一株，尚无恙。柳下石步临湖，今尚称钱家渡云。计余去此三十三年矣。兹以名吾集也，聊志其梗概。嗟岁月之不居，感堂构之无似，又不禁辍翰而三叹也。静读学人仪吉自序。

衎石先生未刻稿[①] 一册 抄稿本

(清)嘉兴钱仪吉著。杭县孙儆庐藏。

此为衎翁未刊文，有杨象济跋，记得是稿缘起甚详。

---

① 《浙江省古籍善本联合目录·集部·清别集类》著录《衎石先生未刻稿》不分卷，清光绪四年伯云抄本，清杨象济跋，今藏浙大，第503页。

衎石先生年丈文曰《衎石斋记事初稿》，刊于粤东，不敢以明道说经自任，故逊其词曰《纪事》。后稿刊于道光季年，计曦伯表丈亦助资。集中所列计母表，乃曦伯年丈之嫡母也。衎翁文从季汉诸家入手，晚年始师欧、曾。前稿记某女刺血书事，袭用东方朔传体，尚落前人窠臼。后稿尤见清真。其书《洪编修上成邸书后》，情文曲畅，与昌黎《张中丞传书后》文可以颉颃。吾友伯云于旅中录其杂文，有未列于刻本者，始知其文章之富也。衎翁举嘉庆辛酉乡榜，与先曾叔祖益阳公为同岁生，又系姻联，知之特详。先生著述之大者，为《国朝献征录》，又辑刊《经苑》，仿《通志堂经解》例，家致堂漕帅实任其费，此亦读经术者所当知也。戊寅夏四月象济记。

先生尚有《良吏述补》一书，续长洲二林彭氏本者。虽卷帙不多，亦有资于国朝吏治掌故，与《献征录》相辅而行也。汲庵。

飏山楼初集六卷　一册　传抄稿本

（清）嘉兴钱仪吉著。平湖胡宛春藏。

《飏山楼初集》十六卷，嘉庆甲戌先生自定，见苏菊村所撰《书事》。此仅六卷，盖犹残本也。计文五十三篇，《记事稿》已刻者十篇，余四十三篇均未刊，殊可珍也。有近人平湖金兆蕃及江苏海门周壺长跋。

《飏山楼初集》十六卷，嘉庆甲戌先生自定，见苏菊村所撰《书事》。癸酉秋冬间，此残存前六卷出上海书肆，金君颂清录副，余又从颂清借抄，书前后有周壺雁石氏题识，考先生行事及卷中签识诸家姓氏，并以已刻入《记事稿》诸文互校参稽，记其同异，以为刻本胜初稿，其用心至勤。又察文体未具备，定为非足本，盖未见苏氏《书事》全文。雁石，余未识，跋中及陆子微昭，为余同县，当从微昭寄语告之，且属其物色后十卷，庶几旦莫遇之也。颂清倩人录副，以时促草草，余属沈君梓材移写，既正其误，又补录诸签识，并以《记事稿》重校，朱墨分识卷中。甲戌仲春上丁释菜，县人沈谱梅、王雨生二君重游泮水，襄礼归，是日为汪太恭人生日，设祭毕，谨记。后学金兆蕃。

《飏山楼初集》六卷，清嘉兴钱仪吉之稿本也。仪吉初名逵吉，字霨人，号衎石，一号新梧，或作心壶，别署定庐居士，《清史列传》《嘉兴府志》均有传。此本楷书精工，系子弟或门下士所缮。每半页十行，行二十字，目录大名之右方，有

“本庐江何氏”椭圆朱印一，下有“钱仪吉印”方印一，右白左朱文，及“飏山樵者”朱文方印一。末叶有“曹江读过”白文方印一，章法朱色均佳，前后无序跋，有目。卷一赋，卷二志一，卷三论十三，卷四辨一、说五、记五；卷五之六序十有九，都计五十三篇。其刊入《衎石斋记事稿》者十，余均未刊。就稿中年月可考而最后者，为嘉庆二十一年丙子，考之《清史列传》，定庐以道光三十年卒，年六十八，尚生于乾隆四十八年癸卯，是定庐方三十四岁，宦京师时也。定庐诗文集之行世者，有《衎石斋记事稿》十卷（案道光甲午刊）、《续稿》十卷（光绪六年刊）、《刻楮集》四卷、《旅逸小稿》二卷（并刊于光绪庚辰）、《定庐集》四卷。《府志》所称《敝帚》《闽游》《澄观》诸集，均未见。《刻楮集》刊于道光十二年，《旅逸小稿》后一年，《记事稿》又后一年，《续稿》较后，《定庐集》则系近年新刻本。文集略以体分，先记，次志，次书，次序跋，次传状碑志之属；诗集则以年编次。此本之写成，下距《记事稿》之付刊，相去近二十年，入刊止十篇，字句复有更易，要以刻本为长。其去取之矜慎可知。而此本仅有赋、志、论、辩、说、记、序七体，书跋、碑版之文均缺如，定系残本，原稿约尚有十卷之数，未由访求，惜已。检书内夹签标云注者十一则，江注者四则，钤晓沧印者七则，商酌校定，或删或存，具见别裁。夹签之外，眉注者十有二则，文中勾乙增损者十有一处，皆定庐亲笔点定，尤可宝贵。如《捣衣赋》注云：“此赋神似六朝，然存之则与全集不称，似当入外编。”《旷思赋》江注云：“《旷思赋》信可入外集，憎蝇用韵，大似黠鼠，然此亦小品也，宜从前例如何？”《憎蝇赋》云亦注云：“此篇体制近杂，似当入外集。”目录后有江注签云：“又诗集若干卷，似宜移上否？”是此本残存六卷外，似尚有外集、诗集诸稿本也。德清戚嗣曾序《记事稿》云：“衎石钱弟抵粤一年，书来，谓自览所作，未可示人。”盖所删诸稿，定庐以为未可示人，而诸人之品平者谓为深识名言，真能铸古人而肖万物者有之；谓为文气之古雅，逼近马、班者有之；此本之存，不第可见定庐之少作，实足以见前人去取之严，不以求益为事也。定庐眉注于《涤砚赋》上，有从彦闻语拟删此四行，彦闻系方履篯，顺天大兴人，嘉庆二十三年举人，读书善求问，经史百家言皆好，而能贯其源流；酷嗜金石文，所积几万种；善为骈文，著有《万善花室文集》。于《龙游小志序》上有介侯云：“龙邱苌在东汉之初，任延举为议曹，非汉晋间也。”介侯系张澍，甘肃武威人，嘉庆四年进士，读书务博览，经史皆有纂注。稿中有《送张介侯序》，即此君也。彦闻、介侯，《清史》均有传，夹签之江注者，即钤印末页之曹江也。江字百川，号玉水，上海人，父陕西道监察御史锡宝，以劾和珅家人刘金真，声震天下，《清史》有传。江以荫特授大理评事，出为安庆江防同知，修堤筑圩，涸出田数十万亩，民感之。当涂黄钺为《题借荫图诗》云："贤守家声动荐绅，下车先为振穷麟。到今犹借先生荫，活我圩丁数万人。"盖纪实也。历署庐州、太平、池州等府，举卓异。卒之日，遗箧萧然，无忝清白裔云。《松江府志》有传。

晓沧系沈炳垣，原名潮，字鱼门，号晓沧，桐乡辘镇人。嘉庆庚午，举于乡，道光丙戌大挑，以知县发江南，见知于陶文毅、林文忠，权娄县事，听讼各得其情。历署上海、南汇、元和、崇明，补新阳，权知太仓州事，所至以廉惠称。以卓异擢苏州督粮同知，改松江海防同知，年七十二，卒于家。炳垣衡文有精鉴，充辛卯、壬辰、丁酉三科同考官，所拔皆通经服古之士，一时以为美谈，见《桐乡县志》。予初稿以为海盐之沈炳垣，实沿《中国人名大辞典》之误。《海盐志》：炳垣，字紫卿，不载有晓沧，字晓沧实为桐乡之沈炳垣也。《海盐志》亦不载紫卿有著作，而《人名大辞典》有《斫砚山房诗抄》《祥止室诗抄》等书，其实皆晓沧书也。又紫卿于咸丰七年殉节，年三十有八，则当生于嘉庆二十五年，是定庐成此稿时，紫卿尚未出世，年固不相及也。兹特更正之。云未详为何许人，端人之友，直谅多闻，于斯益有征已。定庐长于经史，具有本源，自谓长技止可针灸文字，不以诗文鸣，而行文谨严简朴，自有矩矱，盖其挹注者博，不拘拘以一家言自画也。戚序云："知文者谓为远绍东京，近接北宋者，庶几近之。"戚氏又谓衎石好学深思，又从政日久，识高而心静，达于事理之原，通于性情之故。其见于文也，或正容庄论，使人凛然以肃，盖有得于古之诰诫者；开心巽语，使人悠然以思，盖有得于古之讽谕者。假事以托意，循末而见本，有以感人心而裨世教，斯言得其宗矣。

嗣曾字祇承，馥林先生之嗣子，于定庐为舅表，尝共治经为旬课者也。此本余于己巳冬得之南京夫子庙冷摊，友好见之者，莫不以为可宝。同窗友平湖陆子微昭，属倩移录一通，为写官所误，迟至半年余而后竣，乃始得录定庐先生传于卷端，随将已刊之十篇，订其异同，次为校记，并以余墨跋其尾云。娄东周壵雁石甫谨识，时在乙亥十一月二十二日。

是书据光绪己卯抄本之《钱氏家谱》所载为《飏山楼文集》十二卷、《彀音集》八卷，而苏源生《书先师钱星湖先生事》云："甲戌写成《飏山楼初集》十六卷。"顾集中纪年有至丙子者，后于甲戌且二年，其间差异之故，今则未由考定。娄东后学周壵雁石父谨识。时在民国丙子年正月，距先生定稿时已两周甲子矣。

澄观集四卷[1] 二册 抄本

(清)嘉兴钱仪吉著。平湖胡宛春藏。

此为衎石先生居京师馆缪氏时所作诗,即《飏山楼集》周跋所谓未见者也。

朱子家训试帖诗 一册 稿本

(清)秀水沈涛著。濮院沈访璠藏。

涛字苇汀,诸生,敦品积学,教弟子造次必以正,成就者甚众。此为其课徒时所作,以朱伯庐治家格言为题,逐句作试帖诗,每首前以俪语为引。所著尚有《焦琴吟》手稿一册,亦由文孙访璠珍守云。沈北山征君梓,即其子云。

赋日堂诗稿 一册 抄本

(清)秀水黄涛著。嘉兴县图书馆藏。

涛字观只,一作冠之,葵阳学士之曾孙。崇祯解元,入清后,官知县。此本后附《拘幽草》《羁旅诗》各一卷,皆未刻稿,从黄氏后人借录者。

笛渔小稿十卷 二册 手稿本

(清)秀水朱昆田著。江苏省立苏州图书馆藏。

昆田字文盎,号西畯,彝尊子,秀水监生,能读父书,时称小朱,惜年未五十即死。此其遗著手稿,有康熙附刊《曝书亭全集》本。首有黄荛圃及戴光曾手识。丁氏八千卷楼旧藏,《善本书室藏书志》著录。

---

① 《浙江省古籍善本联合目录》著录,胡氏霜红簃抄本,今藏浙图,第503页。

六峰阁诗稿四卷[①] 一册 手稿本

(清)秀水朱稻孙著。吴县潘承弼藏。

稻孙,昆田子,彝尊孙,字稼翁,号芊陂,又号娱村,雍正贡生,能嗣家学,预修《浙江通志》。乾隆初举鸿博,工诗,此其手写稿。首页次行自署"娱村老人朱稻孙稼翁"。有"稻孙手书""娱村"二白文印。末有乾隆甲戌谢两淮都运卢雅雨刊其先人遗稿《经义考》七言古二十四韵。

童初公遗稿[②] 一册 嘉庆间抄稿本

(清)秀水朱耒著。海盐张菊生藏。

耒原姓周,讳朱耒,字象益,一字潜叔,吴江人,朱竹垞外孙,以出继舅家,遂用朱姓入秀水县学,后以幕才军功荐登奏对,授知州,未赴卒,寿五十三,时雍正丁未年六月也。卷首有陆奎勋撰墓志铭,原封面有"嘉庆已卯冬杪后学张澹春水甫读于铸谷斋并跋"。卷首大题下有其五世孙思渭记称:"公居吴江县之谢溪乡,继舅家朱姓,入秀水学"云。卷末有"已卯葭村雨窗后学张澹校读百过并加墨"及"嘉庆十五年岁在庚午杏月上旬录"二行,更后有澹跋,今从略。

青峰集六卷 二册 抄本

(清)秀水吴瀛著。濮院沈访磻藏。

瀛字芳洲,号青峰,嘉庆拔贡,有《礼记衍脱错考》,已著录。此本为其弟子同邑曹大经所手抄。有"海查手书""曹印大经"二印。

---

① 《中国古籍善本书目·集部·清别集类》著录《六峰阁诗稿》不分卷,稿本;《六峰阁诗稿》六卷,稿本;《六峰阁诗稿》四卷,清康熙刻本,第 1155 页。

② 《中国古籍善本书目·集部·清别集类》著录《童初公遗稿》一卷,清嘉庆抄本,清张澹校改并跋,第 1130 页。

吟秋馆小稿　四册　手稿本

（清）秀水曹大经著。濮院沈访礌藏。

大经字伯纶，号海槎，布衣，以诗鸣。此为其手定诗稿二册，潘衍桐曾采其七律《落叶诗》一首入《两浙輶轩续录》。此本首有嘉庆二十年杨树本荫轩、十八年吴瀛及平湖胡金题手写序。后附《吟秋馆怀人诗》及《吟秋馆题词》各一册。《怀人诗》册首有朱垠瑜山及吴瀛芳洲两序。所著闻尚有游武林山水时所作之《襟上酒痕集》手稿本一册，现藏嘉兴朱励深家云。

养拙轩诗稿　一册　手稿本

（清）秀水沈梓著。[濮院]沈访礌藏。

梓字北山，仕履已略见《避寇日记》条。此诗稿有曹海槎评语。

雨华盦诗存　一册　抄稿本

（清）秀水女史钱斐仲著。嘉兴县图书馆藏。

斐仲号餐霞，箨石侍郎载之曾孙女，工画，善诗。其稿未刻。此本乃金甸丞先生所手抄，甸丞并有序。后附《诗余》一卷，则其夫戚曼亭学博曾为刊行云。

滮湖遗老集　一册　手稿本

（清）秀水金蓉镜著。嘉兴县图书馆[藏]。

是集已有刻本，惟此为甸丞手写底本。甸丞仕履已见《香严庵杂记》条。

武原周十四诗不分卷　二册　手稿本

（清）海盐周福柱著。海盐张菊生藏。

福柱后更名为国祚，字白民，号灊岳，博学工诗。此其手写诗稿，前有武子潜、张弘俨、秋锦季、查声山诸家手跋。首有朱文“周十四”白文“灊岳”两印。

仑山堂壬戌诗历不分卷[1]　一册　抄本

（清）海盐黄仙仑著。海盐张菊生藏。

书中朱笔圈点并多割截，殆避时讳。首题“东海黄仙仑山鳌著，男隆祯、大忠、龙眉录”，护页有今人张元济跋云。

卷末《仑山偶录》一册，又《癸亥冬日过官滩杜氏旧宅》诗，所作字尤老态，他处亦间有似者，大约先生手笔也。卷中夹有一页，计诗六首，第一首为先生述母德诗，盖皆从他处补辑者。又卷中割截处颇多，必为当时忌讳之语，亦可见清初文字之祸之酷矣。

双桂轩集　二十册　原稿本

（清）海盐朱有虔著。海盐朱冠士藏。

有虔字秉如，锦琮子，庠生，历任各大吏幕。此其未刊诗文稿，篇帙颇富。所著尚有《读书随笔》等数种。首册封面有同治十三年自题“双桂轩诗文录”，又光绪十年改署“秋芳馆漫录”等字，时作者年已七十矣。

朱桂卿先生尺牍　二册　抄本

（清）海盐朱福诜著。海盐马少庐藏。

福诜字叔基，号桂卿，光绪六年进士，由庶常授编修，历侍读。著有《论学述问》《复安堂诗文集》等。此编系同邑马文蔚字少庐从原稿移录，未刊行。

六宜楼杜诗选　一册　手稿本

（清）海盐钱镐辑。海盐张菊生藏。

---

① 《中国古籍善本书目・集部・清别集类》著录，稿本，张元济跋，第972页。

镐字涧回,庠生,博洽群籍,遇异书必手自抄录,尤长于诗。此《选》前有自序,并《诗学源流》一卷,眉端有朱笔手批。

吕晚村先生诗稿 二册 稿本

(清)石门吕留良著。姚虞琴藏。

留良字号已见各家跋中,生平学宗程朱,明亡后,述作尤多种族之感,郡守以隐逸荐,乃削发为僧,取名耐可,号何求老人。没后雍正时,以曾静文字狱牵涉,阖门被祸,著述亦尽毁。易代后,始稍稍重见于世。是稿内分真腊凝寒、零星、东将、欬气、南前倡和、万感、怅怅、梦觉等集,皆出晚村子无党手抄,共五百余章。较刻本多四十六首。文字祸后,得秘传于世,可珍贵矣。有序跋四首,录如后。

耻翁仲嗣公忠字旡鄙,后更名葆中,与查他山太史慎行、马衎斋上舍思赞及朱竹垞检讨彝尊交最密。予曾见无党假寒中家藏《圭塘小稿》,手自抄录,其借书手札与所抄《圭塘稿》,均在武原。而手札载《衎斋存稿》,将来当有人刊而问世。其所抄之书与是册较之,笔迹相符,询知乃翁亦命旡鄙缮写者,益宜宝之。十七日饭后记于敉恬行盦。

此吕耻翁诗稿也。翁名留良,字晚村,原名光轮,耻翁乃其自号,或作耻斋,禾之石门人。是册予得于古盐故家某,前有其后人序跋两页,述所得源委及诗中隐微之旨颇详。惜其过于谨慎,序跋拆去毁之,并属予讳其事,因识数语于简端,告夫后之得是书者,知所宝护,弗轻视之。第七十六甲子之丁亥岁秋七月既望,养恬盦主书于武原邸舍。

昔汉武帝读长卿赋,叹不与同时,盖谓古人之作,是以惜之。予读耻翁诗,亦发此叹,奈翁作故已百有余年,纵有狗监在,亦无如之何也已。恬道人灯下又笔。

耻翁著作颇富,惜被毁几尽,世人罕有见之者。或遇片纸只字,珍同和璧。兹得其诗稿两册,共九十六页,五百有四章,分汇曰万感、曰怅怅、曰梦觉、曰真腊凝寒、曰零星、曰东将、曰欬气,曰南前倡和,以年考之,计四十余载。复附各集所删诗二十四首,盖谓已删而复存者。以此足徵其去取之不苟矣。读毕书此,用志三叹之意焉。十八,有客邀饮,怠懒不赴,复展此册读之,自觉情兴勃然,因沽酒细酌,书此以志景仰。风尘逸客。

张安孝先生遗稿 一册 抄稿本

(清)桐乡张嘉玲著。杭县叶柏皋藏。

嘉玲字佩葱,吴江人,迁居乌镇,为张杨园弟子。此稿向藏震泽王氏,世无刊本,由嘉兴金蓉镜移录,并有手批及跋,今归仁和叶氏。

右张先生佩葱遗稿也,向藏震泽王氏,世无刊本。其中多讲学之语,辨中正,辨俭德,辨顾烈女,辨陈后山,辨杨龟山,皆精到,有益名教。遂令写官,移录一过,藏于湖上高士祠。想见当时语水桐溪会友之盛。予私辑学案,将据依焉。丙辰春三月兵戈声中端拜读之。香严居士记。

魏东斋先生残稿 一册 抄稿本

(清)嘉善魏允札著。海盐张菊生藏。

允札字州来,号东斋,诸生,忠节孙,子一庶常子也。光绪邑志文苑有传,卒年八十余,著有《东斋小四库》《东斋诗文集》《词略》据光绪邑志书籍门云《词略》四卷《楚游集》。此本原题《东斋诗删》,卷首自署"野道人"。前有吴牧驹手跋并"吴氏小梅华庵藏印"及"牧驹手校"朱文方印。吴跋后复有张元济手识一行。

右为吴牧驹师手笔,书虽不全,然作者为名臣后裔,且诗笔亦佳,可宝也。戊辰十二月廿八日,张元济。

晦香诗草二卷附一窗青书屋诗 一册 抄本

(清)嘉善许汝珏、朱吟涛著。嘉善县图书馆藏。

汝珏字子湘,魏塘人,道咸间贡生。吟涛,字号未详。居西塘北翠里。册中夹有道光十一年腊月交年日嫏嬛居士自序残页一纸,尾钤"亩""香"朱白文二小记。

话雨斋诗稿 二册 手稿本

(清)嘉善顾景康著。嘉善县立圕藏。

景康字献庵，早慧多才。此稿未梓。《嘉善志》有《话雨斋剩稿》，未知即此否？首有萧应櫆雨芗、翁广平海琛、顾邕悔庵、顾韶双石、侯雪松、冯国柱、陈鸾书瑞叔等题词。

卧庐二集二卷 一册 原稿本

(清)嘉善陈又锷著。嘉善县图书馆藏。

又锷字大声，号岸登，明清间西塘人，与同邑施椅友善。首题“云间施椅楚望氏阅”，第一页有“陈印又锷”“大声”二印。

吟香室诗二卷 一册 抄稿本

(清)嘉善陆撷湘著。嘉善县立图书馆藏。

撷湘号畹香，清末嘉善干窑人，生长淘冶瓦砾之乡，而才气磅礴。其咏史感事之作，情文并茂，与弟静江有“二陆”之目。卷首有李万秋序。

梧下先生诗抄 一册 稿本

(清)嘉善魏正锜著。嘉善县立图书馆藏。

正锜字于湘，号石如，事迹具《魏塘人物记》。先生于万氏相宾《邑志》刊后，匡居披览，颇有纠正，劫后稿本尚存，新纂之《江志》多所宗法。此诗稿亦硕果仅存者。首有许氏珍藏二印。

广鲍明远数诗十卷 十册 手稿本

(清)嘉善李世煐著。嘉善县图书馆藏。

世煐字无青，诸生，能诗，著作都散佚，此其仅存者。首有岁癸亥无青老人自序。尾盖“李印世煐”“无青七十后之文墨缘”二朱记。

琴轩诗草 一册 抄稿本

(清)嘉善李祖桐著。嘉善县图书馆藏。

祖桐字喈集，号琴轩，西塘人，康熙末庠生，所著尚有《可憎吟》。

装聋做哑道人小草　一册　手稿本

（清）嘉善倪镛著。嘉善县图书馆藏。

镛字怿庭，嘉道时西塘人。家贫，以教读糊口，此其遗稿。卷中有评识，第一首自述评下注“弟琛拜读”四字。首有“怿庭”朱文、“云出无心”白文二印。

蹉跎子诗稿不分卷　一册　抄稿本

（清）嘉善许冠瀛著。嘉善县图书馆藏。

冠瀛字莱仙，清末西塘人，光绪己亥入泮，好学攻苦，诗文并茂，尝馆五库朱氏、商田黄氏，并曾任丁栅求是小学校长，乐育人才，造就颇众，惜年甫知命，即归道山。遗著此稿，待梓。首有从弟康年跋。

红豆山庄诗集四卷　一册　手稿本

（清）嘉善奚大绶著。嘉善县图书馆藏。

大绶字印维，号绣紫，又号秋生，郡诸生，少聪颖，好远游，能诗工文，年甫二十七卒。著有《楚游杂记》《楚游纪略》各一卷、《湘江吟稿》二卷，诗集据县志本传凡二十六卷，而书籍门则作诗文集二十六卷，是印维当尚有文集二十二卷也。卷端有红豆山庄主人印。

兰墅诗稿三卷　二册　抄稿本

（清）嘉善许王勋著。嘉善县图书馆[藏]。

王勋字铭太，号秋沙，恩贡生，著有《青麘馆诗存》行世。此稿未梓。首有“从兰墅”朱文长方、“石玲珑榭”白文印。

长谷诗抄五卷　石庵樵唱一卷[①]　一册　稿本

(清)嘉善柯煜著。嘉业楼藏。

煜字南陔,号石庵,雍正癸卯进士,以大学士王顼龄荐,预纂《明史》,谒选得宜都令,旋改衢州府学教授,以病乞身归。石庵颖悟绝伦,诗雅淡高洁,与苕溪沈树本、海昌杨守知、平湖陆奎勋,有“浙西四子”之目。所著据邑志尚有《小幔亭诗》《月中箫谱》《南陔诗抄》《小丹邱集》诸种。惟此《诗抄》则为邑志所失收,弥可珍矣。首页署名下有“小名阿桐”朱文小记。

柯石庵先生遗诗[②]　一册　抄稿本

(清)嘉善柯煜著。嘉业楼藏。

首页第二行题“归安后学沈生巩安只抄”,下盖“严元照印”白文方印。卷末有雍正十三年十二月朔归安受业沈炳震诗跋,题“录石庵先生遗诗竟感兹有作用题卷末”云。

海瀛桑榆剩墨　二册　手稿本

(清)嘉善杨寿崧著。嘉善县图书馆藏。

寿崧原名鈐,又名寿,字资春,又字芝春。能诗善书,初为长芦越支场大使,后游闽多年,颇有政声。晚好佛,著作多散佚,留存者有《托盘和草》《海沤亥吟集》及此集,均待梓。《剩墨》收诗一百二十首,又《盘字和韵》三十六首。末有丁亥年自跋。

---

① 《浙江省古籍善本联合目录·集部·清别集类》著录,清抄本,今藏浙图,第 451 页。

② 《中国古籍善本书目·集部·清别集类》著录《柯石庵先生遗诗》一卷,清沈炳震抄本,第 1136 页。

托盘和草 一册 稿本

(清)嘉善杨寿崧著。嘉善县图书馆藏。

此为芝春宦游时作,已残。

陈爱溪先生集古诗抄不分卷 一册 手稿本

(清)嘉善陈孝澄著。平川半月刊社征送。

孝澄字爱溪,别署卖剑买牛庐主人,清咸同间庠生。家西塘北乡了鹊滨。熟读唐宋人诗,此集古诗抄,颇具匠心。卷首有道光二十八年三月嘉善浦尔昌鸿轩序,次咸丰二年孝澄自述缘起,又同治五年自序。时年已六十四。末有同治甲戌郭照晓楼两跋,据谓此稿得之惜字局乱纸之中,盖将焚而未果者,亦幸矣。

劫余残稿 一册

(清)嘉善李万秋著。嘉善陆德基藏。

万秋字玉田,清诸生,与钱宝青友善。工诗,遗稿诗凡二千首,兵火劫后,仅存此帙。首有咸丰九年钱宝青序及自序。

余少膺足疾,年近弱冠,犹未能行,因弃举业而学医。性嗜吟咏,取三唐诗读而深喜之。每至月夕花晨,登高望远,心怦怦有感,辄为七字句,二三父老见而奇之,以为他日能诗者。弱冠后,足疾稍愈,差可强步,始应童子试,得获一衿。家贫甚,复以中年多故,遂弃举业,而谋食四方。所如不遇,生平抑郁无聊,穷愁落寞之况,悉发于诗,故其所作皆出于情之所不能已,而性灵之作居多,獭祭之篇甚少。夫亦曰诗以言情、诗以言志而已。至于辞之工拙,后之君子自有定论焉。自己丑至己未,计二千余首,乱离之日,悉遭兵火。惟友朋所抄存者,及犹记忆者,汇录成编,名之曰《劫余集》。

劫余吟草不分卷 一册 抄稿本

(清)嘉善谢雍泰著。嘉善县立图书馆藏。

雍泰字松舲,清道咸间廪生,嘉善枫泾人,工诗文,好学,熟精三

《礼》。光绪邑志文苑有传。著有《蚕吐残丝诗稿》。此帙首有同治己巳仲春松舲自序，据谓所著诗都八卷、《蜨花山馆赋存》二卷、《六息轩骈体文》一卷、古文一卷，均毁于兵火云。序末有癸酉铸错生炳灿题诗。

文海遗稿 一册

（清）嘉善陆文海著。嘉善陆德基藏。

文海字啸虹，岁贡，候选训导，好学善属文。时经离乱，此残本由后裔保存，原封面题“宾之杂作”。宾之，啸虹子，壬林字，盖误订。《嘉善县志·文苑》有传，云卒年五十四，著有《守真诗集》，待梓，此盖即是集之残稿也。

逸明岛诗稿 一册 稿本

（清）嘉善陆壬林著。嘉善县立图书馆藏。

壬林字宾之，文海子，光绪十四年戊子岁贡，就职训导。居乡设帐课徒，桃李盈门，善于诗词。性任侠，喜为人解纷。寿臻九旬，始卒，曾重游入泮，遗稿甚富云。

武塘古迹百咏 一册 抄稿本

（清）嘉善陈岚著。嘉善县立图书馆藏。

岚字霁岑，嘉善时词坛老手。此仿张尧同《嘉禾百咏》而作。时嘉庆癸酉，先生年已七十三。首自题“德泉陈岚霁岑著”。

雪庄集五卷 稿本 五册

（清）嘉善陆荣科著。嘉善县立图书馆藏。

荣科字衷哉，号雪庄，国子生，选《尚书文岸》，风行宇内。讲学南溪，工吟咏，与丁云士等唱酬无虚夕。是集有诗及诗余。首有自序及光绪十三年丁亥仲冬丁云序、二十年秀水殷润身字益安二序。

善根堂诗草　一册　手稿本

(清)嘉善孙□□著。嘉善县图书馆藏。

是书著者姓氏无考,居近梅花庵,故知为嘉善人云。从孙氏《�碧轩印谱》中考得善根堂系孙姓,其诗歌都描写本地风光之作。

小题襟集四十律　一册　稿本

(清)嘉善郁鼎钟著。嘉善县立图书馆藏。

鼎钟字声金,号彝斋,道光六年丙戌进士,江西泰和知县,工诗,南海潘衍桐曾采其《反游仙诗》七言九律入《輶轩续录》补遗。著有《平川旧闻》《平川诗征》《彝斋文集》《旧闻杂识》等。其《心香阁存稿》,兹并应征陈列焉。此为其客山阴时与元和顾秋枚暨及门吴县石峻华鹤笙、山阴鲁作舟春帆等酬唱之作。末有道光七年十二月鼎钟自跋,尾钤"小翰""鼎钟"二印。

蓬窝诗词稿　二册　抄稿本

(清)乌程温棐忱著。海门周雁石藏。

棐忱字恂儒,号继庵,自号温山子,又曰怪翁,康熙乙丑拔贡生,官武义教谕,此其遗著。阮氏《輶轩录》曾收其《山溪逢野叟》五言律入录。别有《蓬窝文集》,已行世云。

杜诗集解[①]　二册　原稿本

(清)归安沈炳巽注。嘉业楼藏。

炳巽字绎旃,号权斋,诸生,炳震弟。著《水经注集释订讹》四十卷、《续唐诗话》一百卷、《全宋诗话》一百卷。此未刊稿,无暇堂旧藏。

---

① 《中国古籍善本书目·集部·唐五代别集类》著录《杜诗集解》□卷,稿本,刘承幹跋,第91页。

澹如轩诗抄 一册 手稿本

(清)归安章铨著。嘉业楼藏。

铨字拊廷,号湖庄,乾隆三十六年进士。历官宁夏、襄阳、韶州等府及广东粮储道。著有《吴兴旧闻补》四卷及《湖录诗集》六册,见光绪《归安县志》卷四二《人物传·耆旧》、卷三二《选举一》、卷二二《艺文》。此手稿,前有"授砚庐"朱印。

吹芦小草 一册 原稿本

(清)归安杨炳堃著。嘉业楼藏。

炳堃字蕉雨,嘉庆癸酉拔贡,官湖南盐法道。此书经陈长孺校并跋,潘氏《辅轩续录》曾采其《谒伏波祠》及《望天山作》两七言律入录。

旅瓯暇墨一卷 一册 手稿本

(清)归安沈焕宗著。嘉业楼藏。

焕宗字师柳,康熙时人。首有康熙癸□严启煜手书序,首页有"聊复尔尔"朱印,中有朱笔涂乙圈识。

两罍轩尺牍 二册 手稿本

(清)归安吴云著。苏州图书馆藏。

平斋仕履,已详前《两罍轩校汉碑录》条。此其手札遗稿,用"两罍轩稿本"红格纸写,有朱笔改字,足见前辈书翰之不苟。

舲翁文略不分卷 二册 手稿本

(清)归安沈树本著。嘉业楼藏。

树本字漫真,遗书《湖州氏族考》《请肄录》等已著录。此其手书文稿,有朱笔圈识。

北游集 陈列二册 手稿本

(清)归安沈拜璜著。嘉业楼藏。

拜璜字冬余,仕履待考。此诗集,前无序目。

茜红吟馆诗存 一册 手稿本

(清)归安沈甲芳著。浙馆藏。

甲芳字倜盦,仕履未详。此其诗集,颇清雅可诵。

碧浪篙师诗略一卷 一册 原稿本

(清)归安沈荣仁著。嘉业楼藏。

荣仁字勉之,号篙师,树本曼真长子,雍正癸卯进士,授编修,提督四川学政。据阮文达《两浙輶轩录》本传略,称先生著有《寿山亭诗略》,又引"陈焯曰篙师先生诗集宏富,仅得见其底本三册,分年编辑,已无首尾,中多缺佚,惜不得其编定之本"云云。此本卷首题《洪州集》,书眉有朱笔批语甚多,前后无序跋,殆即焯所见底本而又佚其二者。

羡门吟略 花癖剩吟 残存一册 手稿本

(清)归安沈荣仁著。嘉业楼藏。

《吟略》题下编年甲午,《剩吟》题下编年丙申。《吟略》首页天头有墨识云"红笔俱是容斋兄点"。首尾有墨笔手识。

十梅书屋诗略不分卷 残存二册 稿本

(清)归安沈三曾著。嘉业楼藏。

三曾字尹斌,又字怀庭,心斋之兄,康熙进士,由庶吉士历官赞善。恭慎恬退,敦本睦族,为时所称。此其遗诗残稿,未刊。

止焚稿一卷 一册 稿本

(清)归安杨以贞著。浙馆藏。

以贞有《志远斋史话》等,已著录。光绪乙卯,谭钟麟抚浙,杨氏拟上书陈时宜,不果,乃厘定存此稿,而以《止焚》颜之,将以畀异日省人士之质证云。

芝竹山房诗 二册 原稿本

(清)吴兴沈青于著。浙馆藏。

青于字号、仕履待考,所作为西北纪行诗。

来青轩诗抄不分卷 六册 手稿本

(清)德清沈阆崑著。浙馆藏。

阆崑字肖岩,贡生,官上虞训导,著有《来青轩诗文抄》,未刊行。据潘氏《辅轩续录》本传卷四十四略称诗抄十卷。此本不分卷。每册首页有"沈阆崑""肖岩"二印,的为手稿。

又一部残存一卷 一册 稿本

浙馆藏。

此本归浙馆,较上一种为先,但非手稿,且已残。卷首护叶有蒋照题七言二绝。

饔喜庐文集 十册 清抄稿本

(清)德清傅云龙著。德清傅子汉藏。

云龙字懋元,清直隶候补道,其文初集十八卷,二集十卷,三集四卷。每集有翁同龢署字。二集卷首并有傅氏自题小影。傅氏在清季讲时务、尚实学,于此可以见之。全稿写样待刊,现藏哲嗣子汉家。

案光绪十三年通商衙门招考游历人员,录取二十八人,懋元以兵部主事应试，试自明以来中外交涉论，引证甚博，且推原化学重学汽车之法，实本于墨子云云，获隽第一，遂受命放洋，遍历日俄诸国。今其出使时之游历中英文护照，亦由哲嗣送会陈列焉。懋元刻有《簔喜庐丛书》。他著尚有《说文古语考》二卷，又分纂《顺天府志》，撰《方言考》。

吴昌硕诗稿　一册　手稿本

安吉吴俊卿著。安吉吴东迈藏。

俊卿一名俊，字仓硕，一字昌硕，号缶庐，又号苦铁，能诗，工书画及篆刻，寓沪久，蜚声海上，日人尤推崇之。民国十六年卒，寿八十四。此为其手写诗稿。

杨盦诗存　二册　稿本

长兴王修著。王氏诒庄楼藏。

修字季欢，号杨盦，有《长兴先哲遗著征》《绥州金石略》等，已著录。此其早岁手写诗稿，藏家待梓。

绿江初草　一册　手稿本

（清）鄞县董正国著。陈绳武藏。

正国字次欧，号南墩，康熙时岁贡，著有《弃余草》。首有自记及朱墨笔评，末有宣统三年蹇叟跋。

南墩先生董氏，讳正国，字次欧，别号南墩，《鲒埼亭内集》有先生墓版文（作南冈，非），鄞县西城董氏。此系手稿，尚有其族曾孙懋煜（字炳尧）乾隆五十一年抄本，序称继起阒无一人，盖式微矣。《四明谈助》卷六谓先生有《弃余草》。此册无标题。朱笔，我九世叔祖韫山府君所评；墨笔，万开远（万开远，名承勋，号西郭，有《西郭诗集》，四明四友诗之一）先生所评；袁眉少先生仅一总评而已（炳尧抄本误以墨笔为袁评）。光绪壬午正月四日，至城西敏斋族曾叔祖家谒像，出此册见赠，自称年老，嘱为珍藏。运甓斋则陈咏桥征君劢所居，征君与敏公师生，观书衣题字，足征老辈细心，得者共宝之。征君题字在咸丰丁巳，我生之年也，忽忽十五年，去壬午亦廿九年矣。垂老题此，不觉惘然。宣统年正月廿九夕，蹇叟记。

姜西溟文稿[①] 二册 手稿本

(清)慈溪姜宸英著。鄞县童藻荪藏。

宸英字西溟，《清史稿·文苑》有传。卷中涂乙点窜处，皆出西溟手笔，去取之间，足与刻本勘读，藉觇文家三昧也。藻荪得此，曾征各家题识，兹不具录。

选诗类抄 四册 稿本

(清)慈溪姜宸英著。鄞县童藻荪藏。

此西溟先生手书《选诗类抄》，共百五十纸，今缺其九，密行细字，上下均有朱墨夹注。首有慈溪冯君木序，末有章太炎、马一浮诸家手跋。

雪汀诗十卷 二册 抄稿本

(清)鄞县史荣著。鄞县文献委员会藏。

荣字汉桓，字雪汀，清诸生，著有《吾悔集》。此为林瑛玉璋手抄，原名《陶陶轩诗稿》。封面题今名，当亦瑛玉改署。

见山楼诗抄八卷[②] 陈列二册 手稿本

(清)慈溪张翊俊著。吴县潘承弼藏。

翊俊字闳卿，号麟洲，咸丰辛酉拔贡，官湖北汉南令。首有同治

---

① 《浙江省古籍善本联合目录·集部·清别集类》著录《姜西溟先生文稿》四卷，清抄本，今藏天一阁，第428页。

② 《浙江省古籍善本联合目录·集部·清别集类》著录《见山楼诗草》八卷，稿本，陆廷黻、潘景郑跋，今藏浙图，第531页。

十年长沙周玉麟及同邑冯可镛序并同时诸家题词，末有受业王定祥跋，又光绪戊申鄞县陆廷黻、慈溪郑敬伯敏禧、尹秋雪金炎、镇海林餐英嵩尧、嘉善张月岩宝仁、钱塘诸迟菊可宝等题词。

爱经居未定草　一册　手稿本

（清）定海黄以恭著。定海黄荣爵藏。

以恭有《尚书启幪疏证》等，已著录。此其文集稿，末附录黄以周《纂经室尚书讲义读本》。

近稿偶存　一册　稿本

（清）象山倪象占著。萧山朱氏别宥斋藏。

象占原名承天，后以字行，更字九山，亦作韮山，象山优贡，官嘉善训导，著有《古棂馆诗稿》。尝馆鄞卢青崖址家，遍读抱经楼所藏书，学益进。所著尚有《象山杂咏》《九山类稿》。此本卷首有“水月镜华”朱文小圆记、“倪氏象占”白文、“九山”朱文三印。

九山类稿　一册　稿本

（清）象山倪象占著。萧山朱氏别宥斋藏。

此稿计分赋稿初续、抄诗稿初续抄及外集共五种。首有乾隆四十二年二月癸丑瑞金罗有高及乾隆丙午古堇张文照两序。

西沪棹歌一卷　一册　手稿本

（清）镇海姚燮著。萧山朱别宥藏。

燮字梅伯，晚号复庄，生有异禀。比长，博涉经史百家。道光十四年，举于乡，才名益著。工画，仕女、花卉、翎毛并擅，而梅花尤佳，世以“大梅先生”称之。先生则以“大梅山人”自号，并颜其居曰大梅山馆。晚遭寇难，隐居山中。同治三年卒，寿六十。辑有《蛟川耆旧诗系》卅二卷。著作极富，有《大梅山馆集》及《今乐府考证》五百卷民廿五年北大影印，已刻。其他未行世者尚多，如《浮香阁本事》四卷，白岩山人重录本、《苦海航乐府》一卷，有六十四阕本与一〇八阕本两种、《疏影楼词续抄》一卷四种原稿，则至今犹存鄞林氏藜照庐。日记二册庚申年全年蓝格本一册，癸亥年全一册，黄纸无格抄本则归萧山朱氏别宥斋云。

此书为先生旅居象山时歌咏风土之作，题“大梅山民未定稿”。首有“大梅先生印”梅花形朱文印及“复道人”朱文方印。卷尾有“庚申十一月廿五日复庄手录”一行。

书瘾楼诗稿　三册　抄稿本

（清）镇海姚燮著。萧山朱别宥藏。

首尾无序跋，不知谁何传录。

杨舟先生诗稿　一册　手稿本

（清）绍兴杨舟著。临海项士元藏。

此稿不著选人姓氏，今依原封面题署如此。杨舟字号、事实未详，此亦似为残稿。据诗但知先生曾于丁酉岁乡试不售，晚年无子，故独坐诗有“敢言德门终裕后，谁知伯道竟无儿”之句。

明史百咏　一册　稿本

（清）绍兴孙福庆著。新登汪德振藏。

福庆字余轩。此稿起太祖迄怀宗。

耻白集一卷　一册　抄稿本

（清）山阴周光祖著。杨哲安藏。

光祖字雪沤，一字锡侯，咸丰己未进士，翰林散馆，改刑部主事。丁父忧归。同治四年卒，寿五十。其祖又溪师濂，诗负盛名，曾与同邑邬君雪舫为泊鸥吟社翘楚。此雪沤片羽，王明府子献名继香手抄，李侍御爱伯为弁其首。明府工篆隶，此册手书端楷，其服膺绝唱可知。原封面篆“耻白集”三字，下署“乙亥仲秋继香手录并篆”。卷首光绪三年孟冬李慈铭序及五年山阴沈宝森序。全部经越缦手校，卷尾有光绪元年九月自称弟子会稽王继香跋。

瘦吟存草[①] 一册 手稿本

(清)山阴沈炜著。绍兴沈馥生藏。

炜字竹堂，会稽籍岁贡，所著《瘦吟庐诗草》，起嘉庆四年，止道光九年。刻本共四卷。此系原稿，并经同时人周又溪师濂评定者。

石厂诗草[②] 四册 抄稿本

(清)山阴朱英著。绍兴章天觉藏。

英字筼石，号石镵，又号辛泉，道光乙未举人，宿儒商芾亭之高弟。是草起甲申年，终庚申年，分订四册，首尾无序跋。卷中间有朱笔改窜，殆筼石欲手削授梓而尚未定稿者。诗步趋拜亭，才气微逊之。卷末有细注云:“壬寅仲冬月十一月二日，补巢重录，甲寅至此年分诗毕。自记。”三行。

松崖诗抄不分卷 二册 抄稿本

(清)山阴宋松崖著。浙馆藏。

原题《松崖漫稿》，真名待考。天头有眉批。每首有朱笔圈识，以别去取，盖备付剞劂者。首有乾隆五十八年龙眠方桂天香叙并印记。

---

① 《浙江省古籍善本联合目录·集部·清别集类》著录《瘦吟庐诗草》不分卷，稿本，清会稽周师濂批校，今藏绍兴图书馆，第546页。

② 《中国古籍善本书目·集部·清别集类》著录《石厂诗草》不分卷，稿本，第1325页。

小补萝屋吟稿[①] 一册 原稿本

(清)山阴女史王绮著。绍兴沈伯钦藏。

绮字仲昭,为山阴耆宿王眉叔先生诒寿女,归同邑胡梅臣孝廉元鼎,其诗清丽芊绵,越缦老人日记中亦称扬之。卷首有“绮”白文、“仲昭”朱文印。卷末有癸丑夏山阴沈护棠跋,略谓胡氏后裔已式微,此帙虽一鳞半甲,然得幸存,可以珍矣云。

墨汀文录[②] 四册 抄稿本

(清)会稽徐廷槐著。杭县孙儆庐藏。

廷槐字立三,一字笠三,号墨汀,雍正庚戌进士。其殿试卷尚存浙江省立图书馆。乾隆丙辰举博学鸿词,性情高旷,为文峭刻清利,名重一时。诗亦清拔,不同凡近。著有《南华简抄》《墨汀诗草》及此《文录》。据《绍兴府志》,《墨汀文抄》十卷、诗六卷,此本不分卷。卒年七十六。

墨汀文补录[③] 一册 抄稿本

(清)会稽徐廷槐著。杭县孙儆庐藏。

文共廿八首,末附墨汀事迹。

---

① 《浙江省古籍善本联合目录·集部·清别集类》著录《小补萝屋吟稿》一卷,稿本,沈护棠跋,今藏浙图,第555页。

② 《浙江省古籍善本联合目录·集部·清别集类》著录《墨汀文录》不分卷,清抄本,今藏浙大,第453页。

③ 《浙江省古籍善本联合目录·集部·清别集类》著录《墨汀文补抄》不分卷,清抄本,今藏浙大,第453页。

古趣亭未定稿十四卷　二册　手稿本

（清）会稽范家相著。浙馆藏。

家相字左南，号蘅洲，乾隆甲戌进士，授刑部主事，历郎中，出官柳州知府。此文稿改点颇多，盖未刊行，故邑志艺文未著录。所著尚有《诗谛》二十卷、《三家诗拾遗》十卷、《经史论述》合百余卷云。其《韵学考源》二卷一种，则有朱氏别宥斋藏抄本。黄纸抄本每页十行，行二十二字。

行吟集附穷而未工草　事贤集　三册　原稿本

（清）会稽王赞元著。绍兴王子余藏。

赞元字莲伯，为人笃履纯朴，雅好古文，选有《古文近道集》行世。此册乃身经烽火，发为咏歌，辞多危苦。其《穷而未工草》乃同治丙寅年写初稿，又《事贤集》一册，多与友朋酬倡之作。

杏花香雪斋诗四卷　二册　清稿本

（清）会稽李慈铭著。九峰旧庐藏。

分为甲乙庚辛四卷，已刊行。此其底稿。首有“李慈铭字悉伯”“荀学老人”“白华绛跗阁清课”等印。

点易轩诗抄六卷　四册　抄稿本

（清）会稽叶树滋著。浙馆藏。

树滋字伯荪，老于场屋，仅青一衿，授徒为生，年登大耋以终。此其自选编年诗集，共六卷，收诗二百三十三首。卷端有道光癸巳陈庚、子陈梅两家题词。

槐荫小庭诗草不分卷　三册　原稿本

（清）会稽朱敦毅著。浙馆藏。

敦毅有《老子道德经参互》《庄子南[华]经心印》，已著录。此其未刊诗稿，多纪乡土风物，亦多蕺山课艺之作，盖先生固蕺山书院高材生也。首有陈梅溆、吴受申、崔子垕等题字。第二册末有赏寿朋徐讱题字。末册原题“镜莲剩笔”，底页有竹林耐堂氏题诗。中夹康存济次山、邹铭煦山二人和诗原笺。

矶渔诗稿　一册　手稿本

（清）余姚卢文弨著。诸暨陈氏仰遁居藏。

此抱经先生手录所作古今体诗，凡二卷。前卷为少年读书时作，后卷则及第服官后所作，端楷细书，风姿嫣秀。末有陈遹声跋。

陈古铭先生遗诗　一册　原稿本

（清）余姚陈梓著。沈访璠藏。

梓字古铭，余姚布衣，久居秀水之濮院新塍，为诗坛巨手。时有“南陈北李”之目。李谓北地李隐君锴也。乾隆时，征鸿博，不赴。其诗文有刻本，即《两浙輶轩录》所谓《删后诗存》也。此本录诗多为刻本所无，殆当日之副稿尚未删定者。所著《张杨园先生年谱补订》，已见史部传记类。另有两种列后。

潄芳塾课余偶笔　一册　原稿本

（清）余姚陈梓著。沈访璠藏。

客星山人杂著　一册　抄稿本

（清）余姚陈梓著。沈访璠藏。

全书精楷，出自秀水沈北山先生手笔。北山名梓，居濮院，盖古铭之同里也。有《避寇日记》等，已著录。

龙庄先生诗稿不分卷　二册　手稿本

(清)萧山汪辉祖著。浙馆藏。

辉祖字焕曾,号龙庄居士,乾隆进士,官湖南宁远知县,有惠政。嘉庆十二年卒,年七十有九。著作极富。是稿写于乾隆五十一年,自春杪北上至仲冬还里,凡十一月,得诗二百零五首。原无大题,今名系后人所增。卷首有同邑王晞昌识语,谓是书几毁而复获存,殆有神物呵护之者云。

谚有曰草　一册　新抄本

(清)萧山来宗敏著。萧山来瑞征藏。

宗敏字慎之,号懋斋,嘉庆丙辰进士,官直隶清宛知县。曾督修西江塘,上自陆家潭,下至新庙,至今赖其利。所著尚有《懋斋文集》《绳诒堂诗稿》四卷、《西湖赋》等。

巽庐诗草八卷　二册　手稿本

(清)萧山姚莹俊著。萧山姚倬人藏。

莹俊原名夔,字石史,号镜西,光绪壬午举人。生平长于小学,兼工诗古文词。著有《许书正文重文对证编》《说文征信录》《说文假借证》及此《诗草》。全稿粘贴《朱子全书》上,中有"癸卯年六十自述"十首,注有云"会试六度不第""癸未试后就职教谕""庚寅堂备挑取剩录制签国史馆",均可为知人论世者助也。

咏史新乐府[1]　一册　手稿本

(清)诸暨程燮著。九峰旧庐藏。

---

① 《中国古籍善本书目·集部·清别集类》著录《咏史新乐府》一卷,稿本,第1307页。

燮字理堂，道光十四甲午岁贡生。全书不分卷，起自秦，讫于明末，凡百九十七首。封面有程氏自题书名，护页有“戊寅八月一日雪舫弟邬鹤舟读一过”“石生弟陈诗读于武林寓楼”及吴门蔡复午题诗两七绝，均手笔也。首有嘉庆乙亥江都何锡溥序及自序，末道光丙戌重九后十日自跋。

畸园写定诗稿 三十二册 手稿本

（清）诸暨陈遹声著。陈季侃藏。

遹声字蓉曙，号骏公，别字通廓子。光绪丙戌进士，历官翰林院庶吉士、编修，国史馆协修，松江知府，四川东川道。著有《段氏说文注纠缪》四卷、《春秋战国地理考证》八卷、《晋书注》一百三十卷、《元史校正》十卷、《通廓子》三十卷、《读未央文字室诗文集》三十卷，辑有《唐二十家古文选》三十六卷，预纂《诸暨县志》。此稿自咸丰戊午数十年来所作，皆结为一集，分题《幼学》《烬余》等集，已于民国壬戌年影印行世。

沈皆山诗稿 瑞鹿堂集 合订一册 抄稿本

（清）临海沈光邦、叶丰著。临海项士元藏。

光邦仕履已详前《易律通解》条。此编有黄子珍手书序及跋。首页有“余学书院”“棣华联辉”印记，目录有圈识，注云：“题上有黑圈者均载沈氏宗谱。”丰字少曾，号仁圃，乾隆甲子举人，工诗，善楷书，不治生产，往往卖文自给，学使王带河爱其才，檄送杭州敷文书院肄业，受知于掌教殷元福、方棨如。著作自《瑞鹿堂集》外，尚有《今有园集》《镜水集》等，见民国《临海县志稿·艺文》。两书皆沈筠卿抄本，末有黄瑞子珍跋，并已著录《台州经籍志》卷三十三。

小谁园剩稿 一册 稿本

不署撰人姓氏。临海县图书馆藏。

此不题作者姓名。考《临海陈氏宗谱》，乾隆时有孝廉文烜，字东壁，号书城，祖泽孙，乾隆戊子举人，民国《临海志稿·文苑》附《祖泽传》，著有《小谁园诗集》，邑志本传作《小谁园诗文稿》，未梓。孝廉曾主讲金华、括州等处。此稿内有大鹄书院诗，不知大鹄是否属婺括，待考。

逸园诗稿不分卷　一册　原稿本

（清）台州不著撰人名氏。临海项士元藏。

卷首无序目，不著撰人姓氏。惟首有"逸园""林"白文、"思金"三印，及"悠然自得"白文长方印，疑是温岭林茂堃作。茂堃初名志瀛，字茂敬，号双白，又号逸园，道光辛巳恩贡。嘉庆十六年顷，曾分纂邑志，著有《逸园诗草》《赋草》及《双白漫稿》，《台州经籍志》卷三十四著录，光绪《太平续志》有传。

击香集　一册　原稿本

（清）临海王敩著。临海项士元藏。

敩字华棣，号文溪，咸丰岁贡。此其遗稿，诗文具备，曾藏太平戚学标家，有"鹤泉"印。原题《击壤集》，书皮改题今名，未刊，《台州经籍志》卷三十五著录。

紫薇吟榭诗草六卷　六册　原稿本

（清）临海马承燧著。临海三台民教馆藏。

承燧字葵臣，清诸生。此其手稿，紫薇吟榭蓝格抄本，有"葵臣""马承燧印"等朱记。间有爇焦处，盖亦劫火孑遗者，为葛氏绿荫堂旧藏。《台州经籍志》著录。

梦鹏斋文稿　一册　手稿本

（清）临海沈维哲著。临海项士元藏。

维哲字薇卿，光绪岁贡。此编有考据经史之作，亦有诗赋词章之作。所著尚有《梦鹏斋诗抄》二卷寒石草堂所藏《台州书目》抄本一卷、《务滋文稿》二卷、《制艺》一卷，并见《台州经籍志》卷三十六。此《文稿》不见著录，殆即所谓《务滋文稿》欤？案梦鹏斋尚有《杂著》三册，原稿亦藏项氏寒石草堂。据项君谓《杂著》亦名《务滋堂遗稿》云。

翟蓼生诗稿一卷　一册　稿本

（清）临海翟翘著。临海项士元藏。

翘字焕有，号蓼生，临海廪生。父以事戍边卒，翘诣戍所，间关负骨归，与其曾祖宗璜之代父戍事，如出一辙，故世以“翟小孝子”称之。《临海县志稿·孝友》附《宗璜传》中。此稿凡古今体诗五十四首，《台州经籍志》卅五著录，末附其弟飞字凌云诗，首附葛咏裳撰传。

悔斋诗集　一册　稿本

（清）临海季安雅著。临海项士元藏。

安雅字心莲，道光岁贡。此其门人李琅卿镠所辑者，无序跋。

求志居文集　一册　抄稿本

（清）临海朱景淳著。临海项士元藏。

景淳字茂良，号瞿庵，康熙时廪生。此集系同邑叶伯丹编。《台州经籍志》据《光绪府志》作《求志居诗文稿》一卷。

秀当楼诗稿一卷　一册　手稿本

（清）临海卢克三著。临海项士元藏。

克三字琴山，号槐堂，好稽古，宏览博闻，不得志于时，工吟咏，积稿颇富。嗜饮，诗才酒量，迥殊恒人。家有秀当楼，取“南山当户秀”意，故即以名斯稿。首有道光十六年王夔及十九年金鳌峰两序。《台州经籍志》卷三十四著录。卷端有“卢印琴山”及“槐堂”二印。

汪蓉塘文稿　一册　手稿本

（清）临海汪度著。临海项士元藏。

度仕履已详《周易观象》条。

言志堂诗抄二十四卷残存三卷　手稿本

（清）临海沈元朗著。临海项士元藏。

元朗字世琦，号杏江，同治丙寅岁贡。此抄凡诗二千八百余首，前有沈兆蓉题词及咸丰十年自序，兹仅存其八之一，尚系由其弟元霖辑集者。所著尚有《言志堂古文》四卷、《骈体文》三卷，亦仅见其目于《沈氏宗谱》而已。

尹莘农先生遗稿　一册　手稿本

（清）临海尹圣任著。临海项士元藏。

圣任字莘农，同治戊午优贡。此其手稿，未刊。同里门人李琅卿镠尝为校辑甄选，得杂体诗五十一首、《祭妻文》一首，为《尹莘农遗稿》一卷，拟梓入《钟秀盦诗丛》，未果，而琅卿行殁矣。今此两本并归寒石草堂项氏，兹同时应征陈列。

尹莘农诗稿一卷　一册　清抄稿本

（清）临海尹圣任著。临海项士元藏。

此即李琅卿选本，版心有"钟秀盦诗丛"五字。每首题端间盖"选"字红戳，盖犹非付梓之定本也。

董枚臣先生遗稿　一册　抄本

（清）临海董炜著。临海项士元藏。

炜字熙载，号枚臣，道光岁贡，候选训导。此同邑林孔殷瞻辂手抄。首有道光三十年蠡测子自序。中分《蠡测集》多考证文字、《网残集》小品文、《璞返集》论赞书启、《碧琅玕馆诗抄》。所著尚有《云心集》《碧琅玕馆赋抄》《雕虫集》《鹪鹩集》等。

碧环楼诗集六卷 一册 手稿本

(清)临海冯赓雪著。临海翁氏藏。

赓雪字缵修,号瑶田,乾隆岁贡。少以诗鸣,晚岁留心乡里掌故,重辑《仙岩大忠祠录》,著《金鳌山志》《台南洞林志》《击壤集》四卷、《兰竹居诗》四卷等,见于《台州经籍志》者,亡虑十数种也。

如不及斋诗抄八卷 四册 抄本

(清)临海项炳衎著。临海项士元藏。

炳衎字秀麟,号斌圃,又号冰夫,即项君士元之先德也。同治癸酉拔贡,历任淳安、汤溪、泰顺、云和、诸暨等县教谕,处州府学训导。《临海志稿》有传。其诗雅健,无阘茸纤靡气,原稿现存哲嗣寒石草堂主项士元处。光绪二十□年山阴汤寿潜曾选三之一铅印行世,另有理语诗,已删出别行云。所著尚有《竹山房文抄》一卷、《如不及斋别集》四卷、《外集》一卷,又《环山楼词》一卷,并见《台州经籍志》卷三十六。《金鸣草》一卷见《浙江通志采访册》。

九峰山房诗稿 一册 抄稿本

(清)临海张琦著。临海项士元藏。

绮字子霞,号默斋,诸生,诗思清绝。所著尚有《默斋诗话》九卷。同治十三年卒,年七十八。诗稿原十二卷。此秋籁主人黄子珍手抄帙,诗集中之精骑悉在焉。版心上方题"临海诗辑",下题"黄子珍手稿"或"秋籁阁初稿"。护页有"乙亥长至过本僧无垢"手识,次有同治庚午黄岩蔡篪序。盖备梓而未果者。另有传抄本一册,亦寒石草堂收藏。

存我堂诗选不分卷　一册　抄稿本

(清)临海洪瞻陛著。临海项士元藏。

瞻陛字雨芗,道光六年优贡,二十年举顺天乡试,历官四川双流知县,护理龙安知府,适遘洪、杨之乱,积劳卒。生平工诗,善书,雅好金石,著有《医论正解》六十卷、《台州形胜考》一卷,及《存我堂诗集》十六卷。此诗选不分卷,黄子珍手录,将刊入《临海诗辑》者。

红雪山房诗存五卷　一册　手稿本

(清)临海刘棻著。临海项士元藏。

棻字问奇,后易名煊之,清庠生。此其遗稿,《台州经籍志》卷三十五著录作《红雪山房诗抄》六卷。今少其一,殆已不全。

东掖山房遗稿　一册　手稿本

(清)临海单煜著。临海项士元藏。

此本末残,《台州经籍志》卷三十四著录,云皆系杂文。其前尚有《竹义堂小草》一种,又经部经总类有《群经测海》一种,下并注云《东掖山房遗稿》,是此《遗稿》内籀颇广矣。

辄囊丛稿　十二册　稿本

(清)临海葛咏裳著。临海项士元藏。

咏裳字逸仙,号叔霓,同治庚辰进士,授兵部主事。博学工诗文,著有骈文四卷、今古体赋四卷、诗十八卷、诗赋二卷、杂著四卷、日记二十余卷,总曰《辄囊丛稿》据民国《临海县志稿》。此本仅《词丛》二册、《诗丛》二册、古文四册、骈文四册,未分卷,红格九行纸抄,版心上印"辄囊丛稿",下印"忆绿荫室葛氏"或"补绿荫室葛"。不但未全,且颇多复重,盖尚非定稿也。

丹山游草 一册 手稿本

(清)宁海徐镛著。徐仲甫藏。

镛字酉生,亦作友笙,宁海山前人,生平好吟咏,作诗颇多。此其手稿,卷首有“徐镛”“友笙”二印。

红岩山房诗集十二卷 □册 抄稿本

(清)宁海徐镛著。徐仲甫藏。

此光绪时徐氏逝世后之清抄稿本。有咸丰间刊本。《台州经籍志》卷卅五著录。所辑尚有《回浦诗抄》四卷,见光绪《宁海县志》。此本首有咸丰戊午徐度云帆、张兆熊渭渔及同治辛未鲍溎拙斋三序,又叶日新、徐桐诸家题词。

某庵先生遗集二卷 一册 抄稿本

(清)黄岩王维祺著。黄岩王伯权藏。

维祺字道龄,王子庄棻之父也。是编上卷为家训,卷下为《清芬集》,则诸家寿挽某庵之作。首有光绪己卯张盛藻手书序,末有龙文彬、潘衍桐、陈璚诸家手跋。

有竹山房诗稿一卷 一册 抄稿本

(清)天台陈兆焘著。天台县政府征集。

兆焘字苍舒,号苍圃,南陔之孙,齐次风之外弟。天台廪生。是编有乾隆辛未齐氏手书序及眉批,庚午齐先觉序,壬寅齐世南序。《台州经籍志》卷三十三著录,惟尚有《文抄》一卷,兹不见。

玉芝堂文集不分卷 一册 抄本

(清)天台齐世南著。天台县政府征集。

世南字英风,号荪圃,召南弟。乾隆辛巳进士,官宁波府教授,终任罢归，自号我松居士。为学贯经史，博而不杂。著述甚富，若《易经要览》《尚书集解》《木屑编》等，均见《台州经籍志》。此为旧抄本，《志》作《玉芝堂诗文稿》，云未见。前无序目，中间有“玉芝堂”三字白文朱印。

台山初稿不分卷　二册　手稿本

（清）天台齐召南著。杭县杨氏丰华堂藏。

召南字次风，有《宝纶堂经史讲义》，已著录。此稿未刊。《台州经籍志》卷三十三据《天台诗存》著录《瑞竹堂诗》，云未见。首册卷首有“召南”白文、“一乾”朱文案此为先生早岁号，世罕知之二印；次册卷首有“齐召南”白文、“次风”朱文及“曹源书屋”三印。每册首页第一行题《台山初稿》，次行题《瑞竹堂诗》。

蛮触轩诗稿　一册　手稿本

（清）天台孙苞著。天台县政府征集。

苞字嗣皋，号竹林，岁贡生，湖州训导。此其遗稿。首尾已残，《台州经籍志》卷卅四著录《诗稿》作《诗草》。

陆诗心印　一册　稿本

（清）天台叶薰辑。叶灿如藏。

薰号石楼，作诗崇陆渭南。此系集陆诗成句之编，五七言律绝古及诗余均备。首有乾隆辛亥三月黄河清序、严乘潮序及宋世荦、周挹峰宣、河干老人、宋复斋忽潮等题跋。《台州经籍志》卷卅四著录。

江南游草一卷　一册　手稿本

（清）温岭林庄著。温岭林爵铭藏。

庄号鹗秋，清诸生。此书已经其侄孙林丙恭校印。

黄壶舟诗文稿　一册　手稿本

(清)温岭黄濬著。温岭林爵铭藏。

濬号壶舟,有《周易省象》,已著录。此诗文稿,未见刊行。首尾亦无序跋。据《台州经籍志》卷三十五称:《壶舟诗存》十四卷,曾于咸丰间印六十部,而版毁于火。又《文存》二卷、《补遗》一卷,亦经同邑林丙恭校刊。另有《音韵集》一卷及《评点苏文忠公诗集》,稿并尚存云。

塞鸿度陇集不分卷　一册　手稿本

(清)太平黄治著。温岭林爵铭藏。

治字今樵,一字福林,廪贡生。兄壶舟,因事谪戍乌鲁木齐,福林不避艰险,偕抵戍所。素工文词,且精医理,为达官延入记室,辄以俸入佐兄资斧。时林文忠公戍乌垣,闻而器之。此集盖即当时度陇至戍所时作。末附著作目二十种,较《两浙輶轩续录》所载仅《卍云斋诗抄》一种者,羡出几二十倍焉。

杨香生先生诗稿不分卷　一册　抄本

(清)温岭杨鹭著。温岭林爵铭藏。

鹭字香生,《两浙輶轩续录补遗》作杨鸶《台诗四录》同,咸丰三年恩贡,工诗,讲学之暇,即与同里黄壶舟辈结吟社酬唱。著有《隐香楼诗抄》一卷,见王玫伯《台诗四录》,殆即此也。

绿天亭诗　一册　手稿本

(清)温岭林之松著。临海项士元藏。

之松字忽木,号鹤巢,贡生,《台州经籍志》卷三十二著录作《绿天亭诗文集》三卷。据宣统元年金嗣献跋:"余伯父伯枢先生读其集而心慕之,特为刊行"云云,则此诗已有印本矣。所著尚有《南楼稿》,已佚。

业耘草舍遗稿二卷　一册　抄稿本

（清）宁海华骥著。宁海华子方藏。

骥字籥云，亦字蹑云，咸丰辛酉恩贡。此遗稿首尾无序跋，光绪邑志艺文未著录。

山人余事草一卷　一册　稿本

（清）仙居朱华著。临海项士元藏。

华字松涧，自幼工诗，历游南北无所遇，后依瓯城金简庵、午桥兄弟，唱和甚多。是稿即为午桥所藏，后流出于杭城书肆，为项氏所得，收入《台州经籍志》卷三十五。首有咸丰十一年王魏胜、七年应宝时等手书序，末有朱楷手识，及咸丰间金匮邓恩锡、嘉善戴咸弼于东瓯官廨读后手识各一行。

苜垌诗抄八卷　四册　抄稿本

（清）武义王清臣著。武义县民教馆征集。

清末王清臣牧卿手稿，楷书端丽，诗句亦工整。首有“王印清臣”“牧垌”二印。全书经水渍，盖劫后幸存者。

分绿窗小草　一册　稿本

（清）东阳卢炳涛著。东阳卢诵芬藏。

炳涛字静波，号秋槎。少尝肄业西湖诂经精舍，受知于阮文达。嘉庆六年，乡试亚魁，次年联捷成进士，授翰林院庶吉士，历官户部主事、郎中、大清会典馆总纂、监察御史、戊寅科江南主考官等。《东阳县志・名臣》有传。此其遗稿，未刊。前后无序跋。

读杜诗解　一册　抄稿本

（清）衢州陈圣泽注。衢州陈志农藏。

圣泽字云崿，所著《读易记》已著录。此稿未刊行。

琢云先生诗抄 一册 手稿本

(清)常山许文耀著。常山民教馆征送。

文耀字琢云，清举人，曾任新城县训导。善画，工书。此稿未刊行。

就正遗稿不分卷 二册 手稿本

(清)常山袁士燮著。常山民教馆征送。

士燮字梅卿，清优贡生，善书法，著作颇多。此本首有"袁士燮印""梅卿"二印。

学吟诗草 一册 抄稿本

(清)桐庐徐懋忠著。桐庐徐恒林藏。

懋忠字信臣，号杉泉，乾隆拔贡。此系其子元礼所书。元礼，嘉庆时贡生，官鄢陵知县。末有近人周天放跋。

投林草 一册 手稿本

(清)桐庐释雪访著。桐庐徐恒林藏。

雪访姓戴，佚其名，乾隆时诸生，已而弃去为浮屠。此本诗凡二百余首，潘氏衍桐曾采其诗四首入《辅轩续录》卷五十一。

书绿轩诗草 一册 手稿本

(清)桐庐方辛著。桐庐申屠福藏。

辛字云岩，榜名毓瑞，道光丙午科举人。少有俊才，工俪词，敏捷罕匹。学使罗文俊试以大成殿赋，君用《鲁灵光殿赋》原韵，时年甫十六。咸丰辛酉冬，桐庐陷，骂贼不屈死。

寄静轩诗草　一册　手稿本

(清)桐庐吴天庆著。桐庐方定远藏。

此本不著撰人,经同里周天放考定为吴天庆撰。天庆字善余,能诗工书。周氏跋有"询诸石泉乡人吴姓住地,即得是集处所,谓作者当系吴天庆,字善余","以字极韵秀,类善余,所写集名《寄静轩》及诗题《福谦堂》,又皆善余之旧庐也"云。

⊙桐庐百咏诗　一册　清抄稿本

桐庐臧承宣著。著者应征。

承宣有《桐庐风土志稿》,已著录。卷首有自序。

永则堂诗集　一册　抄稿本

(清)遂安毛超伦著。遂安县政府征集。

超伦字越千,毛际可从侄,顺治二十六年举人,拣选知县。此集前半部分系补抄,后半部为原抄,并有圈点。首抄康熙四十二年毛际可序。

鹤皋文萃　八册　手稿本

(清)遂安毛诵华著。遂安县政府征集。

诵华字诗正,号浦生,又号星斋,光绪乙酉拔贡,衢州府学训导。晚岁讲学,纂成《醒世四知语录》三十卷,即此是也。内分明晰索解辨语、学易天人达语、先达知名评语、官政启事商语、古诗源流韵语、中外掌故辨语、穷经精口解语、诗律知音慧语等八类,中有佚脱。首有辛卯举人瑞安教谕邵秀亭序。

弃余草　一册　原稿本

(清)遂安王心镜著。遂安县政府征集。

心镜字虚堂，附贡生。其诗清新圆炼，律绝两体，尤擅胜场。经李春龢评点，首有“心镜私印”朱文、“天下第一强项人”白文印。

西愚心画 一册 手稿本

（清）分水陈本忠著。分水章汉秋藏。

本忠有《东溪小谈》，已著录。此纪本地风物之诗，原题“篆庐笔影”。

台荡游草 读唐史杂咏不分卷 合订本一册 抄稿本

（清）瑞安项霁、永嘉张振夔著。浙馆藏。

霁字叔明，一字雁湖，瑞安人，几山项传霖之兄方宗诚有《项雁湖几山两先生墓表》，工诗，与青田端木国瑚、永嘉项维仁相唱和，著有《且瓯集》九卷，已刊。振夔字庆安，号磬庵，永嘉人，嘉庆戊寅举人，官镇海教谕。著《介轩诗抄》十卷、文抄八卷，已刊，与端木太鹤称石交。其诗与叔明诗并经潘氏衍桐收入《辅轩续录》张，卷四十九；项，卷四十。此钱塘丁修甫立诚氏在温州时手录者，闻二书在瓯亦罕见，盖未刊稿也。

玉甑山馆诗草八卷文抄一卷 三册 传抄稿本

（清）瑞安林从炯著。永嘉区征辑乡哲遗著会藏。

从炯字石笥，增志裔孙，道光辛巳举人，与阳湖恽敬、青田端木国瑚为文字交。客游广东，居方伯李銮宣幕最久，兼著籍为弟子。此其未刊遗稿，原本藏瑞安张震轩先生家。

孙太仆杭州所作诗草 一册 手稿本

（清）瑞安孙衣言著。瑞安孙氏玉海楼藏。

衣言字琴西，道光进士，官至太仆寺卿，乞休归。有《郡志选举考正》，已著录。此为先生自同治乙丑迄丁卯主杭州紫阳书院讲席时所作诗草，手誊清本。原系编年，而《逊学斋诗抄》刻本则以古今体分卷。此册书眉，手标数字，即刻集时所自定之篇次也。

叶水心文校注[①] 一册 手稿本

（清）瑞安孙衣言著。瑞安孙氏玉海楼藏。

琴西先生治水心文学，致力最深。今玉海楼所藏《水心集》四部，皆逐篇逐句遍加朱墨，前后数番批校圈点，及关于人物史事考证之语复多增易。自同治五年七月始至光绪六年正月止，前后凡十四年，始告断手，乃汇录简端积岁所缀识者为此册焉。未刊。

止庵诗存 盘阿草堂诗存 一册 抄稿本

（清）瑞安孙锵鸣著。瑞安孙公度藏。

锵鸣字蕖田，道光辛丑进士，官至翰林侍读学士，以重宴琼林加侍郎衔，与兄琴西太仆同负文望。著述甚富，多关乡邦文献。

马鞍山人诗草不分卷 四册 传抄稿本

（清）平阳苏椿著。永嘉区征辑乡哲遗著会藏。

椿字寿生，道光时人，雅山苏氏昆弟之一。马鞍山即雅山也。遗稿久湮，民国新修邑志，亦未著录。原稿现藏瑞安孙氏玉海楼。

流离草十稿 手稿本

（清）丽水许一钧著。青田刘祝群藏。

一钧字雨庭，别署天末想思主人。道光间国子监生，铨叙不受官，以布衣终。工诗，与端木叔总齐名。此稿为咸同间避乱时作，首有手写自序。

---

① 《中国古籍善本书目·集部·宋别集类》著录《叶水心文集校注》不分卷，稿本，第358页。

钧自髫龄，究心鉴别，二十年心力尽瘁零缣败纸间。五七韵言，实未曾窥门左，不过如春鸟秋虫，感时或鸣耳。辛酉夏五，郡垣再陷。越岁秋七月，克复。中间流离播迁，得诗凡四十余首。大都感事伤时、悲歌怒骂之什。雨窗检阅，因悉焚之。仅录临眺闲适十余篇，而风月闲情则去焉。书册端曰《流离草》。举国皆醉，惟我独醒，醒人语终难为醉人听也。文字有祸，机在篇什，删存，吾知所慎矣。古栝苍许一钧。

鸡肋诗草 一册 抄稿本

（清）丽水戴琛著。丽水端木梅邻藏。

琛字其献，工吟咏，耄益好学，与徐云亭、庄育斋结社联吟，唱酬甚富。此其遗著，潘氏《辅轩续录》曾采及焉。据《静庵文抄》卷首戴跋见后，则此《草》盖失后重得，尤可珍爱矣。

信天翁诗存 一册 抄稿本

（清）丽水董凤池著。丽水端木梅邻藏。

凤池，嘉庆癸酉拔贡，见民国《丽水县志·选举表》，未列传，致字号无考。

徐泖庄诗稿 一册 抄稿本

（清）丽水徐文漪著。丽水端木梅邻藏。

文漪字泖庄，岁贡生，恬淡寡营，终日执卷危坐。咸丰十一年，与子梦贤同陷贼中，不屈而死。民国《丽水县志》有传。

静庵文抄 一册 抄稿本

（清）丽水郑景崇著。丽水端木梅邻藏。

景崇字少游，号静庵，廪贡生。此稿曾经同邑章闾校读。卷首有民国八年同邑戴耀春跋，谓“先是，少游曾向予先父光甫借去《鸡肋诗草》及《问天楼诗稿》，其原稿一册，被郑君失去一册。幸郑君手录《问天楼诗稿》，其外舅方成之先生为予检出，并少游所为文十余篇，一并抄录，以备采择，名曰《静庵文抄》"云。

玉雪堂存稿　一册　抄本

(清)丽水何云炜著。丽水端木梅邻藏。

按原稿于潘衍桐续刻《两浙辅轩录》时，曾应征呈送，未荷甄录，稿亦留中，遂归散佚，赖有此抄，尚存其真。云炜字映丹，岁贡生，悃愊无华，质鲁而好学，至老犹能背诵五经。著有《集经句》，避难文数篇，为时传诵云。

太鹤山人诗抄[①]　一册　手稿本

(清)青田端木国瑚著。青田叶燕孙藏。

国瑚字子彝，道光时进士，官内阁中书，著有《周易指》《太鹤山人集》。此手稿有为诗集所未刊者，末有"端木国瑚""子彝"两印。

石门山人诗抄　一册　抄稿本

(清)青田端木百禄著。青田刘祝群藏。

百禄字叔总，所著《瓯江归棹录》日记，已著录。此未刊稿。前有"端木""百禄之印""雁韵楼""石门山人"诸印。首有宣统元年刘耀东跋，末数页为先生之继室宗庆手补，即会稽宗稷辰女也。

---

① 《浙江省古籍善本联合目录·集部·清别集类》著录《太鹤山人文集》□卷，稿本，存三卷，一至三，今藏玉海楼；《太鹤山人初稿》一卷，稿本，清山阴周星诒跋，今藏玉海楼；《太鹤山人集》□卷，稿本，今藏玉海楼；《太鹤山人文集》一卷，清抄本，佚名批校，今藏温图，第511页。

古槐书屋诗稿残存卷三[1] 一册 手稿本

(清)云和王树英著。云和王氏藏。

树英字毓才,云和恩贡,生而颖异,父九经公,乾隆时廪生,早器之。弱冠饩庠,文藻书翰,并擅绝一时。邑侯陈公治策奇其才,有国士之目。居常雅自矜重,不干势利,屡踬秋闱,遂更号琴兰山人,潜心著述。先是嘉庆学使阮文达公按试处州,特赏公与青田端木国瑚、丽水吴廷铨古体诸作,梓入《浙江诗课》,艺林艳称之。尤长古文,唐宋大家中于柳柳州尤近。并喜搜罗掌故,纂成邑志、家乘诸书,较之前修犹为典核云。有《云和县志》二十卷、《龙泉渎川王氏宗谱》八卷、《古槐书屋诗稿》六卷、文稿二卷。惜锓版未竣,竟以积劳卒,寿四十有八。

唾余草 一册 手稿本

(清)云和柳之元著。处州征品分会征集。

之元字文长,云和坊郭人,性孝友,家贫力学,善属文,淹贯宏通,理法精密。尤好吟咏,工八法,能做擘窠书。教授山中,诸名士争游其门。康熙乙酉岁贡,至雍正元年,始举孝廉方正,后授台州临海训导,旋以年老乞休归,寿八十余,终。所著有《松楸集》《唾余吟草》《读史闲评》。咸丰《云和县志》有传,而康熙三十年修邑志,则出先生手辑焉。

书画船盦诗抄 一册 清抄稿本

(清)云和王士鈖著。云和王氏藏。

---

① 《浙江省古籍善本联合目录·集部·清别集类》著录《古槐书屋诗文稿》十四卷,稿本,清王存义跋,分为《古槐书屋古今体诗》二卷,《古槐书屋诗抄》四卷,《云邑山水诸咏》一卷,《丽水山水诸咏》一卷,《桂一楼诗集》四卷,《删诗存草》一卷,《烟霞啸客少时赋》一卷,今藏浙图,第519页。

士鈖字蕴生，号云樵，有手批各志稿，已著录。又有《读香楼吟草》。咸丰《云和县志》亦其主纂。此遗稿传抄本，已为墨涴其半，首有咸丰五年自序。

顾庐吟稿　一册　手稿本

（清）云和王宸正等著。云和王氏藏。

宸正字建章，诸生，性倜傥，博极群书，尤工词赋。著述等身，殁后多散佚，惟此尚存。潘衍桐续《两浙辅轩录》时，曾选三首入编。

总集类

翁徐百咏诗　一册　抄本

（宋）仙居翁森、仙居徐又新著。仙居张藻香藏。

森字秀卿，号一瓢，隐居教授，取朱子白鹿洞学规以为训，从游甚众。此翁、徐二氏仅存诗，系张芹氏手抄，有“藻香”朱文印，首有跋。

仙居古有二处士，先生居其一，著有《四时读书乐》行世，今古垂名。独此《梅花百咏》，仅流传于一邑，虽前清光绪时代教谕郁美斯奉浙江学政潘衍桐之命，向翁氏宗谱购抄《百梅全诗》，献于潘大宗师，但卒未以付梓闻。沧海遗珠，殊可憾也。夫几生修得到梅花，先生之为此诗，面壁功深。三伐毛，九洗髓，亦不知费多少磨炼，究之幽光有必发之期。谨抄原稿珍藏，以竢世之采风者。是为跋。后学藻香张芹撰。

海盐两彭先生诗笺合册　四册　稿本

（明）海盐彭期生、[彭]长宜著。嘉业楼藏。

期生字观民，与弟长宜同中万历乙卯乡试，崇祯丙辰进士。明亡，殉节吉安，清乾隆时追谥节愍。其诗册自题《弱水山人诗稿》。长宜字德符，其诗册原护页有墨识二行云：“戊子元夕前三日，兄贻阅过，诗无疵纇，竟可传矣。”又墨识云：“彭长宜德符稿，万历乙卯举人，崇祯癸未进士，江南上海知县。”原为张燕昌石鼓亭旧藏。经张廷济题签。有“张印燕昌”白文印、“石鼓亭”朱文印。

明诗五言律 一册 手稿本

（明）海盐彭孙贻选。海盐张菊生藏。

此彭茗孙手自精抄本。首有道光八年同邑张开福跋，称得之于里中徐氏，后归彭朗亭云云。有“文渔”“张燕昌印”。中多朱墨圈识。开福字质夫，号石匏，燕昌子也，故跋称先征君云云。此为涉园张菊生先生所获得合装本，较石匏所见，又多五七言绝矣，卷末亦有先生跋。

胜国遗老彭茗斋先生所辑历代诗凡若干卷。此手自精抄本，先征君得于外家孙氏丰玉堂。自汉魏至南北朝以及宋元各代，皆完善无恙。惟唐诗仅存韦苏州、李长吉、孟东野三家，并七言律一卷。其五言古至五言律，俱佚去。明诗亦仅存五言律及五七言排律。留之箧中四十余年。尝遍访诸同里，以未得全帙为憾。去年除夕前二日，晤朗亭孝廉，知其先世旧藏，一一符合。所阙者只五律与排律耳。孝廉知予先人宝爱，不轻请乞，而予亦知孝廉用意，因检此一册归之。俾明诗一帙，合为全璧。孝廉于先世片纸只字，保如头目脑髓。一旦收散佚于文献零落之时，可谓彭氏有后，而予先人兢兢固守以待今兹，洵乎遇合非偶然也。暇日我两家互相假抄，各成完书，则多一副本流传，庶不孤矣。若唐诗残帙，或有所合，以俟后缘何如。道光八年戊子正月四日，邑后学张开福谨识于石鼓亭。

石匏先生跋称彭氏旧藏有五七言古诗二册，续获七言律一册，先生自藏五言律、五七言排律一册，因以归之彭氏，合为全璧。今余所得者，又有七言绝一册，在石匏先生跋语所纪之外，然五七言古则固合装一册也。意者先生跋中误脱“绝诗”二字乎？不然，何得以全璧称之？自道光戊子至今又八十七年，而此书仍完而未散，可喜之至。重装既竟，书此识幸。甲寅阳历七月十八日，张元济。

李太仆佚著未刻稿三种 一册 抄稿本

（明）嘉兴李日华著。嘉兴县图书馆藏。

三种者,《紫桃轩杂缀》第四卷,《紫桃轩又缀》第四卷,《竹懒画媵》第二卷,皆通行刻本所无。乾隆间为竹林沈半桐可均所得,秘藏于家。此本乃竹林祝廷锡据沈本录出者,首有祝氏跋。日华字竹懒,事实详后遗像项。

世传李竹懒说部中有《紫桃轩杂缀》三卷、《又缀》三卷、《竹懒画媵》一卷。稽史志之所载,《四库》及诸家之著录,与夫后人传刻之本,其卷咸同,未闻《杂缀》《又缀》之各有第四卷、《画媵》之有第二卷也。此据乾隆朝竹林里沈半桐居士手写本录得。居士名可均,嘉兴增广生。《清仪阁感逝诗序》称其博极群书,通梵呗之学,藏秘册小集八橱,精心考核,此盖即祕册之一。楷法秀劲,印记明确,惜无题识言其所出。观所载近传寿星照吴越分一条、新半镇一条、嘉兴郡守徐怀柏一条、王季延一条、通家子陈四可一条,并其他之涉于禾中掌故者,新旧郡邑志,咸未征引,则湮没不传者,三百有余岁矣。即居士之写录,亦百数十载。而楮墨未渝,什袭敝笥,又逾五十年。往岁《槜李丛书》之刻,曾举以告,未见采及。旋又怂恿书贾,以原写摄印,庶几先哲遗文,名士妙笔,同表于世,乃亦未果。其时节因缘犹未至欤?余老矣,俱不及待,又惧其由我而沦也。爰照录过,储诸嘉兴图书馆,使孤本不孤,以静待夫时节因缘焉。中有文句可疑,笔画偶误者,标识眉端,不敢辄改也。附后之序跋,录其未见本者二首,余略之。乙亥十月二十日,祝廷锡识于里仁乡古笃行里,年七十又一。

原本后附崇祯庚午九日同里通家后学王起隆、季延甫六《研斋二笔序》,钱塘门人鲁得之题辞,及竹懒画媵自题三文,皆刊本所有,故略之。惟右二文未见于刻本,特录附之。俟庐识。

越咏十二卷 八册 抄稿本

(明)山阴张天复辑。诸暨陈氏仰逋居藏。

天复字次亭,嘉靖丁未进士。是书系采集自晋至明名人题咏诗歌关于越中七邑掌故而成者,世无刊本。

靖匪录不分卷 一册 旧抄稿本

(明)青田王一中著。青田王氏藏。

一中字石门，丱角能文，为汤若士所器重。中万历丁未进士第四人，历宰三邑，皆以清廉著。行取入都，授广西道御史，疏罢内市，纠保姆客氏，权珰魏忠贤。巡按山东，平妖寇徐鸿儒等，陞光禄寺卿，首推操江都御史，忠贤挟宿忿，即于会推降旨削夺，使人随于路，欲潜杀之。见其行李萧条，一二童仆，身衣褴褛，嗟叹而去。居家十余载，奖引后进，抑抑忘倦。述五经，辑郡志，当道屡荐，不起。再擢光禄卿，以不附权要，调南光禄，屡疏乞休节《通志》。此其抚鲁平徐鸿儒时所为条示笺檄等作之汇编，道光五年，其裔孙王尚赓手抄。首有自署大梁门人梁治麟序不详年月，次自序，次奏疏六事此录仅列其目，原疏汇为《东巡疏草》，今佚，条示十八道，书牍谕札百四十余通，末有曹应枢、董嘻、葛元培、李遇孙等跋。兹将道光六年泰顺董斿序节录于后，以觇其概。

《靖匪录》者，王光禄未传之书也。石门先生明天启时佐巡抚赵公炎平定二东妖逆，所为条示笺檄、教诰军民、酬答官守者，汇为一帙。光禄是时官巡方，非有专城缫敌之责，而有是书以传，伟哉。且是时，二东为南北要冲，邹郓滕峄之间，妖氛煽扰，专其绩者抚臣也。石门先生以绣衣之使，备预军咨，其言之见于施行者，井然若此，使其得专方面，指挥自如，功绩之所树，当不仅如当日之所云者。观其《答东兖守道书》，其大旨隐然可见矣。卒乃瓜期已迈，犹志勘余逆，其惓惓者何心邪？明季流寇之患，时论归咎于经略等臣剿抚失计，倘得石门从事其间，容有易败而为功者。而襄平二东之事，尤深惜史无著录焉。自来将帅立功，麾下佐吏，献一智计，筹一胜策，遂得附以俱名于后，况此书所载传答者非一人，规识者非一时一事，何当日朝廷若未知有此人焉？抑亦事定后搜辑者之失欤？甚矣，作史不漏故实之难也。

友声丛集　一册　稿本

（清）仁和谭献辑。临海项士元藏。

仲修有《董子定本》及《日记》《山桑宧记》等，已著录。此其友朋往还酬赠之诗、古文词，皆属真迹。

国朝诗选　陈列二册　手稿本

（清）钱塘郝莲辑。嘉业楼藏。

莲字青门，号饭山，工六法，尤长于琴，娴吟咏，潘氏《辅轩续录》亦采及焉。著有《说饼斋吟草》《饭山杂录》等。此选无序例题署。据目所收，自康琨至张邦弼，凡一百二十七人。首有"钱塘郝莲青门甫手辑"朱文长印，目录末钤"小山竹亭"小朱记。首册卷尾有"壬辰九月十六日点读一周"一行，尾盖"怀烟阁"白方方印。

武林文献内外编三十三卷　四十册　抄稿本

（清）钱塘丁丙辑。嘉业楼藏。

内编十九卷，外编十四卷，原稿本，未刊。内编为杭人作，起三国迄清；外编收文之为杭地杭人作者，起五代迄清。盖因乡先达吴志上之《武林文献》残本重加增补云。

又残本不分卷　残存五册　原稿本

（清）钱塘丁丙辑。浙馆藏。

此仅五帙，封面题"翰林司后里民编辑"。翰林司后，孙康侯峻居所也。则是编盖康侯助丁氏合纂之一种，而与刘氏藏本有别欤？

历朝杭郡诗辑四十卷①　二十册　原稿本

（清）钱塘丁丙辑。杭县丁宣之藏。

此书未刊，始晋迄明，适与《国朝杭郡诗辑》正续三辑相接。前无序例及总目，凡此诗二千六百七十五家。大略亦分乡贤、寓贤、闺秀、释道诸类，惟末多鬼诗数首，故卷四十目录有不知何人眉批云"鬼诗

---

① 《浙江省古籍善本联合目录·集部·总集类》著录，清抄本，佚名批校，今藏浙图，第128页。

似可不录，乞酌之”云。案此书现已由宣之先生举赠本馆。

沁心集残存二卷 一册 原稿本

(清)新城凌之兰纂。新登章芸藏。

之兰字畹田，别署“梅月散人”。此杂抄古今遣兴赏心之诗文杂著，分十四卷。今残存卷一名文小品，卷二赞铭杂俎，类皆短隽之作，有明人遗风。首有康熙己卯自序。

桐阴小牍 一册 抄稿本

(清)海宁吴骞辑。吴县潘景郑藏。

中有邵志纯《妾入门》诗并小序，足为本书解题。序云：“海昌吴丈槎客，年六十有一，因妻病买婢，媒者疑丈欲置妾，辄裒良家女来。丈一见即认为义女，时丈有女已适人矣，亟呼归，使同卧处。越数月，以礼嫁于武康魏氏，相待一如舅甥。事在乾隆五十八年。丈名骞，自号兔床，读书好古，世所称拜经楼吴氏也。钱塘邵志纯为作《妾入门》。”踵作者有俞思谦、周春、范永祺、查揆、陈鳣、卢文弨、蒋元龙、秀水人丁传、仁和人锺大源、海宁人张思忠、海盐人张枢、仁和人梁同书、钱塘诸人。书为拜经楼抄本，自题“滓江鲂父辑”。首有“臣”白文、“骞”朱文、“兔床子”朱文三印，护页有会稽陶元藻题蟫并七律一首，末有“陈仲鱼印”。

国朝诗抄二卷 八册 手稿本

(清)嘉兴黄光煦编。浙馆藏。

光煦事迹待考。全书分两部分，首为七律诗抄，次为七绝诗抄。原题签尚存。卷端有乾隆五十八年自序，又七绝诗抄有嘉庆二年自序，并钤章。据序，盖录自沈氏、卢氏所选《国朝诗别裁集》及《山左诗抄》者云。

槜李文系四十六卷　二十五册　手稿本

(清)嘉兴忻宝华辑。嘉兴县图书馆藏。

宝华字虞卿,诸生。仿《槜李诗系》之例,辑为是编,成稿于光绪中,未刊行。前列凡例十一条,自谓仿沈氏例成编,惟增官师、流寓二门云。起汉严忌,迄清李承模。

庚子生春诗二卷　一册(二部)　抄稿本

(清)嘉兴钱仪吉等[著]。平湖胡苑春藏,海门周雁石藏。

生春集者,唐元微之有《生春诗》,衎石先生依韵和之,益以家庭继和之作,共若干首,而即以"生春"名其编。衎石先生原作,金安澜氏已刊入先生晚年诗稿中,余皆未刊。衎石有《北郭集》等,已著录。

鸳湖唱和集　四册　新抄本

(清)秀水杨廷璧等[著]。嘉兴县图书馆藏。

此为康熙中杨廷璧与朱竹垞、盛宜山诸名流唱和之作,凡三十八集,首有潘耒序。原版久佚,此传抄本,固犹未刊稿矣。

映雪楼古文练要三十四卷　八册　稿本

(清)秀水庄仲方编。嘉兴县图书馆藏。

仲方字芝阶,嘉庆举人,官中书舍人,澹于荣利,著书自娱。此编选辑古文,手自录定,眉端辑注,皆工楷,惜已有阙。首有"金印蓉镜"并其题记二行云:"此庄先生所选文,缺五、六、七、八各卷,今存三十四卷。闻尚有《三代文》若干卷,今亦阙。旧藏徐金坡,此从其后人求得,归图书馆藏之。此书眉端详注,亦先生所定,楷书精好,考订详审,可法也。乙未三月装竣书此。金蓉镜记。"映雪楼,庄氏角里街读书处云。案此书见朱记荣《国朝未刊遗书目》。

东村随录　一册　抄稿本

（清）嘉善李德炘编。嘉善县平川半月刊社藏。

德炘字鼎三，号东村，乾隆时西塘人。能诗，此手录其祖思泽及沈超孙式彭辈之唱和诗。

国朝骈体正声不分卷　五册　手稿本

（清）平湖黄金台编。浙馆藏。

金台字鹤楼，岁贡生。为文宗徐、庾，颇负名于时，著有《木鸡书屋集》等行世。此未刊稿，一署《骈体盛藻集》。全书细楷，圈识几遍，有“黄印金台”“鹤楼一字海蜻”白文方印。

国朝七律诗抄十卷　二册　手稿本

（清）平湖黄金台编。浙馆藏。

此亦全书正楷，并加圈识，眉端有补遗。

张铭斋遗书　十四册　抄稿本

（清）海盐张鼎著。海盐谈麟祥藏。

鼎字铭斋，咸丰辛亥举人。学宗宋五子，尝继高均儒主讲杭州东城讲舍，造就甚众。此其遗著之残稿，计存《春晖楼读易日记》《尚书释疑》《禹贡地理举要》《读诗日记》《读左日记》《四书说摘略》《论语说补编》，均未刊行。所著尚有《近青山草堂诗稿》，南海潘衍桐尝采遗诗一首入《两浙輶轩续录》。

全上古三代秦汉三国晋南北朝文七百四十六卷[①]

一百五十六册　手稿本

（清）归安严可均著。杭县叶葵初藏。

此严氏原稿，足正粤刻本之脱误。勘以所著《尔雅一切注音》原稿，字迹相同，的为手稿无疑。首有“许氏星台藏书”朱文方印，又长洲章式之氏手跋。

《全上古三代秦汉三国晋南北朝文》共七百四十六卷，今装一百五十六册，归安严铁桥先生稿本，今为钰同年仁和叶揆初所藏。乙亥秋九月，揆初携首二册来北，钰借校粤刻本，始知刻本有误有脱，藉见老辈为学至勤至博，而又至精，足令铅槧后生驰骛书册中数十寒暑卒无所成就者，愧汗无地。安得如米芾说，缩却三十年校完全帙，姑作桑榆之补也。记古清凉传有晋支遁文一首，为此本所未收。又自晚近以来，地不爱宝，鼎镬重器，遗文可读，与夫殷墟锲文，流沙坠简，及莫高窟石室旧藏，日本国唐写卷子，皆先生未所见及，而实为此书后所应有。搜采审择，周成一编，及今为之，其事较易，附存此一说，揆初其有以提倡之乎？长洲章钰旧都记，时年七十又一。

唐诗约选　二册　手稿本

（清）定海黄以周选。定海黄荣爵氏藏。

此爱经居藏本。封面有黄家桥印。

单不厂手稿八种　八册　手稿本

萧山单丕著。萧山单氏藏。

丕字不庵，初名常惺，以清诸生充京师大学堂教授，历任浙江省立图书馆中文部主任、中央研究院研究员。博学劬书，所读均手加丹黄，眉批夹注，手泽斓然。殁后，遗书售归省立图书馆。惟此八种，尚

---

① 《中国古籍善本书目·集部·总集类》著录《全上古三代秦汉三国六朝文》七百四十一卷，稿本，章钰、叶景葵跋，第1640页。

存故里云。八种者，一为《老子道德经校》，二为《刘安节刘安上许横塘三先生年谱》，三为《程伊川先生年谱》，四为《宋代浙江学者小传》，五为《二程学说》，六为《明清间三大儒》，七为《周浮沚先生年谱》，八为《陈傅良先生年谱》。

三台诗遗 一册 原稿本

（清）临海叶书著。临海项士元藏。

书字伯丹，廪生，民国《临海县志·文苑》有传，博览好聚书，荫玉阁其藏书处也。尝分纂《台州府志》金石、古迹两门及《临海邑志》。他著有《松麓漫吟诗稿》六卷、《临海金石志》三卷、《台山纪游》一卷、《天台十日记》一卷、《台南洞林志补遗》一卷，刻有《荫玉阁丛书》三十余卷。此系补戚氏《三台诗录》《续录》及宋氏《台诗三录》之遗，未刊。

台诗三录八卷[①] 四册 抄稿本

（清）临海宋世荦辑。黄岩杨子屏藏。

是编起唐迄清，凡七百九十三家，另附闺秀、方外及仙鬼。每人各系小传，如戚学标《三台诗录》例。为李用仪羽国手抄本，有"台州杨定孚鉴藏图籍"朱文印。世荦有《临海县补志略》，已著录。

回浦诗录不分卷 五册 原稿本

（清）宁海钱翼衢辑。钱趣园藏。

翼衢字鸿轩，号腆夫。生平劬学笃旧，留心掌故，此即其董理本乡文献成绩之一。仅内编一至六，似尚有外编在，不知犹存人间否。卷首有凡例。

---

① 《浙江省古籍善本联合目录·集部·总集类》著录《台诗三录》八卷附刻三卷，清王棻抄本，今藏黄岩图书馆；《台诗三录》八卷附录三卷，清抄本，今藏浙图，第137页。

传经堂诗集一卷 一册 手稿本

（清）临海洪坫辑。临海项士元藏。

坫字崇之，号石桥，咸丰岁贡。是编汇辑临海洪氏先德遗诗，首尾略有残损。原题“□余诗录”，首字已损。

临海诗辑不分卷 一册 手稿本

（清）临海黄瑞辑。临海项士元藏。

瑞字玉润，一字蓝叔，号子珍，好古工篆刻，致伤目，遂绝意进取，专求乡邦文献，著有《四书异文考》《台士登科考》各一卷、《全浙访碑录》六卷、《台州书画识》十卷、《秋籁阁笔谈》八卷等书。民国《临海县志·文苑》有传。此其手辑乡贤遗著初稿之一，参前《九峰山房诗稿》及《存我堂诗选》条。未刊。其《钱文考略》四卷，已著录。

今雨诗存 二册 手稿本

（清）宁海徐镛录。徐仲甫藏。

镛字友笙，有《丹山游草》《红岩山房诗集》等，已著录。此录其友人之作。

宣南销夏集 一册 抄稿本

（清）临海葛咏裳等著。临海项士元藏。

此为清同治甲戌五月间，黄岩王士骏等在北京集同志于城南长椿寺为消夏之会之唱酬集。首列同集诸人姓氏，自瑞安黄体立至临安周郇雨，凡十一人，迭为宾主，故集亦十一数焉。《台州经籍志》著录。

绿香红影庐诗选 一册 手稿本

（清）临海李镠辑。临海项士元藏。

镠字琅卿，岁贡生，尹莘农之门生。精算学，著有《测元海鉴》，已行世。所居曰钟秀龕，刻有《钟秀龕丛书》。光绪廿八年选授教谕，则镠已先卒，民国《临海志》有传。此其遗书之一，未刊。卷首有“琅卿手校”小朱记。

涌泉冯氏内集遗诗　一册　抄本

（清）临海冯杰辑。临海曹巇仁藏。

此临海涌泉冯氏一家诗。

三台文征[①]　一册　手稿本

（清）黄岩管世骏辑。黄岩管之辙藏。

世骏字德舆，所著《台州外书订》等，已著录。此为其搜辑乡献之作，收自宋迄清诸家文凡百余首。

三台诗征　二册　手稿本

（清）黄岩管世骏辑。黄岩管之辙藏。

是书分内外二编。内编集台州先贤之诗，外编则为历代人士关于三台之作。

黄岩遗集不分卷[②]　八册　手稿本

（清）黄岩管世骏辑。黄岩管之辙藏。

是编辑宋元明以来散佚诗文，始彭椿年，终胡昌贤，凡百五十余

---

① 《浙江省古籍善本联合目录·集部·总集类》著录《三台文征》一卷《诗征内编》一卷《外编》一卷，稿本，今藏浙图，第137页。下一个条目，可相互参看。

② 《浙江省古籍善本联合目录·集部·总集类》著录，稿本，今藏浙图，第136页。下一个条目，可相互参看。

家，末附闺阁及方外。首有乙卯夏月自序。案《台州经籍志》有管编《黄岩集三录》九册，云补王棻子庄之遗，不知即此书否。

黄岩集别编　廿四册　手稿本

（清）黄岩管世骏辑。黄岩管之辙藏。

是编集宋元明以迄清代各家诗文之有预黄岩人文者，字迹潦草，尚为初稿。

问古诗编残存四卷　三册　手稿本

（清）永嘉周天锡辑。瑞安孙氏玉海楼藏。

天锡字懋宠，号樗庵，永嘉岁贡，著有《瞿溪》《北征》等草、《花萼楼文集》以上见《两浙辅轩录》、《列朝私纪》三卷、《问古新编》十卷残本一册、《樗庵日抄》二册、《慎江诗类》六卷以上四种稿并存玉海楼、《慎江文征》六十一卷，玉海楼有抄本等。此次展览，有樗庵所藏《典类》一种，已著录。此书原八卷，今残存卷五至八。卷五分陵寝、墓域、骨塔、丛冢四目；卷六遗迹、乡里，基址附；卷七草木如孔庙松孟桧之类；卷八寺观、怪异。盖是书所辑，皆历朝诗人访古咏怀之作也。

亭林诗集校文·亭林先生集外诗合抄[①]　一册　稿本

（清）瑞安孙诒让辑。瑞安孙氏玉海楼藏。

此传校原抄稿六卷本，与潘稼堂刻五卷本互勘，写为此册。手跋其后。余杭章炳麟检《论》卷九《小过篇》谓："诒让发言，常有隐痛。"注谓："诒让校《亭林集》后系诗云：'亡国于今三百年。'"然检此册，不见所谓系诗。惟跋尾辞意悽绝，亦可以概见所谓隐痛之情矣。

---

① 《浙江省古籍善本联合目录·集部·清别集类》著录《亭林先生集外诗》四卷，清瑞安孙诒让辑；《亭林诗集校文》一卷，清瑞安孙诒让撰，稿本，今藏浙大图书馆，第 393 页。

⊙海盐歌谣集二卷　二册　稿本

海盐黄怀鑫著。著者应征。

怀鑫字仰旃，为盐邑现存学者。所著尚有《海盐艺文略》六卷，并未刊。

⊙鄞南七子诗抄　一册　稿本

孝丰俞础辑。著者应征。

所辑都为晚近苕上诗家之作，未付刊。

诗文评类

拜经楼诗话续编一卷[①]　一册　手稿本

（清）海宁吴骞著。嘉业楼藏。

骞字兔床，号槎客，有《海宁倭寇始末》，已著录。其《拜经楼诗集》十二卷、《续编》三卷、《集外诗》一卷、《阳羡名陶录》二卷、《国山碑考》一卷、《兔床日记》一卷、《拜经楼诗话》等，均已刊。

清籁阁杂录不分卷　一册　手稿本

（清）秀水郑熊光辑。浙馆藏。

熊光字霁山，仕履待考。此书原封题《枕葄居诗话杂抄》。首页第一行则题《清籁阁杂录》。

---

① 《浙江省古籍善本联合目录・集部・诗文评类》著录《拜经楼诗话》不分卷，清周大辅鸽峰草堂抄本，今藏浙图，第569页。

⊙海盐诗话二卷　二册　稿本

海盐谈文灯著。海盐谈麟祥藏。

文灯字麟祥，诸生，为今盐邑宿儒。全书并有校点。所著尚有《古今论文精言》二卷、《修身古训》八卷、《处世梯航》、《海盐先哲稿遗著存目初稿》，辑刊有《武原先哲遗著初编》二卷、《桂影轩丛刊》五种。

词曲类

求心馆遗集不分卷　一册　稿本

（清）仁和黄承勋著。浙馆藏。

承勋字朴存。此集有词八十余首，长调占十之八。未见刊本。卷端题云："道光乙巳初冬誊录第一次底稿，江都陈穆堂先生校正。"

芦中秋瑟谱二卷　一册　抄稿本

（清）仁和倪稻孙著。浙馆藏。

稻孙字谷民，号米楼，别号梦隐子，增生。《历代两浙词人小传》引《群雅集》称米楼本姓凌，忠介后人云。年三十余，即弃举业为道士北山。工隶篆，尤擅倚声，与吴江郭频伽齐名。是编为嘉庆时其友东畇沈镃手录原稿本。卷端有钱塘吴锡麒、汤湖陆继辂序，周济后序，许宗彦、那彦成、曹三选、杨芳灿等题词。历藏吴兴孝义里陈氏，杭县丁氏辅之及健庵郑道乾处。卷末沈氏手跋曰："戊寅五月二十日起至廿三日未刻，录毕。时梦隐道人过吾郡，藉榻东成里陈氏鱼计亭池上，行箧中携此，因得借抄。东畇沈镃记。"

梦隐词　酒边花外词不分卷　合一册　抄稿本

（清）仁和倪稻孙著。浙馆藏。

此亦沈镃传录原稿本。《梦隐词》与《芦中秋瑟谱》同为长调，《酒边花外词》则小令也。首有江藩序，郭麐、孙锡、杨芳灿、刘墉、王昶、潘奕隽等题词。《酒边花外词》有严元照序，杨凤苞、杨芳灿等题词。末有沈氏手跋曰："嘉庆二十三年戊寅五月廿八日，录于陈氏鱼计亭池上。沈镃。"又曰："戊寅六月三日，写经亭主手录。"

海沤剩词不分卷 一册 抄稿本

(清)仁和倪稻孙著。浙馆藏。

首有嘉庆十九年甲戌自序，亦沈镃手录原稿本。

复堂词续一卷 一册 手稿本

(清)仁和谭献著。临海项士元藏。

复堂先生有《董子定本》，已著录。此亦未刊遗稿。书皮自题"复堂词续"四字。首页第一行，上书"复堂词三"，后乙去"复堂"二字；下书"复堂类集三"，盖拟授梓而未果者。今案现行《复堂类集》，词仅二卷，诗仅九卷，其《诗续》已为徐彦宽校录，刊入《念劬庐丛刊》中。此词第三卷，则犹未见有拟为行世者。案未刻者，实仅十三首。

煮梦词一卷 一册 抄本

(清)仁和许增著。浙馆藏。

增字益斋，号迈孙，少通敏，北游皖中，参戎幕，晚归辟娱园以奉母，母卒，更园名曰榆，以志桑榆之感。工倚声，校刻古今名家词集，自宋元以来成十余家，后并他刻十数种，合为《榆园丛书》。又刻《唐文粹》一百卷、《补遗》二十六卷，铅椠精良，为世宝爱。自著词集，据家传有《煮梦盦词》，未刊。此今人杭县郑道乾所辑，为拟编《杭郡词辑稿》之一。

新蘅先生词草一卷　一册　手稿本

(清)钱塘张景祁著。黄曾樾藏。

景祁原名左钺,字孝威,一字蘩甫,号韵梅。同治十三年进士,官淡水知县。此其手书词稿,凡二十七页,附诗稿、信稿各一页,合装一册。盖即谭氏《箧中词》所谓《新蘅词》也。首有何振岱题字,末黄曾樾识语,称其父澹庵先生,系张氏入室弟子,故得此本保藏之云。卷端有光绪二年自序,及壬午年补录《浪淘沙》一阕。案《新蘅词》六卷附外集,有光绪九年忆梅花仙馆刊本,不知视此何如。

净绿轩词六卷　二册　手稿本

(清)钱塘王起著。浙馆藏。

起字砚香,后更名彦起,堃弟,咸丰九年举人,官会稽教谕。先世丹徒人,梦楼先生曾孙也。此稿原题《唾绿轩词偶抄》,经魏谦升改定今名。前有魏氏序,高雪淳、吴枚、张应钺、王荣昌、金绳武、吴麟振题词,及魏、金诸家眉批,末有唐咏裳跋。

花间小集乐府残存一卷　一册　手稿本

(清)钱塘王起著。浙馆藏。

首钤"砚香填词""又蕖"二印。有潘钟瑞、张景祁等手批甚多,末潘氏题词及跋,原卷数待考。此则洪、杨乱后,仅存卷三一卷,无刻本。

量月楼词不分卷　一册　手稿本

(清)钱塘张预著。浙馆藏。

预字子虞,号虞庵,道子。光绪九年进士,官至湖南督学使。此手书词稿,版心题《腹庐类稿》,末附粘手书柳词新调一首。他著尚有《崇兰堂诗文集》,已刊。

人间词 一册 手稿

海宁王国维著。王哲安藏。

国维有《史籀篇疏证》等，已著录。此亦已刊底本。卷中有圈识并眉批。首有“宣统纪元三月，仁和弟吴昌绶奉读再过”一行。末手识曰：“戊午四月重定一本，存廿四首。”

梦蝶生词抄 四册 稿本

(清)嘉兴钱官俊著。嘉兴钱琢如藏。

官俊字爱庐，一字霭六，别号心盦，道光己酉拔贡生。通籍后，历官山右太原、万泉、翼城、襄陵、临晋等县，所至有声。旋榷鹾两淮，病殁官舍，寿五十四。生平沉潜于词学，以乡先进竹垞先生为宗师，故所作多可传。他著有《石镜山房文存》二册、《爱庐诗稿》六册，并未刊。另有《塞行日记》《客宁谭话》《吏牍类编》，则已毁于火。此稿首有胞侄价人所为行述，及吴振棫原评浮签，并张以庄、周石麟等题词。

乐章考索未刻稿 十册 旧抄本

(清)嘉兴周篔、嘉善柯崇朴辑。嘉兴县图书馆藏。

篔字青士，号簹谷，初名筠，字公贞，嘉兴布衣，与朱竹垞同里为诗友。竹垞《词综》之辑，多资其力。是书系与嘉善柯寓匏康熙十八年荐举博学鸿词，授内阁中书合辑。前后无序跋，似未成书，无刻本。有诸家藏印。乃金甸丞太守得诸费景韩孝廉者。有“复斋校读古籍印记”。卷首金氏题记，胪举其较词律为长者四十八事。

《山林春》杨无咎一首，词律前半缺二句，分段亦误，此不缺不讹。

《品令》颜博文一首“恨暮潮声落”，词律缺“声”字。

《归田乐》晏几道一首“只恐花残春又去”，作结句，词律误。

《倾杯乐》柳永一首“孤负高阳客，怨难极。和梦也、多时间隔”，作结，与宋本合，词律缺。《木落霜洲》一首“蛩吟如织”句，分段；《水乡天气》一首“穿云悲叫”句，分段；《金风淡荡》一首“旧约前欢熏”省句，分段，皆与宋本合，词律讹。

《转调踏莎行》向子諲一首“十年空省春风面，又终是一双飞去”句，曾觌一首“奈春寒更薄”句，更字皆不缺。

《淡黄柳》姜夔一首“都是江南旧相识”句，分段，“空城画角”句，“怕梨花落尽成秋苑”句，皆不讹。

《惜黄花慢》杨无咎一首“数声笛度风前”句，“从教人寿百年”句，不讹。

《西施》柳永一首“苧萝妖艳世难侪”句，不缺；“旋罗绮想怨魄无主”句，不讹。

《粉蝶儿慢》周邦彦一首“艳姿初弄秀”句，不缺。

《御街行》柳永一首“朦胧暗想如花面”句，不讹。

《镇西》柳永一首“久离缺”句，作换头，“声谐楚调”句，不脱字。

《安公子》晁补之一首“鸥乱舞，趁鱼游清镜”句，“明夜远此欢难重”省句，不讹不脱。

《驻马听》柳永一首“恣性灵忒杀些儿”句，“渐觉虽悔难追”句，“谩凭寄消传息”句，“只恐恩情难似当时”句，皆不脱讹。

《法曲献仙音》柳永一首换头，以“惯怜惜”句起，与叶谱同。

《采莲令》柳永一首“千娇面盈盈伫立”句，不讹。

《凄凉犯》吴文英一句“倚瑶台十二金羣半啮”句，不缺字。

《宣清》柳永一首“归来轻寒凛凛”，不作“森森”。

《辘轳金井》刘过一首“但依约鼓箫声闹”句，“高阳台醉玉山未倒”句，不脱字。

《尾犯》蒋捷一首“人笑语、温温芋火，雁孤飞、萧萧稷雪”句，不讹。

《珍珠簾》吴文英一首“粉墙西竚立行人官道”句，不缺字。

《三姝媚》吴文英一首“暮云愁敛”句，不缺字。

《月下笛》曾允元一首“溪萍点破一溪春色”句，多“破”字。

《二郎神》吕渭老一首“满眼败零红叶”句，多“零”字。柳永一首“炎光初谢”句，多“初”字，“过暮雨芳尘轻洒”句，不作“潇洒”。

《凤池吟》吴文英一首“长年父老相遇”句，“画省中堂”句，“待赓吟殿阁南薰”句，皆不误。

《无闷》程垓一首“早是春残花褪”句，“自怜因甚腰围半减”句，不误。

《丁香结》吴文英一首“陡觉暗动”句，“海雾冷仙山”句，“帘外空挂淡月”句，皆不误。

《彩云归》柳永一首“此际恨浪萍风梗”句，多“恨”字。

《遶佛阁》周邦彦一首“看浪飐春灯”句，不轻（疑当作缺）飐。

《翠楼吟》姜夔一首“花娇英气”句，不作“消”字。

《凤归云》柳永一首“天末残星”句，不缺。

《合欢带》杜安世一首“念分明往事成空”句，有“往”字。

《忆瑶姬》蔡伸一首“广寒宫阙迥”句，有“迥”字；“玉树风微，倍觉秋思清”句，有“倍”字；“蓝桥路杳”句，有“路”字。

史达祖一首“神仙说道清虚”句，不讹神止。

《曲玉管》柳永一首“冉冉下汀洲”句，分段。

《六州歌头》程珌一首“想见共迎公”句，有“共”字。

《击梧桐》柳永一首“自识伊来好好看承”句，不作“看伊”。

《八归》高观国一首“两凝立壮壮无奈”句，不缺字。

史达祖一首“凭持尊酒”句，有“尊”字。

《摸鱼儿》欧阳修一首“两两镇相逐”句，不作“自”字；“况伊家年少”句，多“家”字；“云屏去时嘱”句，不作“祝”字。

《半夜乐》柳永一首“莺斗双语”句，分段；“金钗笑争赌”句，分段。

《穆护沙》宋褧一首“断肠封姨相妒”句，不作“封家”。

凡四十八首，皆校词律为长。

硖石费景韩孝廉赠《乐章考索》十卷旧抄本，是周青士、柯寓匏两公所选定者。甲子长夏无事，与万氏《词律》对校数过，增出词调如锦园春、喜长新、庆金枝、镜中人、梅弄影、双韵子、惜春郎、孤馆深沉、珍珠令、清平调、花前饮、迎春乐、谢新恩、恨来迟、梦仙郎、菊花新、八宝装、庆同天、金错刀、髩边华、玉楼人、金莲绕凤楼、红窗怨、清江曲、恨春迟、秋蕊香、引钿带、长中腔、缑山月、厌金杯、卓牌子近、枕屏儿、春声碎、应景乐、十二时慢、雪明鳷鹊夜、梦芙蓉、采菉吟、飞龙宴、惜寒梅、燕归慢、长寿仙、舞韶新、古肠关、望明河、西河吴曲、真珠髻、青门饮、落梅、楚宫春慢、内家娇、泛清苕、箇浓，凡五十三调，已见拾遗。又平湖乐、蓬山逢故人、折丹桂、清风八咏楼四调，见补遗中。尚有虚靖真君之《雪夜泛渔舟》、史达祖之《醉公子慢》、无名氏之《相思引》、薛冰之《客中忆》、梅苑之《枕屏儿》、党怀英之《叠罗花》、卢祖皋之《月城春》、吴文英之《古香慢》，各家皆未收，则所采博矣。而《词律》缺字讹句尤多，此书皆无讹，凡数十处，兹不备载。已可知两公所据之本，精于红友，旧抄之可贵如是。惜前后无序跋，似未成之书，又为书贾所乱，长调一类，装订脱误，拟据别集订之。甲子九月十一日，金蓉镜记。其每调每句，别有订误，另录于前。

朱竹垞手定词稿十二卷　二册　稿本

（清）秀水朱彝尊著。吴兴张芹伯藏。

上册为《江湖载酒集》六卷，下册为《茶烟阁体物集》三卷、《静志居诗余》二卷、《叶儿乐府》一卷。原封面有竹垞八世孙朱拱辰手题书赙。藏印有“叶德辉焕份父长寿章”“叶德辉鉴藏善本书籍”“释达受”六舟“传经”“星凤堂”“杨继振印”诸印。卷尾有诸暨周栻未庵、太仓毕华珍等手跋。周跋云：“右《竹垞先生词稿》二册，凡十二卷，详其字迹，系抄胥代缮，其傍注改窜，皆先生手笔。惟《江湖载酒集》卷六《清平乐令》二阕，《静志居诗余》卷上《摸鱼儿》一阕、卷下《菩萨蛮》及《如梦令》二阕，的系先生亲书。每阕上朱标数目，乃本调字数，检点无讹，精审如此，其为先生手订定本无疑也”云。竹垞有《经义考》手稿，已著录。

东武挐音　一册　手稿本

（清）平湖贾敦艮著。浙馆藏。

敦艮字博如，号芝房，诸生。诗文皆有法度，尤工倚声，笔致清俊，在小山、安陆之间。是稿写于咸丰五年迄九年，所得词凡一百二十余首。卷中有张鸿卓、戴绶曾、王叔剑、魏谦升、潘遵璈、潘钟瑞、宋志沂、刘观藻诸词家题词，小印累累，并多眉批，朱墨烂然，可珍也。闻是本尚有下半部，现藏平湖葛氏传朴堂。

铿尔词二卷　一册　传抄稿本

（清）平湖彭玉嵌著。平湖胡宛春抄藏。

玉嵌为海盐彭羡门先生女孙，归平湖陆梅谷先生烜。梅谷为乾隆时名士，著作甚富，娶彭夫人及侍姬沈彩虹屏，并工词翰，倡随之乐，人世罕双。此原稿即系虹屏手写，藏平湖葛氏传朴楼，是本则其传录本也。梅谷、玉嵌两序及虹屏跋亦照录。

荆妻玉嵌，虽处簪裙，却抱春风沂水胸次，居恒不苟笑言，而常潇洒自得，所著诗名《鼓瑟集》，业已命虹屏编录成卷。今虹屏复编《铿尔词》二卷，呈余，请弁数言。余曰："凡余有言，皆为阿私。汝弟藏之，必有洛阳纸贵之日。"虹屏亦心解，含笑去。遂书于首，以验来者。梅谷。

余诗学于及笄之年，词则自归梅谷家又数年，始喜为之。其体本多绮语，非妇人所宜，又满意者少，故率不留稿。兹所存，皆出于虹屏记忆收拾，既录成册，重违其意，因题之曰《铿尔》。俾藏之，勿以示人。乾隆乙未涂月十日，玉嵌彭氏。

初，彩编夫人诗竟，请名于夫人。夫人以鼓瑟名之。彩曰："其取湘灵遗韵耶?"夫人微笑不答。兹编诗余，夫人即援笔题曰《铿尔》，乃知夫人向者以春风沂水自寓也。夫人吟咏固多和平愉乐之音，其和漱玉诸作，乃主君适越时。夫人请曰："生平略如比肩人，未谙离别。尔后当何以破寂?"主君曰："汝试和漱玉词，虹儿可和断肠词，我则当和淮海词耳。"已而主君务其大者，和淮海词甚少。彩虽和断肠词数十阕，苦多不工。惟夫人遍和漱玉词，参以他作，有《卷耳遗音》一卷。情致悱恻，字字螭珠。今亦刺取，编入集中，以见一时情趣云。彩尝手录主君《梦影词》付梓。兹复编夫人词，璧合珠联，二美竞爽。屈指前人，当无其对。而彩以凡姿下质，亦得挂名其末，岂非幸欤！供香小史沈彩识。

旷庵词　一册　抄稿本

(清)平湖陆埜著。平湖胡宛春抄藏。

埜字我谋，号旷庵，陆清献公从父。少与赵佃、陆棻、沈皞日、陆世楷、陆来章、沈隆岘，称当湖七子。著作甚富，稿多不存。此《旷庵词》乃胡氏裒录自《槜李诗系》及《两浙辅轩录》者。末有手跋。

右《旷庵词》一卷，陆我谋埜撰。案我谋为清顺治八年郡庠生，与古盐彭羡门、同邑沈融谷为词友。著作甚富，稿多不存，邑志称所刻止词一卷，而传本久绝。兹册盖从先伯父然青公手抄本校录者。其词清丽婉约，宛然南宋风格。和漱玉诸阕，用笔亦能委宛如人意者。盖尔时金风亭长主盟词坛，流风所扇，有不期而然者。虽所存止四十六首，亦可谓凤毛麟角矣。甲戌新秋，胡士莹识于霜红簃。

知非室诗余 一册 稿本

嘉善朱锡秬著。嘉善县立图书馆藏。

锡秬字卣香，一字夔卿，别号知非子。家世书香，公尤好学，肆力于诗。值变法之后，全国学士，崇拜新学。公在故乡，兴学校，除迷信，曾任县校教员，与张天方凤交称莫逆，合办《善报》，开嘉善报纸之先声。著有《知非室遗稿》等，未刊。此本首有“知非子”朱文印。

荔墙词 一册 稿本

（清）乌程汪曰桢著。上海蒋谷孙藏。

曰桢字仲纬，一字刚本，号薪甫，又号谢城，咸丰二年举人，官会稽教谕。少禀母教，敦行励志，学无涯涘，博观约取，著述等身。尝修《乌程县志》《南浔镇志》，义例谨严，为世推重。刻有《荔墙丛刻》，自著诸书多在焉，此其一也。首有周学濂序，末有咸丰十一年宝山蒋敦复手识四行，末同治壬戌南汇张文虎跋，书眉有手批及张啸山评识。

妙吉羊龕词抄 一册 稿本

（清）德清戴铭金著。吴兴图书馆藏。

铭金号铜士，诸生，与严修能、倪米楼等为诗友。是本原题“日湖渔唱续谱”。首录道光廿八年华亭雷葆亭约轩序。首有“铭金”“铜士填词”二朱文印。

苏甘廊词集 二册 抄稿本

（清）山阴杜煦著。浙馆藏。

煦字春晖，号尺庄，嘉庆举人。学宗阳明，重气节。道光末，举孝廉方正，未赴，卒，年七十余。所著有《苏甘廊诗文集》，今未见。此稿系其晚年所作，亦未见刊本。

越缦堂乐府外集　一册　稿本

(清)山阴李慈铭著。永新贺扬灵藏。

此即《桃花圣解庵十二种曲》之上卷,为越缦先生手稿。仅舟觐、秋梦两出内插图为孙礼手笔,陶方琦、周星誉诸氏均有题识。其《越中先贤祠目次》,已著录。

石曲词　三册　抄稿本

(清)黄岩蔡燕綦著。黄岩蔡骧藏。

燕綦字子绶,同治庚午举人,朝考授八旗教习。所著《盟水斋古今体诗》已梓行。惟《石曲词》《秋叶词》二种未传世。《秋叶词》已散佚,《石曲词》原稿尚存,此其副帙也。

蠡甍遗稿二卷　一册　稿本

(清)会稽岑应麐著。浙馆藏。

应麐字希白,蠡甍其号也,县学生,与陶孝邈、王眉叔、马沤堂、孙彦清诸名宿为文字契,茂年锐敩,竟中道病卒。友辈为裒其遗著,属陶方琦谛定刊行。此底稿,即初经方[琦]朱墨笔评改删削者。首有其光绪元年手书序,末有跋及哭希白诗,有"方琦读过"阳文方印,版心下方有"寿蘠草堂"四字。

又一部　抄稿本

永新贺扬灵藏。

此为清本,陶氏复有涂乙,并丹书评额及手序。首页有"星华在新同校一次"墨、"方琦再拍"朱二行。卷端另有孙德祖撰传及陶濬宣等题词。

余校勘《蠡甍词》凡三过,此最后定本也。其词厘为二卷,音采雅逸,绝屏器溢,足以传矣。天假之年,竟其倚声之学,上可出入美成、西麓之间,近可为蘅梦、桐华之嗣响，仅此以传，亦足悲也。魏文云：“德琏常斐然有述作之意，其才学足以著书，美志不遂，良可痛惜。”吾于蠡龛亦云！孟冬二十五日方琦重校小志。

移情集　二册

(清)会稽陶方琦选。诸暨陈季侃藏。

摘录《西厢记》《玉簪记》等杂剧十数曲，遍加圈读并眉批。末有子珍及紫石山民跋三则。方琦字子珍亦作缜，号兰当，光绪二年进士，由庶常授编修。光绪十年卒，寿甫四十《续碑传集》谭献撰传，《清史稿·文苑》有传。

余前曾有手抄小本，因家纫难翊客，于今岁夏日消暑无事，清录以作顿情之助，客不以移情□仍书也。词曲小赋，皆自文人闲暇笔墨，而曲至《西厢》，为最绝唱。他若《玉簪》《香祖》，则各造一胜，洵移情物也。

秋试报罢，心绪烦懑，正值阴雨霏霏，疏竹潇潇，其声舒和。间坐无俚，阅《西厢》以排闷。朗诵数则，颇觉移情。无如好事多磨，适有人来吹烛，茗椀欹侧，乃浸《西厢》数十纸，诟詈多时，亦复何益？此生平之憾事也。卯年元月下浣九日灯在瑾子记。

子珍赴玉楼之征廿有九年者矣。使得一绝世佳人，授以斯曲，登台演唱，丝竹杂奏，自吾听之，则山阳之笛也。丁巳中秋，紫石山民志。

梦云楼幻记　一册

(清)云和王士鈖著。处州征品分会征集。

士鈖字筠樵，有手批各志稿、《书画船庵诗抄》等，已著录。此为传奇之作。

补 遗

史部 地理类

栖里景物略十二卷 四册 传抄本

(清)仁和张之鼎著。浙馆藏。

之鼎字仲谋,号半庵,清初诸生。长于诗文,隐居横潭别墅,诗文唱和,韵林中无不知有横潭张半庵也。栖里即唐栖镇,在仁和北五十里,为杭州附郭之大镇。是编凡关栖里山水、古迹、佚事题咏,靡不备载。未刊。

目录类

枫树山房帖目三卷 六册 朱丝[栏]抄稿本

(清)仁和惠兆壬纂。杭县高氏梅王阁藏。

兆壬原名润,字秋韶,道光二十年庚子恩科举人。家有枫树山房,常觞咏其中为乐。所著集即名曰《枫树山房诗》。吴氏《杭州艺文志》著录。丁氏《杭郡诗三辑》曾收采及之,惟此目未见。卷首有自题曰“仁和惠兆壬秋韶手录”。前道光戊申年自序,及咸丰乙卯秋徐康、庚申秋钱振伦两序。次例言八条,次每卷子目,上卷为南唐刻及宋刻,自《澄清堂帖》至《青华阁帖》止,凡五十六种;中卷元刻《云溪法帖》至明刻《拟山园帖》,凡七十一种;下卷悉清刻,自《三希堂石渠宝笈法帖》至《重刻英光堂帖》止,凡六十二种。据自序,系就知见,增补乡先辈赵晋斋魏汇帖抄本数十种而成者案晋斋有《古今法帖汇目》二册,初藏张廷济清仪阁,后归傅以礼华延年室,见所为《题跋历代帖目汇抄》条,故卷首自署“云然”。每一帖均录取首数字,记其行数未经剪裁者并记其张数云，并附加子注或节录前人成说。盖集帖浩繁，见闻难悉，偶遇残帖，不易辨其为何刻，偶得数卷，更难悉其完阙，而市贾装裱之颠倒舛讹者，又不易于卒读。兹目之集，即所以济斯穷云。中间尚颇有空缺处，则所见未广，留以俟后人之茵补者。其书未梓，惟有抄本流传。此武进费屺怀传录阳湖赵氏本，中有费氏校字，并赵能静名烈文，字忠甫，号能静，阳湖人，久寓常熟，家有天放楼，富藏书校注，而能静所见尤精到，如卷上《大观帖》《历代名臣法帖》第五末页眉批云"《石刻铺序》云：《大观》择七卷，后智永书误入羲之者，列之五卷"云云。此《淳化》《大观》二帖之异同最可信者，乃此目无之。作伪者不读书可矣，顾作《帖目》亦不考耶知？静。"又第六末眉批："《鹡等帖》安得入《大观》？足见此目之缪。静。"并可为秋韶之诤友。其上卷《星凤楼帖亥集》末自跋云："壬寅春日，访张叔未廷济丈于新篁里，款谈数日。获睹所藏碑帖数十种，俱善本，中有《星凤楼残帖》，属为题记。……实海内不多见之至宝也。"费氏眉批云："戊子冬，在苏州获见此残本，惠秋韶、张叔未题字皆真，而帖实伪。盖张蓄以绐人者。"是尤可见真赏之难，而世传阮文达、翁覃溪之受欺为不虚也。现藏家高野侯先生补正亦多。下卷《天香楼藏帖目》末有跋云："以上据初拓本校正，未知惠氏何以舛错乃尔？殊不可解。续刻后出，或惠氏未之见也？壬子仲冬野侯。"又卷首封面里页亦有高氏手记四则，其第三则云："闻吴䌹斋云：'此目元和相国之公子有手抄本。'"第四则云："此目曾藏长洲四当斋，式翁云系武进费氏转录阳湖赵氏本。四当斋尚有宝山陈同叔如升过录费本，惠氏为显乡先辈，式翁遂以费本诒我，如获珠船，狂喜。不揣谫陋，拟为校补，亦后学之责也。仁和高时显记。时寓宣南。"可征是目传授之渊源焉。

自来金石家但有碑录，而鲜及集帖。宋曾宏父《石刻铺叙》于南渡以后《秘阁帖》铨订有叙，孙退谷《闲者轩帖考》因之，亦止宋刻，且多漏略。他如姜尧章《绛帖平》、杨升庵《法帖神品目》、屠赤水《帖笺》，俱偏而不备。董思翁云：《鼎帖》《星凤》《群玉》《黔江》诸刻，世已无传，至有对面不识者。夫居今而求宋刻，更后《华亭》三数百年，宜其绝迹。至如元明诸刻，所在多有，迨我朝《石渠宝笈法帖》盛行，而海内收藏家争新斗异，佳刻林立。以余夙嗜，三十年来，随所见闻，时为记录。旧有乡先辈赵晋斋魏汇帖抄本数十种，誊写讹误极多，因为订正增录，积久成帙。计自宋元以下，得二百种，以视前人帖考，较为详备云。道光戊申季夏，仁和惠兆壬书。

仆与秋韶先生订交，在壬寅之春，后为荐于嘉禾钱樾廷通判处教读，遂以儿旦附学，时相过从，见先生从事此书，朝夕矻矻伏案，旁征博采，凡十余过，始得此净本。虽有待补者，然搜葺之富，见识之超，世已无偶矣。嗣先生得末疾，手不能书，尚一编不释，阅一岁，即归道山，遗书藏帖，零落殆尽。此书为毛丈叔美所得，恒珍闷不示人，每欲借抄，补录校刊，未之许也。昨冬，毛丈作古，尚友斋遗卷又散亡。适解馆归里，购得数百部，此其一也。因念吾乡有排字三家，当为亟补目，排印问世。而箧中所携书帖甚少，无从凿空，当于岁暮归家为之。记此以为左券。时咸丰乙卯秋日，徐康书于澄江僦舍。

三四年前，嘉兴程兰川文荣需次吴门，尝著《南村帖考》一书，皆纪唐宋元明诸帖，已刊板印行。嗣假吴中丞荣光《帖镜》，欲采撷成一家言，惜补官江宁通判。前年江宁失陷，兰川殉难，遗书遂不可问矣。

语云："江南足拓，不如河北断碑。"近者包慎伯论书，至谓不可舍断碑而求汇帖，然北方碑板，大率汉隶、唐楷为多，若钟、王以下简札，不过盈尺，非赖集帖搜罗，何以流传不朽？似不若阮文达南帖北帖之说，为得其平也。碑刻自欧、赵后，代有著录；而王兰泉司寇《金石萃编》尤为赅备，独集帖则著录者少。秋韶此书，体仿于王，而稍参汇刻书目之例，洵为购帖者必需之书。曩余官京师，与秋韶曾有一面之雅。今已作古人，其书又无人为之刊播，得是本者弥当珍惜矣。书中于国朝墨刻，漏收者多。惜敝箧所储，或远在京师，或已归劫烬，无能一一代为补目耳。咸丰庚申七月既望，归安钱振伦借观于崇川寓舍，漫题。

子部　术数类

人象大成不分卷　四册　明抄稿本

(明)鄞县袁忠彻著。嘉业楼藏。

忠彻字静思,《明史》有传。是书《明[史]·艺文志》未载,为天一阁旧藏。有独山莫楚生跋,“象”作“相”。

袁静思从父见文皇于藩邸,历事三朝,其相术之妙,世俗流闻与夫稗官所记者甚众。史称其好读书,今宋元旧椠中,往往见其藏印。《人相大成》名著本传,而《明史·艺文志》不载。此本明代旧抄,范氏天一阁藏书散出之一。柳君蓉村持视,五六百年前物,恐世更无多本矣。甲寅四日既望,独山莫棠记。

杂家类

环碧斋琐录二十四卷　四册　稿本

(清)归安沈玢著。嘉业楼藏。

沈玢字墨泉,又字葵石,仕履不详,光绪《归安县志》亦无其人。全书廿四卷,所辑百家子史及稗乘杂志,皆口头语、眼前事,流传至今而不知其所本者。总二十四门:一、天文类;二、地理类;三、时令类;四、风俗类;五、政治类;六、文学类;七、仪礼类;八、证古类;九、俗言类;十、人品类;十一、人事类;十二、称名类;十三、闺阁类;十四、释道类;十五、神鬼类;十六、居处类;十七、服饰类;十八、制度类;十九、器用类;二十、技艺类;二十一、饮食类;二十二、花果草木类;二十三、禽兽类;二十四、杂事类。每条间加案语。引用材料,并标明来源。以多属“琐言碎事,因名之曰《琐录》”云。首有凡例五条,又道光三年朱福龄序。

沈子葵石与余为表弟弟，曾习制艺于余。天机谐畅，俊才也。暇时，喜阅前人说部，随笔抄掇，积久成册，而问序于余。余细加较阅，义颇浅近。惟其意不深，故其为事也甚平；其旨不远，故其为辞也甚易。平易近人，其即谐畅之绪余乎？使由此而之焉，游之乎道艺之林，览之乎书史之源，檗而饫之，廓而大之，自见无平之非奇，无易之非离，是所望于葵石之日新月异耳，学岂有止境哉？余因知葵石之学之不止乎此也，因率识数语于简端以勖之。道光癸未重九后二日，朱福龄补沈氏书于吴江道中。

集部　别集类

灯味轩遗稿不分卷　陈列一册　稿本

（清）仁和车伯雅著。吴县潘氏宝山楼藏。

伯雅字子埙，号少云，亦作少芸，廪贡生。此稿有诗、词、文、骈体文、赋、试帖诗等。首有道光辛丑年少芸自识，时年五十又一云。全稿为子埙哲嗣祖康手抄，首有“子埙诗画”“伯雅印信”二朱记。

南溪诗存不分卷　二册　抄稿本

（清）余杭褚成亮著。余杭褚氏藏。

成亮字叔寅，有《余杭县志补遗》等，已著录。此传录稿本，末附《陵苕馆词》，皆其从侄所辑。

杭游小草不分卷　一册　抄稿本

（清）海宁吴骞著。吴县潘氏宝山楼藏。

槎客有《海宁倭寇始末》《拜经楼诗话》等，已著录。此本首吴氏自序，称乾隆戊戌秋与陈仲鱼为武林之游，往返旬日，得诗若干首，因合而存之云。版心有“拜经楼抄本”五字。《海昌艺文志》未著录。

妙吉羊龛弹改诗存八卷续存一卷　合二册

（清）德清戴铭金著。吴兴图书馆藏。

铭金号铜士，有《妙吉羊龛词抄》即《日湖渔唱续谱》，已著录。是本卷一首有叶调生浮签云：“铜士先生诗名钦企久矣。今文孙子高茂才邮示遗集，得以快读。学殖既富，诣力尤深，能无体不上，无语不稳，既已虑周藻密，亦复锋发韵流，洵足为后学之津梁，而冠当年之坛坫也。同治五年三月，吴门叶廷琯读于沪上寓楼，谨选六十八首入《劫余所见诗录》，时年七十有五。”书名弹改者，取曹子建“世人著作，不能无病。仆尝好人讥弹，有不善，应时改定”之意也。

抗言在昔集不分卷[①] 六册 抄稿本

（清）山阴沈冰壶著。诸暨陈氏仰逋居藏。

冰壶字心玉，其《诗醒八笺》已著录。此沈氏鸣野山房抄本，就顾亭林《日知录》以诗丽事，得绝句四百三十六首，未刊行。首有乾隆戊辰年自序。

青峰诗抄不分卷[②] 三册 稿本

（清）会稽章世法著。绍兴章天觉藏。

世法字宗之，号青峰，会稽称山人，诸生。是书原题“石史”。计诗五十三首，附一首，文十二首，次《诗抄》一百五十首，另附抄友朋酬唱二十首。首有雍正二年绣水王蓍序时年七十六，末钤“伏生”朱文、“丱老人”“西门巷口第一家”白文三印。次康熙辛丑鹤泉钟序，下钤“臣钟”“华甫”二印。又康熙六十年吴门张鸿序，尾有“张鸿”“于渐”“云斋”印，次自序，均手笔。

吴越杂事诗 一册 稿本

（清）衢县余恩鑅著。余氏寒柯堂藏。

恩鑅字镜波，原名銮，字听韶，道光举人。咸丰三年大挑一等，以知县铨发广东，历任南雄、文昌、南海等县事。著有《藏拙轩珍赏》六卷及此书。善书画，本届展览，亦有其作品陈列。此本末有唐寅亮增作《泥马》一首。自注云：“冯君原唱百一首，今大作读完，

---

① 《中国古籍善本书目·子部·杂家类》著录，稿本，第625页。

② 《浙江省古籍善本联合目录·集部·清别集类》著录《青峰集文卷》四卷《诗卷》□卷，稿本，清萧山毛奇龄题签，今藏浙图，第444页。

谨遵其例，妄增一首，意有所感，不计续貂之嫌也。……侄唐寅亮注。”

留香阁诗集不分卷　一册　传抄稿本

（清）永嘉女史张凤慧著。永嘉区征辑乡哲遗著会藏。

凤慧字香筠，诸生潘福纶室。案光绪邑志艺文门，于凤慧生前已录其集。附注云：“张氏才媛也，年逾周甲，破格录之。”此传录永嘉潘家骥藏稿本。

孑遗吟草不分卷　一册　传抄稿本

（清）玉环女史戴礼著。永嘉区征辑乡哲遗著会[藏]。

礼字圣仪，研精三《礼》之学。鼎革后，以遗民自许。诗皆激楚之音，非闺阁吟红刻翠者可拟。此传录玉环戴氏家藏稿本。

总集类

明文案二〇七卷[1]　陈列二册　稿本

（明）余姚黄宗羲辑。萧山朱氏别宥斋藏。

宗羲字太冲，号梨洲，学者称梨洲先生。生明万历卅七年，卒清康熙卅四年。忠义后裔，学行兼长，《清史稿·儒林》有传。此书选辑于康熙乙卯年以前，都二百七卷，《四库提要》讹作二百卷，后得昆山徐氏传是楼藏明人文集，乃更扩之为《明文海》四百八十二卷。并以卷帙繁重，未刊。惟《文海》著录入《四库》。此书，国立北平图书馆有

---

① 《浙江省古籍善本联合目录·集部·总集类》著录《明文案》二百一十七卷，清初抄本，存七卷，今藏浙图；《明文案》二百一十七卷，清抄本，存二百七卷，今藏浙图，第 112—113 页。

抄本，首冠自序二篇。此为先生手稿本，有用蓝格纸抄，有用无格纸抄，亦有刻本原书剪贴者。兹所送陈者为第卅四册序及第四十八册古文。间有朱笔圈点及眉批，闻均系梨洲手泽，第二十五卷首页有“我存宁可食我肉，我亡宁可发我椰。子子孙孙永无鬻，熟此自可供饘粥”白文长方印，及“万言”“管村”白文、“赤堇山人”朱文等印。附马隅卿手写《明文案目录》二册。

编者案：《明文海》稿本亦存别宥斋，惟仅存十九—二一、三八—四二、五一—五五、一一四—一一八、一二二—一二六、一六〇—一六二等二十六卷。闻稿纸形式不一，与《明文案》相同，亦有即用原书如《皇明文征》《三台文献》《白河全集》《纺授堂文集》《隐秀轩文集》并其他未详书名诸书截取粘订者。或涂去书名卷数，或补写撰人名字，以便刊时抄写。卷四十一董梦桂《吐绶赋》尾有纸云：“百家私礼董梦桂字藉仙，松陵人，文名樗草。”同卷书中朱墨校订灿然，篇末间有朱笔评语，字体古拙，似系梨洲手泽云。

片羽仅存集一卷　一册　手稿本

(清)临海李镠辑。临海项士元藏。

镠字琅卿，岁贡生，精算法。好整理乡邦掌故，故所居曰钟秀龛，尝拟辑刊《钟秀龛诗丛》而未果。如前所著录之《悔斋诗丛》《尹莘农诗稿》，即其遗编之一也。光绪三十八年，方选授教谕，而镠已先卒。著述备见《台州经籍志》。民国《临海县志稿·文苑》有传。此其手辑乡哲遗文之一。录乾嘉以来台人诗，始李仪，终胡作肃，凡二十九家云《台州经籍志》卷三十九。

三台名媛诗续辑三辑二卷　一册　稿本

(清)临海黄瑞辑。临海项士元藏。

瑞有《钱文考略》，已著录。尝辑《三台名媛诗辑》六卷，录唐迄清同治止之台州闺秀诗词，凡六十余家，诗四百六十余首，词三十余首见《台州经籍志》卷三十九，陈一鹤、王棻序而刊之。嗣又搜访遗闻，成

《续辑》《三辑》各一卷，以补正辑所未备。稿存项氏寒石草堂，未梓。

词曲类

青柯馆词三卷[①] 一册 抄稿本

（清）平湖陈朗著。平湖胡宛春藏。

朗字太晖，号青柯，乾隆庚辰乡荐第一，己丑成进士。著有《青柯馆诗集》十六卷、《六铢词》二卷。此词集三卷，为其子循吉所抄存者，盖未刊稿。

① 《中国古籍善本书目·集部·清别集类》著录，清乾隆刻本，第1211页。

(二) 抄本

经部 易类

周易解五卷 五册 台州江氏抄本

(清)黄岩李诚著。黄岩杨子屏藏。

诚字师林,号静轩,光绪《台州志》有传。著述甚富,备见《艺文志》。此同郡江涵手抄本,有"台州江氏"白文、"培桂轩藏书"朱文及"台州杨定孚鉴藏图籍"等印。末有跋云:

此书原系小册,蝇头细书,检署"静轩学"三字,又署"敦说楼珍藏"五字,盖先生后人抄录以备场屋之用。其中误脱殊多,老友□水林君爵吟得之,因以假余。余稍加校正录毕,计其时已六阅月矣。然谬误尚多,不能无望于后之深于《易》者。庚申五月初十日,同郡后学江涵识。

书 类

书疑残存四卷 一册 明抄本

(宋)金华王柏著。瑞安孙氏玉海楼藏。

此山阴祁承㸁抄本,原九卷,残卷一至卷四。首钤"淡生堂经籍记"及"山阴祁氏藏书之章"印记。册中又有乌程蒋维基氏藏印凡四。柏字会之,自号长啸,后更名鲁斋,从何基游,卒谥文宪,著述甚富。

敷文郑氏书说 一册 山阴周氏抄本

(宋)永嘉郑伯熊著。瑞安孙氏玉海楼藏。

此山阴周星诒氏临写赵晋斋旧本。卷首有周氏朱笔题记一则。案此本题宋郑朴撰，与李调元《函海》刊本同误。伯熊字景望，绍兴进士，历官宗正少卿，以直龙图阁知宁国府，卒谥文肃，与弟伯英景元号大小郑，为永嘉经制学派之宗主。星诒字季贶，星誉弟，官至福建知府，喜收藏，精校雠。其瑞瓜堂藏珍，兹亦征到《绘事微言》一种陈列。所著《窳櫎诗质》，亦有抄本预陈。

东莱书说九卷 一册 清归安严元照手写本

（宋）金华吕祖谦著。江苏省立国学图书馆藏。

祖谦字东莱，《宋史》有传，著述至富。此书有宋刊、明毛氏汲古阁影宋刊及清成容若《通志堂经解》诸本。此严久能写本，极精，已由南京国学图书馆景印行世。元照字久能，清诸生，聚书数万卷，多宋元精刊，著有《娱亲雅言》《尔雅匡名》等。

古文尚书冤词补正·传经系表各一卷 海宁张氏抄本

（清）海宁周春、周勋懋著。海宁张宗祥藏。

松霭有《海昌胜览》、虞嘉有《闱事纪闻》，已著录。此《冤词补正》系为紫阳辨正，未刊。《海昌艺文志》称松霭晚年取与所著《古文尚书毛说补亡》合订成书云。虞嘉著述详见《海昌艺文志》，惟此《传经系表》未见著录。两书均海宁张冷僧先生手抄。

⊙禹贡 一册

（清）萧山郁鸿手抄。萧山郁他山藏。

末附有《郁氏传略》云“鸿字渐逵，号美斯，谱名恩鸿，光绪三年廪生，六年为仙居教谕，时年四十五，廿三年升任杭州府学教授，时年已七十，宣统元年七月廿九未时卒，寿七十二。生平博学工医，事亲孝。洪、杨军兴，举家流离，先生能不避艰虞，救护衰亲，世尤重焉”云。

诗 类

陆堂诗学十二卷 十册 新抄本

(清)平湖陆奎勋著。嘉兴县立圕藏。

首吴江同学张尚瑗序,次甲午年自序。据称此书成于壬辰十月,《读诗总论》四十五则作于癸巳十月,稿凡三易,自谓"不能踵武宋儒,若元明以下说诗者,则未敢多让焉"云。有康熙五十三年小瀛山阁刊本。奎勋字聚侯,号星坡,又号陆堂,康熙进士,官检讨。少工诗文,及中年以后,一意治经,好持异论近毛西河。所著尚有《陆堂易学》十卷、《今文尚书说》三卷、《陆堂诗文集》及《春秋义存》十二卷、《戴礼绪言》四卷,并刊于康熙间。其《义存录》及《绪言》、诗文集,兹亦有抄本陈列。

礼 类

作室解附朝制考[①] 一册 黄岩王氏抄本

(清)黄岩金鹰扬著。黄岩王伯权藏。

鹰扬字君选,岁贡生。精究天文、律吕、算学。是编原名《朱子释宫解》。首有自序。有"诵芬堂图书记"朱印,末有王子庄手识"光绪丙戌孟陬二日,王棻粗校一过"一行。

---

① 《浙江省古籍善本联合目录·史部·政书类》著录《作室解》一卷附《朝制考》一卷,清抄本,清光绪十二年黄岩王棻批校并跋,本书原名《朱子释宫解》,今藏黄岩图书馆,第386页。

礼记参订十六卷[1] 八册 海宁张氏抄本

（清）海宁陈鳣著。海宁张宗祥藏。

仲鱼手稿《经籍跋文》，已著录。此书申郑玄驳陈澔，未刊。《海昌艺文志》失载。原稿藏南林刘氏嘉业楼。此海宁张泠僧先生手抄本。先生博学工书，遇秘籍，辄不惮摹写，至名其居曰“手抄五千卷楼”，卷首即有是印。

檀弓钺不分卷 一册 衡山李氏抄本

（清）象山蒋炳璋著。李佩秋藏。

炳璋字白岩，遗稿《尊行日记》已著录。所著书见于道光《香山县志》，凡二十一种。惟《诗序补义》著录《四库》，《读左补义》则在《存目》，余未刊行。此本乃衡山李洣就其手写日记中录出者。

戴礼绪言四卷 一册

（清）平湖陆奎勋著。嘉兴县立图藏。

题“平湖陆奎勋星坡述，昆山门人徐传毓子山校”。首有德山金铁序及康熙辛卯奎勋自序。

春秋类

春秋左传类编[2] 四册 明抄本

（宋）金华吕祖谦著。永康胡氏梦选楼藏。

---

① 《浙江省古籍善本联合目录·经部·易类》著录，张宗祥抄本，海宁张宗祥跋，今藏浙图，第76页。

② 《中国古籍善本书目·经部·春秋类》著录《东莱吕太史春秋左传类编》不分卷，清抄本，第245页。

祖谦有《书说》,已著录。此将《左传》事迹编列为官制、氏族、财用、兵制等十数类,有盱眙吴氏藏印。案明临海朱右亦有《春秋左传类编》三卷,惜佚,见《台州经籍志》,不知内容视此如何。

春秋义存录十二卷 陈列二册

(清)平湖陆奎勋著。嘉兴县立图书馆藏。

此传录康熙刊本。

五经总义类

翔云经义春秋韵语附翔云野啸不分卷 五册 新抄本

(清)乐清徐炯文著。永嘉区征辑乡哲遗著会藏。

炯文字鲁彬,康熙岁贡。弱冠,著《诗经义续》,又著《易书孝经经义》,融会贯通,理解每出人意表。《春秋韵语》则论衡列国君公卿大夫之作,《野啸》则古今体诗萃焉。此传录乐清徐元长藏刊本。

经解不分卷 二册 山阴何氏抄校本

(清)山阴何澂辑录。绍兴堵申甫藏。

澂字竟山,咸丰举人,官浦城知县,善书画,通经学。此分《诗经》《尚书》《周易》《礼记》《春秋》诸解,原封面有"何澂校记"朱文方印。其书画作品,兹亦征到花卉立轴及《洞天访古图》长卷两种焉。

经训类编三卷 二册 抄本

(清)定海黄以周著。定海黄荣爵藏。

此为元同先生遗稿。首有光绪廿一年自序,末有同治壬申春以恭手跋。

瓮天录　一册　新抄本

（清）嘉善柯汝锷著。嘉善县图书馆[藏]。

汝锷字清七，号北塘，嘉善西塘人，乾隆五十七年举人，官龙泉训导。善书，宗徐季海。此杂论经义之作，他著有《曝书亭诗集补注》《眠琴居诗抄》《剑川集》等。

小学类

说文理董后编六卷　一册　抄本

（清）仁和吴颖芳著。江苏省国学图书馆藏。

西林先生《说文理董前编》四卷已著录。此后编抄本六卷，纠弹群书，力尊许谊，驳斥郑渔仲尤不遗余力。末附王昶撰《吴西林先生小传》，并柳诒徵跋。其书已由该馆影印行世。

历代钟鼎彝器款识法帖二十卷[①]　六册　影写本

（宋）钱塘薛尚功著。瑞安孙氏玉海楼藏。

尚功字用敬，绍兴中以通直郎佥定江军节度判官厅事。深通篆籀，他著有《钟鼎篆韵》。此旧影抄薛氏手迹本，孙仲容先生得之，辄取阮文达杭州刻本以相参校，而为之跋，见《籀庼述林》卷六。据谓阮刻讹误甚多，释文亦有舛互，不及此本远甚。又谓此本册端所摹宋元明人题字十则，咸翰墨精雅，足参此书源流。又谓张啸山先生为言松江某氏有宋拓石刻本，尚完具，惜不得假校云。

---

① 《浙江省古籍善本联合目录·史部·金石类》著录，明崇祯六年朱亜刻本，今藏浙图，第413页。

韵海余沺不分卷 三册 传抄本

(清)归安章有大著。刘氏嘉业楼藏。

有大字容谷,一字祐庵。此福厓朱氏抄藏本。首有乾隆四十九年十月朱炳元跋云:"《字类考订》若干卷,系章容谷先生未定本,故书颜无名,而纤悉搜罗,有功后学不少。癸卯夏,偶见诸友案头,因命儿辈抄存,以资稽古之益,其位置标题前后,俱照原录。计十五部一百七十一条……云。"并有"福厓朱氏珍藏"白文方印。案容谷尚著有《息匀小稿》,见《两浙輶轩续录》。

音学丛抄 一册

定海黄以周手抄。定海黄荣爵藏。

以周有《十翼后录》稿本,已著录。此抄起《戴氏考定广韵独用同用四声表》、钱大昕《古同音假借说》等。而大部分则为《广韵部略》第一、《诗音谱略》第二、《切音谱略》第四、《音摄考略》第三。

⊙李莼客手写孙氏唐韵考五卷 二册 抄本

(清)献城纪容舒著。朱氏别宥斋藏。

是书《四库》著录。此李氏越缦堂红格抄本,通行本有光绪六年定州王氏重校刊本。

史部　纪事本末类

嘉靖平倭通录一卷　一册　钱塘丁氏抄本

(明)兰溪徐学聚著。江苏省国学图书馆藏。

学聚字敬舆,万历进士,官至副都御使,巡抚福建。有《历朝珰鉴》《明朝典汇》等书。此从《典汇》内摘录嘉靖时平定倭寇事实,已于民国壬申六月由该馆影印,原为八千卷楼藏本。

别史类

谢氏后汉书补逸六卷　一册　孙氏寿松堂抄本

(清)钱塘姚之骃原辑,仁和孙志祖、[孙]峻补订。浙馆藏。

姚氏此辑,曾经孙颐谷增订,裔孙康侯重为补订付梓。此为未刊前底本。卷首有"寿松堂印"。之骃字鲁斯,康熙进士,官至监察御史。志祖字诒谷,亦作颐谷,号约斋,乾隆进士,官御史。为孙康侯先生峻之先祖。康侯有《仁和县志稿》等,已著录。

又一部六卷　二册　旧抄本

(清)钱塘姚之骃原辑,仁和孙志祖增订。浙馆藏。

此为何元锡、丁丙迭藏本,有何氏梦华馆及八千卷楼藏印,未经孙康侯增订。互见后校本项。

南宋书增削定本六十八卷　陈列二册　旧抄本

(明)嘉善钱士升著。王氏诒庄楼藏。

士升字抑之,万历丙辰进士第一,官至文渊阁大学士,事迹附见

《明史·钱龙锡传》。此本题"明大学士塞庵钱士升增削，太学生固叟许重熙赞"。为鲍氏知不足斋藏旧抄本，钱塘朱文藻朱笔手校。首有"翰林院印"，书衣有"乾隆三十八年十一月，浙江巡抚三宝送到鲍士恭家藏南宋书一部，计书拾本"四行木记，每卷有"知不足斋鲍以文藏书"印。按此书《四库》入《存目》，所据本即鲍氏家藏本。首有朱氏手跋。

(上缺)鲍渌饮知不足斋所藏，目录厘为六十八卷，而卷中十二与十三并，三十五与三十六并，六十四与六十五并，目与书不符，实可省为六十五卷也。钱氏此书盖取《宋史》原文，删去原文繁衍，更采他书补所未备，得百分之四五焉。细审删处有未尽善者。文有脉络，削其脉络，则后事突见无根，一也；文有口吻，削其虚字，则文气伤残，索然无味，二也；文有对偶，偏举则文体不整，三也。至其削传，非尽无可存，补传亦不皆合例，史笔文笔，知非长才。且原史间有讹字，引用仍而不改，惟人与类比，事以时属，叙次井井，并无此见彼复之病，为可取耳。乾隆己丑，借抄一过，复取《宋史》细校诸未善者，据史略加增润，遇有讹误可议，标出上方，俱用朱笔。凡校两月而毕。仲冬望前二日自吴门归，辄书所见于卷末归之。又渌饮尝云此书自吴中购得，有二本：其一为人先得，此本缺序一首，并卷中缺三页。何时再见善本，补足为快也。文藻记。

石匮书六十三卷[①] 八册 传抄本

(明)山阴张岱著。海盐朱逖先藏。

此为后集传抄本。朱氏尚有《正集》二百二十卷原稿本，内原缺十二卷，分纪、志、列传三种，以其书在北平，未得陈列。此本有本纪、世家、列传。第一卷《烈皇帝本纪》，第二卷《烈皇后本纪》，第三卷《献愍太子本纪》，末卷有别传吴望兆、金声桓、李成栋等四人及陕西逆贼李自成、四川逆贼张献忠。其诸暨陈氏仰逋居藏此书手稿，已见前稿本项。

---

① 《浙江省古籍善本联合目录·史部·纪传类》著录《石匮书》□□卷，清凤嬉堂抄本，今藏杭州博物馆，第 31 页。

国榷一百卷[①] 八十二册 目录三册 陈列二册 虞山周氏传抄本

(明)海宁谈迁著。海宁陆蔼堂藏。

迁字孺木,有抄稿本《海昌外志》,已著录。此书为有明一代信史,黄太冲《南雷文约》论之甚详。清以中有忌讳,视同庄氏史稿,列入禁书,因是鸿篇久阏,海内传抄全帙者,闻仅三本。明抄原本存南浔刘氏嘉业楼,刻方由商务印书馆借影入《四部丛刊》,正在聚多本互校中。此为虞山周氏鸽峰草堂传录别下斋本,现归海宁陆氏。

又一部 陈列四册 旧抄本

王氏九峰旧庐藏。

有"延陵""曾是南楼咏吟客"两印。

杂史类

钱塘遗事十一卷[②] 一册 旧抄本

(元)临安刘一清著。丁祁之藏。

此丁氏正修堂藏本,盖《武林掌故丛编》底本之一。首有光绪三年松生先生跋,末有"辛卯劫后所得"白文印。

卷中万回哥哥云,未知果为淫祀否?余偶忆《开天传信记》,万回师,阌乡人也,神用若不足,谓愚而痴,无所知,虽父母亦以豚犬畜之。兄被戍役安西,音问

---

① 《浙江省古籍善本联合目录·史部·编年类》著录《国榷》不分卷,清抄本,今藏浙图;《国榷》不分卷,张宗祥抄本,海宁张宗祥跋,今藏浙图;《国榷》十卷,清抄本,今藏浙图,第52—53页。下一条,可以互相参看。

② 《中国古籍善本书目·丛部·汇编丛书》著录《钱塘遗事》,收录于《说郛》卷七,明钮氏世学楼抄本,第28页。

隔绝，父母谓其诚死，日夕涕泣而忧思也。万回顾父感念甚，忽跪而言曰："涕泣岂非忧兄也？"父母曰："信然。"万回曰："详思我兄所要者衣装糗粮巾之属，悉备之，某将觐焉。"忽一日朝赍所备，夕返其家。告父母曰："兄平善矣。"发书视之，乃兄迹也。一家异之。弘农抵安西万余里，以其万里而回，故谓之万回也。居常貌如愚痴，忽有先觉异见惊人神异也。上在藩邸，或行人间，万回于聚落街衢高声曰天子来，或曰圣人来。其处信宿间，上必经过徘徊也。安乐公主，上之季妹也。附会韦氏，热可炙手，道路惧焉。万回望其车骑道，唾曰："血腥不可近也。"不旋踵而灭亡之祸及矣。上知万回非常，内出二宫人，日夕侍奉，特敕于集贤院图形焉，当即卷中所记者。哥哥当以视乃兄而称也。特以宋去唐仅四百年，原委失考，几日焉淫祀者何邪？光绪三年四月二十八日雨中病脚殆苦，兄子立诚春官前第未回，闷坐阅此，因书。丁丙记于八千卷楼。

皇元征缅录　一册　旧抄本

(元)无名氏著。南浔刘氏嘉业楼藏。

是书不著撰人，见阮文达《四库未收书目提要》卷三。此归安严修能抄本，有"楚生""莫棠之印"二印，则独山莫氏旧物也。近商务印书馆影印《宛委别集》四十种，未收。修能所抄《东莱书说》已著录。

明史南都纪略[①]　二册　旧抄本

(清)吴兴沈鸣著。杭县孙徵庐藏。

鸣字稼园，仕履未详。此山阴沈氏鸣野山房旧物，前后无序跋，有常熟周左季藏印。

明党祸始末记二卷　一册　抄本

(明末)无名氏著。浙馆藏。

此为海宁小清仪阁张氏抄本，末有光绪廿四年张渭渔光第手跋，

---

① 《浙江省古籍善本联合目录·史部·杂史类》著录《明史南都纪略》二卷，清抄本，今藏浙图，第 82 页。

首抄嘉庆十七年吴槎客序，卷首题海昌俞嘉言孔彰原录，海昌吴骞槎客校订。疑此或即嘉言自著，特因当时魏党虽诛，而漏网尚众，为避祸计，乃隐其姓名，而以抄胥自居也。其书不见近人《晚明史籍考》。内容计卷上：东林党人榜、东林三录、劾逆珰疏、拟议逆案、钦定逆案、逆案漏网、钦定从贼案；卷下：逆珰封爵始末、珰祠备录等九节。经渭渔朱笔校过，有“小清仪阁校藏”朱文印。另有海宁图书馆藏崔雨苍抄本一种，亦应征陈列，与此书同。

吾家延清，近由禾郡搜得书籍多种，内有《明党祸始末记》一百余页，未装订者。首不著撰人姓氏，尾有“顺治辛卯海昌俞嘉言手录”十一字。其下并有“嘉言之印”朱文篆印。案先生字孔彰，号臣狂，国朝顺治间岁贡，由训导擢陕西三原知县。致仕后，专事著述。卒后，大半散佚，惜哉。今淫雨多暇，乃披读一过。内言魏忠贤及东林事也。观其称崇祯为今上，当著于明季无疑。其所纪事，当亲闻目睹，故详实可靠，其论亦公平无偏。当时魏珰虽诛，而漏网尚众，为避祸计，而不著姓氏耶？然读其漏网之论，非无胆略者，殆亦明哲保身之义欤？余虑其失坠，乃为整理校订，厘为二卷，且增纲目，俾读者醒目，弗谓余之好事焉。嘉庆十七年岁次壬申春，兔床山人吴骞识。

甲申朝事小纪初二三四编四十卷[①] 四十册 旧抄本

(清)之江抱阳生辑。海盐朱逖先藏。

商务书馆《痛史本朝事小纪》仅得初、二编二十卷，谢国桢《晚明史籍考》“朝事”作“朝市”，亦仅见三编，此为足本，弥可珍贵。案南浔刘氏嘉业藏书楼有此书道光抄本全五编二十册，计初二、四、五编各八卷，三编四卷，编数较此多，卷册数转较少，不知曷故？又浙江图书馆亦有抄本一种，仅一册，更非足本矣。

---

① 《浙江省古籍善本联合目录·史部·杂史类》著录《甲申朝事小纪》八卷、《二编》八卷、《三编》八卷、《四编》八卷、《五编》八卷，题清抱阳生辑，清抄本，缺《五编》八卷，其他五条著录，均为残卷，今藏浙图，第78页。

南疆逸史四十四卷[1] 十四册 旧抄本

(清)乌程温睿临著。海盐朱逖先藏。

睿临字令贻,一字邻翼,号哂园,康熙举人,官内阁中书。性伉直,以诗文雄于时。著有《均役全书》《山向楼集》等。此本原为清礼王府藏本,有"礼邸珍玩"朱文方印。持校上海国光书局排印本,颇多不同。卷一首页有"之頫""经农"朱文印、"戴文登印"白文印。有朱笔校字及眉评,极精。

钦明大狱录二卷 二册 影抄明写本

(明)永嘉张孚敬[编]。瑞安孙氏玉海楼藏。

此书系嘉靖六年九月,孚敬以兵部侍郎署掌都察院事时编进。所载颜颐寿等会鞫李福达等奏,及孚敬与桂萼方献夫等覆鞫,分李福达、张寅为二人,并搜获大学士贾咏等秘书及议定马录等罪名诸奏,系具录全文,并附以批答谕旨,可考见明时谳牍格式。原本当时曾刊印颁行于天下。然近世传帙绝少,此从仪征刘寿曾家藏明写本影录,亦罕觏秘笈也。孚敬原名璁,字秉用,后赐今名,字茂恭,正德进士。嘉靖初,大礼议起,璁迎合帝意,力折廷臣,仕至华盖殿大学士。《明史》有传。

掖垣疏草一卷 一册 传抄本

(明)黄岩卢明诹著。黄岩县图书馆藏。

明诹字君数,万历进士,官给事中。是书初刊于乾隆乙亥,其后版佚;咸丰丙辰续修宗谱,再刻,此即从之录副者。

---

① 《浙江省古籍善本联合目录·史部·纪传类》著录《南疆逸史》五十六卷,刘氏嘉业堂抄本,今藏浙图,第 32 页。

刑垣疏稿三卷[①]　三册　新抄本

（明）黄岩吴执御著。温岭林爵铭藏。

执御字君驾，号朗公，天启二年进士，官给事中，以直言称。《明史》及邑志儒林有传。此由原刻本传录。《台州经籍志》著录作二卷。首有同里江涵跋及传抄崇祯癸酉傅梅序，末有光绪廿五年江涵校识二行。藏印有"咏霓""小字子裳"二朱记，盖王氏旧藏。又黄岩县立图书馆另有新抄本一种应征陈列，附记于此。

霜台谏稿二卷　一册　抄本

（宋）分水王缙著。衡山李佩秋藏。

缙字子云，崇宁进士，自侍御史迁右司谏，知无不言。旋出知常州，罢归卒。史称其官台谏日，每谓人才实难，多事之际，尤宜为朝廷爱惜，以故不专弹击，而惟论安危大计与所以启沃君心者云。此其遗稿，向未刊行。

⊙南渡录附三垣笔记　八册　傅氏长恩阁抄本

（明）兴化李清著。永新贺扬灵藏。

清字心水，号映碧，官至大理寺丞，工部都给事中。是为记明室南迁之史帙，时李氏位历三垣，故题曰《三垣笔记》。全书有朱笔评点，末有傅氏手跋，并"长恩阁藏书""节子辛酉以后所得书""傅氏抄本"三朱文印。

---

① 《浙江省古籍善本联合目录·史部·诏令奏议类》著录《刑垣疏稿》二卷《附录》一卷，清初刻本，清道光元年郭叶寅跋，清黄岩王棻跋，今藏黄岩图书馆，第98页。

传记类

赵清献公祠墓录　一册　抄本

（清）衢州陈朴著。衢州赵鼎臣藏。

朴字顺则，布衣。此录辑自群书，足资考订，未刊。首有道光三年钱塘费双元序，有吴善述朱墨笔校字。

明末嘉善孙璋父子殉节记　一册　抄本

（清）嘉善周乃勋著。嘉善县立圕藏。

孙璋，明末贡生，考授州同。鼎革时起义，迎吴易主军事。兵败，与其子钜同殉节。女适中书徐尔谷。尔谷被戮，璋女赴水死。其从弟珩起义遗剑，此次亦应征陈列，已摄影，载《图录》。乃勋字兰薰，号国香，清季优廪生，少孤力学，不屑章句，于史地兵略及理化博物等书，靡不殚究，尤长于文，下笔千言立就，人咸叹服。著有《慈晖室杂抄》二卷，待梓。

钱农部年谱　一册　新抄本

（清）嘉兴钱豫章自次。平湖胡宛春抄藏。

豫章字培生，《嘉兴府志》卷十五有传。此为嘉庆十四年自次《年谱》，原有刊本一册，半页十一行，行二十一字，共二十一页，传本极罕，即钱氏后人亦未藏。此为民国甲戌年胡士莹录副本。首冠府志传一篇，末附《庐江钱氏诗汇》第三十九集之《艮斋诗存》一卷，两书后均有士莹手跋。

查炳塘自述　惜阴主人自序略不分卷　合一册　抄本

（清）海宁查弈照、嘉善吴炳著。嘉善县立圕藏。

弈照字丽中，炳塘其号也，晚号龙山赘叟，寄籍嘉善，官淮安同知。自述作于道光十九年己亥八十岁时。他著尚有《东望望阁诗抄》及《随笔》行世。此民国壬子岁五世孙济樑据延云馆本抄，与民国甲戌年重抄本《惜阴主人自序略》合装一册。惜阴主人名炳，字云峰，国学生，性劬学。凡天文、壬遁、兵法家言，靡不诵习。尤精医，治病如神。戚党有拮据者，佽助无德色。年五十六卒，著有《证治心得》十二卷行世。

吴忠节公年谱三卷[1] 三册 新抄本

（明）海盐吴蕃昌著。海盐吴侠虎藏。

忠节公讳麟振，字圣生，明天启二年进士。服官后，廉正之名，动四方，京城陷，自缢死，赐谥忠节。此谱自万历廿一年至崇祯十七年，寿五十二，为其子蕃昌手辑，文极哀感。蕃昌字仲木，亦明季遗民，无忝父教者。

大学士林公年谱略一卷 一册 新抄本

（明）瑞安林增志著。永嘉区征辑乡哲遗著会藏。

增志字任先，崇祯戊辰进士，官至右春坊右中允。隆武时，为东阁大学士；明亡，削发于瑞安十三都密印寺，易号曰法幢。今遗冢犹在寺后。谱中五十四岁以后，皆述宗门语。自序谓不忘本分事，然册首仍署大学士林公者，疑系后人所改也。著有《玉楮初稿》，久佚。其遗爱铁钵及净光寺塔砖研各一，则今尚得征到陈列。

---

① 《浙江省古籍善本联合目录·史部·传记类》著录，清抄本，海宁张宗祥跋，今藏浙图，第139页。

一笑录一卷附续录一卷[1]　一册　新抄本

(明)永嘉王钦豫著。永嘉区征辑乡哲遗著会藏。

钦豫字与谦，崇祯诸生。身经易代，手订年谱，自号海野遗民。沧桑岁月，感喟苍凉，间附诗文，亦卓然可传。

乐山自订年谱不分卷　一册

(清)瑞安许松年著。永嘉区征辑乡哲遗著会藏。

松年字蓉隽，乾隆丙午武举，效力温州水师，为李长庚所识拔。嘉庆间，随剿海盗朱渍、蔡牵，屡建殊勋。巡洋十余年，沉勇有谋，每战辄首先冲击，与王得禄、邱良功齐名。官至水师提督，以被劾落职，然实近世海上有数之良将也。《清史稿》有传。此谱出诸手定，自述生平战绩宦程，至道光丙戌归休止，时年已周甲矣。此传录刻本。

锦堂自订年谱不分卷　一册　抄本

(清)瑞安陈步云著。永嘉区征辑乡哲遗著会藏。

步云字锡镳，以军功官至福建海坛镇总兵。嘉庆己巳，随提督邱良功、王得禄剿灭蔡牵于渔山黑水洋间，功居最。道光庚寅，总镇定海，以舟山为浙洋重隘，筹防守之略，有《定海永安策》一首，著于谱。孙琴西先生撰有传，载《逊学斋文集》及《碑传集补》。《清史稿》附《邱良功传》中。

宋元学案补遗四十二卷　四册　传抄本

(清)鄞县王梓材、慈溪冯云濠同辑。浙馆藏。

百卷本原稿，已著录。此四十二卷本，为初稿。系昔年萧山单不

---

① 《浙江省古籍善本联合目录·史部·传记类》著录，稿本，今藏温州图书馆，第139页。

厂先生丕在北平所录副帙,并有朱笔勘注。

历朝名人评述　二册

(清)定海黄以周摘抄。定海黄荣爵藏。

元同先生《十翼后录》已著录。此其生前信手抄录之本。

忠义传不分卷　一册

(清)嘉善孙之桂著。嘉善县立圕藏。

之桂字安山,庠生,工诗词,幕游燕京,著此书行世。有"映雪轩"白文、"期颐堂珍藏"朱文两印。其书起刘文炤、孙奇逢,迄姜埰,似未全。

明史稿南明列传二十卷　八册　新抄本

(清)鄞县万斯同著。海盐朱逖先藏。

此朱氏从万氏《明史稿》辑出。朱氏尚藏有康熙间蓝丝阑抄本万氏《明史稿》残本二百七十余卷,以在北平,未及陈列云。其萧山朱氏别宥斋藏《明史稿》残本,已见前稿本项。

胜国遗献小传附国朝名贤名臣小传[①]　三册　新抄本

(清)山阴沈冰壶著。绍兴修志委员会藏。

冰壶有《诗醒八笺》,已著录。沈氏涉猎书传,熟于明清诸老轶事,袁随园称其《古调独弹集》,谓论古极有见解。此从其手抄本录出,乃未刊稿也。计遗献四十四人,名贤四十三人,名臣十八人。李爱伯《侍御集》中尝论及之。

---

① 《浙江省古籍善本联合目录·史部·传记类》著录《胜国遗献诸人传》不分卷,稿本,清傅以礼题签,龙游余绍宋跋,今藏浙图,第117页。

草莽私乘[1] 一册 旧抄本

(明)黄岩陶宗仪著。黄岩杨子屏藏。

宗仪字九成,元时举进士一不中,即舍去。博学无所不窥,洪武初,累征不就。晚年,有司聘为教官。尝客松江,躬亲稼穑,《辍耕录》即成于是时。他著尚富,所辑《说郛》尤称巨编,此本已刊。是抄误字棘目,黄岩杨晨收藏,有"台州杨定孚鉴藏图籍"朱章。

崇祯五十宰相传二卷[2] 一册 旧抄本

(清)秀水曹溶著。海盐朱逖先藏。

溶字秋岳,号倦圃,一字洁躬。明崇祯进士,官御史。入清仕至广东布政使。工诗文,撰著甚多,如《静惕堂诗集》等,均已刊行。此本内附《初稿》一卷,与刻本不同。有"翰林院印",盖为《四库》底本。惟《四库存目提要》据浙江巡抚采进本作一卷,不知孰是。

⊙三峰传稿不分卷 一册 魏稼孙手抄本

(清)三峰万应隆著。杭县丁鹤庐藏。

应隆字道吉,崇祯举人,入清不仕,著有《三峰文集》等。是书汇集明季周泰峙、金声、黄道周、万庚、杨廷枢、万寿祺等传。文虽简,而字里行间,颇见离黍之意。行世者有《泾川丛书》本。此仁和魏锡曾手抄,以贻山阴傅以礼者。首题"三峰万应隆著,后学赵绍祖、绳祖同校"。盖即录自赵氏本。首有"万应隆《三峰传稿》一卷,周凯文二首,锡曾录奉节子先生清览"三行。傅氏手跋曰:

---

① 《浙江省古籍善本联合目录·史部·传记类》著录《草莽私乘》一卷,清抄本,今藏黄岩图书馆,第111页。

② 《浙江省古籍善本联合目录·史部·传记类》著录《崇祯五十宰相传初稿》一卷、《宰相年表》一卷、《宰相列传》六卷,清抄本,今藏浙图,第116页。

壬寅岁，海上遗臣议仍奉鲁王监国，其时因永历蒙尘之耗已碻，非为延平殂谢也。《苍水集》中《上鲁王启》及《致闽南诸绅公书》可证。此乃亡友魏稼孙明府手抄见贻，周芸皋观察碑文两通，已录入查伊璜《鲁春秋》。壬午七夕后一日记。

四明文献考[1] 二册 明抄本

（明）鄞县戴鲸著。张氏约园藏。

鲸字时鸣，号南江，明嘉靖二年进士，历仕至布政司参议，在官三十年，廉介正直，邦人称之。著有《四明志征》及此书。案《邑志》本传称先生“垂老好学，日坐东白楼，手一编不置。自成化以后，郡志阙然未修，乃续为搜补，考诸先辈所言，述而不断，名曰《四明志征》。又从杨茂清见宋宏之所辑《四明雅集》，因增所未备，序而传之。又合为《四明文献录》，俱有功学者云”。则是书一以“录”名，且增补《四明雅集》之作也。

西征记一卷 一册 传抄本

（宋）衢州卢襄著。衢州徐氏从好斋藏。

襄字赞元，大观元年进士，官至吏部尚书。此为其由衢至汴诗集，盖晋京春试时纪行之作。见《四库存目》，原书久佚。徐茹谷辑《康熙志》、范式之辑《嘉庆志》，皆未得见，此重抄本。

祁忠敏公日记[2] 十五册 附拓片四页

（明）山阴祁彪佳著。绍兴朱承洵藏。

彪佳，承㸁子，字弘吉，号世培，天启进士，累官右佥都御史，巡抚

---

① 《中国古籍善本书目·史部·地理类》著录《四明文献考》不分卷，明抄本，未注明撰人，第 864 页。

② 《浙江省古籍善本联合目录·史部·传记类》著录《祁忠敏公日记》十五卷，明末祁氏远山堂抄本，明崇祯四年至弘光元年，今藏浙图，第 143 页。

江南。明亡，绝粒自沉死；唐王时，追谥忠敏。是书乃其半生日历，起崇祯辛未，迄弘光乙酉殉节前一日止。其手写原稿尚珍守在令裔处云。附陈影片四页，则藏家朱君所摄。是记有关国事及殉难前之手迹，振顽立懦，有裨风教不浅也。

南旋纪程二卷　一册　传抄本

（清）云和王士鈖著。处州征品分会征集。

士鈖字云樵，有《书画船庵诗抄》稿本等，已著录。此为先生自北京南还纪行之作，自署云谷老樵。

东山外纪二卷　二册　传抄本

（清）吉安刘振麟三之、四明周骧九逸同辑。海宁县图书馆藏。

此海宁查伊璜门人所纪，书未刊行。首有刘、周二氏自序，末邑人费寅跋云："《东山外纪》，曾见龚氏玉玲珑馆抄本，今藏南林刘氏翰怡嘉业堂。此未刻本也，另有《东山年谱》，已刻入丛书。校毕附记。"

陆清献公日记三卷[①]　一册　抄本

（清）平湖陆陇其著。刘氏嘉业楼藏。

陇其字稼书，官至御史。学宗程朱，居官廉介。卒谥清献，《清史稿》有传。陆宸征、李炫辑有《稼书年谱》行世。此日记末有"嘉庆二十五年庚辰五月，族曾侄孙光宗重刊"一行，及海昌管庭芬手跋。

此书原本系武原张氏石鼓亭旧藏。首册末页有"十月廿一日校毕此册，并过雨人先生点本"一行，乃文鱼征君校语。日记中已见《三鱼堂剩言》者，各以笔圈出，今仍之。时咸丰甲寅七月六日，海昌管庭芬读于渟溪老屋谨志。

---

① 《中国古籍善本书目・史部・传记类》著录，清抄本，清管庭芬校跋并录，清张燕昌校，第523页。

南溪日记不分卷　陈列一册　传抄本

(清)余杭褚成亮著。余杭图书馆藏。

成亮字叔寅,其《余杭县志稿》等已著录。此传录褚氏遗稿,有南归北行及旅沪时日记,末有民国廿五年从侄德顺跋。据云此记共四册,可分四卷,第一卷为《南归日记》,二卷为《北行日记》,三、四两卷乃公少年避乱申江时所记云。

赵氏洪杨时日记　一册　传抄本

(清)嘉善赵文彪著。嘉善县图书馆藏。

文彪字子云,道光三十年入泮。此其洪、杨避乱时日记,记太平军占领浙西时琐事,及平民逃难情形甚悉。卷末附录《恢复嘉善城事略》二篇。原稿一册,现藏赵氏后裔晓因先生处,已有残缺云。

顽瞽思存二卷　一册　抄稿本

衢县郑永禧著。衢县郑氏藏。

永禧字渭川,著述颇多,其《衢县志稿》已列在方志项。此系就平日见闻所及笔录而成。首有题序云:“吾生六十二年,已忧患余生。既老而瞽,偶忆前事,不忍捐弃,拉杂存之,都无铨次。以所记为顽固之言耳,闭目作书,示诸儿女,亦不忘其初之意云。丁卯年,渭川自记。”

史抄类

明史抄略[①]　二册　抄本

(清)归安庄廷鑨著。吴县潘氏宝山楼藏。

---

① 《中国古籍善本书目·史部·传记类》著录《明史抄略》七卷,清吕无党家抄本,周圭璋、章炳麟、张元济、赵万里跋,第90页。

此抄庄氏《明史》，残存《神宗纪》二卷半，光熹二宗纪及李成梁、戚继光等传，《开国后释教传》数卷。庄氏书以触清廷忌，兴大狱，书版尽毁。此虽旧抄残帙，然补官书之不逮者已不少。抄手甚精，留字缺笔，故诸家定为石门吕氏抄本，今名当亦无党后加也。民国二十四年商务印书馆收入《四部丛刊三编》，自是秘笈始复广播人间。

明事杂录不分卷[①] 二十册 全氏鲒埼亭抄本

(明)遗民佚名氏著。张伯岸藏。

此全氏鲒埼亭抄本，有谢山墨笔批校，曾藏四明卢氏抱经楼。首有信天翁序及卢氏藏印。

《明事杂录》二十册，四明全氏鲒埼亭抄藏，间有谢山先生手笔批评。其纪录大半为通行刻本所不载。当时文字之祸，株连殆遍，胜国遗事诸作，厉禁甚严。书内称满人为虏酋虏奴，故隐秘珍弆，传抄绝希。所叙明末权奸误国，忠义死难，满虏屠戮，流寇掳掠，人民之流离困苦，不忍卒读。全书因日久散破，惧前贤遗著湮没，亟倩工修整。每册编以子目，便于翻阅，装竟，识之。信天翁。

地理类

乾道临安志三卷 二册 清方成珪抄本

(宋)长兴周淙修。瑞安孙氏玉海楼藏。

淙字彦广，累官右文殿修撰，知临安府，致仕卒。是本为瑞安方雪斋手抄。其序首云："借得拜经楼吴氏本及别下斋蒋氏所藏陆香圃三间草堂本，参互考订，手录一过。"末署道光十八年。案《乾道志》，世但有传抄本，雪斋先生校勘名家，此本要必有胜人处者。

---

① 《中国古籍善本书目·史部·杂史类》著录，清抄本，第299页。

临平记三卷　一册　旧抄本

(清)仁和沈谦著。浙馆藏。

谦字去矜，号东江，诸生，为西泠十子之一，著有《东江集》。临平镇在杭县东五十七里。是编分三卷：卷一、二为事记，卷三杂记。分年纪事，亦乡镇志中之创例。钱塘丁氏已为刻入《武林掌故丛编》中。

海宁县志九卷　陈列一册　明抄本

(明)蔡完修。海宁县图书馆藏。

明嘉靖时知县蔡完等纂。此传抄本，为海宁唐仁寿氏旧物，有其识语及光绪时邑守江宁李圭手识。

海宁志乘，岁久失修，余不欲听其就湮，因约州人士议续纂之。旧志若许、金、战诸志尚易得，蔡《志》时代益远，觅之久不得。不图守缺抱残，有城中唐氏者藏是书。陆君毅堂为假阅，确是明人手抄，历劫完然。虽字体不无舛讹，而原样流传，足资考证，用缀数语以归之。丙申辜月，江宁李圭。

海宁志略未分卷　一册　管庭芬抄本

(清)海宁范骧著。北平图书馆藏。

骧字文白，号默庵，顺治甲午以贤良方正举，不就。卒，门人私谥清献先生。此同邑管庭芬从原稿录出，有手跋云："道光甲辰小暑后一日，从范默庵先生手稿校录甫毕，时距始抄已匝月矣。邑后学管庭芬识于别下斋。"有芷湘印。案此书纂于清顺治间，光绪八年，同邑钱保塘为刊于蜀中。

嘉善地略一卷　一册　抄本

(清)嘉善黄中杰著。嘉善县立图书馆藏。

中杰字慕周，甲午岁贡，家居授读，经史之外，导以性善，故及门多真才实学。又好阐扬潜德，乡先达遗书有散佚者，辄为搜罗。自政变后，无志问世，仿香山故事，集九老会，以诗酒相娱。此为其清季兴学时，撰备乡土教材之需。他著尚有《蕉荫室日记》《家乘备辑》五卷、《求在我斋诗文集》十四卷，均待梓。

魏塘纪胜二卷　二册　抄本

（清）嘉善曹庭栋著。嘉善县立图书馆藏。

庭栋字楷人，号六圃，晚号慈山居士，廪贡生，乾隆元年举孝廉方正，辞不就，杜门著述四十余年。工吟咏，并擅书画。此其遗著之一，分正续编两卷，采风稽古，可补志乘不及。此书收入《产鹤亭诗集》。按《产鹤亭集》共分九稿，其第三稿即《魏塘纪胜》，第七稿即《续魏塘纪胜》，此尚为手抄本云。又案廷栋遗著，著录《四库全书》者，自《易准》至《宋百家诗存》凡八种，《产鹤亭集》见《别集存目》，本届展览亦曾征到。

小溪志八卷[1]　二册　新抄本

（清）四明柴望著。鄞县文献委员会征送。

望字菘园，仕履不详。书分形胜、水利、祠庙、寺观、人物、列女、艺文、金石八门。首有光绪十七年同邑陆廷黻序。

《小溪志》何为而作也？志者记也，所以记一乡在天、在地、在人之类聚群分，乃征古以式今，亦继今以接古也。小溪为鄞西南一隅，南接它山，北通建嶴。其可征者，则有魏吉州《它山水利备览》、杨德周《它山小志》、陈延恩《光溪志》、曾迟斋《宝岩志》，皆足以征古以式今者也。庚寅夏，余同太守胡公浚复古小溪巷，于是历稽志乘及全吉士《鲒埼亭集》，小溪附见，而无专帙，迄今六七百年矣。菘园柴生留心乡邦文献者二十年，去岁浚河之役，亦与有力焉。又因小溪无专志，偕同学博稽确订，新定八编，总辑其成，庶几在天、在地、在人之种种，可征古以式今，继今而接古，虽不足上副朝廷之隆典，聊以备后来郡邑志之一脔云尔。

---

① 《浙江省古籍善本联合目录·史部·地理类》著录，张氏约园抄本，今藏浙图，第284页。

时在光绪十有七年辛卯夏五月，赐进士出身钦点翰林院编修特授甘肃学政国史馆纂修同邑陆廷黻撰。

桂林风土记一卷[①] 一册 明抄本

(唐)□□莫休符著。海盐张菊生藏。

休符字号里贯未详。本书《四库》著录时已阙二条。此洪武十五年传抄钱塘沈直斋氏藏本，虽非足本，然中载张固、卢顺之、张丛、元晦路、单韦瓘、欧阳膑诸人佚诗，固足宝也。前有醉经楼、飞青阁、仰训楼、杨守敬及张氏涉园诸家藏印并张载华跋。

建康古今记　绝域纪略 一册 石门吕氏抄本

(清)昆山顾炎武、桐城方拱乾著。吴兴张芹伯藏。

此石门吕无党手抄本，留字均缺笔，有"无党校正图书"印，曾藏金山钱氏守山阁。炎武字亭林，清初朴学大师，世多知之，著述极富，未刊者犹不少，备详近人谢国桢《顾宁人先生学谱三·著述考》中。此书十卷，亦未刻，吕氏精抄，尤可宝爱矣。拱乾字坦庵，明天启进士，官左谕德，兼侍读。入清官少詹事，以江南科场贿案，坐流宁古塔。及还，改字甦庵，著有《宁古塔志》《方詹事集》等。此《纪略》已刻入《小方壶斋舆地丛抄》内。以上都会郡县之属。

河漕通考 一册 传抄本

(明)嘉兴黄承元著。嘉兴县图书馆藏。

承元字履常，洪宪子参前《碧山学士集》未刻本，万历进士，官至应天府尹。此书乾隆刊板久毁，是本从黄氏后人家藏抄本传录。

---

① 《浙江省古籍善本联合目录·史部·地理类》著录《桂林风土记》不分卷，明万历刻本，今藏天一阁，第330页。

江河源流辨　一册　王砚舲抄本

（清）云和王士鈖著。云和王受祐藏。

士鈖有《梦云楼幻记》等，已著录。是编起浙江迄太湖，于诸水之源流及各支流之会合，并有详述，为士鈖子砚舲抄本。

东南水利八卷[①]　二册　抄本

（清）归安沈恺曾著。吴兴莫章达藏。

恺曾字乐存，康熙壬戌进士，官至山东道监察御史。是书见《四库存目》。以上河渠之属。

西藏志四卷[②]　二册　仁和龚氏抄本

无名氏著。刘氏嘉业楼藏。

此仁和龚氏抄本，末有龚自珍手跋二则。自珍字瑟人，号定庵，更名巩祚。道光进士，官礼郡[部]主事，博学负才气，于经通《公羊》《春秋》，于史长西北舆地。晚尤好佛。其文导源周秦，兼综释典，沉博奥衍，自成一家。《清史稿·文苑》有传。黄守恒有《定庵年谱》稿本，而吴昌绶所撰更详。以上边防之属。

道光壬午春日，从春庐先生廷尉家借录一通，取布颜罕、库库木罕、叶楞罕三奏，与彦诺林亲、噶毕两奏，选入《续文断》中以备盟府副藏。仁和龚自珍记之。

此书无作者名氏，取和泰庵、松湘浦两尚书之书合观之，百余年来西事备矣。珍又识。

编者案：清和宁有《西藏赋》一卷，松筠有《西藏巡边记》《西藏图证》两书。

---

① 《浙江省古籍善本联合目录·史部·地理类》著录，清抄本，今藏湖州博物馆，第353页。

② 《浙江省古籍善本联合目录·史部·地理类》著录《西藏志》不分卷，清抄本，今藏浙图，第322页。

雁荡山志十二卷　四册　新抄本

(清)乐清施元孚著。永嘉区征辑乡哲遗著会藏。

元孚字六洲,乾隆岁贡。屡游雁荡,居山中累月,奥旷之景,罔不毕览。是编踵朱谏《旧志》辑成,曾唯《广志》即据以增订,谓其考核详明,足称山史云。未刊。此传录施氏后裔家藏稿本。

白石山志五卷[①]　一册　新抄本

(清)乐清施元孚著。永嘉区征辑乡哲遗著会藏。

白石山即中雁荡也。今刊行陈玮辑六卷本,即就是编略有增删。

南雁荡山全志六卷补遗一卷[②]　二册　抄本

(清)无名氏著。永嘉区征辑乡哲遗著会藏。

《南雁山志》有郑思恭五卷本、清刘锡眉十六卷本、民国周喟十三卷本。是编不著撰人。考艺文门有录孙衣言道光二十六年所作诗,盖出于刘《志》之后。此与前二书,内容并略见孙延钊《温州文献述概二》《文澜学报》三卷第一期。

冠山志七卷卷首卷末各一卷[③]　抄本

(清)萧山来旦著。萧山来瑞征藏。

原题"西陵禹克来旦原名行化著""族裔杏梁来翔燕节定""族裔柏禄来受天校次,寺僧自先名本宗资镘"三行,目末有"灵岩寺藏板"

---

① 《浙江省古籍善本联合目录·史部·地理类》著录《白石山志》六卷首一卷末一卷,清孙氏玉海楼抄本,今藏温州图书馆,第342页。

② 《浙江省古籍善本联合目录·史部·地理类》著录《南雁荡山全志》不分卷,清刘氏抄本,今藏温州图书馆,第342页。

③ 此书漏记册数,已不可考。

字。首有顺治戊子自序，均依刻本传录。案冠山在会稽县西。是书卷首述略有云："会稽擅东南之美，昔称覆釜，而余邑冠山又在郡西之尽，东指则越台之霸气隐跃，北指则吴宫之花柳销沉，不届络绎之冲，颇叶眺临之雅。"可知其地之风景宜人也。书分形势、景胜、兴替、僧传、题咏、寄寓、奇异七门。以上山水之属。

海昌安国寺志二卷 一册 传抄本

（明）海宁董志稷著。海宁县图书馆[藏]。

志稷，九思从孙，字配公，万历丙辰进士，所著《一成粘壁语》四卷及此书，均已刊，河渠、军政、声乐诸考，不传矣。即是书刻本，闻亦仅原寺有之，此则民国七年所录副本。以上古迹之属。

越游小咏一卷 一册 抄本

（清）海宁管庭芬著。浙馆藏。

是编乃管氏记游越中之作，排日记事，得诗即系于日记下。原稿闻藏硖川蒋氏，此为传录本，未刊行。以上游记之属。

百夷传一卷 一册 明抄本

（明）余姚钱古训著。江苏省国学图书馆藏。

古训号坚斋，洪武时，偕李思聪出使滇缅，归述其山川、习俗、道路之详，为《百夷传》，可供研究南服种人历史者重要参考。此万历三十八年赵琦美抄本，有"松石斋"白文及"八千卷楼藏图书"朱文印，末有各家题跋，已经苏省馆影印行世。以上外纪之属。

职官类

官爵志三卷 一册 抄本

(明)嘉兴徐石麒著。嘉兴县图书馆藏。

石麒号宝摩,以进士官至吏部尚书。南都亡,嘉兴陷,石麒缒城入,自缢以殉。是书有刻本,而此则从海宁张氏旧本抄得,与刻本颇有出入。

政书类

北新钞关商税则例不分卷 一册 旧抄本

(清)佚名氏著。浙馆藏。

此本为清嘉庆十九年所订则例,经道光二十八年修订,内详列各项商品抽税数目,亦讲经济史者所不废也。首有"曾留蕉雨轩前"白文印。

⊙北新关志抄不分卷 一册 抄本

(明)济南王宫臻原修。清佚名氏抄。浙馆藏。

北新关在杭县北武林门外十里,商旅辐辏,旧于此设关征税。清季,丁松生言于左宗棠,奏罢之,今则罕知其名者矣。关之有志,始于明嘉靖十二年,隆庆四年重修,万历四十七年三修,崇祯九年王宫臻四修,此即摘抄王刻本之序、记、碑文及旧序,其他阙如。以其自旧椠出,且足备考乡镇掌故,用为录而存之。

海运详考不分卷 一册 抄本

(明)临海王宗沐著。黄岩县立图书馆藏。

是书《四库》存目,有《学海类编》本行世,此则九峰图书馆抄本也。案宗沐字新甫,号敬所,嘉靖进士,官至刑部左侍郎,《明史》有传。以上邦计之属。

目录类

好古堂书目附收藏宋元版书目四卷 一册 精抄本

(清)仁和姚际恒著。江苏省国学圕藏。

际恒字立方,号首源,诸生。少折节读书,泛滥百氏,既而尽弃词章之学,专意于经。先世富藏书,阅肆复多弋获,辄草为此录。其中子目多特创,如史部有器用、虫鱼、方物、川渎,子部有类家,经、子二部均有汇集,皆其特色。原为钱塘丁氏旧藏本,《善本书室藏书志提要》原签尚粘卷首。末有丹徒柳先生手跋,已由该馆印行。

⊙吕无党手抄金石录十五卷 二册 清石门吕无党手抄本

(宋)东武赵明诚原著。海盐张菊生藏。

此石门吕无党先生手抄校定本。卷第十后有“壬午十月借抄《金石录》,时方有北行,止抄此十卷。南还,当续笔。既望,雨中记”数行。后六卷为他人所写,然易安跋语,“留”字皆为字不成,度必为吕氏子弟之笔。卷十五末有观稼手题“癸未十二月廿二日抄”一行。每卷末均有识语。卷端有“无党校正图书”朱文印、“古盐张氏松下藏书”朱文印、“林少穆珍藏印”朱文长方印、“臣墉之印”、“贝墉所藏”白文印、“定父居士”朱文印、“袁印廷梼”印、“五砚主人”印,盖海盐张氏旧物散出后,先后为苏州五砚楼袁氏、千墨庵贝氏、暨侯官林文忠公收藏，朱印累累，至可宝爱。而今又物归故主，重庋涉园，斯尤书林佳话矣。末有菊生先生手跋。

此为吕无党先生手抄校定之本，后六卷为他人所写，然易安跋语，“留”字皆为字不成，度必为吕氏子弟之笔。卷端有古盐张氏松下藏书两印，是为吾家旧物，散出之后，先后为苏州五砚楼袁氏、千墨庵贝氏、暨侯官林文忠公收藏，去秋又流入京师琉璃厂书肆，江安傅沅叔同年助余搜罗先代藏书，以书来告，急请谐价，以银币二百元得之，甫议定而京津战事又作，邮筒梗阻，寄存友人孙伯恒许半年有余，昨始托人携归，展玩再四，既幸先人手泽之得以复还，益感良朋介绍之雅，谨书数语，以示后人。丙寅四月十八日晨起泚笔记。菊生张元济。

按农师公讳嘉谷，为咏川公嗣孙，与余高祖为兄弟行。元济再识。

⊙姚雪逸手抄凤墅法帖　二册　清归安姚衡抄本

（宋）庐陵曾宏父著。杭县高络园藏。

宏父字幼卿，自称凤墅逸客，有《石刻铺叙》，著录《四库》，此其所编前贤名迹。宋时原刻，已不可见，可见者惟清李氏《贷园丛书》本耳。衡字雪逸，官建昌府同知，著有《凤墅残帖释文》，已刻入《咫进斋丛书》。案此书虽未入目，但版心实刻《咫进斋丛书》字样。此为其道光中手录，首有自跋及叶志诜跋。

曾宏父《凤墅帖》每卷前篆书《凤墅法帖》卷第几，石约高今衣工尺一尺余，（工部营造尺一尺一寸一分，原纸屡经装裱，不复可考），宽四寸五分，字高九寸二分。每卷后载右自某年至某年共若干帖，并对真迹，镌石于庐陵郡凤山别墅，系第几卷，曾宏父谨识。次行钤“凤山”二字鼎印、“清江开国”朱文方印。末行书“亳社张节摸丹上石，刻工欧阳信明”，字稍偏左。前载计几千几百几十几字，共几片几十几板。每一札后钤“曾氏家藏”长亚字印，每札前有长栏，居行之中，标书者姓氏、官位，有谥则书谥，下旁书某宗某某几年，亦有止书一姓，空二格不书者。是帖卷帙次第，备载宏父《石刻铺叙》中。宋时书翰之盛，莫备于此。顾传世久远，罕有全帙。汉阳叶东卿郎中藏《正帖》六卷、《续帖》二卷，为真定梁氏故物，墨光如漆，生动欲飞，稀世珍也。因依次备录，庶几后有遇者，四十卷灿然具足，岂独好古之幸，亦斯帖之幸也。具书如左。道光甲午腊月吴兴姚衡。

曩岁甲午之琯冬，弟仲璇客游湘湖归京华，每一灯怡怡斗室，相与商晰古墨为欣，因假得叶武部东卿弆藏《凤墅帖》六卷、《续》二卷宝残释之，实是后世人帖之称也。考宏父之意，固欲存名相名贤，而权奸亦不削，旨弥远哉！乃因饯腊献春，人事间□，弟释仅毕一卷，又以饥驱走南海，晏则承匽雪堂，昼理谳椟，夜乃得续释也。其草隶推译为不易易。及成，而古歙程侍郎春海假去，未十日而侍郎奄谢，求诸其家，邈不可得。窃恨数月之功为浪掷矣。越一年，忽书市有人言见一册，急求之，竟故剑。今忽忽又六年矣。日月如流，而弟方有期归而未归也。是吾两人之合迹，而离思盈焉。呜呼！人固有几何十载乎？岁癸卯乙巳，人□□亭姚晏记。

合钱宫詹《旧释》为十卷。余藏此帖凡八册，圣常兄借抄释文，中有草书，辨识不易易，竭三月之力，手录成帙。道光乙未夏，程春海户侍借看，未还，旋归道山。后五年，圣常兄于厂市得之，快乐无涯，诜因抄借一过。并以所摹写凤山印附印于后，以志墨缘。庚子初伏日，叶志诜记。

史评类

三国六朝五代纪年总辨二十八卷　八册　抄本

(宋)平阳朱黼著。永嘉区征辑乡哲遗著会藏。

黼字文昭，陈傅良门人。尝著《纪年备遗》，起陶唐，终显德，为百卷。第全书在宋时已佚。今存《三国六朝五代偏安本末》二十八卷，《目录》四卷。开禧丁卯，锦溪吴奂然景仲序之。清《四库全书》录入《存目》。朱竹垞有是书序，载《曝书亭集》。此传录平阳陈锡琛藏影宋抄本，经刘饶宽朱笔手校。

心史大纲剩稿二卷　一册　临海叶氏荫玉阁抄本

(明)临海马谦著。临海项士元藏。

此临海叶氏抄本，拟印入《荫玉阁丛书》而未果者，《台州经籍志》卷十七著录。谦字元吉，号东山，又号明岩子，明季诸生。国变后，绝意进取，忧时感事，一发于诗，著有《北窗闲咏》《越客诗余》等。民国

《临海县志稿·遗逸》有传。其《北窗闲咏》兹亦征到陈列。

前汉书随笔二十卷　四册　抄本

（清）鄞县万经著。四明张氏约园藏。

经字授一，别字九沙，斯大子，能传家学，博通经史性理及金石家言。康熙癸未进士，官翰林院编修，视学黔中，因事罢归，遂杜门著述不出。乾隆初诏举鸿博及荐修三《礼》，皆以老辞。寻卒，寿八十三。此其读班《书》笔记，未刊。

前后汉论赞不分卷　四册　抄本

（清）慈溪陈钦辑录。慈溪秦氏抹云楼藏。

此清慈溪陈子仙手写本。子仙名钦，同治辛未进士，以翰林院编修授光绪丙子陕西乡试主考官，其事迹具见邑志传。卷首第一行有“陈钦印信”白文章，书函署检“前后汉论赞，子仙甫手抄，光绪戊寅九月”。

子部 儒家类

讲经口授 一册 传抄本

(清)鄞县万斯同讲。浙馆藏。

此季野先生口讲,未著何人所记,内分田赋、兵制、宫庙、祭祀、庙祀、律吕诸项。此传抄四明冯氏伏跗室藏本。首录冯氏原跋云:"冯辰《李恕谷年谱》曰:季野读书,过目辄不忘,尤熟廿一史及明代典故。徐尚书乾学聘入京,修《明史》。已[而]乾学去位,王尚书鸿绪主之。当是时朝廷平三藩后,尚辞学,公卿从风靡,读书名士,竞会都门,季野以博淹强记为之冠。开讲会,皆显官主供张,翰林部郎处士率四五十人环坐听,季野讲宫阙、地理、仓库、河渠、水利、选举、赋役、朝仪、兵刑诸项,不翻书。每讲一事,口如瓶注,温睿临札记。何代、何地、何人,年月日时起讫,毫厘不失也。据此,则是书为温氏所记。所讲有宫阙、地理、仓库、河渠、水利、选举、朝仪、刑八种,佚去。延津之合,不知何时。甲戌二月三日挑灯记,冯贞群。"

切近编不分卷 一册 卢抱经抄本

(清)钱塘桑调元、沈廷芳著。江苏省国学图书馆藏。

调元字伊佐,号弢甫,雍正进士。廷芳字椒园,一字畹叔,乾隆初由监生召试鸿博,授庶吉士。是书系共辑先儒朱元晦、张杨园、陆清献、劳余山四家之语最明白切近者,溥教齐名,俾妇孺皆知可行。此为卢抱经年五十四时手写,并圈识,朱墨烂然。末有"甲午十一月二十日,卢文弨敬读"朱笔手识一行。原为丁氏八千卷楼藏本,已由该馆影印,末附己巳年丹徒柳诒徵跋。

类辑姚江学派　二册　抄本

（清）仁和王曾永著。四明张氏约园藏。

曾永字稚欢，诸生，著有《寄巢诗草》。潘氏《两浙輶轩续录》采及。此其遗著，不见《杭州艺文志》。

修省约论二卷　一册　抄本

（清）东阳卢衍仁著。东阳卢诵芬藏。

衍仁字绍履，号东园，贡生。此书原版已毁于咸丰辛酉之乱。是为卢氏后裔抄本，目录次行题“钱塘桑弢甫先生鉴定”。目后有跋云：“右集分上下二卷，去秋以草本呈弢甫先生，极加契重；中间为删去几条，今抄以授梓，甚蒙赞赏，乃手录甫毕，而先生溘焉下世。老成凋谢，可胜痛悼，并书以志知己之感。辛卯春二月初六日，东园衍仁跋于武林寓舍之赢经室。”末有同治癸酉元孙卢钰跋。

⊙朱子读书法四卷　四册　萧山王氏重论文斋抄本

（宋）鄱阳张洪、齐愿同编。浙馆藏。

此清时萧山王氏传抄《四库》本，版心有“重论文斋”四字，末有“乾隆五十年四月初二日南陔居士写完”一行。案重论文斋为王小谷端履之书斋名，南陔则其从父绍兰也。

⊙东宫备览六卷　二册　萧山王氏重论文斋抄本

（宋）永春陈模著。浙馆藏。

此亦传抄《四库》本，末有“乾隆四十九年九月，得竹垞藏本影抄于小春浮”小字两行。卷中亦有缺页。

医家类

伤寒指掌　四册　抄本

(清)归安吴贞著。吴兴县图书馆藏。

贞字坤安,精医,为薛生白、叶天士高足弟子。

⊙女科三卷　二册　仁和王氏知悔斋抄本

(明)阳曲傅山著。浙馆藏。

此为清咸丰时仁和王斯恩手抄本,间有眉注。斯恩字虎生,道光优贡,官东莞县丞。在粤以医自给。末有手跋曰:"右青主先生《产后编》一册,亦从潘氏《海山仙馆丛书》录出者。于产科一门,至周至悉,而总以丹溪'大补气血'一言为标准,固非粗工之所识也。咸丰三年六月,虎生又识。"

天文算法类

勾股述二卷　一册

(清)海宁陈讦著。海宁县图书馆藏。

讦字言扬,号宋斋,黄梨洲门人。由岁贡官黄州教授。是书《四库》入《存目》,原有刊本。是为海宁图书馆抄本。首仍录黄宗羲序及康熙癸亥七月自序。

艺术类

大瓢随笔　一册　旧抄本

（清）山阴杨宾著。杭县孙儆庐藏。

宾字可师，号大瓢，工书，精鉴牌版。此书有通行本。

历代画家姓氏韵编不分卷　四册　新抄本

（清）嘉兴顾仲清辑。嘉兴图书馆藏。

仲清字咸三，梅里诸生，经史、诗文、书画、篆刻，靡不精究。是编《四库》著录。此从滂喜斋抄本移录。题“小长芦顾仲清编次，孙秀虎补辑”。

曼陀罗室题画记七卷　一册　抄本

（清）太平林儁赏辑。温岭林氏藏。

儁赏字公赏，号素士，善画。是编合《曼陀罗室题画记》二卷、《寿藤山馆题画记》一卷、《雁天楼题画录》二卷、《雁天楼题跋》一卷、《寿藤山馆题画集骚》一卷数种而成，《台州经籍志》未著录。首有“温岭林氏凌沧阁藏书”朱印。

严调御先生琴述　一册　新抄本

（明）余杭严调御著。余杭图书馆藏。

调御字印持，多技能，书法尤妙。其诗有流传，文甚少见。此为邑人褚德顺抄赠余杭图书馆者，不见正史及地志艺文。

望山堂琴学存书二卷[①] 一册 新抄本

（清）泰顺林鹗著。永嘉区征辑乡哲遗著会藏。

鹗字太冲，道光岁贡，官兰溪训导。年七十后，始学琴，审音正律，制辞入谱。此传录玉海楼藏本，末有瑞安孙锵鸣跋。未刊。

谱录类

砚笺四卷[②] 一册 明抄本

（宋）剡高似孙著。四明张氏约园藏。

似孙字续古，号疏寮，淳熙进士，历官校书郎，知处州。是本首题“高氏似孙修”，半页九行，行十八字。为秀水朱氏潜采堂旧物，历藏揆叙、叶名澧、钱培因、赵之谦诸家。有曹氏《楝亭十二种》本行世。案《四部丛刊三编》目末附拟续出书目中有张讱庵校抄本《砚笺》四卷一种。

可如三卷[③] 三册 旧抄本

（明）四明董德镛著。长兴王氏诒庄楼藏。

德镛字孔昭，明季人。是书《四库》入《存目》。卷一、二羽属，卷三为毛宗，皆择其有灵性者，析以类别，引以记载，附以论断。所谓

---

① 《浙江省古籍善本联合目录·子部·艺术类》著录，清同治十年孙锵鸣抄本，清瑞安孙锵鸣校并跋，今藏浙大图书馆，第198页。

② 《浙江省古籍善本联合目录·子部·谱录类》著录，清影宋抄本，海宁张宗祥跋，今藏浙图，第201页。

③ 《浙江省古籍善本联合目录·子部·杂家类》著录，清抄本，今藏浙图，第259页。

“其名禽兽鱼虫，其事人事也”，则其作书之旨趣矣。首有董氏申引。按是书本馆有传抄本。

食宪谱残存上卷　二册　旧抄本

（清）秀水朱彝尊著。嘉善张天方藏。

竹垞有《经义考》等，已著录。此即《食宪鸿秘》，已刊。首有雍正辛亥仲冬广宁年希尧序，以中有“此竹垞先生《食宪谱》之所为作也”语，故此本题署仍之，实则目次前犹作《食宪鸿秘》也。全书二卷，并有附录。此残存上卷，前有上卷目次；次食宪总论，未入目。卷首稍残，有水渍痕。序首页有“懒云图书”小朱记。

杂家类

习学记言序目残存八卷　四册　明抄本

（宋）永嘉叶适著。浙馆藏。

适字正则，号水心居士，官至宝文阁学士，谥文定，事迹具《宋史》本传。是编辑录经史百家，各为撰述，多创新论，不屑摭拾陈言。全书五十卷，此仅存五至八、四十七至五十，凡八卷。半页十行，行廿二字，蓝格绵纸写本。全书有朱笔校正及圈点。有“高平家藏”阳文方印、“黄宗羲印”篆文圆印、“余杭黄氏石库藏书印”阴文方印、“忠端是始，梨洲是续，难不忘携，贫不忘买，老不忘读，子子孙孙，鉴此心曲”阳文长方印。又卷端有题云：“余姚黄梨洲先生校本，嘉庆十四年八月朔，得于越郡柳隐书舍。”下署“安伯”阳文方印。

又一部残存二十卷　明秦西岩抄本

（宋）永嘉叶适著。瑞安孙氏玉海楼藏。

此本存卷六至二十五。每册首钤“秦四麟”及“西岩山人”二印。

每册尾钤“又玄斋收藏图书印”。眉端间有孙琴西据丁松生、朱修伯各本校字注语。光绪乙酉，瑞安黄侍郎体芳尝借此本及传写叶道毂抄本见后校本项，校刻于江阴学使署，未几版毁。今平阳黄群又以江阴本与文澜阁本及别写本校印入《敬乡楼丛书》，与此本略有异同，盖黄氏未见此本云。

存愚录一卷[①] 一册 新抄本

（明）永嘉张纯著。永嘉区征辑乡哲遗著会藏。

纯字伯贞，孚敬仲子，嘉靖戊子举人，官至南康知府。是书前半论性学、史评兼及诗品，后缀杂说。原为嘉靖丙午其甥王叔本付梓。此从玉海楼藏明刊本录副。

三才广志陈列残本五卷 一册 明抄本

（明）长兴吴琉辑。范氏天一阁藏。

琉字汝秀，号甘泉，少孤，颖异绝伦，薄科名不为，博通典籍，尤精皇极经世之学，名动公卿间，卒年七十三。著作甚富。是书原有一千一百八十四卷，《千顷堂目》作三百卷，误。昔上海涵芬楼藏有四百九十六卷，八十三册，又北平图书馆藏残存三百三十四卷，南京国学图书馆藏有一百十卷，今天一阁尚存朱丝栏明抄本一百九十五卷。卷五百十三至五百二十三，卷五百三十五至卷五百四十，卷五百五十至卷五百五十五，卷五百六十二至卷五百六十五，[卷]五百七十八至卷五百九十，卷五百九十二至卷五百九十七，卷六百三十七至卷六百四十六，卷六百四十八至卷六百五十六，卷六百六十二至卷六百六十六，卷六百六十九，卷六百七十三至卷六百七十九，卷六百八十一至卷六百八十六，卷六百九十至卷六百十一，卷八百三十至卷八百三十二，卷八百四十至卷八百四十一，卷八百四十三至卷八百四十七，卷

① 《浙江省古籍善本联合目录·子部·杂家》著录《存愚》一卷，清同治十年孙诒让影明抄本，清瑞安孙诒让校并跋，今藏浙大图书馆，第225页。

八百五十二至卷八百五十三，卷八百六十四至卷八百六十五，卷八百六十七至卷八百六十八，卷八百七十至卷八百七十二，卷八百七十四，卷八百九十九至卷九百一十八，卷九百四至卷九百八，卷九百十至卷九百十一，卷九百十六至卷九百十七，卷九百三十一至卷九百三十四，卷九百三十七至卷九百三十，卷九百四十七至卷九百五十三，卷九百八十八至卷九百八十九，卷九百九十二，卷一千五十一至卷一千五十九，卷一千六十四至卷一千七十六，卷一千九十一至卷一千九十三，卷一千九十五至卷一千九十八，卷一千一百至卷一千一百二，卷一千一百十至卷一千一百一九，卷一千一百二十二至卷一千一百二十六，卷一千一百三十一至卷一千一百三十二，卷一千一百三十六至卷一千一百三十九，卷一千一百七十三至卷一千一百七十七，卷一千一百七十九。是册为卷五百十三之十四，历代职官；五百十五，度支营田使；五百十六，历代牧守；五百十七，府县官、择民之长，共五卷。中夹“光绪丁亥年检”原签，记云“五十册”，卷十四首，历代职官司隶校尉之下观风俗使条之上，空阙六页，不识何故。

望洋日录　光余或问附承志录二卷　一册　永康胡氏退补斋抄本

(明)永康卢可久著。永康胡氏藏。

可久字德卿，号一松，为王阳明弟子，聚徒讲学于五峰书院以终。《明儒学案》《儒林宗派》均有传。曰望洋者，以不能究之学力，窥无穷之道体，不啻沧浪万顷，而茫然在望，病难见也。曰光余者，言一隙之光，日月之余也。学于阳明，未获睹其全，窃其一隙耳云。《金华经籍志》著录。

雩史四卷　二册　抄本

(明)海盐钱琦辑。海盐张菊生藏。

琦字公良，正德进士，官至临江、思南知府。自序称嘉靖乙巳秋邑大旱，因录古人祷雨故实四卷，题曰《雩史》，以备省览云云。据跋已刊行，《四库存目》有《琦祷雨录》一卷，殆即此书。

枣林外索二卷 二册 旧抄本

(明)海宁谈迁著。北平图书馆藏。

迁有《国榷》《海昌外志》等,已著录,所著《枣林杂俎》有通行本,此其外编,南林刘氏嘉业藏书楼亦有抄本一种。案该楼又有抄本《枣林艺箦》一卷一册。

几山笔记不分卷 二册 新抄本

(清)瑞安项传霖著。永嘉区征辑乡哲遗著会藏。

传霖字几山,道光壬午举人。是编分述旧、述故、述文、述学、杂述五类,而以述旧一类,尤多关系乡邦文献,可与黄汉《瓯乘补》相骖靳也。

旅庵禅师奏对录 一册 李生翁抄本

(清)鄞释本月著。绍兴李生翁藏。

本月字旅庵,天童寺天童老人法嗣。首有生翁手识三行。闻其书首尾经鼠蚀有缺字。周叔云官编修日,值清室内阁曝书,适见是录,遂抄一本携归,由是世有传本。

集　部　别集类

徐侍郎集二卷[1]　一册　铁琴铜剑楼抄本

（唐）龙游徐安贞著。衡山李佩秋藏。

此常熟瞿氏铁琴铜剑楼抄本。前有朱文“瞿氏手抄”白文、“古里瞿氏”“铁琴铜剑楼”诸印。

安贞初名楚璧，字子珍，以博学宏词举五言应制，一岁三上，俱及第，积仕至中书侍郎。李林甫柄政，解组去，佯喑为傭于衡山岳寺数年，僧均不识，后为北海太守李邕所见，载与俱归。玄宗念其贤，即其家封东流子。天宝二年卒，赠尚书，事具民国龙游邑志较两《唐书》本传为详核，惟谓相传有集如干卷，久佚。明童珮始从断碑脱简中辑诗赋杂文凡十三篇，为《徐侍郎集》一卷，今则并此编亦亡矣云，盖未尝见是本也。闻李君佩秋又搜得佚文都二十篇，编为三卷，未刊行。案安贞《金华艺文志》作兰溪人。盖据《太平寰宇记》卷九十七婺州人物下唐安贞兰溪人及杭世骏《兰皋风雅序》称兰溪有三峰山，安贞书岩在焉，宋景定甲子金仁山来游有记，以为“其为邑人，信而有征”云。

泠然斋诗集八卷　五册　旧抄本

（宋）山阴苏泂著。瑞安孙氏玉海楼藏。

泂字召叟，为诗镵刻淬炼。首钤“西庄居士”及“王鸣盛印”二印，又有“滭阳张氏兰荫堂珍藏书记”等印。

曲水集二卷　一册　旧抄本

（宋）会稽孙沔著。杭县孙儆庐藏。

---

[1]《中国古籍善本书目・集部・唐五代别集类》著录，清抄本，第 47 页。

沔字元规，天禧进士，官至知州，卒谥威敏。《宋史》有传。此集雍正《浙江通志》及乾隆《绍兴府志・经籍志》作《孙沔集》十卷。

东莱吕太史文集四十卷[1] 十二册 精抄本

（宋）金华吕祖谦著。永康胡氏退补斋藏。

祖谦字东莱，《宋史》有传，著述极富，备见史志艺文。文集有通行本。此本首有武进陶氏印。案此书计正集十五卷，别集十六卷，外集五卷，附录三卷，补遗一卷，合共四十卷，已梓入《续金华丛书》，并附印胡氏所为《考异》焉。

金仁山先生集三卷 三册 精抄本

（宋）兰溪金履祥著。永康胡氏退补斋藏。

履祥字吉甫，少有经世志，及壮知濂洛之学，遂穷究性理，为一代名儒。宋亡隐居著书，晚年讲学丽正书院，学者称仁山先生，两《元史》并有传，著述备见史志艺文。此有"四明卢氏抱经楼""休宁汪季青"及"古香楼"诸藏印。

案《四库》著录浙江巡抚采进六卷本，殆即雍正乙巳金洪勋刊本。《率祖堂丛书》本作五卷，浙江图书馆藏萧山单不庵抄校本则作四卷。其编次显殊，安得一合校其异同也。

香溪先生范贤良文集二十二卷 六册 旧抄本

（宋）兰溪范浚著。瑞安孙氏玉海楼藏。

浚字茂名，绍兴中举贤良方正，以秦桧柄政，辞不赴。文集，《四库》著录。此本册端叙首页钤"季沧苇藏书印""明善堂见书画印记""安乐堂藏书印"，末册后序尾钤"武进许维埏"及"武邑令印章"。明

---

① 《浙江省古籍善本联合目录・集部・宋别集类》著录《东莱吕太史文集》十五卷《别集》十六卷《外集》五卷，今藏浙图，第 238 页。

善堂，清宗室怡僖亲王斋额也。其元至顺范氏裔孙元璹刊本，兹亦由张氏约园送陈，见后刻书文献项。案江安傅氏藏园有此书元刊明修本，十二行，行二十二字，残存卷一至六、十一至十八云，见《藏园群书题记》第四集。又《四部丛刊续编》影印明刊本，卷数同此。

清溪先生集不分卷　一册　新抄本

（宋）淳安徐陟著。绍兴李生翁藏。

陟字彦升，号锦溪，太学生，通五经，善属文，与杨中立时、朱韦斋松、吕东莱缔文字交。

刘左史集四卷　一册　传抄本

（宋）永嘉刘安节著。瑞安孙氏玉海楼藏。

安节字元承，元符进士，官太常少卿，出知州，与弟安上元礼同事二程，号大小二刘，并以风节文章著。此传录山阴周氏藏本，册尾有周星诒朱笔题记，并移誊吴翌凤旧记各一则。此本迥胜文澜阁抄本。孙氏《永嘉丛书》本即据此，补阁本凡得一千数百字，然亦有此本误而宜遵阁本数十处。其两本皆误者，则孙仲容先生间以己意订正之云。

之官纪行诗草不分卷　一册　新抄本

（宋）泰顺吴驲著。永嘉区征辑乡哲遗著会藏。

驲字由正，嘉泰壬戌进士，授承节郎，官至武经大夫。是编为知昭州时，由原籍库村起行，按日记程之作，并附酬赠诗什。清同治辛未，邑人包涵从吴氏旧谱中录出。驲旧有《岚壁集》，久佚。

平庵悔稿并后编不分卷　六册　旧抄本

（宋）松阳项安世著。瑞安孙氏玉海楼藏。

安世字平父，宁宗时，朱熹召至阙，未几，予祠，安世率馆职上书留之，复以直龙图阁为湖南转运判官。是书《直斋书录解题》载《悔稿》十五卷、《后编》六卷，宋《艺文志》作《丙辰悔稿》四十七卷。此本不分卷。《后编》之尾有乾隆辛丑仁和吴长元所为跋，称是编为余秋室集太史分纂《永乐大典》摘出，余手录副本，悔庵得诗八百六十余首，后编得诗五百五十余首，知《悔稿》所佚甚多。又称是编出自禁垣，世间希有云。近人端木彧《处州丛书目》下注“待购”，盖亦未见也。案此书阮氏《四库未收书目提要》卷三作十三卷，亦云传本殊希。惟最近商务书馆印行之《宛委别藏》，仍未收入耳。

江月松风集十二卷续集一卷[①] 送陈二册 抄本

(元)钱塘钱惟善著。九峰旧庐王氏藏。

惟善字思复，自号心白道人，至正元年领乡荐，官至儒学副提举。鼎革时，避乱华亭，明洪武初卒。此集有康熙丙寅金銊依曹溶家藏手稿本此本旧藏丁氏，现归南京国学图书馆写校，《四库》著录。此为秦氏石研斋旧藏，末有武进张惠言手抄补诗一首。丁氏《武林往哲遗著》本较此多补遗《文录》《附录》各一卷。

梅花庵稿不分卷 一册 抄本

(元)嘉善吴镇著。嘉善县图书馆藏。

镇字仲圭，以爱梅自号梅花庵主，或梅花道人，性高介，隐居不仕，诗书画称三绝。惟颇自矜重，不肯轻为人作，后来假名求售，赝迹致多。尤邃于《易》，垂帘卖卜，所居梅花庵，即今嘉善花园巷内梅花庵云。至正十四年卒，寿七十五。有《梅花道人遗墨》二卷，《四库》著录，有《啸园丛书》本行世。另有《梅花道人词》一种，兹亦由嘉善县立图书馆应征陈列。遗画仿米山水轴，今由诸暨陈氏仰逋居征送，虽极高古，然犹为识者所疑。

---

① 《中国古籍善本书目·集部·元别集类》著录，清抄本，第504页。

杨铁崖文集四卷　三册　抄本

(元)诸暨杨维桢著。诸暨县立民教馆藏。

维桢字廉夫,号铁崖,生元明之际,博学岩栖,白衣宣召,皭然不滓。其文世传未广,兹搜得某氏抄本,后附《史义拾遗》上下卷。凡所论列,皆戛戛独造者。案《四库》著录《东维子集》三十卷,计录文二十八卷,诗仅两卷,又以杂文六篇足之云。案莫氏《知见传本目》称诸暨陈于京刊本《铁崖集》案当作《铁崖文集》五卷、《史义补遗》二卷、《西湖竹枝》一卷、《香奁集》一卷。以上四种合称《铁崖集》。此抄卷数种数均殊,恐尚非从于京本出也。

铁崖杂记　一册　抄本

(元)诸暨杨维桢著。诸暨县立民教馆藏。

按东维子遗稿甚多,坊肆绝少刊本,暨邑以文献攸关,展转传抄,得此巾箱小帙,亦足珍也。

丽则遗音四卷附录一卷　一册　旧抄本

(元)诸暨杨维桢著。诸暨县民教馆藏。

是书《四库》著录。此本不知谁氏手写,第因其为先正著作,亟揭橥之,以示昆山片玉云。

青村遗稿不分卷　一册　旧抄本

(元)义乌刘涓著。瑞安孙氏玉海楼藏。

涓字德源,先世避吴越王钱镠嫌名,改姓金,故一作金涓,尝受经于许谦,学文词于黄溍,为虞集、柳贯所知,交荐于朝,不赴。明初辟召,亦坚拒不起,徙居蜀山之青村,故以名集。辽、元两史《艺文志》著录,通行有《金华丛书》本,尚作金涓著。所著尚有《湖西集》,传世者仅此一种而已。

玉井樵唱三卷　一册　旧抄本

(元)遂昌尹廷高著。瑞安孙氏玉海楼藏。

廷高字仲明,号六峰。册尾记云:“雍正癸卯孟冬录于昆阳署,不著姓氏。”《四库提要》云:以集中有《永嘉书所见》及《永嘉任满代者未至》二诗,谓顾嗣立《元诗选》小传所称尝掌教永嘉,实非无据云。可以补正遂昌、永嘉两志。案《郘亭知见传本目》云《四库》依知不足斋刊本,今《四库》本已由商务印书馆影印入《四库珍本丛书初集》矣。

雪溪渔唱集残存八卷　四册　传抄本

(明)海宁苏平著。海宁县图书馆藏。

平字秉衡,号雪溪,布衣。永乐间,举贤良方正,不就,与弟正并居“景泰十才子”之列。《明史》附见《文苑·刘溥传》。是抄从景泰刻本出,每卷题“西蜀晏铎振之编选,戚里王贞庆善甫校”。

又一部十卷　五册　抄本

浙馆藏。

此系光绪时海宁张光第辗转搜求而后录成。昔钱塘丁氏藏有景泰刻本,亦缺九、十两卷,则此自为最足之本。案丁书现归南京国学图书馆,尚有《补遗》《附录》两卷。

雪溪渔唱集抄三卷　一册

(明)海宁苏平著。海宁图书馆藏。

此苏氏十五世孙士本所摘抄。首有士本序,称“是集原本十卷,梓行未久,板毁于火,家传旧抄本已残缺”。是抄又止就旧本摘录二百余首,而系平弟秉贞之诗于后。末有道光六年同邑张骏及管庭芬跋。案此传录道光刊本。

虚斋先生遗集五卷　一册　海宁张氏抄本

（明）海宁祝萃著。铁如意馆张氏藏。

萃字维贞，号虚斋，成化壬辰进士，官至广东左参政，著述甚富。是书见《四库存目》，原十卷。此仅录至第五卷书启止，诗及诗余五卷全阙。据《海昌艺文志》案语云“抄本十卷”，则他五卷，当犹在人世耳。

碧里后集不分卷　一册　新抄本

（明）海宁董穀著。海宁县图书馆藏。

穀字硕甫，正德丙子举人，由海宁移居澉水，自称两湖山人。澉有碧里山，故又自号碧里山樵。著述甚富，《碧里前集》四卷已梓行。此后集，嘉靖刊本，罕见，亦费景韩先生录副者。

浮云集十一卷　四册　传抄本

（明）海宁陈之遴著。海宁县图书馆藏。

之遴字彦升，号素庵，崇祯丁丑科榜眼，官编修。入清，历官至宏文院大学士。后谪居沈阳，终焉。其著作详见《海昌艺文志》卷六。此集《四库存目》著录，原十二卷，《诗余》一卷，注明嗣出，恐遂不传。卷末有管庭芬跋。此为海宁图书馆抄本，有校勘记。

陈乾初先生遗集卷首一卷文集十八卷别集十九卷诗集十二卷外编一卷　陈列四册

（明）海宁陈确著。九峰旧庐藏。

确字乾初，号确夫，刘蕺山之门人。明亡后，潜居山中以终。黄梨洲为撰墓志。遗书为其族孙敬璋所编次。此餐霞轩原抄本。首有乾初像，绘极精。原书皮有“吴印昂驹”白文、“观乐后人”朱文二方印。

乾初先生别集十九卷 四册 新抄本

(明)海宁陈确著。浙馆藏。

此陈氏晚年所著,自序作于顺治戊戌。《经义考》录是书作一卷,盖据原稿。此传录南京国学图书馆藏八千卷楼旧藏惜道味斋抄本。

敬修堂杂著三卷 二册 查倬抄本

(明)海宁查继佐著。嘉业楼藏。

继佐字伊璜,号与斋,又号左尹,自号东山钓史,崇祯癸酉举人。国变后,不复出,晚辟敬修堂于杭之铁冶岭,著书其中,世称敬修先生,撰作备见《海昌艺文志》,其《罪惟录》一种已著录。此查氏族裔孙倬手抄,末有同里管庭芬手跋。

右《敬修堂杂著》三卷,圈点悉公手定。中有《浔记》一卷,原稿漫漶,不获稍存梗概。族后学倬重录,附志于后。

乙酉之后,甬东义旅先起,号召浙西,连络声援。先生负帷幄之才,与周青梦孝廉等,各以一旅驻守江上,虞渊逐日,未始非王炎午一流人物也。其上鲁监国诸书,及所画诸策,实有见地,惜乌合之众,不能得以臂使指之灵,殊可叹耳。中有《张忠烈公供招》一卷,皆《奇零草》所未及。苟能刊附《忠烈集》末,则海上之事,亦可得其梗概矣。先生晚隐杭之吴山铁冶岭,筑敬修堂为讲学之地,故撰述皆署其名。相传堂即杨铁厓读书故址,其处沧桑之运,而勃郁之气,亦似相契合云。咸丰甲寅五月,苦雨乍晴,读此终卷,谨志于末。芷湘管庭芬书。

再者,余曾见先生《与邑绅论兵事书》手稿于陈简庄征君处,与此书可互参,惜未抄录为怅,俟再访之。后学庭芬又记。

东山钓业不分卷 一册

(明)海宁查继佐著。海宁县图书馆藏。

他山先生此书及《粤游杂诗》,曾经上海古书流通处影印。据末费寅跋,称此册较所见真迹篇名多异,知散佚尚夥云。

又有今人查猛济跋云:

硖石徐容初司马尝得东山先生手写诗文稿，携至沪上，转示南通张季直先生。费公所见，当是此册。余又见古书流通处景印有《东山钓业》及《粤游杂诗》两种，经陈乃乾校定，与徐氏所得暨是本均异，书之以待有志纂辑《东山全稿》者之考订焉。

容庵存稿三卷　一册　抄本

（明）海宁许令瑜著。海宁县图书馆藏。

令瑜字元忠，号芝田，明亡，弃官归隐。著述具详《海昌艺文志》卷四。此书凡三卷，末附诗、诗余、尺牍、杂文、《孤臣述》、又附录。据费寅跋称此录自朱珩庐处云。

为可堂文集四十卷　陈列二册　传抄本

（明）海宁朱一是著。海宁县图书馆藏。

一是字近修，崇祯壬午举人。甲申后，隐居嘉禾之梅里以终。其集崇祯时已刊，清顺治丁酉，其子愿愚又补刊，今即从补刊本传抄。

土苴集二卷[①]　一册

（明）嘉善周鼎著。嘉善张天方藏。

鼎字伯器，沭阳典史，殚心著述，人称桐村先生。遗集有《土苴》《桐村》《疑舫》三集。是本首有新抄目录及正德十二年丹阳都穆序。序称嘉善学生张倬，先生孙婿子也，家藏斯集，与其友沈一之辈锓之于木，则较原抄序为详。末有张天方氏过录孙毓修民国戊午年跋，知先生曾据明刻本校印也。然《涵芬楼秘笈》本仅及其半，此为全豹，可贵矣。案此书浙江省立图书馆亦有传录本。

---

① 《浙江省古籍善本联合目录・集部・明别集类》著录《土苴集》二卷《附录》一卷，清初抄本，今藏浙图，第 293 页。

丁清惠公遗集八卷　八册　旧抄本

(明)嘉善丁宾著。嘉善县立图书馆藏。

宾字礼原,号改亭,隆庆进士,官至南京工部尚书,加太子太保,崇祯时卒,谥清惠。既卒之六年,后裔刻其遗集,仅印数十部云。此为其九世孙朝爔抄本。首有"五三公一十八世孙"朱文长方及"朝爔"朱文两印。

爱莲堂诗草四卷　一册　旧抄本

(明)嘉善沈瑶著。嘉善县图书馆藏。

瑶字圣务,号洞庵,明末西塘人,与施椅、沈湛、顾鹏、释白谷辈相唱和。是草凡初、二、三、四集各一卷。

沈渊伯骈文存　一册　旧抄本

(明)嘉善沈湛著。嘉善县图书馆藏。

湛字渊伯,号补斋,明末西塘人,诸生,居五柳村,卖文为活。著有《遡风草》《东事》《漫笔》《闽游草》《醒书果报录》《放生书》《存余草》《诗余》《向雪堂文集》《易申补斋百一贻安录》《普天同痛》诸书。是本有朱墨圈识。

书龛集　一册　旧抄本

(明)嘉善施椅著。嘉善县图书馆藏。

椅字楚善,明末人,原籍云间,入赘西塘沈氏,居文水漾侧,寝馈于书,自号书龛居士。门人称书龛先生。与李炜父子、倪源兄弟及沈湛、张光曙辈相往还。他著有《尚志集》《劝孝曲》等。

东滨逸稿　一册　影抄万历本

(明)平湖陆淞著。平湖胡宛春抄藏。

淞字文东，号东滨，四岁能诵《毛诗》。弘治己酉，乡试第一；庚戌成进士，以祖母老乞归。王端毅恕荐起豫修《大明会典》，成，拟除翰林，力辞。授礼部主事，历郎中。居官四十年，被服如寒素，清而不矫，人以为难。著有《东滨集》，累赠刑部尚书。

渐斋诗草二卷[①] 二册 新抄本

（明）平湖赵汉著。平湖胡宛春抄藏。

汉字鸿逵，号渐斋，正德辛未进士，官至山西布政司参政。诗学江西。是集原刻于嘉靖乙卯，传世亦不多见矣。

苍水遗集不分卷 一册 传抄本

（明）鄞县张煌言著。衡山李佩秋藏。

是抄分类不分卷，杂文三十九篇，北征录一篇，经义七篇。闻抄自镇海郑氏藏清初人旧写本，与钱塘丁氏旧抄本、余杭章氏刊本、顺德黄氏排印本，编次皆不相同，字句亦多互异云。案《苍水集》今有《四明丛书》九卷《附录》八卷本，最为完全。其遗象及遗砚，兹亦征到陈列，有影片，见本会《图录》。

奇零草不分卷 一册 傅氏长恩阁抄本

（明）鄞县张煌言著。浙馆藏。

《四明丛书》本《张苍水集》首三卷，即为《奇零草》。此不分卷。全书经傅节子先生朱墨笔校。卷首护页钤“建宁府印”“满汉合璧印”，则傅氏抄校于建宁郡斋者。有光绪丁亥中秋节叟题记。

---

① 《中国古籍善本书目·集部·明别集类》著录，明嘉靖三十四年刻本，第 642 页。

钱忠介公集十卷　十册　旧抄本

(明)鄞县钱肃乐著。四明张伯岸藏。

案此即忠介公嗣子濬恭所手抄者。书面题云:“至亲的友,借观拒绝。”盖其时文网犹密,惧以速祸也。孤本流传,展转归慈溪叶氏畲经手,叶氏转赠恒斋张氏,刻已由约园张氏录副,用冯氏伏跗室藏稿本校补,刊入《四明丛书》第二集,计共二十卷,首一卷,附录六卷,年谱一卷。考忠介之文献者,斯其大成矣。此本首有全祖望序,钱肃图识及记略,侄中盛跋,子濬恭附述。及《忠介公文集》遗失目录,亦可供参稽。忠介讳肃乐,字希声,明季殉节,《明史》有传。其遗像兹亦征到陈列,并附有传略焉。

万卷楼遗集六卷[①]　四册　传抄本

(明)鄞县丰坊著。四明张氏约园藏。

坊字南禺,有《鲁诗世学》,已著录。此传录北平燕京大学图书馆藏本,光绪邑志艺文失收。首题“四明丰坊存礼著,温陵蔡献臣体国校”。

赵氏家藏集八卷[②]　四册　旧抄本

(明)慈溪赵文华著。长兴王氏诒庄楼藏。

文华,嘉靖进士,官至工部尚书,文学颇佳,顾以性行倾险,与权奸严嵩朋比,贼言忠良,遂致为万世唾弃。是可知人生立德,尤尚于文言也。其遗著,《千顷堂书目》著录,有《世敬堂集》四卷。然历来藏

---

① 《中国古籍善本书目·集部·明别集类》著录,明万历四十五年丰建刻本,第661页。

② 《浙江省古籍善本联合目录·集部·明别集类》著录,清抄本,今藏浙图,第327页。

家书目皆作《赵氏家藏集》八卷。是为吴县惠氏藏本，有“红豆书屋藏印”及“湛华阁藏书印”。封面有朱笔题记曰：“此明赵文华集也。文华奸狡，为世唾骂，所谓文字，亦猩猩、婴武之言耳。此本为惠氏红豆书屋旧藏，宣统三年八月，于厂肆得之，拟与《钤山堂集》并存一处，如见粉墨登场时也。蛰庵题记。”

又一部八卷　四册　民国五年张氏古欢堂抄本

四明张伯岸藏。

末录民六年张宗祥跋云：“右《赵氏家藏集》八卷，民国五年十二月借抄，误脱甚多，皆照原本，不改正。钤毕，附录列传一篇于后。此书无刻本，与《钤山堂集》不同，故录之，使世人知奸人造说粉饰功状之可惧，且以见略有文学之人，其作伪更较常人工万倍也。文华一生劣迹，集中仅见一二，谅系选者删去，故所存仅此八卷耳。选者亦巧人也。呜呼！自廷杖行后，士节扫地尽矣。稍有风骨者，非死即逐，使觉罗氏早兴，不独待庄烈帝之时，其亡久矣。六年一月二日，张宗祥跋。”案此书八千卷楼丁氏旧有墨格抄本一种，现藏南京国学图书馆。

曹山六老诗稿　春山读书诗稿　一册　抄本

（明）会稽陶奭龄、［陶］湝著。绍兴杨蛰庐藏。

奭龄字石梁，为明代大儒，宗阳明、蕺山之学，不屑屑于词章。其《曹山六老诗》，乃垂暮倦游，流连白社之作，墨迹尚为其后裔保存。湝号农师，广西道御史式玉之后，后石梁且数十年。其山居避乱诗亦留有手写本。子缜编修、越缦侍御，皆有题咏。此册乃假抄原稿，以表彰两公之崖略者云。

贻穀堂集　丹峰集十三卷　平山集五卷　合订四册　抄本

（明）上虞徐子熙及子应丰著。上虞中山图书馆藏。

贻榖为徐氏之堂名。是集系徐启东裒其大父丹峰公暨父平山公之著作为一集也。《丹峰集》，首焦竑叙，称其服官耿介有操，曾却逆瑾之请。《平山集》，首有刘养志叙，称其诗青腴秀劲，迥出尘表，然亦竟以介特不遇于时。从知二公诗文，非徒以字句之工争雄词苑已。子熙字世昭，弘治乙丑进士，官至光禄寺少卿。应丰字德中，由鸿胪寺序班至礼部郎中。启东字养元，隆庆丁卯举人，官至南京缮部郎。

白云稿十一卷[①] 二册 传抄本

(明)临海朱右著。临海项士元藏。

右字伯贤，自号邹阳子，元末明初人。洪武时，仕至晋府右长史，卒于官。《明史·文苑》附《赵壎传》中。此叶氏荫玉阁旧藏抄本，原本十二卷，《四库》著录残存五卷本。惟文澜阁《四库全书》燹后经丁氏据善本书室藏旧抄本补写，亦十一卷。

容庵集十卷[②] 四册 抄本

(明)仙居应大猷著。临海项士元藏。

大猷字邦陞，别字容庵，正德九年进士，积官至刑部尚书，历官五十余年，端洁仁恕，始终如一。卒年九十五，《明史》及《台州府志·名臣》有传，著有《周易传义存疑》一卷及此书，并已刊。乾隆四十三年戊戌，其裔孙钟宪又重刻之焉。

---

① 《浙江省古籍善本联合目录·集部·明别集类》著录，清光绪二十年王棻家抄本，清黄岩王棻、黄岩王舟瑶校并跋，今藏黄岩图书馆，第281页。

② 《浙江省古籍善本联合目录·集部·明别集类》著录《容庵集》七卷《周易传义存疑》一卷《书》一卷，清光绪十三年抄本，清黄岩王棻校并跋，今藏黄岩图书馆，第316页。

鹤田草堂诗集十卷[①] 陈列一册 秋籁阁抄本

(明)临海蔡云程著。临海项士元藏。

云程字亨之,嘉靖己丑进士,官至刑部尚书。此临海黄氏秋籁阁抄本,已刊,《四库》著录,《台州经籍志》卷二十九著录。

金存庵集十卷 二册 传抄本

(明)临海金立敬著。临海项士元藏。

立敬字中夫,号存庵,嘉靖庚戌进士,官至工部侍郎。是编《台邑旧志》暨《四库目》均未载,传本极稀。是为临邑修志时从其后裔家录副者,末有丙申九月二十三日天台后学张廷琛跋,《台州经籍志》卷二十九著录。

稚玉文集八卷卷末一卷[②] 一册 旧抄本

(明)临海王亮著。临海项士元藏。

亮字稚玉,号楼峰,万历进士,官至福建运盐同知。其集刊本极少见,《台州经籍志》卷卅著录。

北窗闲咏六卷 一册 抄本

(明)临海马谦著。临海项士元藏。

谦有《心史大纲剩稿》,已著录。是书原本十卷,此经三次删定本为六卷,抉择颇精,《台州经籍志》卷三十著录。

---

① 《浙江省古籍善本联合目录·集部·明别集类》著录《鹤田草堂》十卷,清抄本,今藏浙图,第326页。

② 《浙江省古籍善本联合目录·集部·明别集类》著录《稚玉文集》八卷《摘抄诗赋》一卷,清末抄本,今藏浙图,第355页。

始丰稿十四卷[1] 一册 旧抄本

(明)天台徐一夔著。金石寿藏。

此临海戴子芗氏手抄本。一夔字太章,博学工文,洪武初,征修礼书,寻又荐修《元史》,不赴。后用荐为杭州教授,召修日历,成,将授翰林官,固辞不受。此其遗著,原十五卷,《四库》著录时,已佚其一。钱塘丁丙为辑补遗一卷附录一卷,刊入《武林往哲遗著》。省立图书馆藏有旧抄《元丰文集》四卷二册,实即此稿之节抄改署者云。

桃溪净稿残存十卷[2] 一册 旧抄本

(明)温岭谢铎著。临海项士元藏。

铎字鸣治,天顺进士,授编修,进侍讲,遭丧服除,遂不复起,卒谥文肃。著作甚富,备见《台州经籍志》。此《净稿》原八十四卷,《四库》存目。正德十六年刊本,现尚有存者。此残存卷三至四、六至十、五至七。

正志稿六卷[3] 二册 旧抄本

(明)太平林贵兆著。温岭林爵铭藏。

贵兆字道行,号白云,嘉靖庚子进士,学者称白峰先生。是稿卷一弟子歌、采芹歌、远游歌,卷二艺兰歌,卷三退食歌、寻乐歌,卷四适真歌,卷五、六为拾录。《台州书目》著录,《经籍志》作九卷、附录一

---

① 《浙江省古籍善本联合目录·集部·明别集类》著录《始丰稿》六卷,清抄本,今藏浙图,第282页。

② 《浙江省古籍善本联合目录·集部·明别集类》著录《桃溪净稿》八十四卷,清抄本,临海项士元跋,存十五卷,三至十七,今藏浙图,第296页。

③ 《浙江省古籍善本联合目录·集部·明别集类》著录《知我轩近说》二卷《正志稿》六卷,清抄本,今藏浙图,第373页。下一条,可以相互参看。

卷，有宣统庚戌太平陈乃普排印本行世。

知我轩近说二卷　二册　旧抄本

（明）太平林贵兆著。温岭林爵铭藏。

是编凡为文一百九十九首，前有光绪辛丑黄岩王舟瑶序并校，卷首有“温岭林氏凌沧阁藏书”“瘠叟鉴赏”二朱印。《台州书目》著录，《经籍志》作三卷，有宣统庚戌陈氏印本。浙馆有之。

逊志斋集拾遗十卷附录一卷　十八册

（明）宁海方孝孺著。衡山李佩秋藏。

明成化宁海令郭绅所刊《逊志斋集》三十卷、《拾遗》十卷，为方集最足本。案《逊志斋集》有正德刊二十四卷《附录》一卷本。《四部丛刊》本即以此为底本。嘉靖刊二十四卷《附录》一卷《拾遗》一卷本，万历刊二十四卷《外纪》二卷本，清道光刊《乾坤正气集》二十二卷本。此《拾遗》十卷《附录》一卷，乃就瑞安孙氏玉海楼藏本影抄者。民国乙丑，衡山李佩秋洣重雕成化四十卷本，行款一仍旧贯，此其底帙也。卷首有红缥馆藏本印。孝孺字希直，为明初靖难之变殉节，《明史》有传。其遗像兹亦由诸暨陈氏仰逋居、杭县高氏梅王阁分别应征陈列。

太末先生集一卷　北游诗草一卷　清溪诗草一卷　南园诗草一卷　四册　旧抄本

（明）衢州余敷中著。衢州郑氏藏。

敷中字文夷，号太末，明万历戊午举人，官淳安教谕，此其遗集。他著尚有《春秋麟宝》六十三卷，《四库》附《存目》。《提要》乃谓敷中不知何许人。兹亦征到明万历原刊本陈列。另有《仕学编》及《三衢水脉》等，并见府志艺文。

紫崖遗稿二卷 一册 抄本

(明)江山徐惟辑著。江山县政府征集。

惟辑字汝协,号紫崖,明嘉靖己未进士,为内阁中书舍人。相国徐阶奉诏为青词,命惟辑代作,上未尝不称善。首题"江阳紫崖徐惟辑著,同邑介川毛恺校"。前有万历丁丑赵镗及白岩山人柴惟道序,末有崇祯六年裔孙克溥后述,称"先大父卒之十余年,遗稿始传于世"云。

瓯滨文稿一卷 一册 新抄本

(明)永嘉王瓒著。永嘉区征辑乡哲遗著会藏。

瓒字思献,弘治丙辰进士,官至礼部侍郎,卒谥文定,今人永嘉黄群曾刻其《瓯滨摘稿》古今体诗一卷入《敬乡楼丛书》。此为所著奏疏等杂文,计二十二首,后附其子侹所著诗文曰《中白集》。此传录玉海楼藏旧抄本。

瓯东录十卷[①] 十册 新抄本

(明)永嘉项乔著。永嘉区征辑乡哲遗著会藏。

乔字迁之,嘉靖己丑进士,官至广东参政。是书系初刻本十卷,第一至三卷为诗文,四至八为杂著笔记,九至十为历官公牍,后又专编讲学之语,别刻《瓯东私录》六卷。其诗文别为《文录》,公牍别为《政录》。今惟《私录》六卷尚有流传,《文录》《政录》则并未见。是此十卷本,尤可珍矣。案此亦传录玉海楼藏旧抄本。

---

① 《浙江省古籍善本联合目录·集部·明别集类》著录,清孙氏玉海楼抄本,清瑞安孙衣言校,清瑞安孙诒让批,今藏浙大,第 326 页。

玉介园存稿十八卷附录四卷[①] 八册 抄本

(明)永嘉王叔杲著。永嘉征辑乡哲遗著会藏。

叔杲字阳德,嘉靖壬戌进士,官至福建参政。子光美,初为编次存稿,诗以岁编,文分叙、记、传、尺牍、志铭、诔辞、杂著类如干卷,谋锓木以传,旋罹火厄。万历辛丑,复为检录煨烬,得十之四五,付刻,即今本也。北平图书馆有明刻原本。

歌宜室集十六卷[②] 二册 新抄本

(明)永嘉柯荣著。永嘉区征辑乡哲遗著会藏。

荣字茂倩,万历诸生,何白称其诗乐府浑质清遒,上溯汉魏,间记时事,综以古辞,居然太上风谣云。原有崇祯辛卯刻本,久佚。此传录端安张宋卿家藏抄本。

环庵先生遗稿九卷附录一卷[③] 一册 新抄本

(明)端安虞原璩著。永嘉区征辑乡哲遗著会藏。

原璩字叔圆,永乐已丑以布衣征,预修《大典》。此稿于万历癸未,七世孙书为付梓,有林尚春后序。每首下注林评者,即尚春笔也。末附志传、祭挽之作。此传录端安张宋卿家藏刊本,孙氏玉海楼有旧抄本。

---

① 《浙江省古籍善本联合目录·集部·明别集类》著录《玉介园存稿》□□卷,《附录》□卷,清同治孙锵鸣家抄本,清瑞安孙锵鸣校并跋,今藏玉海楼,第342页。

② 《浙江省古籍善本联合目录·集部·明别集类》著录,明崇祯刻本,今藏温图,第384页。

③ 《浙江省古籍善本联合目录·集部·明别集类》著录《环庵先生遗稿》十卷,清孙氏海日楼抄本,清瑞安孙锵鸣批注并跋,今藏温图,第372页。

汲古堂续集不分卷　五册　旧抄本

(明)乐清何白著。端安孙氏玉海楼藏。

白字无咎,号丹丘处士,工诗能文。其《汲古堂集》,世传刻本,而《续集》向未剞劂,外间传帙亦绝少。《温州经籍志》卷二十九载《续集》阙,乃别一本。玉海楼亦有之,篇数相较,远不及此抄之完备也。

龚定庵先生集外文　二册　魏稼孙手抄本

(清)仁和龚自珍著。杭县丁鹤庐藏。

此仁和魏稼孙手抄谭献录存本,以诒会稽赵扔叔者。扔叔手识云:"同治纪元四月既望,谭献出所抄藏本假赵之谦,始得读一过。魏锡曾愿重抄见畀以易画,许之。原本篇无次,今以私意次之,订本成,遂志缘起。此吾破家后第一宝箓也。"稼孙名锡曾,清仁和廪贡生,官福建浦南场盐大使。少有至性,事两节母,以孝闻,与兄锡名、锡爵相友爱。好篆刻金石文字,收藏甚富。以王氏《金石萃编》有漏略,撰《绩语堂碑录》以补之。又著《唐开成石经考》及诗文集等。在漳州时,纂修府志,一时推为善本。光绪七年,卒于官据《湖墅小志》。所抄《三峰传稿》及手校《冬心续集》,今并征到陈列。

项莲峰书厉樊榭诗不分卷　一册　项朝棻写本

(清)钱塘厉鹗著。杭县丁祁之藏。

莲峰名朝棻,字聚芬,莲峰其号也。仁和岁贡。工诗,精书法,与吴谷人、姚春漪等为文友。能悬臂作小楷,运笔如飞,手抄所读书,终卷无讹脱云。著有《琴台小稿》。此为其手抄厉太鸿诗集。首页题"樊榭诗读本"。天头朱识云:"康熙壬申五月初二日先生生。"每首题下亦朱笔记樊榭年岁,盖用编年法。末页尾行有"嘉庆二年岁次丁巳春日,莲峰录于镜云萝屋"朱书一行,中间眉评圈识极多。鹗字太鸿,号樊榭,康熙举人,乾隆初举鸿博不遇。博学工诗文,著述不可胜纪。

《清史稿·文苑》有传。

崇兰堂文初存　二册　抄本

（清）钱塘张预著。杭县项兰生藏。

预有《量月楼词》稿本，已著录。是书版心有“腹庐类稿”四字，已刊行。

蕉雨轩遗稿不分卷　一册　抄本

（清）海宁周嘉谷著。海宁县图书馆藏。

嘉谷字茂斯，号华芗，诸生，清初人。此书《海昌艺文志》未著录，前后亦无序跋。阮元曾采其一首入《輶轩录补遗》。

五十学诗斋初稿不分卷　一册　传抄本

（清）海宁张兆棻著。海宁县图书馆藏。

兆棻字芬木，号墨林，诸生。遗著仅此一种。《海昌艺文志》著录作四卷，云有朱近祺、管庭芬序，钱泰吉、应时良题词，此本均无之。惟末过录有光绪间乌程徐凤衔跋二行。

陈堪卿散体文不分卷　一册

（清）海宁陈堪卿著。海宁[县]图书馆藏。

堪卿字卜三，号石眉，廪生。精等韵、翻切之学，得周松霭之传。著述甚富，详《海昌艺文志》卷十五。此书未见刻本，为海宁图书馆传抄本。

慈云阁诗存附陈筠斋诗不分卷　一册　抄本

（清）海宁女史朱逵著。海宁县图书馆藏。

逵字虔斋，陈克铉妻，工吟咏，早卒。克铉受母命，辑其遗诗为此编，并附其女《陈筠斋遗诗》三十二首于后。

海日楼诗集二卷　一册　海宁王国维抄本

(清)嘉兴沈曾植著。上海龙榆生藏。

曾植字子培,号乙盦,光绪时进士,仕至安徽巡抚。在官多善政,民国十一年卒,寿七十。生平精史地及内典,亦工诗。陈衍谓其诗爱艰深,薄平易,亦诗中别辟蹊径者。此为民国五年海宁王国维所编录,计《壬癸稿》《甲乙稿》各一卷,归安朱彊村并为手校,合三人心力而成,弥觉可珍矣。

王氏手跋曰:"丙辰季冬,海宁王国维呵冻录此,并编定为《壬癸稿》《甲乙稿》各一卷。自初五日起,至十四日夕,凡十日而毕。"

深柳居诗草不分卷　一册　张墉抄本

(清)嘉善顾功枚著。嘉善县图书馆藏。

功枚字惟吉,号竹厂,乾嘉间郡诸生。柳溪金家埭人,后迁西塘,与倪以埴辈相唱和,邑志文苑有传,甚略,惟谓《诗草》殁后散佚,门人搜其遗什,仅得百余首,许太守瑶光序之云。其诗郭频伽曾采入《灵芬馆诗话》,周斌又曾选十余首入《柳溪诗征》,末有庚申新正柳溪周斌跋,据谓此尚系门人张墉手录本云。

陆堂诗集八卷　陆堂文集二十卷　四册　传抄本

(清)平湖陆奎勋著。嘉善县图书馆藏。

奎勋有《陆堂诗学》,已著录。此诗文集亦传录康熙刊本。

风雨庐诗草四卷　一册　旧抄本

(清)嘉善朱桂著。嘉善县图书馆藏。

桂字金雪,魏塘人,乾嘉时庠生。此本计《赏雨集》二卷、《删余摘录》二卷,已有残缺。卷首有各家题诗,前后无序跋。

银藤馆遗诗不分卷　四册　旧抄本

(清)嘉善倪以埴著。嘉善县图书馆藏。

以埴字心培,号默卿,国子生。性至孝,居丧三年,不御酒肉,乡荐不售,遂弃帖括,专攻经学,与龚自珍、朱庆祺辈为文友,著有《四书诸说异同考》《易说异同考》《斜塘竹枝词》等。此本原封面题《银藤馆遗诗》,新加书皮署《银藤馆集》,今名从其朔。

研悦斋诗抄残存下卷　一册　李达三抄本

(清)嘉善顾澧著。嘉善县图书馆藏。

澧字芑堂,号雨坪,嘉善时附贡生,家洪家滩高滨,能诗,与黄安涛、陈传均游,著有《研悦斋诗抄》二卷,今仅存下一卷。又擅岐黄,著有《初学摘略》十二卷,此为李钟奇达三手抄本。

枕流阁吟草不分卷　一册　抄本

(清)嘉善卢国型著。嘉善县图书馆藏。

国型字烛斋,自署柳溪钓徒,嘉道时增广生,与沈丹培等相唱和。是草经查熙删存五十余首,寥寥十数页。尾有查氏手识,及邵锡辰撰《善邑增广生员卢君烛斋传》,知先生殁于壬子岁。此草,《柳溪诗征》已采及。

心香阁存稿不分卷　一册　抄本

(清)嘉善郁鼎钟著。嘉善县图书馆藏。

鼎钟有《小题襟集》稿本,已著录。

红柿叶馆诗草不分卷　一册　抄本

(清)嘉善朱光燡著。嘉善县图书馆藏。

光燡字小岩,道咸间西塘人,工诗,与浦燧许沈阶、李简斋唱和。

渔隐吟草一卷 望云楼词一卷 诗词草续编一卷 一册 抄本

（清）嘉善浦燧英著。嘉善县图书馆藏。

燧英字子佩，号淡菊，道咸间人，家渔渡滨村，工吟咏，尤长于词，与俞笑生、曹鞠辰唱和。

梅窝吟草不分卷 一册 抄本

（清）嘉善谢玉树著。嘉善县图书馆藏。

玉树字仲佳，道咸间人，廪贡生，候选训导。

煮琼花馆诗草附诗余不分卷 一册 抄本

（清）嘉善陆烜著。平川半月刊社送陈。

烜字荼叟，咸同间西塘人，与陈孝澄、周尚文辈相唱和。

无毁我室诗抄六卷 二册 抄本

（清）嘉善钱召棠著。嘉善县图书馆藏。

召棠字蘅依，例监生，官四川新宁知县，升巴塘同知。此其遗著，分《鲤趋集》上下《骏骨集》《虎须集》《鸮音集》《蚕丝集》。

泽畔行吟一卷 一册 新抄本

（清）嘉善徐振燕著。嘉善县图书馆藏。

振燕别号酒徒徐四，一号小铁居士，咸同时人，与兄振熙同以诗名。时经洪、杨之乱，故多感时之作。末附《劫余残草》一卷。其诗，潘氏《辅轩续录》已收。

愚庐遗稿二卷 一册 传抄本

（清）嘉善袁玉溪著。嘉善县图书馆藏。

玉溪字媚川，号愚庐，柳溪人，庠生。此稿上卷五七言绝，下卷为五七言律诗。近人周斌曾采其《送春诗》等二首入《柳溪诗征》。

乙元新咏不分卷 一册 抄本

（清）嘉善郁洪谟著。嘉善县图书馆藏。

洪谟，鼎钟有《小题襟集》等稿本著录子，字少彝，仙居训导，拣选知县。此其遗稿。近人余其锵曾采撷十首入《魏塘诗征》。末有民国九年其锵跋及印记。

游仙曲 忆存草 冯臂集 合一册 抄本

（清）嘉善顾如金著。平川半月刊社送陈。

如金字秋堂，西塘人，道咸间庠生。课徒为生，从游颇众。《游仙曲》为其游天台之作，《忆存》为怀旧感逝之作，《冯臂》则自谓犹冯妇攘臂下车之意云。

忆存草一卷 蠹余一卷 合一册 抄本

（清）嘉善顾如金著。嘉善县立图书馆藏。

平川棹歌不分卷 一册 抄本

（清）嘉善徐涵著。嘉善县图书馆藏。

涵字雪鸿，诸生，嘉善西塘镇人，工韵语。著作颇富，早逝，稿多散佚。此《棹歌》仅四十八首耳。有枫泾陈鸿墀跋，光绪间万揆三又识。是为惜阴主人手抄，末有甲辰秋九恺泉跋。

柳絮词·乡味杂咏合抄 一册 抄本

（清）嘉善周尔垲、谢墉著。嘉善县立图书馆藏。

尔垲字爽庭，两淮盐大使。此《柳絮词》七律三十首。墉字金圃，乾隆南巡召试第一，钦赐举人，旋成进士，入翰林，历官吏部左侍郎。

著有《听钟山房集》。

扑草遗稿·桃花馆诗草合订 一册 抄本

（清）嘉善张尚白、李万秋著。嘉善县图书馆藏。

尚白字朴斋，咸同时人，以布衣终其身。外甥陈铨衡裒其诗删存一集，一名《布衣诗抄》，时人竞抄之。后附李万秋《桃花馆诗草》，与《劫余残稿》不同。

伴华小草 一册 抄本

（清）嘉善许翊唐、程表著。嘉善县图书馆藏。

翊唐字友巢，西塘人，咸同间庠生。表字玉映，翊唐妻，亦能诗。此其唱随之作也。

伴蛩吟不分卷 一册 新抄本

（清）嘉善女史王桂著。嘉善县图书馆藏。

桂字秋英，嘉邑陶庄才女也，遭际蹇舛，感而为诗。旧名《绣余草》，并附诗余，时人争抄传焉。

何求老人残稿七卷[①] 一册 寒松阁张氏手抄本

（清）石门吕留良著。吴县潘氏宝山楼藏。

留良有《晚村先生诗稿》，已著录。此嘉兴张公束鸣珂手抄本，总为诗四百五十六首，前有"细林山樵"朱印，末有壬寅夏细林山樵跋，时年七十有四。跋云：

游丹霞洞天之明日，遇武陵渔父于碧涛翠嶂间，手是编畀予，惊喜欲绝，盖尘埋扃闷者二百一十九年矣。相与坐磐石，就而视之，不名一格。其豪放如龙

① 《浙江省古籍善本联合目录·集部·清别集类》著录《何求老人诗》一卷，清抄本，今藏浙图，第409页。

门飞瀑，奔腾澎湃，令人三日耳聋；其镵削如奇峰怪石，森然如欲攫挐；其幽秀如孤花瘦蝶，风致自佳。回环雒诵，又如云车羽盖，缥缈闻笙鹤之音。历奇境，矜奇遇，读奇书，是真足以怡我情矣。遂拈秃管而识之。壬寅夏五月既望，细林山樵，时年七十有四。

红豆诗人诗抄　二册　抄本

(清)海盐董潮著。海盐张菊生藏。

潮字晓沧，号东亭，工诗善书，为嘉禾八子之一。乾隆癸未进士，改翰林，乞归养亲。武、阳两县延修邑志，垂成卒，年仅三十有六。在京日，尝与诸名流赋红树歌，潮诗最工，传诵都下，称为红豆诗人。所作诗文十余卷，已梓者见《嘉禾八子集》。此经朱笠亭琰手批，前有曼斋校读古籍印记。案东亭本武进人，以赘于海盐陈氏，遂占籍。

枫江草堂诗稿三卷附枫江渔唱　清湘瑶瑟谱[①]　五册　抄本

(清)长兴朱紫贵著。长兴王氏诒庄楼藏。

紫贵字立斋，廪贡生，官杭州训导。其书刘氏嘉业堂已为刊行。此为朱家抄本，经孙德祖手校，末有“光绪元年清和月三十日夜，堂曾孙叔伦抄藏”一行。孙德祖手跋曰：“庚寅六月望夕读，学舍无旧谱可校，脱讹处恨未能以意订正也。寄龛居士并识。”下钤“四世儒官”朱文方印。

艺香诗草偶存不分卷　一册　抄本

(清)长兴倪澧著。浙馆藏。

澧号廿渔，嘉庆副贡，官至高州知府。其诗草遭乱毁散，此从旧

---

① 《浙江省古籍善本联合目录·集部·清别集类》著录《枫江草堂诗稿》三卷《枫江渔唱》一卷《清湘瑶瑟谱》一卷，清光绪元年朱叔伦抄本，清会稽孙德祖跋，今藏浙图，第515页。

簏检得，仅存数十首。有“孙继宽谨缮”一行。末补录数首，为邑人金子长从原本录出者。卷中有二首，上钤朱文“存”字木记，即系选入《两浙輶轩续录》诗也。

句余土音注卅二卷[①] 陈列一册 旧抄本

（清）鄞县全祖望撰，陈铭海增注。四明张氏约园藏。

祖望字绍衣，一字谢山，清雍正举人。乾隆初，举鸿博，会成进士，选庶吉士，散馆以知县用，遂不复出。为人有风节，博学多才，尤留意网罗文献，表章忠义。著述极富，《清史稿》有传。铭海字星涯，号铁槎，诸生，著有《鸥雨山庄诗草》一卷。案此书有《嘉业堂丛书》本。

李长吉歌诗补注十八卷附旧本五卷年谱一卷附录一卷首一卷[②] 二十一册 抄本

（清）鄞县史荣注。慈溪冯氏伏跗室藏。

史荣字汉桓，一字雪汀，有《雪汀诗》十卷抄稿本，已著录。此抄首有王奎、潘人瑞、陶夔、陈常等数跋。目录后记云：“复古堂旧本依上党鲍氏本铨次。”

留补堂文集三卷[③] 二册 旧抄本

（明）鄞县林时对著。张伯岸藏。

---

① 《中国古籍善本书目·集部·清别集类》著录《句余土音》三十二卷，清陈铭海注，清鄞县陈氏抄本，张美翊跋，第1169页。

② 《浙江省古籍善本联合目录·集部·唐五代别集类》著录《唐李长吉诗补注》四卷《外卷》二卷《复古堂旧本》五卷《年谱》一卷《附录》九卷首一卷，清鄞县史荣补注，稿本，今藏天一阁，第184页。

③ 《浙江省古籍善本联合目录·集部·唐五代别集类》著录《留补堂文集》三卷《诗集》一卷《忠义殉国十二传》一卷，抄本，今藏浙图，第389页。

时对字殿飏，号网庵，时跃弟。崇祯十三年进士，官至御史，明亡，以隐逸终。此四明卢氏抱经楼旧物。有“四明卢氏抱经楼藏书印”。前后无序跋。

廨檥诗质不分卷　一册　新抄本

（清）山阴周星诒著。绍兴李生翁藏。

星诒字季贶，号已翁，官至建宁府知府，卒于光绪三十年甲辰。是本末李生翁跋谓：“自《处寂》至《辞墓》五十二首，抄自先生去越前自写本；《去越》至《林公遗真》二十首，悉五言律，则抄自刊本云。”有谭复堂评，可与《如皋冒氏丛书》本互勘。

宝田堂诗集附年谱十四卷　三册　抄本

（清）会稽章黼著。绍兴章景丞藏。

黼字二孺，绩学好游，足迹遍海内。集分《漫游草》《滇游草》《湘萍草》《章门草》《白门吟》，皆其旅迹所经跋涉间关之作。迄乎垂白丘园，杜门谢客，乃有《倦翮吟》之作。其胸次高朗，有非寻常所可企及者云。首附《年谱》，起顺治十七年，至雍正十年，寿七十三。

毛西河诗不分卷　一册　旧抄本

（清）萧山毛奇龄著。王氏诒庄楼藏。

西河有《唐书猎俎》手稿本，已著录。此抄首题沈文恪公手抄。有“古瓦砚斋”及“爱石斋珍藏”两印。

一所金先生集十二卷[1]　二册　抄本

（明）临海金贲亨著。台州征品分会征集。

---

① 《浙江省古籍善本联合目录·集部·明别集类》著录《一所先生集》十二卷，清抄本，张延琛跋，今藏临海博物馆，第316页。

贲亨字汝白，正德九年进士，请学职，授扬州教授，补南京刑部主事，以亲老乞养归。嘉靖中复起，历官江西按察司佥事、福建江西提学副使。早岁知学，绝去外慕，与仙居应大猷，互相砥砺。尝取周子一为要之义，名所居曰一所，由是学者称一所先生。嘉靖四十三年卒，寿八十二。著作甚多，详见《台州经籍志》。此集各家著录卷数互异，盖明代刊本有二：一为嘉靖庚申晋江蒋升初刻本；一为万历戊寅其子金立敬重刻本。初刻本不备，此盖传录重刻本也。

蒿庵文集不分卷[①] 一册 冯韵楼手抄本

（清）临海冯甦著。临海曹黼仁藏。

甦字再来，号蒿庵，顺治进士。尝为吴三桂所拘，以计至粤，与督抚合谋，以粤归朝，官至刑部左侍郎。是集为其曾侄孙冯金声所搜集而成，多有补正。末有手识"蒿庵公自康熙二十年五月下浣陈情归里，六月四日起行。是集所搜罗旧世家数十年，才得汇集。后之人倘不珍惜，非我后也。汝其知之否"三行。末第三页尾有"曾侄孙金声韵楼氏抄"九字。《台州经籍志》及宣统《台府志》本传与艺文并未见。闻近已有刊本行世。

瑞芝草堂诗稿一卷 一册 抄本

（清）临海彭泽著。临海项士元藏。

泽字笠吟。此秋籁阁黄子珍所选录。首录咸丰甲寅七十二老人东桥杨慥序。《台州经籍志》未著录。

北游诗草一卷 一册 抄本

（清）临海陈春晖著。临海项士元藏。

---

① 《浙江省古籍善本联合目录·集部·清别集类》著录《蒿庵诗抄》五卷，清乾隆十五年洪承泽刻本，今藏温州图书馆，第405—406页。

春晖有《运甓录本》手稿本，已著录。此其北游京都时作。《台州经籍志》未著录。

钓鳌集　一册　抄本

（清）临海冯赓雪著。临海项士元藏。

赓雪字缵修，有《碧环楼诗集》手稿，已著录。此同邑李镠抄本。所作皆台州诗赋，惜多残缺。《台州经籍志》卅三著录。

随记集不分卷　一册　传抄本

（清）临海徐传瑗著。临海项士元藏。

传瑗字景蘧，号葵圃，乾隆丁酉举人。此传录其诗稿。有“临海叶氏藏书印”白文印。首页第一行题“徐传瑗葵圃先生诗稿”，护叶则署今名。案《台州经籍志》卷三十三有《葵圃著蔚霞轩诗草》，不知即此本否。

赐砚堂诗稿不分卷　一册　旧抄本

（清）天台齐召南著。临海项士元藏。

召南有《宝纶堂经史讲义》等，已著录。此诗稿项氏寒石草堂所藏《台州书目》作二卷，《台州经籍志》卷三十三作八卷，疑此非完帙也。

地舆楼文集　一册　抄本

（清）天台齐周华著。临海项士元藏。

周华字巨山，自号含元子、逃禅子、华阳子，老而跛，又号独孤跛仙、懵懂道士、忍辱居士。雍正诸生。好游览，足迹遍天下，以保吕留良磔于市。著作有《五岳游草》及《名山藏》副本行于世。此书项氏编《台州经籍志》时犹未见，后始觅得刻本传录之，但仅《初学》《需郊》二集，前后无序跋。余如《风波集》《半山学步》《苦吟残卷》《永青阁草》《华阳子诗稿》《老妪解》《过秦草》等，仍未之见也。

冰壶山人诗抄一卷　二册　抄本

(清)临海侯嘉缙著。临海项士元藏。

嘉缙字元经,号夷门,晚号碧浪溪白眉叟。康熙五十六年选贡,乾隆元年应鸿博试,为制府程某所抑。考职得县丞。十一年镇江黄太守永年聘阅诗卷,如厕,墙圮压死,年五十。生平工诗,与袁随园齐名。是为邑人李琅卿抄本,前有沈德潜序。全书仅十五纸,凡三十余首,有"李镠家藏"印。

夷门诗抄十四卷诗余一卷杂文一卷　三册　抄本

(清)临海侯嘉缙著。临海项士元藏。

此临海县立图书馆传抄本。首有沈归愚序,末有道光九年郭协寅跋。

不俗居诗续抄附白华集遗诗　正谊堂遗诗不分卷　一册

(清)太平黄际明等著。温岭林爵铭藏。

际明字二峰,乾隆丁酉拔贡。诗集佚后,赖其子濬寻得六十三首,编为一卷,序而刊之,见《台州经籍志》卷卅三。此传录刊本。附《白华集遗诗》,同邑黄兆乾著;《正谊堂诗》,黄元溥著。卷首著者行下均书"邑后学金嗣献编刊",盖为金氏《赤城遗书》底本。

三余草堂文抄二卷　二册　抄本

(清)汤溪章敬修著。兰溪县政府征集。

敬修有《三余草堂赘笔》,已著录。此本卷一为《梦柯前集》,卷二为《梦柯续集》。内封面题"三余草堂杂著之五"。

浮园诗集二卷　一册　新抄本

(清)武义朱慎著。武义县民教馆藏。

慎字其恭，号菊山，康熙丁卯拔贡，诗名震一时，常与王渔洋、韩慕庐、李笠翁、吴园次同游。遗集皆经诸名公审定云，见李树藩《环翠山房诗抄·题朱菊山先生遗集后》按语。此武义县立民教馆抄本，前后无序跋。

徐元搏文集不分卷　一册　新抄本

（清）武义徐元搏著。武义县民教馆藏。

元搏字鹏远，号溟南，晚号讱堂，乾隆丁卯举人，著有《暗然斋偶拈》《讱堂制义初刻》《三刻》《孝烈集》《两庑从祀先儒考略》《时文增订合删》《家课定本》《暗然斋剩集》，编次《二徐遗稿》等。惜多散失，幸而获存者此耳。虽寥寥数篇，而所述半涉乡里人文，不可废也。

烟月山房诗文集十三卷　五册　新抄本

（清）武义何君慎著。武义[县]民教馆藏。

君慎字德润，咸同时人。此其遗集，凡文六卷，一百五十四篇，三册。诗七卷六百二十九首，二册。文集第六卷有《武义乡勇讨贼檄》及《双溪义守局讨贼檄》二文，可供关心太平军文献者参观。

武川寇难诗抄不分卷　一册　新抄本

（清）武义何君慎著。武义县民教馆藏。

太平军陷武义以迄收复时情形，皆躬亲目睹，共七律六十首。首各有自注，详记太平战役时武邑扰攘情形，可备史料。

荔村诗稿四卷　二册　新抄本

（清）武义王惟孙著。武义[县]民教馆藏。

维孙字祖荫，号荔村，乾隆己酉拔贡，官青田教谕。此稿不见邑志艺文仅艺文上有典籍目三十余种，南海潘衍桐督浙学时，曾采其五古《征官谷》一首入《𬨎轩续录》。

德馨书馆诗抄 一册 新抄本

(清)武义徐岳宗著。武义县民教馆送陈。

岳宗字崧甫,号香岩,岁贡生。曾手订《古轩语录》《读书札记》《古文家课选本》《德馨书馆各体诗》。现多散失,此仅抄得寥寥八页耳。

李树藩诗抄不分卷 一册 新抄本

(清)武义李树藩著。武义县民教馆送陈。

树藩字书圃,一字翰臣,号莘农,别号稼仙,光绪丁酉科举人。曾肄业西湖诂经精舍,为掌教俞曲园所赏。

环翠山房诗抄不分卷 一册 新抄本

(清)武义李树藩著。武义县民教馆送陈。

不著撰人,但勘以李树藩诗抄,如《订游篇》及附《劝驾篇》之全相符,则知此亦树藩作矣。

耕余轩笔存附耕余轩状批存稿 八册

(清)建德毕锦元著。建德[县]民教馆送陈。

锦元字荣堂,又字蓉塘,清光绪二十三年拔贡生,后肄业法政学校,曾任繁昌知县。长于骈文。首有光绪廿九年及民十二年郑宝铨两序,及民十五年王韧序。《状批存稿》首有民十四年作于崇德县署手写自序,时方任崇德承审员也。卒年八十余。

梅赞臣先生诗集八卷 二册 新抄本

(清)永嘉梅调元著。永嘉区征辑乡哲遗著会藏。

调元字赞臣,顺治辛卯岁贡,龙泉训导。与林占春、李元发、王尔椒、林健结社,为永嘉五子之首。康熙庚子,友人王咏刻集,取《霁月轩集》《金陵游草》合编而成。

雪斋诗外二卷[1] 一册 新抄本

（清）永嘉蔡弘勋著。永嘉区征辑乡哲遗著会藏。

弘勋字铭士，康熙诸生。工画。晚年取东坡“无田食破砚”之句，因号食砚逸民。自言以不尺寸于诗人，故自号诗外。乾隆甲子刊版，今已无传，则写帙亦足贵也。

荻斋初集五卷[2] 一册 传抄本

（清）瑞安林齐铉著。永嘉区征辑乡哲遗著会藏。

齐铉字觉侯，康熙诸生，明大学士增志少子。增志三子：长齐钛，集中有侍文侯伯兄诗；次齐铎，顺治恩贡；三即齐铉也。此传写瑞安林衍桐家藏刊本。

半醒轩诗稿不分卷 一册 新抄本

（清）瑞安蔡敏著。永嘉区征辑乡哲遗著会藏。

敏字逊谷，隐居城西霞山。此其自订诗稿，同邑邓峻观序之。此写录瑞安张扬家藏抄本，尚有林培厚序一首，缺，此抄已从林氏《宝香山馆集》补之。

耕心堂集十五卷 四册 新抄本

（清）乐清曹文昇著。永嘉区征辑乡哲遗著会藏。

文昇字颂平，光绪庚子岁贡。民国纪元，署大荆区官，为匪所戕。

---

① 《浙江省古籍善本联合目录·集部·清别集类》著录，清乾隆十年刻本，今藏温州图书馆，第497页。

② 《浙江省古籍善本联合目录·集部·清别集类》著录，清抄本，今藏温州图书馆，第449页。

生平融会事功性理之学，无标榜门户之见。集中亦以论学著述为多。此传录乐清高宾文辑本。

望山草堂文稿不分卷[1] 四册 新抄本

（清）泰顺林鹗著。永嘉区征辑乡哲遗著会藏。

鹗有《望山堂琴学存书》，已著录。是稿淹博宏通，皆经济家言，不屑屑为摹章造句。时值咸同用兵之际，于剿乱尤有卓议。此传录孙氏玉海楼藏抄本。

⊙陆刚甫手写三余集四卷 一册

（宋）丰城黄彦平原著。吴兴周越然藏。

《彦平集》，《四库》从《永乐大典》辑出《四库提要·别集九》。此归安陆心源手抄本。心源字刚甫，一字潜园，号存斋，清咸丰举人，光绪间官至福建盐运使，富收藏，为晚清四大藏书家之一，传至其子树藩，不能守。皕宋楼之珍藏，悉归日本静嘉堂文库，实我国文化上一大损失也。此次藏书文献中，不得一见皕宋楼印记之藏本，识者当以为耻耳。

总集类

周浮沚、陈止斋二家碑志文抄 一册 孙琴西手抄本

（宋）永嘉周行己、瑞安陈傅良著。瑞安孙氏玉海楼藏。

此孙琴西先生手抄本。先生精治古文辞，而于乡先哲周、薛、陈、叶诸家碑版文字，尤所服膺。此其六十以后手抄校本。老犹劬学，前

---

① 《浙江省古籍善本联合目录·集部·清别集类》著录，清瑞安孙氏玉海楼抄本，今藏温州图书馆，第538页。

辈之仪型可式矣。行己字恭叔,元祐进士,师程颐,为元丰九先生之一。傅良字君举,号止斋,师事郑伯熊、薛季宣,传永嘉之学。乾道中第进士,累官至宝谟阁待制,卒谥文节。此抄盖从《周博士集》及《止斋文集》录出。

金鳌山诗集五卷[①] 一册 抄本

(元)临海卢伦原辑。(明)黄岩戚存心、太平谢铎续辑。临海曹氏藏。

金鳌山在台州城南章安镇,为宋高宗南渡驻跸地建炎四年正月避金兵,奇秀闻于天下,登临者多于此留咏。是编首为元人卢帻峰伦所辑,历经明戚友菊存心、谢云石铎诸氏续辑而成。卷一金鳌事实并图记,卷二宋元明诗,卷三明诗,卷四国朝诗,卷五赋、记、序、杂志。首有清乾隆己巳年冯赓雪序,次旧序。有洪武丁丑戚存心、弘治癸丑谢铎二序。项士元《台州经籍志》著录冯氏《兰竹居抄》一卷本,盖犹未见此全书也。

期颐堂诗 一册 抄本

(明)西吴施浚等著。嘉善县图书馆藏。

期颐堂为万历间燕兜孙见山所筑,庶吉士顾际明撰记,一时海内名士题咏甚多,明季孙朝宗刊行于世。

燕兜孙氏一家诗 一册 抄本

孙石乔辑。嘉善县立图书馆藏。

此孙氏辑《燕兜孙氏一家诗》。上自有明中叶第四世奎起,至清季第十七世炳章止,约百余人,得诗三百余首。案燕兜在嘉善城东胜

---

① 《浙江省古籍善本联合目录·集部·总集类》著录《金鳌山集》不分卷,清临海冯赓雪辑,稿本,清临海黄瑞批校,今藏临海博物馆,第 77 页。

家桥北，燕兜孙氏，人文之盛，一邑罕两，从此册可见也。

椒衍堂倡和诗 二册 抄本

（清）嘉善朱莲烛编。嘉善县图书馆藏。

莲烛字爱苏，号企东，附贡生。其家有栖僻园，在嘉善县西塘晚字圩蔡浜，颇有泉石之胜。企东首唱八景诗，一时和者数十人，此其汇编也。企东自著尚有《栖僻园诗抄》。

宋元四家诗四卷 二册 抄本

（清）钱塘戴熙手录。江苏省国学图书馆藏。

熙字鹿床，号醇士，道光进士，官至兵部右侍郎，以画名。诗与书皆为画掩。此册选录宋林君复、姜白石、元倪云林、王元章四家诗，以备题画者。通体工楷，并自书引首。诗抄页有“醇士”朱文、“臣熙”白文二印，林君复诗首页有“竹书堂”印，卷首尚附八千卷楼原提要浮签。丁氏旧藏珍本也。国学图书馆已为影印行世。

汪讱庵先生蒲团晏坐图题咏不分卷 一册 抄本

（清）吴廷华等著。浙馆藏。

此清钱塘丁修甫立诚手录汪讱庵启淑《蒲团晏坐图》各家题咏。首有修老题七言四绝，款署“寿松堂后人康侯兄正之，弟诚自东瓯寄”，盖时温州丁氏裕通行尚未失败也。卷尾又有修老手识三行。

八代诗揆四卷附补遗一卷 一册 查声山手抄本

（清）平湖陆奎勋编。吴县潘氏宝山楼藏。

奎勋有《陆堂诗学》，已著录。此海宁查声山手录本。前有“声山翰墨”“澹远堂图书印”朱记。案是书有康熙刊本行世。

余杭严颢亭父子诗录　一册　新抄本

(清)余杭严沆、[严]曾矩著。余杭县图书馆藏。

沆字子餐,号颢亭,迁仁和,顺治乙未进士,官至户部侍郎。著《古秋堂》《燕台》《颢亭》等集。杭城东之皋园在今金衙庄,即其故居也。曾矩字方贻,又字矱庵,更号柱峰。康熙甲辰进士,官至兵部侍郎。著有《德聚堂集》。此诗从《百名家诗》选录出云。

沈蘧翁寿杯歌不分卷　一册　抄本

(清)海宁周春、吴骞等著。海宁县图书馆藏。

此清乾隆时周松霭等观康熙鸿博仁和沈筠封君蘧翁之寿杯而绘图题咏者。自周氏以至陈仲鱼,凡八人。卷首有"兔床手校""竹下书堂"二印。

六朝文絜抄二卷　二册　清乌程张桢抄本

(清)海宁许梿原编。嘉业楼藏。

《六朝文絜》四卷,《海昌艺文志》卷十六著录,已刊行。此乌程张少兰抄本,首题"乌程张桢少兰氏手录"一行。

北山草堂倡和集　一册　新抄本

(清)姜宸英等著。嘉善县图书馆藏。

是集系沈星标于同治十二年从族谱节抄大略。北山草堂昉于有宋,有花石纲遗石舞袖峰,高二十四尺有奇,奇花古木,蔚然深秀,名甲江南。清雍正时园渐替,迄道光初园益颓废,舞袖峰且于同治十一年上已被雷震碎,北山盛景,仅可从此集中窥其大概矣。星标,同治进士,历知湖北孝感等县事,为张文襄所器重。

四明文献集五卷　二册　明抄本

(元)庆元王应麟编。(明)鄞县郑真、陈朝辅辑存。杨氏丰华堂藏。

编辑四明文献者,始宋王应麟,原本百卷,久而散佚,经郑真、陈朝辅摭拾存五卷,即此是,《四库》著录。此为四明卢氏抱经楼藏明抄本,有抱经楼藏书印,末有“钱大昕借观”白文印。案真字千之,别号荥阳外史,明洪武四年举乡贡第一,官临淮教谕、广信府教授。朝辅字燮五,官太仆少卿。案《北平图书馆善本甲编目补遗》有郑真辑此书不分卷抄本一部,不知视此何如。

四明文献集一四〇卷　陈列二册　抄本

(清)鄞县卢址编。嘉业楼藏。

《四明文献集》,自宋王应麟之原本百卷散佚,经明郑真、陈朝辅等捃摭,始存五卷,后李孝谦继之,有《四明文献录》。黄润玉之《四明文献录》收乡先生、乡大夫二类,四十四人,人各系以传赞,与此体裁不同。李堂有《四明文献志》十卷,有刊本,所收较略云。顾均樵略不详,而宋元以下集部书足资征考者尤众,卢青厓先生址既有抱经楼藏书与余姚之卢抱经辉映浙水东西,复于乡邦掌故,素所究心,乃于搜采之余,置写官记之,成此书百四十卷,然以部帙繁,欲付梓而未逮也。此本首有乾隆九年自序光绪《鄞县志》卷五十八著录及凡例。据谓郑书以人为次,先叙人,次载诗文。李书以所采之书为次,要皆随见随录,故有诗文与四明绝无关涉而亦收入者,盖未经删订之本。此编则征文考献,以献为主,非四明之掌故不录云,可见其体裁之严整。时先生已老而丧明矣。案址字青厓,乾隆间诸生,博览嗜古,好聚书,卷帙之富,几出天一阁上。工诗词,质实不失家数,光绪《鄞志》卷四十三有传。其书后亦散出,大部归南林刘氏嘉业藏书楼。今藏书文献项,犹不少其秘帙也。

张氏三逸遗集三卷卷首一卷外编一卷 一册

(明)天台张文郁、[张]元声、[张]亨梧著。天台张氏藏。

此张氏三世遗稿,皆明季气节之士,由其后裔廷琛集录,未刊行。首有民六年南通张謇序。案文郁字从周,号太素,天启二年进士,积仕至都察院右都御史,鲁王监国时,官工部尚书,明亡不起。著有《度予亭集》《雅约》等书宣统《台州府志》卷一〇九。子元声字汝韶,号九夏,明季选拔,授刑部主事,以诗鸣。亨梧字翙之,号菊人,事母最孝。殁后,门从私谥介靖先生。著有《感物吟》《省身编》等《府志》卷一二二《隐逸》,尝并其父作合刊为《鹤鸣集》。廷琛字补瑕,有明季《正气录》,已著录。

三台文献录二十三卷 八册

(明)临海王允东、陈公纶、黄岩黄承忠同编。临海项士元藏。

是编采录台郡往哲遗文,自唐迄明嘉靖凡二百九十六人,得文十六卷,赋诗七卷,见《四库存目》。据《提要》称:明嘉靖时寿光李时渐守台州时,与郡人王、陈、黄三氏选编云。《台州经籍志》卷三十八著录。此盖传录李时渐刊本。

艺稼轩丛抄八卷 一册 抄本

不著编选人。临海项士元藏。

此抄共录黄子珍瑞《秋籁阁笔谈》二卷、蒋仁《采访备考》一卷、蒋开京岐阳《志仁堂诗稿》一卷、金湛园露《芸香小草》一卷、陈昌叔荃《梅溪诗草》一卷、包扩轩《扩轩俚语》一卷,以迄杨晨《台州访书约》一卷等七种。案艺稼轩为临海戴子芗斋名,有《艺稼轩印谱》一卷,见寒石草堂所藏《台州书目》。此抄不见于目,殆项君所新得欤。

历代童谣捃聚二卷　一册　新抄本

（清）武义王清臣辑。武义县民教馆送陈。

清臣字牧坰，有《苜坰诗抄》手稿本，已著录。此辑自康衢谣迄明时童谣，共一百三十首。各注原委出处，并加解释。

盘字唱和集不分卷　二册　抄本

（清）嘉善曹骏良编。嘉善县图书馆藏。

骏良字驯夫，诸生，好施济，能诗文，有《柳溪春泛图》，一时题咏者甚众。此其唱和诗集。前有光绪十四年俞曲园序，并附酬和人姓名，自奉贤拔贡袁瓒至邹珵止，凡一百六人，今已不全。

词曲类

梅花道人词不分卷　一册　抄本

（元）嘉善吴镇著。嘉善县立图书馆藏。

镇字仲圭，有《梅花庵稿》，已著录。

张小山小令二卷　二册　旧抄本

（元）象山张可久著。绍兴章天觉藏。

可久字仲远，号小山，以词曲擅场。其集久失传，明初宋濂得其词半册于礼贤馆，后方孝孺又得抄本一帙以示濂，乃参互校正，分为上下卷，镂板行世，《四库》入《存目》。此传抄本。集中屡有鉴湖宴集之作，盖皆流寓越中时制。

小西山房倚声二卷　一册　新抄本

（清）乐清徐德元著。永嘉区征辑乡哲遗著会藏。

德元字惇士，道光丁酉拔贡。词共二百首，分《芦洲渔唱》《云樵野啸》二卷。清空婉丽，不失浙派风度。此从乐清高氏薏园传录。

梦影词三卷 一册 抄本

（清）平湖陆烜著。平湖胡宛春藏。

烜字子章，一字梅谷，又号巢云子。弱冠受知于诸城窦少宰，后弃诸生，隐居胥山邱为里。家富藏书，刊有《奇晋斋丛书》，著有《梅谷十种》。此词即《梅谷十种》有乾隆刊本之一也。其妻彭玉嵌、妾沈彩，并工词翰，奇晋斋中藏书，类多闺人之校跋，得之者咸诩为镇库尤物，玉台佳话云。玉嵌有《铿尔词》，已著录，可以参看。

须曼那馆词草不分卷 一册 新抄本

（清）泰顺潘其祝著。永嘉区征辑乡哲遗著会藏。

其祝字畬孙，自强弟，光绪庚辰进士。诗文均散佚。惟《词草》曾经手定，今藏于家。此传录泰顺县立民教馆藏抄本。案此词向未授梓，至民国十四年，始由泰邑民教馆取与潘庭旃之《闻亦不解轩诗存》、潘自强之《存吾春室逸稿》等，合刊为《守约堂遗诗汇抄》，省立图书馆且已蒙赠藏矣。

观堂长短句一卷 一册 朱古微手抄本

海宁王国维著。上海龙榆生藏。

国维有《史籀篇疏证》《人间词》等手稿，已著录。此朱彊村手抄本，凡二十三阕，已刊入龙氏辑《彊村遗书》中。

歌代啸一卷 一册 精抄本

（明）山阴徐渭著。南京国学图书馆藏。

渭有手写文集，已著录。是书首有袁石公序，推挹极至。世间传本绝鲜，近年始由江苏省立国学图书馆影印行世。

蝴蝶梦传奇二卷 一册 抄本

（明）乐清陈一球著。永嘉区征辑乡哲遗著会藏。

一球字非我。崇祯初元，群奄用事，民苦横征，一球以布衣痛哭陈时事利病于巡按御史赵继鼎，上之朝，官吏皆得罪，一时称东瓯杰士。于是群奸构怨，乃指一球所著《悟空编》为左道，是书为谤书，爰有镇东之戍。钩党挤排，较吴炳《绿牡丹传奇》，尤为文字之厄矣。

（三）刻本

经部　春秋类

春秋麟宝六十三卷　十册　明万历刻本

（明）衢州余敷中著。衢州征品分会征送。

敷中字定阳，有《太末先生集》，已著录。是书辑春秋五传为一编，以便举业之用，刊于万历乙卯岁，有双桂轩藏印。《四库》入《存目》。

礼　类

太平经国之书十一卷[1]　二册　明嘉靖刻本

（宋）永嘉郑伯谦著。九峰旧庐王氏藏。

伯谦字节卿，官至衢州府学教授。此明嘉靖时山西布政司刻本，有梅花草堂藏印。《四库》著录。

---

① 《中国古籍善本书目·经部·礼类》著录，明樊川别业抄本，第171页。

史部　编年类

大事记续编七十七卷[①]　三十册　明成化刊本

(明)义乌王祎编。永康胡氏藏。

祎字子充,官至翰林待制,卒谥忠文。是编起汉武帝征和四年,迄五代周世宗显德六年。首有正统六年诰命,次成化甲辰同郡潘璋序。黑口,双边,有安乐堂、明善堂藏书印。《四库》著录。

皇明续纪三卷　三册　明万历活字本

(明)秀水卜大有著。嘉兴图书馆藏。

大有,嘉靖进士,官至礼部郎中。首题"卜世昌校正",盖成于世昌《通纪拾遗》之前。以世宗肃皇帝为上中卷,穆宗庄皇帝为下卷。凡嘉、隆两朝事为大有所耳闻目接者,悉寓焉。

又一部

吴县潘氏藏。

宋西事案二卷[②]　二册　明天启刻本

(明)山阴祁承㸁著。绍兴祁子明藏。

首署"海滨询士漫辑",即祁承㸁也。自序末题"天子龙飞辛酉",则天启元年也。所纪自宋明道至庆历十五六年间,凡以制御西夏者,采摭史籍而成。生当明末,东夷猖獗,其叙文及案语皆针对东虏而

---

① 《中国古籍善本书目·史部·编年类》著录,明成化二十年陆渊之刻本,清丁丙跋,第125页。

② 《中国古籍善本书目·史部·杂史类》著录,明天启刻本,第232页。

发，故清代列入《全毁书目》中，而传本遂罕矣。承爜字尔光，万历进士，官至江西右参政。好藏书，校勘精核。山阴祁氏淡生堂之名，至今犹彪炳书林也。其乡会试朱卷，兹亦征到陈列，详后选举文献项。

杂史类

建文朝野汇编二十卷[1]　二十册　明万历刊本

（明）秀水屠叔方著。王氏九峰旧庐藏。

叔方字忠直，号瞻山，平湖人，入秀水籍，万历五年丁丑进士，官鄱阳知县，擢御史，寻升山东副使。考万历十二年甲申赦宥建文谪戍诸臣，故屠氏于二十六年戊戌作此编。《四库》附《存目》。末有海盐姚士粦跋。

又一部

平湖陆清澄藏。

案此本姚士粦跋已佚去。

诏令奏议类

江西奏议二卷（附录二篇）[2]　四册　明嘉靖刻本

（明）兰溪唐龙著。永康胡氏藏。

龙字虞佐，正德进士，官至刑部、吏部尚书，卒谥文襄。《明史》有

---

① 《浙江省古籍善本联合目录・史部・杂史类》著录，明万历刻本，今藏浙图，第 74 页。

② 《中国古籍善本书目・史部・诏令奏议类》著录，明嘉靖刻本，第 363 页。

传。此其巡按江西时奏议，刻于淮右。《金华艺文志》作《江西督府奏议》。《四库》未收。其《易经大旨》易、《群忠录》传记、《渔石集》传记，则并见《存目》。

经略复国要编十四卷 六册 明万历刻本

(明)仁和宋应昌著。江苏国学图书馆藏。

应昌字思文，嘉靖进士。万历中，倭寇朝鲜，陷王京，应昌出任兵部右侍郎，经略备倭军务。卒取烬余之三韩八道，奠之衽席。平壤之捷，威震海东。是编即纪其经略任内及事后疏奏文移檄牍等，排次载之。题曰《复国要编》者，以殚力弥年，举朝鲜已失地尺寸还之故主，所谓复累朝恭顺之属国也。清代误以"复国"二字禁之，传本罕见，兹已由该馆影印矣。

传记类

宋名臣言行略十二卷[①] 国朝名臣言行略四卷[②] 二十册 明万历刊本

(明)当湖刘廷元纂。平湖陆清澄藏。

廷元字方瀛，万历二十三年甲辰进士，授广东南海知县，擢陕西道御史，历仕至兵部尚书，所著尚有《中台疏草》《畿南疏草》，均已刊行。此二书见光绪邑志经籍。《明名臣言行略》一种，仅收洪武至正德止。其众议未定者，亦舍之云。

---

① 《中国古籍善本书目·史部·传记类》著录，明万历刻本，第424页。

② 《浙江省古籍善本联合目录·史部·传记类》著录，明刻本，今藏浙图，第113页。

润州先贤录六卷　四册　明天顺刻本

(明)慈溪姚堂著。江苏国学图书馆藏。

堂字彦容,正统进士,累迁工部郎中;天顺中,知镇江府事,搜辑润州先贤事实,汇为此录。自春秋迄宋,分高风、忠节、相业、直谏、德望、文学六类,都计二十人。摹像撰传,并录遗文。其书《四库》入《存目》,久无传本,志乘目录,亦罕纪载,近则已由江苏省国学图书馆影印矣。

史抄类

史书纂略二百二十卷[①]　卌六册　明万历刻本

(明)平湖马维铭纂。平湖陆清澄藏。

维铭字宏衢,号新甫,万历八年庚辰进士,授南直太平知县。晚岁筑牧圃于东湖上,自号羼提生。此万历四十一年癸丑刊本。《四库》存目。案光绪邑志《经籍志》作《史纂》,云万历癸丑刊,共四十四卷,与《千顷[堂]书目》合,盖误。

又一部残存二十一卷

同上。浙馆藏。

此残存《晋书纂略本纪》一卷、《列传》二十卷,共二十一卷。

---

① 《浙江省古籍善本联合目录·史部·史抄类》著录,明万历四十三年刻本,今藏浙图、浙大,第208页。

载记类

唐余纪传二十一卷 六册 明嘉靖刻本

(明)德清陈霆著。吴兴周越然藏。

霆字声伯,弘治进士,官至山西提学佥事。此纪南唐事,为国纪三卷,列传十五卷,志略一卷,附录一卷,嘉靖二十三年甲辰刊本。有自序及跋。首有天一阁藏印。《四库》入《存目》。

皇明象胥录八卷 二册 明崇祯刻本

(明)归安茅瑞征著。九峰旧庐藏。

瑞征字伯符,万历进士,官至南京光禄寺卿。此本版心有"芝园藏板"四字,书中考述外藩诸国之沿革本末,及其与中国之关系。凡曾通朝贡,虽小国必书,贾舶所至,亦间为著录,见清代《军机处奏准全毁书目》。

子部　儒家类

先圣大训六卷[1]　二册　明刻清修本

(宋)慈溪杨简著。四明张氏约园藏。

简字敬仲，乾道进士，官至宝谟阁学士，卒谥文元，学者称慈湖先生。有遗像征到陈列。此万历原刻，经清嘉庆九年慈溪知县袁春鼎补修。案此即《四明丛书》本之底本。

慈溪黄氏日抄分类九十七卷　残存一册　宋刻本

(宋)慈溪黄震著。山东省立图书馆藏。

震字东发，宝祐进士，官抚州知州。卒，门人私谥文洁先生。此宋刻本，半页十行，行二十字，仅存读《礼记・表记》一部分，左耳有"表记"二字，上鱼尾下记书名卷数，下鱼尾下记叶数，刻工有徐田、吴禄、惠彦、连六、尧朱等。案是书原九十七卷，其中八十一及八十九卷原阙，故《四库》著录作九十五卷。

又一部八十八卷　明活字本

浙馆藏。

此书行字同宋刊。其中八十一卷原缺，实止八十七卷。

又一部八十八卷　版本同上

四明张氏约园藏。

---

① 《浙江省古籍善本联合目录・子部・儒家类》著录，明万历四十三年张翼轸等刻本，今藏浙图、天一阁、宁图，第21页。

小柴桑喃喃录二卷[①] 二册 明崇祯刻本

(明)会稽陶奭龄著。绍兴章天觉藏。

奭龄字百奭,又字君奭,号石梁,承学子,望龄弟,万历癸卯举人,授肇庆推官,迁济宁知州,不赴,在里讲学以终。门人私谥为文觉。有《曹山六老诗》抄本,已著录。此为其晚年燕居训迪子姓之言。卷端题"吴宁门人李为芝校梓",为今是堂刻本。按奭龄又著有《今是堂集》。

简身箴·教家箴各二卷 四册 明万历刊本

(明)平湖马维铉著。平湖陆清澄藏。

维铉字鼎甫,万历二十八年庚子贡生,授广东保昌训导,以子德澧贵,卒赠刑部郎中。案此二书并见光绪《平湖县志·经籍》,不著卷数,"简"作"检"。

规家日益编前后集不分卷[②] 六册 明天启间刊本

(明)平湖姚体杰著。平湖陆清澄藏。

体杰,邑志无传,《艺文志》亦未载是书,盖为姚参之孙、姚体信之昆季,不攻举子业。卷首自署"鹅湖无成子"。

---

① 《浙江省古籍善本联合目录·子部·杂家类》著录,明崇祯八年李为芝刻本,今藏杭图、绍图、天一阁,第228页。

② 《浙江省古籍善本联合目录·子部·杂家类》著录《规家日益编前集》一卷《后集》一卷,明万历刻本,今藏浙图,第261页。

医家类

医学纲目残存三十五卷[①] 明刻本

(明)萧山楼英著。萧山楼仲甫藏。

英字全善,当元季将乱,不求仕进。平居寻绎内经及诸方药,妙究其蕴,因负盛名。是著凡三十九卷,兹残存三十五卷,半页十三行,行二十二字,首序已佚。案国立北平图书馆有嘉靖刻四十卷本,见该馆《善本书甲编目》。

广笔记二卷附缪希雍炮灸大法一卷[②] 二册 明崇祯刻本

(明)长兴丁元荐辑。九峰旧庐王氏藏。

元荐字长孺,万历进士,官至尚宝少卿。《广笔记》一名《先醒斋笔记》,系长孺取其友常熟缪希雍所用验方裒录而成,复经希雍增益群方,并增入伤寒温病时疫治法,故改署曰《广笔记》,《四库》著录。

摄生众妙方十一卷[③] 四册 明嘉靖刻本

(明)鄞县张时彻著。四明张氏约园藏。

时彻字维静,嘉靖癸未进士,官至南京兵部尚书,《明史》附见《张

---

① 《浙江省古籍善本联合目录·子部·医家类》著录《医学纲目》四十卷,明嘉靖四十四年曹灼刻本,今藏杭图;《医学纲目》四十卷,缺十八卷,明刻本,今藏天一阁;《医学纲目》三十九卷首一卷,清抄本,今藏浙图,第102页。

② 《浙江省古籍善本联合目录·子部·医家类》著录《广笔记》十四卷《炮灸大法》一卷《用药凡例》一卷,明天启二年庄绶光刻本,朱鼎煦跋,今藏天一阁,第128页。

③ 《浙江省古籍善本联合目录·子部·医家类》著录《摄生众妙方》十一卷《急救良方》二卷,明隆庆三年衡府刻本,今藏浙图、天一阁;又明万历三十八年张一栋刻本,今藏天一阁,第99页。下一条可参。

邦奇传》。此书《四库》入《医家存目》。卷首大题下有“四明芝园主人集”七字，为万历本所无。

又一部十一卷 四册 明万历刻本

张伯岸藏。

夏邑嵩螺山人校，有万历庚戌夏邑彭瑞吾序。

谱录类

花史二十四卷续三卷[①] 八册 明万历刊本

（明）平湖王路著。平湖陆清澄藏。

路字仲遵，号澹云，明诸生。其先为松江凤凰山人，后居龙湫万松台，与高士李天植最友善。案此书《四库·子部·谱录类存目》作《花史左编》，《提要》谓后三卷乃后人所补入，而刊书者并为一目云。光绪邑志《经籍门》亦作《左编》，注谓“写本存”，盖犹未见刻本也。路又有《花史右编》，约十二卷，为花之词翰。据路花史自记，似已成帙，惜失传耳。又明永嘉吴彦匡亦有《花史》，稿本存孙氏玉海楼，已见前稿本项。《四库存目提要》乃谓彦匡爵里未详云。

经钼堂杂志八卷[②] 陈列二册 明万历刻本

（宋）归安倪思著。九峰旧庐藏。

思字正甫，宋孝宗乾道二年进士，历官宝文阁学士，卒谥文节，《宋史》有传。清修《四库全书》，正甫遗书入录者一，存目者二，是书

① 《浙江省古籍善本联合目录·子部·谱录类》著录《花史》十卷，清抄本，今藏浙图，第 206 页。

② 《浙江省古籍善本联合目录·子部·杂家类》著录，明万历张辂刻本，今藏天一阁，第 221 页。

则见《杂家存目》。此明万历三十年壬寅新都金有华写刻本。首有万历庚子潘大复序，末有金氏自跋，另有天启元年大复子振补刊本，行字与此同。见后刻书文献项。

静虚斋惜阴录十二卷　陈列二册　明嘉靖刻本

（明）长兴顾应祥著。九峰旧庐藏。

应祥字惟贤，号箬溪，弘治进士，官至南京刑部尚书。此其八十二岁作。《四库》入《存目》。

鸿苞集四十八卷[①]　陈列二册　明刻本

（明）鄞县屠隆著。九峰旧庐藏。

隆字纬真，一字长卿，万历丁丑进士，官至礼部主事，《明史·文苑》附《徐渭传》中。此明末刻，有“两浙方伯清奉所贻”“萝村蒋氏手校藏书”“大丈夫拥书百卷，何假南面百城”“堂名拱壁，惟书是宝，无意无必，随得随校，维蒋氏子孙，永以为好”诸藏印。《四库存目》著录。据谓此乃隆晚年所著云。

百川学海十集[②]　四十册　明刻本

（宋）郧县左圭辑。四明张氏约园藏。

圭字禹锡，号古郧山人。此分甲至癸十集，半页十二行，行二十字，为汇刻前贤遗书之最早者，宋刊原帙，今已不易觏。据陆树

---

① 《浙江省古籍善本联合目录·子部·杂家类》著录《鸿苞》四十八卷，明万历三十八年茅元仪刻本，今藏浙图、天一阁，第 227 页。

② 《浙江省古籍善本联合目录·丛部·汇编丛书》著录《百川学海》一百七十四卷，明弘治十四年华珵刻本，今藏浙图、天一阁、浙大；《百川学海》一百七十九卷，明弘治十四年华珵刻本，张崟、夏定域跋，今存二十二卷，今藏浙图；《百川学海》一百四十三卷，明末刻本，今藏浙图，第 1—4 页。

藩《答瞿子久问两浙藏书家》信，谓吴骞家宋本《百川学海》归嘉兴唐氏云。不知现尚存否？又案苏州江苏省立图书馆藏有宋刊《百川学海》零本《司马温公诗话》，该馆馆刊第二期曾载其书影。传世多明覆宋本耳。

夷门广牍一百六卷　陈列四册　明万历刻本

（明）嘉禾周履靖编。九峰旧庐藏。

履靖字逸之，好金石、工书法及诗文，别号梅墟山人，又号梅颠道人。此万历戊戌金陵荆山书林梓行。按是书《四库》入《存目》。传世甚稀，现已由商务印书馆印入《丛书集成》中矣。

类书类

纪纂渊海一百卷　四十册　明万历刊

（宋）金华潘自牧著。永康胡氏藏。

自牧，庆元进士，官龙游令。此明东鲁王嘉宾补遗，万历己卯刊，有勾吴胡维新序。《四库》著录者亦为此本。

小说家类

南村辍耕录三十卷[①]　陈列二册　元刻本

（元）黄岩陶宗仪著。吴县潘氏宝山楼藏。

宗仪有《草莽私乘》，已著录。此黑口本，半页十行，行二十二字，

---

① 《浙江省古籍善本联合目录·子部·杂家类》著录，明玉兰草堂刻本，今藏浙图、天一阁；又，明玉兰草堂刻万历六年徐球重修本，今藏浙大，第 223 页。

商务已借影印入《四部丛刊三编》。

见闻杂记　续见闻杂记十一卷[①]　八册　明崇祯刻本

（明）归安李乐著。吴兴周越然藏。

乐字彦和，号临川，隆庆进士，官至福建按察司佥事。此本首题“朱国祯文宁校正”，明刻本，间有配补。《四库·子部·小说家类存目》著录四卷本，《提要》谓前二卷全录董氏《古今粹言》及郑晓《今言》，后二卷乃自记所见闻，凡一百八十六条云。此为足本，尤可珍矣。

道家类

庄子膏肓四卷[②]　四册　明万历刻本

（明）三衢叶秉敬著。余氏寒柯堂藏。

秉敬字敬君，万历辛丑进士，官至荆西道布政使参议。是书款式与馆藏陈大绶刻《南华真经副墨》同。

---

① 《浙江省古籍善本联合目录·子部·杂家类》著录《见闻杂纪》九卷续二卷，明万历刻清乾隆四十一年章氏尊行堂重修本，今藏浙图，第 227 页。

② 《浙江省古籍善本联合目录·子部·道家类》著录，明万历刻本，今藏浙图，第 48 页。

集部　别集类

骆宾王集二卷[①]　二册　明嘉靖刻本

(唐)义乌骆宾王著。永康胡氏藏。

宾王与王勃、杨炯、卢照邻称初唐四杰,历武功、长安主簿。武后专政,弃官去;李敬业起义,宾王为草檄布告天下,武后见之,亦叹服。事败亡去,不知所之。中宗时,诏求其文,得数百篇,为《骆丞集》。此本首尾佚缺,有诗无文,盖明刊唐郗云卿原编本,半页十行,行八字。另有明刊《唐十二家诗》本,见后藏书文献。

校注橘山四六二十卷　陈列二册　明万历刻本

(宋)於潜李廷忠著。於潜县图书馆藏。

廷忠字居厚,号橘山,淳熙八年进士,官至夔州通判,著有《洞霄诗集》,不传,仅是书尚存。此万历丁未刻,乃明丹阳孙云翼笺注本。《四库》著录。

又一部

长兴王氏诒庄楼藏。

赵清献公文集十卷[②]　陈列二册　明刻本

(宋)西安赵抃著。九峰旧庐藏。

---

① 《中国古籍善本书目·集部·总集类》著录,收录于《唐六家集》,明嘉靖刻本,第 1398 页。

② 《浙江省古籍善本联合目录·集部·宋别集类》著录,附录一卷,明嘉靖四十一年汪旦刻本,今藏浙图,第 204 页。

抃字阅道，第进士，累官殿中侍御史，卒谥清献。首有景定元年天台陈仁玉序，黑口，四周双边。

于忠肃公集四卷附录四卷[①] 明天启刻本

(明)钱塘于谦著。九峰旧庐藏。

谦字廷益，明永乐辛丑进士，授御史，历官兵部尚书，土木之变，赖谦主战，明以不亡。英宗复辟，乃为徐有贞、石亨辈诬陷弃市。成化初，始追复原官；宏治初，予谥肃愍；万历中，改谥忠肃。事详《明史》本传。生平著作甚多，遭变，遗书多佚，即此集亦出后人掇拾，故各刻卷帙，数恒互异。此天启辛酉仁和李之藻序刊本，与嘉靖河南刊本南京国学图书馆有之、康熙刊本、《四库》著录本、《乾坤正气集》本、道光刊本、丁氏《武林往哲遗著后编》本并不同。卷首仍录成化、嘉靖旧序。

虞德园先生集二十五卷[②] 四册 明天启刻本

(明)钱塘虞淳熙著。九峰旧庐藏。

淳熙字长孺，号德园，万历癸未进士，官至吏部稽勋司郎中。著述有《孝经集灵》小说存二、《埙篪音》总集存三等，见《四库提要》。以遭清廷忌，均列《存目》中。此天启三年癸亥家刻本，板心题“壦务山馆”。《北平图书馆善本甲编目》有此本。

寓林诗集六卷 二册 明天启刻本

(明)武林黄汝亨著。九峰旧庐藏。

---

① 《浙江省古籍善本联合目录·集部·明别集类》著录《于忠肃公集》五卷附录一卷，明刻清修本，今藏天一阁，第290页。

② 《浙江省古籍善本联合目录·集部·明别集类》著录《虞德园先生集》二十五卷又八卷，明崇祯刻本，今藏温图，第357页。

汝亨字贞父，万历戊戌进士，官至江西布政司参议。有《古奏议》等书，《四库》著录。此天启四年甲子刊，《四库》未收。吴氏《杭州艺文志》著录《寓林集》，注谓《千顷目》作二十五卷、诗集六卷云云，似吴氏亦未见刊本也。

觉庵存稿七卷[1] 陈列二册 明万历刻本

(明)海昌查秉彝著。吴县潘氏宝山楼藏。

秉彝字性甫，号近川，嘉靖进士，官至顺天府尹。此万历十二年甲申家刻本。按是书《海昌艺文志》未著卷数。

云村先生文集残存八卷 陈列二册 明嘉靖刻本

(明)海宁许相卿著。海宁县图书馆藏。

相卿字伯台，号云村，正德进士，官至兵科给事中。此集为家刻本，版心题"明德堂"，原十四卷，今残存八卷，首尾序跋亦佚。

吕文懿公全集十二卷[2] 陈列二册 明嘉靖刻本

(明)秀水吕原著。九峰旧庐藏。

原字逢吉，正统壬戌进士，官至翰林学士，卒谥文懿。是集，《四库》未著录，首序已佚。

快雪堂集六十四卷 十二册 明万历刻本

(明)秀水冯梦祯著。嘉兴县图书馆藏。

梦祯字开之，号具区，万历丁丑南宫第一人，官至南祭酒。此万

---

① 《中国古籍善本书目·集部·明别集类》著录，明万历海昌查氏刻本，第688页。

② 《中国古籍善本书目·集部·明别集类》著录，明嘉靖四十三年吕科等刻本，丁丙跋，第578页。

历乙卯刊,《四库存目六》著录。又南京国学图书馆八千卷楼旧藏本、北平图书馆并有此书。

太和堂诗文集六卷 六册 明万历刻本

(明)平湖屠勋著。平湖陆清澄藏。

勋字元勋,号东湖,成化五年己丑进士,官至刑部尚书太子太保,卒谥康僖。此万历四十三年乙卯刊,《四库》入《存目》。

又一部 影抄明刊本

浙馆藏。

长水先生文集廿四卷[①] 陈列二册 明万历刻本

(明)平湖沈懋孝著。平湖陆清澄藏。

懋孝字幼真,号晴峰,隆庆二年戊辰进士,授编修,升修撰,官南京司业。光绪《平湖县志·经籍门》著录《长水诗文集》云"文有《滴露轩藏稿》一卷、《洛诵篇》二卷、《石林篑草》二卷、《四余编》三卷、《贲园草》四卷、《水云绪编》三卷,诗有《淇林雅咏》十卷"云云,似诗文集合共二十有五卷也。

紫栢老人集十五卷[②] 八册 明天启刻本

(明)释真可著。平湖陆清澄藏。

真可字达观,自号紫柏道人,俗出吴江沈氏。年十七,削发。万历癸巳,陆基志延居平湖泖上,名其室曰尔庵。此天启七年丁卯刻,

---

① 《浙江省古籍善本联合目录·集部·明别集类》著录《长水先生文抄》二卷,明万历二十八年刻本,今藏杭图,第350页。

② 《中国古籍善本书目·集部·明别集类》著录《紫栢老人集》十五卷首一卷,明崇祯四年刻本,第824页。

憨山德清阅，邑志经籍著录。所著尚有《茹退集》，见《明诗综》。

榖庵集选十卷附录二卷崇祀录二卷　二册　明嘉靖刊本

（明）嘉善姚公绶著。嘉善县立图书馆藏。

公绶号榖庵子，又号云东逸史，天顺进士，由御史出知永宁。解官归，作沧江虹月之舟，游泛吴越之间，家设亭馆，名其室曰丹丘，人称丹丘先生。望之若神仙。工画，擅诗。此集为其曾孙堦重刻本。案南京国学图书馆亦有八千卷楼旧藏此嘉靖刊本，惟缺《崇祀录》二卷。

观颐摘稿　东斋稿略　一册　明嘉靖刻本

（明）嘉善姚惟旬、［姚］惟芹、［姚］惟诚著。嘉善县立图书馆藏。

旬字用宣，号可行，绶子，官鸿胪寺序班。惟芹字东斋，贡生；惟诚，国子生，均绶孙。是书接《榖庵集选》之后，亦姚堦所刻。

陈靖质居士文集六卷[①]　三册　明天启刻本

（明）嘉善陈山毓著。九峰旧庐藏。

山毓字贲闻，万历四十六年浙闱第一人。卒，门人私谥靖质。是为其弟龙正校刊本。案此书亦见《南京国学图书馆图书总目》及《北平图书馆善本甲编目》。

雪园遗草　一册　明末刻本

（明）嘉善李奇玉著。平川半月刊社征集。

奇玉字元美，号荆阳，西塘人，天启二年进士，南京兵部车驾司郎中，知汝宁府。研精《易》学，著有《雪园易义》等。是本末有子公柱刻

---

① 《中国古籍善本书目·集部·明别集类》著录，明天启四年陈舒等刻本，第821页。

书跋。

吹景集十四卷 二册 明崇祯刻本

(明)乌程董斯张著。吴兴图书馆藏。

斯张字遐周,监生,著有《静啸斋词》《吴兴备志》《广博物志》等。此同邑韩昌箕校订,崇祯己巳刻。遐周著作多采入《四库》,惟此及《静啸斋词》缺如。《适园丛书》本,即依是覆雕。

白华楼藏稿十一卷 陈列二册 明刻本

(明)归安茅坤著。吴兴图书馆藏。

坤字顺甫,号鹿门,嘉靖进士,官至大名兵备副使。是集邑人姚翼编,见《四库存目》。

徐天目先生集二十一卷 十册 明万历刻本

(明)长兴徐中行著。长兴王氏诒庄楼藏。

中行字子舆,博学工诗,为后七子之一,嘉靖二十九年进士,官至江西布政使,《明史·文苑》附见《李攀龙传》中。早岁读书天目山下,故自称天目山人,学者称天目先生,所著《天目山堂集》二十卷《附录》一卷,见《四库存目》。此万历甲申铜梁张佳胤刻于浙江本,题《天目先生集》。首有吴郡王世贞及万历甲申五月五日张佳胤序,署名并称友人某撰。更次有隆庆庚午陈有守《青萝馆诗集序》,第一行"青萝馆诗"四字已镵去。《青萝馆集》者,书共六卷,亦中行著,乃隆庆中其婿汪时元所刻,《四库存目提要》所称为"较前集为精简"者也。张序首页版心下方有"嗣孙承幹谨书"六字,盖中行本无嫡子云。案此书亦见《北平图书馆善本甲编目》及《南京国学图书馆图书总目》。

戴中丞遗集八卷[①] 二册 明嘉靖刻本

(明)鄞县戴鳌著。四明张氏约园藏。

鳌字时重,号东石,正德丁丑进士,官至左都御史。此嘉靖三十九年同邑张时彻选,见《四库存目》。惟既题八卷,而《提要》乃谓是集凡诗四卷、杂文五卷云。

天一阁集三十二卷[②] 陈列二册 明刻本

(明)四明范钦著。四明张氏约园藏。

钦字尧卿,一字安卿,号东明,嘉靖进士,累官兵部右侍郎。为名藏书家天一阁之始祖,其旧藏书及遗像兹并由后裔应征陈列,详后藏书文献项。是本首沈一贯序,已有佚脱。案北平图书馆善本甲库有是书。

芝园集二十八卷[③] 陈列二册 明嘉靖刻本

(明)鄞县张时彻著。鄞县张伯岸藏。

时彻有《摄生众妙方》,已著录。此嘉靖二十三年刻,为维静自刻诗文集之最初本。

芝园别集六卷 陈列二册

同上人著。同上家藏。

---

① 《浙江省古籍善本联合目录·集部·明别集类》著录《戴中丞遗集》八卷附录一卷,明嘉靖三十九年戴士充刻本,今藏天一阁,第318页。

② 《中国古籍善本书目·集部·明别集类》著录,明万历十九年范氏家刻本,第677页。

③ 《浙江省古籍善本联合目录·集部·明别集类》著录《芝园集》三十六卷,明嘉靖二十三年邹守愚刻本,今藏天一阁、浙大;《芝园集》三十六卷,张氏约园抄本,录长兴王修跋,缺十四卷,今藏浙图,第322页。

此亦嘉靖刊本，卷数较《四库存目》著录十一卷本为少。

芝园定集五十一卷[①] 陈列二册 明嘉靖刊本

同上人著。同上家藏。

此嘉靖三十七年刊，见《四库存目》。据《提要》尚有《芝园外集》二十四卷，不知尚在人世否。

喙鸣文集六卷[②] 二册 明刻本

（明）四明沈一贯著。四明张氏约园藏。

一贯字肩吾，隆庆进士，万历间累官至武英殿大学士。卒谥文恭。按一贯曾为范钦《天一阁集》作序。今集中卷四有目无文，应抄补。又一贯遗著见《四库存目》者五种，惟此未收。又所著《喙鸣诗集》十八卷，北平图书馆善本甲库有明刊本。

农丈人诗文集二十八卷[③] 送陈二册 明万历刻本

（明）鄞县余寅著。四明张氏约园藏。

寅字君房，号汉城，晚年改字僧杲，万历八年进士，官至福建左参政，加太常少卿，与杨承鲲、屠隆等称甬上四名家。是集首有万历甲辰泰和郭子章序，序页末有“建邑杨材镌”五字。全书凡诗八卷，文二十卷。《四库》存目，亦见《抽毁书目》。

---

① 《浙江省古籍善本联合目录·集部·明别集类》著录，明嘉靖刻本，今藏浙大，第322页。

② 《浙江省古籍善本联合目录·集部·明别集类》著录《喙鸣文集》二十一卷《诗集》十八卷《敬事草》十九卷，明刻本，存二十八卷，今藏天一阁，第351页。

③ 《浙江省古籍善本联合目录·集部·明别集类》著录《农丈人诗集》八卷《文集》二十卷，明万历刻本，缺四卷，今藏浙图、天一阁，第356页。

又一部

鄞县张伯岸藏。

案《北平图书馆善本甲编目》及近人武进陶湘纂《涉园藏书第一编记》并有此书。

由拳集二十三卷 四册 明万历刊本

(明)鄞县屠隆著。浙馆藏。

隆有《鸿苞集》,已著录。此书见《四库存目》及《抽毁书目》。

又一部

北平图书馆藏。

案该馆有此书二部。

秋水阁墨副九卷 陈列一册 明万历刻蓝印本

(明)鄞县董光宏著。北平图书馆藏。

光宏字君谟,万历二十九年进士,官至户部侍郎。此蓝印本。案光绪邑志艺文作十卷,计文八卷、诗一卷,末附《河南武试论策》一卷。此作九卷者,盖不数附录也。

霜镜集十六卷又附四卷[①] 陈列二册 明崇祯刻本

(明)鄞县陆宝著。鄞俞佐廷藏。

宝字敬身,一字青霞,明末难作,倾家输饷,督师援之入朝,不赴。入清,隐居不问世事,日以诗赋自娱,学者称中条先生。所著尚有《悟香集》《辟尘集》《青溪小草》《台宕游草》等。此集光绪邑志艺文据《徐

① 《浙江省古籍善本联合目录·集部·明别集类》著录《霜镜集》十七卷,明崇祯刻本,今藏浙大,第377页。

兴公书目》作十七卷。

歇庵集十六卷[①]　陈列二册　明万历刻本

(明)会稽陶望龄著。九峰旧庐藏。

望龄字周望,号石篑,尚书承学子,奭龄之兄,万历中会试第一,授编修,累官至国子祭酒,卒谥文简。此万历辛亥刻本,有吴海峰藏印。案北平图书馆善本甲库有此书二部。

澹生堂外集　陈列二册　明末刻本

(明)山阴祁承㸁著。九峰旧庐藏。

承㸁有《宋西事案》,已著录。是集共四种:一《琅琊过眼录》,二《苻离弭变纪事》,三《两游苏门山记》,四《澹生堂藏书约》。原刻仅前三种,末种为傅节子据《知不足斋丛书》本抄配者,有槜李曹溶及傅氏旧印。

王季重先生遗书　十二册　明末写刻本

(明)山阴王思任著。绍兴章天觉藏。

思任字季重,号遂东,万历乙未进士,历礼部右侍郎。明亡不仕,以书画名,所著如《尔尔集》《遯园拟存》《王季重集》,均见清乾隆《违碍书目》。是集凡六种:一游唤,二历游记,三传,四记,五墓志铭及行状,六读书佳山水题咏。《游唤集》首有陈继儒及自序。

菲泉先生存稿残存四卷[②]　一册　明崇祯刻本

(明)萧山来汝贤著。萧山来齐次藏。

---

① 《浙江省古籍善本联合目录·集部·明别集类》著录,明万历三十九年真如斋刻本,今藏浙图,第 358 页。

② 《浙江省古籍善本联合目录·集部·明别集类》著录《菲泉先生存稿续刻》八卷,明崇祯七年何汝敷太素斋刻本,存四卷,一至四,今藏浙图,第 328 页。

汝贤字子禹，号菲泉，嘉靖壬辰会试第二，授奉新令。此崇祯七年甲戌，其孙婿何汝敷校刊，原八卷，现仅存此四卷。

桃溪净稿残存十一卷[①] 明正德刻本

（明）太平谢铎著。温岭林爵铭藏。

铎字鸣治，天顺进士，官至国子监祭酒，预修《宪宗实录》，卒谥文肃。是稿原八十四卷，兹存卷二十三至三十三，凡十一卷。每卷中亦有残佚。案北平图书馆有此书全部。

燕石集五卷附年谱[②] 一册 明隆庆刊本

（明）温岭赵大佑著。温岭赵氏棣华楼藏。

大佑字方厓，嘉靖进士，官至南京兵部尚书。此集为先生身后所刻，近裔孙枚又为作《年谱》附于后。

逊志斋集二十四卷[③] 陈列二册 明嘉靖刻本

（明）宁海方孝孺著。四明张氏约园藏。

《逊志斋集拾遗》抄本已著录。此嘉靖辛酉台州重刻本。案北平图书馆善本甲库有正德刻本。

---

① 《浙江省古籍善本联合目录·集部·明别集类》著录《桃溪净稿》八十四卷，存三十九卷，一至三十九，今藏天一阁、临海博物馆；《桃溪净稿》八十四卷，清抄本，临海项士元跋，今藏浙图，第 296 页。

② 《浙江省古籍善本联合目录·集部·明别集类》著录《燕石集》五卷，清抄本，佚名校，今藏浙图，第 330 页。

③ 《浙江省古籍善本联合目录·集部·明别集类》著录，附录一卷，明正德十五年顾璘刻本，今藏浙图，第 286 页。

重刊方正学先生逊志斋集廿四卷[1]　残存一册　明万历刻本

同上。临海秦梗友藏。

按《逊志斋集》，明代有天顺文二百六十首、成化三十卷、正德廿四卷、嘉靖、万历诸刻。此万历丙子本，惜已稍残，并四周灼焦，盖民十九年临海匪乱，秦氏四休堂藏书四万卷均烬，此其残鳞片甲也。

竹涧先生文集八卷[2]　三册　明嘉靖刻本

（明）金华潘希曾著。永康胡氏藏。

希曾字仲鲁，弘治进士，以忤刘瑾，除名。嘉靖中，历太常卿，迁兵部左右侍郎，治河有大功。是集为嘉靖末长洲黄省曾所校，《四库》著录。

徐孝廉遗稿二卷　一册　明万历刻本

（明）兰溪徐学质著。永康胡氏藏。

学质字殷夫，万历己卯举人。殁后，兄学聚为刊此稿于庚子岁。上卷诗，下卷文，板心下方题“闽省魏子英镌”，有金星轺藏印。

程文恭公遗稿三十二卷[3]　九册　明万历刻本

（明）永康程文德著。永康胡氏藏。

文德字舜敷，号松溪，从王守仁游，举嘉靖进士，权掌詹事府。以规讽道家祝厘事，落职，卒后追谥文恭。是书见《四库存目》及《北平

---

① 《浙江省古籍善本联合目录·集部·明别集类》著录，《外纪》二卷，明万历四十年丁宾等刻，清康熙三十八年方忠祁重修本，海宁章梫跋，今藏浙图，第287页。

② 《中国古籍善本书目·集部·明别集类》著录《竹涧先生文集》八卷《奏议》四卷《附录》一卷，明嘉靖二十年黄省曾刻本，第623页。

③ 《浙江省古籍善本联合目录·集部·明别集类》著录，明万历十二年程光裕刻本，今藏浙图，第325页。

图书馆善本甲编目》。

又一部

浙馆藏。

徐汝思诗二卷[①] 一册 明刻本

(明)永康徐文通著。永康胡氏藏。

文通字汝思,嘉靖甲辰进士,累官山东德州兵备副使。是集诗凡百五十余首,吴郡王世贞评定并序。《金华艺文志》未著录,盖梦选楼新得本也。

宋学士集七十五卷[②] 十二册 明正德刊本

(明)浦江宋濂著。永康胡氏藏。

濂字景濂,元至正中以荐授翰林院编修,以亲老不赴。入明,应诏授太子经,修《元史》,累官翰林学士承旨,知制诰,事实具《明史》。著述甚多。是集正德九年甲戌太原张缙刊,系出宋氏手定者。

青来阁二集十卷[③] 陈列二册 明天启刻本

(明)西安方应祥著。九峰旧庐藏。

应祥字孟旋,号青峒,万历丙戌进士,官至山东督学。此天启四年刻本。其初集十卷,刻于万历间,北平图书馆善本甲库有之。

---

① 《中国古籍善本书目·集部·明别集类》著录,明刻本,第693页。

② 《浙江省古籍善本联合目录·集部·明别集类》著录《宋学士文集》七十五卷,明正德九年张缙刻本,今藏天一阁、浙大,第278页。

③ 《中国古籍善本书目·集部·明别集类》著录,明天启四年易道暹等刻本,第817页。

省愆集二卷　二册　明正统刻本

(明)永嘉黄淮著。瑞安孙氏玉海楼藏。

淮字宗豫,洪武丁丑进士,官至户部尚书。永乐十二年,以汉王高煦谮系狱十年,洪熙初复官,授武英殿大学士,累加少保,卒谥文简,《明史》有传。此其狱中所作诗文集,后附词,为正统八年刻,黑口双边,有“怡园主人”及“钦训堂画记”二印。《四库》著录。

张文忠公全集十九卷　十册　明万历刻本

(明)永嘉张孚敬著。瑞安孙氏玉海楼藏。

孚敬有《钦明大狱录》,已见前。此万历四十六年刻本,系其孙汝纲、汝纪、汝经等编刊。清道光间别有永嘉张氏刻本,仅以全集内文稿六卷,录出单刻。又闻瑞安项氏藏有《张文忠诗集》三卷,《温州经籍志》谓疑即《天一阁书目》之《罗山诗稿》云。

二谷山人近稿十卷　六册　明万历刻本

(明)乐清侯一元著。瑞安孙氏玉海楼藏。

一元字舜举,官至江西左布政使。此万历九年刻,盖侯氏所手定。孙氏《温州经籍志》谓稿内诗文,较之少作,渐趋质朴,平议亦多精邃云。按《侯氏遗书》今存者三种:一为《二谷山人集》,一为《二谷山人诗集》。其一即此也。明椠原本,玉海楼皆有之云。

总集类

续文选十四卷　五册　明崇祯刻本

(明)海盐胡震亨编。海宁县图书馆藏。

震亨字孝辕,晚号遯叟,万历举人,官至兵部员外郎。校著书甚多。此长水孙绳祖笺评本，崇祯辛巳刻。案明余姚姜鏊亦有《续文选》之编，见康熙《绍兴府志》。

历代名文通考八卷　六册　明万历刻本

(明)平湖施凤来编。平湖陆清澄藏。

凤来字羽王，号存梅，万历卅五年丁未会试第一，廷试一甲第二名，官至东阁大学士，吏部尚书。此题施会元汇选，盖坊本。

皇明文范六十八卷[①]　陈列四卷　明隆庆刻本

(明)鄞县张时彻编。九峰旧庐藏。

时彻有《摄生众妙方》《芝园集》等，已著录。是书首有隆庆乙巳自序，并附著者姓氏爵里。案此书见《四库存目》及《北平图书馆善本甲编目》。

又一部

鄞县张伯岸藏。

风雅翼十四卷　陈列二册　明嘉靖刻本

(元)上虞刘履编。九峰旧庐藏。

履字坦之，宋侍御刘忠介四世孙。入明不仕，自号草泽闲民。洪武间，浙江布政使强起之，至京师，以老疾，固辞，遣还，未及行而卒。是书为嘉靖壬子吴郡顾存仁所刊，版心有“养吾堂”三字。

---

① 《浙江省古籍善本联合目录·集部·总集类》著录《皇明文范》六十八卷《目录》二卷，明万历刻本，存四十一卷，今藏天一阁，第108页。

西湖竹枝集不分卷[①]　一册　明末刻本

(元)诸暨杨维桢等著。绍兴章天觉藏。

维桢有《丽泽遗音》《铁厓集》等,已著录。此《西湖竹枝词》和者甚众,是集所录共一百二十二人,人各数首。卷首题“诸暨陈于京宗甫校”。于京,明万历间诸生,尝校刻《杨铁崖文集》五卷,世称善本,此即附于集后者。

萧氏家集十卷　陈列二册　明万历刻本

(明)山阴萧鸣凤、[萧]勉著。九峰旧庐藏。

此萧氏父子合集,万历时其孙承方所刻、徐文长校选者。鸣凤字子雝,号静庵,少从王守仁游,正德九年进士,官至南畿学政。著有《静庵文录》《诗录》《教录》《杜诗注》等。邑志有传。勉字汝行,鸣凤长子,自号天柱山人。国子生,考授州同知。少悦古,负奇,工诗词,文名籍甚一时。与徐渭、陈鹤、沈炼等称越中十子。府县志附《徐渭传》内。平生著作宏富,惜皆毁于火,此所载者其孑遗耳。案此《家集》原二十五卷,见萧氏世传,浙馆藏抄本。

词曲类

曲律四卷　一册　明天启刻本

(明)会稽王骥德著。北平图书馆藏。

骥德字伯骥,自号方诸生,工词曲。此天启五年乙丑刻本。首有冯梦龙序。

---

① 《浙江省古籍善本联合目录・集部・总集类》著录《西湖竹枝集》一卷,王氏述庐抄本,今藏浙图,第 128 页。

（四）校本

经　部

明佚名氏校周易本义　二册　明刊

（宋）新安朱熹原著。杭州孙廛才藏。

此明末无名氏朱墨笔校注，清光绪时孙氏得于杭城书肆云。

清黄以恭校易释　二册　抄本

（清）定海黄式三原著。定海黄荣爵藏。

以恭有《尚书启幪疏》手稿，已著录。此其手校父书之一。

邵二云校古文尚书考　一册　校本

（清）吴县惠栋原著。山东省图书馆藏。

此清乾隆间益都李氏抄本，经余姚邵晋涵手校。邵氏并有跋。后有“钱氏大昭”“辛楣”二印。晋涵字与桐，一字二云，乾隆进士，预修《四库全书》，博闻强识，熟精流略，尤长于史。著作极富。《清史稿·儒林》有传。

惠氏《古文尚书考》，予最爱其辨《正义》四条、证《孔氏逸书》九条。议论精当，为竹垞、亭林所未逮。至下卷所述，则本前人而推广之者也。郑晓谓“姚方兴二十八字曰若”句袭诸篇首，“重华”句袭诸《史记》，“濬哲”掠《诗·长发》，“文明”掠《乾·文言》，“温恭”掠《颂·那》，“允塞”掠《雅·常》，“武玄德”掠《淮南子鸿烈》，“乃试以位”掠《史·伯夷传》，其言与惠氏近。又旌德梅鷟撰《读书谱》四卷、《尚书考异》一卷，予未之见。据陈第所引，如谓“禹谟克艰”本诸《论语》，“人心道心”本诸《荀子》，“咸有一德之观政观德”取诸《吕氏春秋·说命》，“建邦设都”取《墨子·尚同篇》，“罔命交修不逮”取诸《楚语》，此皆辩论之最有关系者。惠氏之说与之符合，而不言其出于梅氏，只别载梅说九条，何欤？梅氏之外，闻又有姚际恒《古文尚书通论别伪例》十卷、钱煌壁《书辨疑》六卷，与阎氏《古文尚书疏证》后先并出，当备购其书，互相参考。屠维赤奋若重阳后二日，余姚邵晋涵识。

孙仲容校吕氏家塾读诗记三十二卷　十六册　刻本

（宋）金华吕祖谦原著。孙氏玉海楼藏。

孙仲容先生移录方雪斋先生成珪校记于此本上。方氏初据明嘉靖、万历两本校订，而孙氏复取宋小字本对核一过，再加校语。第一册之尾记云：“丁卯二月十一日录毕此卷。”丁卯为同治六年，时孙先生年才二十也。案吕氏有严久能抄《书说》、孙氏有《名原》，已著录。

劳季言校诗考残存卷三卷四　一册　抄本

（宋）庆元王应麟原著。孙氏玉海楼藏。

此清仁和劳氏手抄残本，存三、四两卷。其卷三首页亦蠹损阙字。钤有“实事是正，多闻阙疑”印记。册尾有季言癸卯及乙巳墨笔手识二则。盖据卢弓父、赵宽夫及仁和陆尧春所藏卢氏增校本，再三审勘也。季言名格，清仁和塘栖人，家有丹铅精舍，以富藏书名世。与兄权，字平甫，补诸生后不复出，专攻经史，时有“二劳”之目。

孙仲容自校周礼正义八十六卷　二十册　铅铸板初印本

（清）瑞安孙诒让原著。孙氏玉海楼藏。

仲容先生所著书二十七种，而此书尤推巨作。家藏铅铸本，视湖北笛湖精舍木刻误字为少。而此册复经仲容先生手自校理，可作最后定本也。今先生哲嗣延钊取此本与湖北本互读，举正甚夥，将写为校勘记云。

王南湖校周礼汉读考六卷　三册　刻本

（清）金坛段玉裁原著。瑞安孙氏玉海楼藏。

秀水王琨校本。卷首序第一页及各册第一页并钤王懿荣印。目录首页及卷六末页并钤丁氏珍藏印。帙尾有伊桑跋云："此本经王南湖先生校勘，一字一句，俱经研讨，眉上签贴案语凡数百条，增补订正，详核精允，尤为是书功臣云。"

徐北溟校礼经会元四卷[①]　一册　明刻

（宋）钱塘叶时原著。朱氏别宥斋藏。

徐鲲字北溟，清萧山诸生，湛于经术，为诂经精舍高材生。佐阮文达修《经籍籑诂》。

孙仲容校求古录礼说十六卷　六册　刻本

（清）临海金鹗原著。孙氏玉海楼藏。

德清戴氏旧藏本。首钤"谪麐堂""戴望之印""子高"三印。册中有孙仲容先生朱笔校语甚多。案望有《长留阁随手丛订》，已著录。鹗字风荐，号诚斋，一号秋史。嘉庆丙子优贡。肄业诂经精舍时，受知于阮文达。为学精博，同时若王引之、郝懿行、胡培翚、陈奂辈咸敛手推服。

孙仲容校礼书通故五十卷　四十册　浙局刻

（清）定海黄以周原著。孙氏玉海楼藏。

俞曲园序是书称其精审过于秦蕙田《五礼通故考》，而此册复经孙仲容先生精校，随笔笺正其疏误处，乃得三百余条。盖治经之难如

---

① 《浙江省古籍善本联合目录·经部·礼类》著录《礼经会元》四卷，明嘉靖五年萧梅林刻本，今藏浙大，第61页。

此。以周字元同，号儆季，与曲园、仲容并治朴学，世称晚清三大师。有《十翼后录》等，已著录。

卢抱经校春秋经传集解考正三十卷　陈列一册　稿本

（清）元和陈树华原著。涵芬楼藏。

此乾隆时元和陈树华所撰，卢抱经为之校定，分三十卷。精心校阅，于原文多所纠正，或为之增补。所据之书，凡数十种，均注明出处。有“卢印文弨”及“抱经堂写校本”等印。案抱经有手写《矶渔诗稿》，已著录。此书见商务印书馆《四部丛刊续编》及《三编》拟续出书目。

陈赓廷校春秋疏　陈列二册　汲古阁刊

（唐）孔颖达疏。天台图书馆藏。

陈赓廷校公羊疏　陈列二册　汲古阁刊

（唐）徐彦疏。天台图书馆藏。

陈赓廷校谷梁疏　陈列二册　汲古阁刊

（唐）杨士勋疏。天台图书馆藏。

赓廷名省钦，有《春秋公羊传正解》等，已著录。

吴槎客校十三经文抄　二册　抄本

（清）海宁沈珩原著。嘉业楼藏。

拜经楼旧藏，并经兔床手校，每篇后有朱笔批语，俱可诵。末有“乾隆癸丑夏中拜经楼校录毕”隶书一行，并有“临安志百卷人家”长方朱印。槎客名骞，清海宁诸生，有《海宁倭寇始末》，已著录。珩字昭子，号耿岩，康熙甲辰会元，试鸿博，授编修，预纂《明史》。

周耕厓校相台五经九十六卷 五十四册 殿本

浙馆藏。

全书为海宁周广业朱笔手校,每卷有跋。广业有《孟子四考》等稿本,已著录。

章太炎校四书亿 陈列一册 民国二十四年排印本

(清)仙居李芳春原著。李镜渠藏。

芳春字仲昭,同治庚午举人。此其遗著,经令裔镜渠付印。此为民国二十四年初印本,经太炎先生手校。

姚梅坡朱墨批注四书便蒙 六册 自怡堂刊本

嘉兴图书馆藏。

俨号梅坡,秀水诸生,承其父云吟名应龙,有《云吟老人醒世篇》,已著录老人之家学,熟研四子、五经、《仪礼》。此本批注,朱书处参其父说,墨书则皆己说。卷面自跋,署“壬子二月”,乃乾隆五十七年也。

项月舟朱墨批点四书合讲 六册 刊本

嘉兴图书馆藏。

项熊号月舟,居秀水濮院,乾隆举人,官武康训导。此本乃其晚年所批点。

陈珊士校说文解字十五卷 十六册 大兴朱筠刊本

(汉)汝南许慎原著。浙馆藏。

此书系清吴县江帆以朱墨笔过录惠氏父子校语,咸丰时山阴陈寿祺得之,复有墨笔眉注,并手跋于卷首。寿祺字珊士,咸丰丙辰进士,官刑部主事,著有《纂喜堂诗稿》。

严铁桥校说文解字　送陈一册　汲古阁大字本

涵芬楼藏。

案此为元和顾涧滨过录严铁桥校本。中间尚有平津馆主孙氏朱笔校语。铁桥名可均，有《尔雅一切音注》等，已著录。

王晚闻校正康熙字典　原四十册　坊刻本

俞英庄藏。

宗炎字以除，号谷塍，萧山人，清乾隆庚子进士，不仕归，聚书十余万卷，筑十万卷楼以居，著有《晚闻居士集》九卷，事迹详《萧山县志》。此书为其手校本，除改正误字外，并将所引各书，均取原书核对。其有错误漏略者，均为更正增补。原书四十册，兹送会者首尾各一册。前有“晚闻居士”“王印宗炎”二印。

罗镜泉校叙古千文　一册　旧抄本

（宋）崇安胡寅原著。瑞安孙氏玉海楼藏。

此清钱塘罗镜泉以智校本。首钤恬养斋印，册中有朱笔校语。以智有《金石综例跋》，已著录。其遗书为玉海楼所收藏者，计稿本二种，校本、抄本二十余种云。

孙仲容校铁云藏龟　六册　印本

（清）丹徒刘鹗原辑。孙氏玉海楼藏。

此本初无释文。孙仲容先生自谓穷两月力校读之，创通其文字见《契文举例自序》。册中所夹别纸百五十余条，即校读所得之笺释也。厥后乃揭橥通例，有《契文举例》之作，推阐微旨，则复有《名原》之作。

孙仲容校新方言十一卷 一册 日本东京民报社印本

余杭章炳麟原著。孙氏玉海楼藏。

此初印不分篇本。今浙江图书馆所刊《章氏丛书》本，系著者重定分篇本，与此不同。此本自序题“强圉协洽毕辜之月”，盖光绪丁未三月也。是年著者以此本寄示孙仲容先生，先生为圈出精审者若干事，又下校记一条，并朱笔。太炎先生为晚近朴学大师，名闻中外，甫于民二十五年夏逝世，寿六十九。遗著具见《章氏丛书正续编》。

吴介兹朱墨校隶释隶续 乾隆刊本

嘉兴县图书馆藏。

受福号琎轩，所著《老芥土苴》手稿已著录。生平专精金石篆隶。此用乾隆汪刻本手校，朱笔录丁鲁斋说，墨笔乃已说。中有精楷抄补者五卷，亦其手笔。卷首有自记三则。

孙仲容过录翁覃溪校汉隶字原 六册 汲古阁刻本

（宋）嘉兴娄机原著。瑞安孙氏玉海楼藏。

瑞安孙仲容先生手录翁覃溪校本。盖翁氏尝据朱竹君所得南宫本校正毛刊之误，海昌唐端夫仁寿写存其副，而孙氏复从唐氏假观，移录于册上，朱墨小楷，三十余岁所为云。册首钤“彭城伯子”及“空翠阁藏书”二印。

罗镜泉校集韵 五册 曹刊本

（宋）祥符丁度原著。瑞安孙氏玉海楼藏。

册首有钱塘罗镜泉先生以智识语数行，备述所见各本，云依宋本校，又以段懋堂校本从周漪塘借汲古阁影宋本校，又以严鸥盟、汪小米校本互勘一过。惜两本仅校有五卷，余复以群书与类篇对校补之。汲古阁影抄本，胜于余初校宋本，乃书贾携来，知不足斋本与振绮堂、清吟阁过校本无异。吴晴舫学使曾示余影宋本，将付刊，惜未假校，为恨云。又曹本卷尾景祐元年三月宋祁等奏，末缺数行，罗氏据宋本补之。案邵氏《四库简目标注》尚有余古农、钮匪石各校本，罗氏盖未见。

孙止庵叔侄抄校集韵考正十卷　五册　抄本

（清）瑞安方成珪原著。瑞安孙氏玉海楼藏。

孙学士锵鸣有《东瓯大事记》《止庵诗存抄》等稿本，已著录。此其传录原稿本，帙尾有其侄仲容征君朱笔手迹，册首有止庵藏书印。稿中间有列举原文而缺其校语者，征君悉为之补注。

史 部

齐次风朱墨校史记一百三十卷 十一册 汲古阁本

(汉)龙门司马迁原著。天台图书馆藏。

次风有手稿《宝纶堂经史讲义》及《台山初稿》,已著录。此校本总目下有“太史之章”朱印。

孙琴西校史记一百三十卷 十六册 汲古阁刻本

孙氏玉海楼藏。

琴西先生名衣言,有《郡志选举考正》等,已著录。此以各色笔传录归震川、方望溪二家评点,归用紫黄笔,方用朱蓝笔,复随手自为笺记,考论尤详,盖以全书作一篇读,见史公大意,足补归、方所未备。至于册中订正二家原评、原点之处,亦复不少。归、方评点原本,马平王定甫尝合纂刊传,世所习见。而先生此本,向秘庋于家。今文孙延钊编有《逊学斋文史笺评》,即以《史记》评语冠首,写稿待梓云。

杨定夫过录归方评点史记 二册 校本

黄岩杨子屏藏。

杨定夫名晨,清黄岩人,光绪三年丁丑进士,官至刑科给事中。著有《崇雅堂丛书》。此为移录归、方评点本,以紫黄朱蓝色笔别之。

孙琴西过校前汉书一百二十卷 三十二册 成都书局仿殿本

(汉)安陵班固原著。孙氏玉海楼藏。

孙琴西先生以朱笔移录某氏评点,间复自加案语,后有手跋,言某氏所圈点与姚姬传本不甚相远,而姚本兼取文字奇丽浓至,此则以行文脉络为重,亦精于文事者,可与姚本相辅而行。末署丙戌,盖光绪十二年，先生七十二岁所温读也。

⊙王迈常校汉书读十二卷附辨字二卷常谈二卷

合称张铁锋先生遗著三种　四册　抄本

（清）四明张恕原著。四明张氏约园［藏］。

王迈常校读，粘贴字条甚多。有“梅华草堂秘笈”印。迈常，清嘉兴庠生，现尚健在。

齐次风校后汉书　十四册　汲古阁本

（南朝宋）南阳范晔原著。天台图书馆藏。

此亦就汲古阁本朱墨批校。每卷首有“齐召南印”“琼台”“天台齐召南”诸朱印。

孙康侯校谢氏后汉书补逸六卷　二册　二部　抄本

（清）仁和孙志祖增订，孙峻补订。浙馆藏。

康侯名峻，有《重宴鹿鸣姓氏录》等，已著录。此其家刻《谢氏后汉书补逸》底本，曾历藏钱塘何氏梦华馆、丁氏八千卷楼及孙氏寿松堂。其中蓝墨笔校字较多。互见抄本项。

孙琴西校三国志六十五卷　十四册　成都局仿刻殿本

（晋）安汉陈寿原著。瑞安孙氏玉海楼藏。

孙琴西太仆于光绪壬午甲申间评点一过，并朱笔，盖晚年温读之本。太仆为仲容征君之父。征君所撰《征访温州遗书约》云：“家君簿书之暇，不废丹铅。”《先考太仆公行状》云：“公既告归，益以著书为乐，灯下浏览古籍，率尽数卷。”其哀挽太仆公联有“三万卷朱墨如新”之语，即指太仆所校诸本而言。

全谢山校晋书 送陈二册 明刻

唐太宗敕撰。四明张氏约园藏。

全祖望字绍衣，有《明事杂录》《句余土音注》等，已著录。此校本点窜删削，独出手眼，如于《宣帝本纪》改“宣帝”为“宣王”，而斥首段为“抄太史公之妄谬”，斥“帝知汉运方微……惧而就职”段为“无耻之言”，想见其声色俱厉也。前“有四明卢氏抱经楼藏书印”。

王子展校南朝史精语十卷 一册 江阴缪氏刻本

（宋）鄱阳洪迈原著。浙馆藏。

王存善字子展，清仁和人，斯恩子。以知县仕粤，见赏于张之洞，后擢知府，以理财为长官所喜，尤为盛宣怀所契，受命主招商局者垂二十年，以民国四年逝世。生平喜收藏，精鉴赏，知悔斋中颇多珍品。著述少见，此其手泽所存者。遗书现由哲嗣叔鲁先生克敏捐赠本馆，然当国军北伐抵浙，干戈扰攘之顷，其中瑰物，已多为有识之某显者干没矣。

孙琴西校新五代史记七十四卷 残存三册 汲古阁本

（宋）欧阳修原著。孙氏玉海楼藏。

孙琴西先生于咸丰己未间由安庆守解职归里，途次覆诵欧《史》，随笔附记行程，间及时事。又卷中间有晚年手笔，则温读不止一次也。

李莼客校宋书一百卷 陈列一册 刻本

（梁）武康沈约原著。北平图书馆藏。

此会稽李慈铭手校本。书眉有朱墨笔批校，卷十一前有“会稽李氏困学楼藏书印”。莼客名慈铭，有《杏花香雪斋诗》稿本，已著录。

夏灵峰校资治通鉴后编一百二十卷　一百二十册　抄本

(清)昆山徐乾学等原著。浙馆藏。

此书先无刊本。清季徐氏后裔传抄慈溪冯氏藏本以赠浙江学政徐致祥,致祥特嘱富阳夏震武校定,始付浙江官书局刊行。案灵峰先生有《通鉴后编校勘记》,已著录。

鲍渌饮校三朝北盟会编二百五十卷　送陈一册　抄本

(宋)临江徐梦莘原编。涵芬楼藏。

原书宋徐梦莘编集。全书分上中下三帙,阙页错简,衍文夺字,层见叠出。乾隆辛卯年,鲍以文据吴瓯亭本及汪阆源本,用朱黄绿三色笔校正芟补,有时多至数千百字,极为精审。其各卷尾并有校识,足为有志《渌饮年谱》者参考。八千卷楼旧藏。《四部丛刊三编目》末附预备续出书目中有明抄本是书,殆即此也。渌饮名廷博,歙人,侨居桐乡之乌镇,家有知不足斋,藏书极富。乾隆时四库开馆,献书最多者,鲍氏其一也。

陈仲鱼校逸周书十卷　二册　清乾隆间刻本

九峰旧庐藏。

是书为乾隆时抱经堂所刻,海宁陈鳣手校本。书首有"得此书,费辛苦,后之人,其鉴我""仲鱼图象"及"陈仲鱼读书记"等印。书眉有陈氏朱笔手批,书尾有陈氏嘉庆十一年跋语。所谓卢校底本,今亦由涵芬楼应征共陈矣。鳣字仲鱼,有《经籍跋文》手稿,已著录。

去岁除夕,吴中度岁,往县桥巷黄荛翁家作祭书之会,因得明嘉靖廿二年四明章檗刻本《逸周书》,系顾君千里依元刻手校本。余既跋而藏之。新岁,携示同里吴槎翁,啧啧称善,遂取其旧藏章刻本录顾校文于上,且以明钟人杰校本及汪士汉刻入秘书本,重加参阅。跋云:惜抱经学士刻本,案头适乏,俟异日取(下一种此跋作"异日尝取")而重勘之。余曾以槎翁所校补入章本,比复至吴,忽从书肆（下一种书上有“水关”二字）获一抄本，乃抱经学士未刻此书时缮写手校底本，上作细楷书，朱墨杂陈，极其精致，不胜狂喜。学士校此书时，在乾隆庚子春日，越七年丙午，始付诸梓，故校语与定本多有增损。所谓积数年校勘之功，盖其慎也。然前后校语，亦可以参互考订，因补录于刻本之上，凡朱笔者皆是（下一种无此“然前后……皆是”四句）。犹忆庚子三月，鳣偕槎翁造访，学士欣然出见曰：“顷自庆春门外归，今日家属亦往纵观。”前辈风流，宛然可挹。惜其遗书多不能保，新桥第宅，半属它人。《逸周书》之版，已鬻诸坊间矣。展阅手笔，不胜浩叹！时嘉庆十一年太岁在丙寅三月望日，海宁学人陈鳣记于中吴别业。案下一种跋无“宛然”“望日”“海宁学人”及“于中吴别业”等字。

卢抱经校逸周书十卷　一册　抄本

涵芬楼藏。

晋孔晁注，卢抱经据程荣、吴琯、卜世昌、章檗各刊本，及惠栋、沈彤、赵曦明各校本雠勘，朱墨杂下，搜讨无遗。陈仲鱼定为抱经未刊此书时缮写手校底本。旧藏向山阁，后于同治六年为钟文烝所得。末有嘉庆十一年仲鱼跋及《十二月二十日花溪泛舟即事书怀》七言一绝，又钟氏手识则在其前焉。

同治六年丁卯岁三庚午，嘉善钟文丞见此书于上海，善贾得之。

二月二十日，奉随兔床有道先生花溪泛舟，即事书怀，录求点定。

访古名山外，良晨得尽欢。一帆春雨细，十里野塘宽。壮气归吟卷，生涯羡钓竿（用《汉书》临渊羡鱼事）。故人知我者，载酒几盘桓？简庄小侄鳣草稿。

孙仲容校周书附逸文十卷　一册　抄本

（清）嘉定朱右曾集释。浙馆藏。

此书眉端有瑞安孙诒让墨笔校语，后以赠汪宗伊者。有汪氏手识，校语不多。

吴兔床校东都事略一百三十卷　送陈一册　刊本

（宋）眉州王称原著。涵芬楼藏。

此为吴兔床从知不足斋鲍氏借校者。有手跋。

昔钱遵王有宋椠《东都事略》，荣木楼屡求不与。宋椠最为难得。丁酉之秋，偶从贡院前书肆收得影宋抄本，虽亥豕间或不免，然视翻刻之妄改错误，则犹是中郎之虎贲也。适从知不足主人借得是本，因属朱君允达，彼此互校而还之。百卅卷之书，辄复求将伯之助。予之勤惰，于此亦可征矣。是岁腊月既望，兔床记。

卢抱经校渚宫旧事五卷　一册　抄本

（唐）□□余知古原著。涵芬楼藏。

此题余知古撰，卢抱经朱笔手校。凡据《国语》等书订补者，均一一注明。有“卢文弨”白文、“弓父手校”朱文二印。又“古潭州袁氏卧雪庐收藏”白文方印。末有朱识“庚子二月十八日，卢弓父阅，连日阴雨”一行。

傅节子校保越录一卷　一册　《心矩斋丛书》底本

（元）□□徐勉之原著。浙馆藏。

此为蒋氏《心矩斋丛书》底本，经傅氏节子墨笔手校。节子名以礼，有《明史续编》等，已著录。是书《四库》收吴氏瓶花斋抄不著撰人本。此据明代越中刊本，标题元徐勉之撰，自序结衔为乡贡进士，杭州路海宁州儒学教授。傅氏有解题，考撰甚详，见所为《华延年室题跋》卷上。

丁益甫校随銮纪恩不分卷　一册　抄本

（清）歙县王灏原著。浙馆藏。

灏字紫沧，康熙时进士。此为其随侍清圣祖巡狩热河纪程之作。全书经嵊县丁谦墨笔签注。谦字复谦，号益甫，清举人，任学官数十年，专治舆地之学，著有《蓬莱轩舆地丛书》。其书经本馆付刊，题《浙江图书馆丛书》。民国八年去世，寿七十五。

王子庄王玫伯校宁海将军固山贝子功绩录一卷　一册　抄本

(清)临海叶臣遇原著。黄岩县图书馆藏。

此书《四库提要》谓不著撰人姓名。此经黄岩王棻、王舟瑶校读，定为临海叶臣遇作云。子庄有《六书古训》等，已著录。舟瑶字星垣，一字玫伯，号默庵，光绪已丑举人，历教清献、东湖诸书院、上海南洋公学、京师大学堂、广州师范学堂。鼎革后，杜户纂述，成书极富，又有《自订默庵居士年谱》。民国十四年卒，寿六十八。

王静庵校顾亭林年谱四卷　一册　刻本

(清)平定张穆原著。北平图书馆藏。

此静庵先生校粤雅堂本。静庵名国维，有《史籀篇疏证》等，已著录。

吴兔床校敬修堂同学出处偶记　一册　抄本

(清)海宁查继佐原著。嘉业楼藏。

此吴兔床朱笔手校。继佐字伊璜，有《罪惟录》《敬修堂杂著》《东山钓业》等，已著录。

陆香圃校契丹国志二十七卷　二册　刊本

(宋)嘉兴叶隆礼原著。孙氏玉海楼藏。

清乾隆时开《四库全书》馆，瑞安孙敬轩太史希旦实预分校。时馆臣进呈叶书，高宗以其体例乖舛，诏馆臣重行勘正，总裁以畀太史。《四库提要》所著录者，即太史所修正本也。自修正本出，叶氏原本流传遂尟。孙仲容先生于同治甲子得此册于杭州，册中有朱笔依元椠校正语，不著姓氏。惟卷首钤“香圃珍藏”及“陆氏三间草堂藏书之印”，殆即陆氏所校。陆氏名芝荣，萧山人，富藏书。

罗镜泉校华阳国志十二卷附录一卷　五册　明胡宇度刻本

(晋)江原常璩原著。孙氏玉海楼藏。

此又为罗镜泉先生以智校本。序阙半叶，亦经罗氏抄补。每册首各钤"江东罗氏所藏"印记。第十二卷尾有罗氏朱墨笔及蓝笔题记，凡四则。盖先后以文澜阁本及廖寅刻本对校。又其后补抄附江原常氏《士女志》二叶。

鲍渌饮校伪齐录二卷　一册　抄本

(宋)□□杨尧弼原著。涵芬楼藏。

此题杨尧弼撰，旧为知不足斋所藏，鲍氏以墨笔校正。末有乌程程庆余手跋。曾见《四部丛刊续编目》末附续出书目中，但《三编目》未列入。

是书，陈振孙《书录解题》作《逆臣刘豫传》一卷，杨尧弼、杨载等撰。《四库》著录于附《存目》，作《伪豫传》一卷，杨克弼撰。据其自叙，称以豫逆臣，不当称伪齐，故削其国号，而名称之，以示贬云。是原本标题作"刘豫"或"伪豫传"，不作"伪齐"也。又称传中载豫阜昌八年，遣宣义郎杨克弼乞师大金，克弼他辞，乃改差韩元美。是克弼亦尝仕豫，豫废后，乃复归宋耳。今此本无序，又传中八年止载遣伪宣教郎户部员外郎韩元英而无遣克弼之文，岂有阙佚耶？抑经后人删节耶？克、尧字形相近，他尚未见，无从是正。所称韩元美，书中亦俱作"元英"，疑"美"字误也。此册系从旧本过录，已有朱墨校改数次，疑出鲍以翁手笔。余所藏本，乃从旧刊本影抄者。向年曾经略校，其大致亦同此本，而文字较顺。今适在行箧中，因破一日之暇，略为较勘如右。其有义得两通，仍两存之。又前校《三朝北盟会编》，见所引此书甚多，惜案头无之，未及参校，姑以俟异日可耳。屠维作洛之岁辜月既望，乌程程庆余记于吴中艺海楼。

吴兔床校吴郡图经续记三卷　一册　抄本

(宋)吴县朱长文原著。涵芬楼藏。

此吴兔床从知不足斋借校。

卢抱经校九域志　一册　抄本

(宋)丹阳王存原著。涵芬楼藏。

宋初原有《九域图》,至熙宁时改曰《志》。是本不著所从出,惟"睦州"未改"严州",其源当出北宋。乾隆乙巳四五月间,卢抱经以鲍氏知不足斋、吴氏拜经楼旧藏,精校之于钟山书院,有题识三则。案此与上书,并已见《四部丛刊三编》末附拟续出书目。

乙巳五月十一日抄毕。家人将回杭州,可以元本还知不足斋主人矣。东里卢文弨,时在钟山书院。

乾隆五十一年九月朔,以冯集梧新刻本校,时其里数异同,姑从略。弓父又识。

丁未四月,又抄河有古迹,对校一过。二十四日,弓父记。

李莼客校绍兴府志八十卷　四十八册　乾隆五十七年刻

(清)李亨特修。王世裕藏。

《绍志》有康熙年俞卿纂修本。卷目较略,上接万历,目空王、董,独是《志》事增文损,识者珍之。兹经李越缦校勘,使中间沿讹之处,昭若发矇,更足为是书增价矣。

吴子修校西湖老人繁胜录一卷　一册　旧抄本

(南宋)自署西湖老人原著。浙馆藏。

此为《涵芬楼秘笈》本之底本,系抄自《永乐大典》者。后流入坊肆,为寿松堂孙氏所得。卷端有吴敬疆手识,末有孙峻跋,中间多朱墨校字。敬疆名庆坻,字子修,敬疆其别字也,号稼如,清钱塘人。光绪丙戌进士,授编修,官至湖南布政[使]。入民国曾继沈曾植之后,主纂《浙江通志》,擘画独多,及其卒,政局旋变,《志》遂束阁。

李莼客校水经注　陈列一册　刻本

(后魏)范阳郦道元原著。北平图书馆藏。

孙仲容校北户录三卷 一册 旧抄本

（唐）段公路纂，崔龟图注。孙氏玉海楼藏。

孙仲容先生朱笔手校。是书，陆氏十万卷楼重刊元本末叶缺后数行，此抄则独全。

劳季言校麟台故事三卷 一册 影宋旧抄本

（宋）开化程俱原著。孙氏玉海楼藏。

清仁和劳氏校。首钤“季言汲古”印，又钤“武林罗氏校本”印。册中有劳氏朱笔校，帙尾有咸丰丁巳墨笔题记一则。案格字季言，所校《诗考》已著录。

王静庵校大唐六典 陈列一册 明正德本

唐太宗御撰。北平图书馆藏。

此为静庵先生校本。卷首有民国庚申年季夏眉批，谓此本题御撰，李林甫注，与曾子固《元丰类稿》卅四、《乞赐唐六典状》中所称之馆阁本同，但馆阁本有序，此本则失之云。

卢弨弓写校直斋书录解题五十六卷 陈列二册

（宋）安吉陈振孙原著。叶揆初藏。

《直斋书录》为吾浙私家目录传世之最久者，外间早无全本。《四库》本录自《永乐大典》，分二十二卷，卢抱经得见知不足斋旧藏此书子集数门原本，乃据而定为五十六卷。其中杂艺一类，较《四库》本为独完云。卷首有新定目录，末有乾隆四十三年正月二十九日抱经手跋，并钤印。卷第一后有朱笔记云：“乾隆四十二年八月旬有二日乙巳，卢文弨覆校于钟山书院。”又一行记云：“戊戌八月九日，在杭州重校聚珍板本，因再阅一过。”

李芗沚校郡斋读书记　陈列一册　抄本

(宋)巨野晁公武原著。涵芬楼藏。

此为五砚楼旧藏。汪阆源以吴枚庵本校,李芗沚以瞿本夫抄本及马氏《经籍考》校,黄荛圃又据以上校本覆校,并皆精审。有李芗沚题跋。卷首有涧蘋手识五行。芗沚名富孙,嘉兴人,嘉庆拔贡。湛深经术,著作极富,以《鹤征前后录》及续纂《梅里志》等为尤有功文献。

孙仲容抄校四库全书简明目录二十卷　十册　抄本

(清)仁和邵懿辰原注。孙氏玉海楼藏。

此传录邵氏手稿本。孙仲容先生于书眉附笺极夥,又有题跋数则,为二十四五岁之笔。其中一则谓:“此书所删《简明目录》原文,经部四卷,并邵先生手笔钩乙。史部以下,原未动笔,兹亦管见删存之云。”册端题《四库全书简明目录》,仲容先生以朱笔手加“仁和邵懿辰校注”七字于其下。近邵氏家刻本署《四库简明目录标注》,乃哲嗣伯絅于宣统辛亥付刊时追定书名,盖以山阴胡氏所弆别帙校勘其家藏稿,而仲容先生编录此本,伯絅未见也。今取与刻本对读,颇有异同,而册中附见桐城萧敬孚眉注二十余条,及仁和谭仲修、黄岩王子常诸家眉注,刻本并未录入也。位西名懿辰,道光举人,官刑部员外郎。咸丰十年,杭城陷,在籍殉难。

陈仲鱼校读书敏求记　陈列一册　刊本

(清)常熟钱曾原著。涵芬楼藏。

前有沈尚杰、赵孟升三序。陈仲鱼手校一过,并以绿笔移录吴尺凫焯、朱映漘文藻、吴兔床骞、鲍以文廷博诸家校笔,暨补书各种,校勘至勤,末有仲鱼校记。

孙仲容校遵义黎氏古佚丛书目 一册 抄本

(清)会稽陶濬宣原录。孙氏玉海楼藏。

首钤"会稽陶氏""稷子眼福"二印。各叶有孙仲容先生眉注九条,末有题记一行。黎氏名庶昌,字莼斋,官至川东道,两使日本,影抄唐宋旧籍,成《古佚丛书》,皆中土不传之本。濬宣原名祖望,字心云,号文冲,善书,工诗文。

鲍渌饮校名迹录七卷 一册 抄本

(明)昆山朱珪原编。北平图书馆藏。

鲍氏知不足斋抄校本,有法时帆、鲍廷博、结一庐诸藏印。末有鲍氏题记。

城南丁敬身隐君借抄,校定数十字,予又续校二三十字。雍正五年六月十日,杭人厉鹗记。

右《名迹录》七卷,从樊榭山房借录,元本虽经勘定,然几尘风叶,仍有扫除未尽者。录毕,又为改正数字。中间脱落一页,并有缺佚处,再得善本补完,斯无遗憾矣。乾隆辛巳二月十三日,知不足斋识。

此书按目寻之,凡佚六十一篇,所存者仅十之三四耳。樊榭、龙泓两先生校勘,或未经细检目录,而朱性甫手抄时,何亦疏忽乃尔,未为指出耶?丁亥三月十二日,卢渚寓舍识。

罗镜泉校道藏目录详注四卷 二册 旧抄本

(明)上元白云霁原注。孙氏玉海楼藏。

清钱塘罗以智校。钤有"江东罗氏所藏"及"武林罗氏校本"二印。册尾及道藏总目下,有咸丰初元罗氏朱墨笔手识各一则,盖尝以明正统本《大明道藏经目录》勘过。

龚孝拱校金石萃编 陈列一册 刻本

(清)青浦王昶原著。北平图书馆藏。

此仁和龚孝拱手校本。孝拱名橙，所著《六典》等已著录。

李莼客校金石萃编 陈列一册 刻本

同上。北平图书馆藏。

王静庵校历代钟鼎彝器款识 陈列一册 刻本

（宋）钱塘薛尚功原著。北平图书馆藏。

尚功原书有影写本，已著录。此经王国维手校，有功原书不浅。

王静庵校攀古楼彝器款识 陈列一册

（清）吴县潘祖荫原著。北平图书馆藏。

单不厂传法堂碑校勘文 一册

单氏藏。

不厂名丕，事迹已详前《手稿八种》条。

吴介兹朱墨校金石萃编补略二卷 二册

（清）仁和王言原著。嘉县图书馆藏。

言字健夫，号兰谷，嘉庆戊寅举人，官寿昌训导，著《桂阳草堂集》及是书。此为其子校刻本，吴氏手加校勘，并予辨正。吴名受福，事迹已详前《老芥土苴》条。

魏稼孙校苍润轩碑跋记一卷 一册 抄本

（明）盛时泰原著。涵芬楼藏。

是跋所著录碑版，以金陵六朝为多。魏稼孙先后借杭州丁松生、祥符周季贶藏本，并据他书参校，有"锡曾校读""西泠钓徒"诸印及手跋。稼孙名锡曾，仕履已见所抄《龚定庵集外文》条。

忆丙寅春，得是书旧抄本于吴门，即借八千卷楼此本点校数页。既入闽，复借祥符周氏瑞瓜堂所得旧本参互校之，人事作辍，逡巡至今。去岁将录酬寄子与凌君。苦三本皆多讹夺，无可适从，辄发箧屏他务十日，逐字互校一过，时正周历海滨，无书可辨明疑字。腊尾来会城，始据他书稍加订正，觅友写出二本，一寄凌君，一以自存。因将此本寄归插架，涂抹草草，罪过罪过。盛君此书，于汉唐著名之碑，无大发明，宋元各种，则颇有近时不经见及前人跋尾所未及者，足资采择。明时著录金石之书，如《菉明碑目》《寒山时地考》，近已收入丛书。是书皆手跋，所见之碑，视上二书更为亲切，惜未有墨之于板者，并书此以俟。光绪己卯七月十一日，魏锡曾记，计去杭十四年矣。案是书有影印本。

子 部

孙仲容校陆子新语二卷 一册 抄本

(汉)楚人陆贾原著。孙氏玉海楼藏。

孙仲容先生手题"陆子《新语》二卷,宋于庭校本"篆书十一字于书面。其目录后及册尾均有先生朱墨笔识记,凡四则。盖此册初于同治壬申从戴子高假浮溪精舍合刊本,命胥移录。光绪丁丑、壬辰、癸巳,又三次重校读之。尝谓俞曲园《读书余录》所校,亦有不甚确云。

孙仲容校商子五卷 一册 浙局刻

(战国)卫人公孙鞅原著。孙氏玉海楼藏。

书面孙氏手题"《商子》校本,孙渊如、严铁桥、钱雪枝三家校本合勘定,中容记"篆书二十三字。闻玉海楼所藏浙江书局刻本诸子书,悉经先生精校一过,各有笺记,间见五十以后之笔,为《札移》所未著录者,兹以道远帙繁,尚未能悉送陈列云。

周缦云校管子二十四卷 四册 刊本

旧题周管仲著。平湖陆庆誉藏。

周学濬字深甫,号缦云,乌程人,道光二十四年甲辰榜眼,授编修,转御史,晋侍读学士。此本有"缦云手校"朱文、"缦云晚号蛰庵"朱文及"十万卷楼"朱印、"月河陆氏"白文椭圆、"熙咸珍藏"朱文等印。末有跋。

此本购于沪上,内夹乾隆三十八年由单一纸,盖已百年物矣。无善本可校,仅为之句读,不能通其什一也。同治二年八月三日,缦云识于皖口寓斋。

三年六月,从劼刚假王氏《读书杂志》校录一过,立秋三日毕。

戴子高校鬼谷子 一册 刻本

旧题楚人鬼谷先生著。孙氏玉海楼藏。

德清戴氏藏本。卷上首叶钤“戴望之印”及“子高”二印，又有“师竹斋图书”印，盖戴校绵州李鼎元家旧本。末有李氏手跋，眉间又有其校语。案鼎元字墨庄，乾隆进士，官兵部主事，著有《师竹斋诗集》。望有《长留阁随手丛订》，已著录。

陈心斋校伤寒论 四册 批校本

(后汉)枣阳张机原著。天台县政府征集。

陈桂林字孔授，号心斋，天台妙山里人，读书未就，去而学医，著《伤寒汇参补正》十四卷，多发前人所未发，远近闻名，求治者踵相接。工诗，尝有“自惭薄技等渔舟，泛遍江湖未肯休”之句。晚入赀为国学生。同治十二年卒于家，寿六十六妙山陈氏谱传。

鲍校南宋院画录八卷 一册 抄本

(清)钱塘厉鹗辑。涵芬楼藏。

此为同治丁竹舟校刊之底本，悉依原稿移录。中有数则注明原本所删，鲍氏复为补入，引书次第先后，时见凌乱。又有与原文相违，或裁节未当者，鲍氏均为之订正。朱墨灿然，非睹真迹，几不知鲍氏有功于此书之多也。卷四末有鲍以文乾隆癸未十一月十四日朱笔题识。

王玫伯朱墨校台州书画识十卷 二册 抄稿本

(清)临海黄瑞原著。黄岩县图书馆藏。

瑞有《钱文考略》等稿本、舟瑶有手校《宁海将军固山贝子功绩录》，已著录。

过录陈校钱注恒言录六卷 六册 刻本

(清)嘉定钱大昕原著。杭县金元达藏。

《海昌艺文志》卷十四有《恒言广证》六卷,写本,未刊,疑即是书原稿,残序亦相合。此照原迹过录,并经校对。虽传抄,但以原书未行世,亦可珍贵。案原本用朱笔疏记阮氏琅嬛仙馆本上,有"向山阁仲鱼手校""仲鱼读书记"等印。末有朱笔残跋一页。现尚闷藏金氏。

沈中黄校日知录三十二卷 二十册 刻本

(清)昆山顾炎武原著。金元达藏。

沈铭彝字灵泉,又号中黄,浙江秀水人。其学术与十经斋沈涛齐名。全部细圈密点到底,虽所批不多,颇见精采。有"槜李沈铭彝鉴藏之印"及"灵泉宿吏"印。

劳季言校墨庄漫录十卷 送陈一册 明刊本

(宋)高邮张邦基原著。涵芬楼藏。

原为商濬《稗海》刊本。劳季言先以钱遵王抄本勘过,复以高瑞南抄本再校其一、二、三卷,又经鲍氏当为知不足斋主人重勘,季言一一移录,均注明谁某之笔,复时参己意,博引他书,为之考订。有"劳格觉士""惜阴书屋"等印。

卢抱经校能改斋漫录十八卷 送陈一册 抄本

(宋)崇仁吴曾原著。涵芬楼藏。

吴书,《四库提要》称元初以来,刊本久绝。是本由琴川汲古毛氏抄出,经卢抱经校勘。凡征引未当,考订有讹,均为之补正。别有浮签若干条,为孙志祖所校,亦足补卢氏所未逮。序首页有"武林卢文弨写本"朱文方印。

王玫伯校说郛六十卷 送陈二册 明抄本

(明)黄岩陶宗仪辑。黄岩九峰图书馆[藏]。

宗仪有抄本《草莽私乘》一种,已著录。《说郛》,诸家俱称百卷,惟亦有七十卷说。是本仅六十卷,为汲古阁旧藏。黄岩王舟瑶尝以百二十卷刻本顺治丁亥陶珽编校之。跋称非仅卷数不同,即编次亦异,当是南村初稿,其后迭增为百卷者云云。前有"马印玉堂""笏斋藏本"等印记。

案邵氏《四库简明目录标注》称孙仲容谓:"黄岩王子裳孝廉咏霓购得汲古阁抄本《说郛》六十卷,有毛斧季校语。余辛未在京寓,曾从借阅,与刻本迥异,真秘宝也"云云,与莫氏《知见书目》所称浙东有两旧抄残本,尚是南村原本之语合,即是书也。惟误子晋校语为其子扆作耳。此本前有至正辛丑会稽抱遗老人序。玫伯跋在卷首衬页。书影刊本学报三卷第一期。

陶氏《说郛》,诸家俱称百卷,惟都卬《三余赘笔》称:"本七十卷,后卅卷乃松江人取《百川学海》诸书足之。"《四库提要》疑卬时原书残缺仅存七十卷,《简明目录》直谓原书百卷,后佚卅卷。弘治中,上海郁文博仍补为一百卷。今案郁氏序称《说郛》百卷,余初未见,成化辛丑节录于龚氏家,字多讹缺,兼有重出与当并者,并无佚去卅卷仅存七十卷之说。且言已编入《百川学海》者六十三事。《学海》盛行于世,不宜存此,徒烦人录,于是取其编入并重者,尽删之,当并者并之,字讹者正之,缺者补之,仍编为一百卷。是郁氏所见本有缺字,非缺卷,删去已见《学海》者,非取《学海》诸书足之,与都卬之说正相反也。至顺治丁亥陶珽所编百廿卷本,已见《学海》者,凡八十余种。是杂取诸书增益,不第非南村原本,亦非郁氏订本矣。是本仅六十卷,为汲古阁旧藏,以百廿卷刻本校之,非仅卷数不同,即编次亦异。凡刻本有而此本无者,约八百六十余种。此本有而刻本无者,亦约有百种。当是南村初稿,其后增益为百卷耳。惟俗手所抄,误字如麻,几不可读。其第一、第五、第七等卷,虽间经校过,然亦草草。惟第廿卷为毛子晋所校,有跋语。其书后为皖人马氏所藏,同治间复为吾乡王六潭太守所得。今余为九峰购之,略记梗概如右。丁巳闰月王舟瑶。

孙仲容校訄书 一册 刻本

余杭章炳麟原著。孙氏玉海楼藏。

叙目末署“辛丑后二百三十八年辛丑”。案辛丑指顺治十八年，即康熙元年明永历帝被杀之前一岁；其后二百三十八年，则光绪二十五年己亥也。是年，章氏以此本寄孙仲容先生，先生手校一过，有朱笔眉注。

厉樊榭校芦浦笔记十卷 一册 旧抄本

（宋）清江刘昌诗原著。孙氏玉海楼藏。

清钱塘厉鹗校。首叶有冯焯识语，次叶为叙，钤“厉鹗之印”“太鸿氏”“何印元锡”“梦华馆藏书印”四印。首叶钤“厉”字、“鹗”字二小印。末有朱笔题记，略谓此樊榭先生善本，乙巳六月于小山堂雠校一过，略正其四五。小山堂为仁和赵谷林藏书处。案樊榭事实已具前项莲峰手写《厉樊榭诗》条。

周季贶校习学记言序目五十卷 十六册 明抄本

（宋）永嘉叶适原著。孙氏玉海楼藏。

此景写周季贶藏明叶道毂抄本。首钤“祥符周氏瑞瓜堂图书”之印，卷中有周氏朱墨笔题记三则。周氏有《窳横诗质》，已著录。氏善收藏，著录数万卷，多宋元旧椠，及乾嘉诸老精校善本。今闻玉海楼所藏善本，来自周氏者凡三十余种。兹所陈列，犹第取其与浙献有关者之一部分云。

王静安校籀庼述林十卷 一册 原刻本

（清）瑞安孙诒让原著。北平图书馆藏。

吴周陈孙诸家校十驾斋养新录二十卷　四册　刻本

(清)嘉定钱大昕原著。孙氏玉海楼藏。

此海宁吴氏拜经楼旧藏本。书眉有吴骞、周春二家校语,又夹有陈仲鱼别纸条记一叶。卷十一首叶钤"千元十驾人家藏本","同治丁卯,瑞安孙诒让年二十岁在杭州收获"手识于帙尾,又眉上附札记数条,则其中年笔也。

单不庵校说苑二十卷　四册　明程荣刻本

(汉)沛郡刘向原著。浙馆藏。

全书经萧山单不庵氏以朱笔过录宋元本款式于其上。不庵名丕,有《手稿八种》,已著录。

李莼客校元和姓纂　陈列一册　刊本

(唐)济南林宝原著。北平图书馆藏。

此会稽李慈铭手校。于洪莹后序后朱笔记云:"此书误字甚多,盖《永乐大典》文多脱谬,洪氏不能諟正,又多不注出何书,非善本也。数年前得此书,未及审订。今春多暇,略校,时一二,不能遍也。光绪壬午三月二十日,李悉伯记于京师保安寺街旄柳簃。"

何严合校太平御览　陈列四册　刻本

(宋)李昉等奉敕编。四明张氏约园藏。

此清钱塘何梦华元锡、归安严鸥盟杰合校本。首有"文选楼""阮氏嫏嬛仙馆藏书印"及"浙江巡抚关防"。卷一首页有"何梦华手校印"朱文、"严杰之印"白文、"厚民"朱文三印。末有歙县宋炳经跋。元锡字梦华,又字敬祉,号蝶隐,官主簿。生平覃精目录之学,家多善本,好古成癖,后游粤,客死。杰字厚民,号鸥盟,余杭人。潜研经术,得汉唐经师家法。尝佐阮元辑《经籍籑诂》及《皇清经解》。其他自著亦多，不备纪。

此真州阮文达公藏书，钱塘何梦华、严厚民两先生手校也。其据依之本，校勘之勤，具详于何氏题识及《揅经室集》中《重刻宋本〈太平御览〉序》，并不复赘。惟据校之本，固与明本夐然不同，较重刻宋本亦异。如引《论语》“子钓而不网”作“不网”，“其为仁之本与”作“为人”，“愿车马衣轻裘”作“愿车马衣裘”，引《左传》“子盍亦远绩禹功”作“续禹功”，“一薰一莸，十年尚犹有臭”，作“尚莸有臭”。他如引《唐书·吐蕃传》“少进之间”，作“少选之间”，“少选”四字本《吕览》，非此莫正今本书之误。引《老子》“如登春台”，作“如春登台”，正与黄氏丕烈所藏宋本《道德经》合（见思适斋《百宋一廛赋》黄注）。诸如此类，不可枚举。至其中亦多错误脱衍，则何识所云宋本间有错字，虽明知其非，亦录于本字之旁，作为考证。阮序所云所校全依宋本为主，但使改动一字，即不能存宋本之真，不能见重于后世，盖慎之至也。故余于此书，间有订正，皆注于本条上下方，不使与原校相混，亦慎之至也。第恐后人不解此意，以为此等讹脱，何难正之、补之，甚或不知异本为何说，于是如明陈禹谟之删补《北堂书抄》也，则不但宋本《御览》之真尽失，而且《御览》善本之种遂亡。今故将此本佳处，略为指出，并详其中袭讹仍脱之故，庶后得此书者，知为希世之笈，而珍惜与余同心，则在楚犹在晋也。岂如平泉花木之过计哉。光绪丙申十月十九日，歙县宋炳经补庵书于兴化舟次。

嘉庆十七年，吾乡鲍氏校刻宋本《御览》即从此出。自序云：阮氏文选楼藏书多秘简，《太平御览》其一也。嘉庆丙寅，假得是书雠校，阅二载始毕，其用力亦可谓勤矣。今余得此祖本，取以相校，觉鲍本仍多脱略，如卷八引《魏武兵书》“接要”，按一作“捷要”，“接”“捷”字同，鲍刻作“辑要”（引用书目同），则与史志不合矣。二十三引《吕氏春秋》“令渔师伐蛟升龟”，注此作“蛟有能害人”，有下盖脱“麟甲”二字？鲍刻径作“蛟能害人”，删去“有”字，则夺落无迹可寻矣。又六百卅六引《韩诗》一条，六百三十九引《魏书》一条，又引《风俗通》，第三条鲍刻脱误，并与明刻同。此特就翻阅所及言之，其他当不胜枚数。书此以见校书之不易，而此本之益可宝，更不待赘已。再如六百四十二引《钟离意别传》“诏以曰送无任徙三百余人到河北”，“曰”盖“意”字之误，鲍校不能得其误处，而改为“以诏书送”云，此等臆改尤非。光绪丙申嘉平月十二日，扬州舟次，借观鲍刻《御览》，爰又识于后。补庵书。

再，人皆知鲍本依阮本校刊，即阮文达序亦云然，而不知其中甚多失真之处，以为阮本本来如是，是诬阮本也，余故为辨之。

陈仲鱼过校本默记三卷　一册　抄本

(宋)汝阴王铚原著。孙氏玉海楼藏。

此陈仲鱼借拜经楼吴氏藏本录出。原本为朱映漘、鲍以文所校者,俱用朱笔,吴兔床所校者先用紫笔,继用绿笔,仲鱼各依原色过录于上。其认为有未合者,则复以黄笔改正之。有"陈鳣""仲鱼"等印。

邵位西校重订世说新语补四卷　四册　清乾隆时黄汝琳刻

旧题明何良俊著。杭州邵伯䌹藏。

位西有孙仲容校《四库简明目录批注》,已著录。此通行本,位西先生自校。

戴醇士批纪氏阅微草堂笔记二十四卷　十册　刻本

(清)河间纪昀原著。杭州丁周之藏。

此书经戴熙朱笔手校。前有朱书手跋记二则,并有丁松生记。醇士名熙,字鹿床,醇士其号也。道光进士,官至兵部侍郎。咸丰十年太平军陷杭城,在籍殉难。清廷追赠尚书,谥文节。生平诗书画俱精绝。此次展览亦征到遗作数种陈列,详见后乡贤遗墨项。

先生此书似有意督责讲学家,而袒护狐鬼则过甚。盖先生负绝人之姿,沉酣典籍,鄙胜国之枵腹而谈心学者,故往往痛砭耆儒,此著书之旨也。又书本志怪,凡庸言庸行,不能不托狐鬼,此又著书之体例也。学者未能知人论世,又多不明著书之体例,数十年来已不知讲学为何事,相聚则竞谈狐鬼而已。吾恐其甚也,或致侮老成而兴妖孽,殆非著书者之过耳。圣药也,用非其时则益病,读者参之。咸丰三年癸丑长夏,钱塘后学戴熙跋。

纪文达以宏才硕学,托小说家而寓惩劝,诚有功名教之书也。予家素有原刻本,极精好,以假阅者多,失去一本。今复购得覆刻本,误字甚多,随阅随改,疑者阙之。当再将原本复校一过,方可无误耳。醇士记,时癸丑长夏。

是书半为戴文节勘正,眉间朱字,皆手笔也。因购坊刻本补足,庶不致以残缺为人所弃矣。光绪丙戌冬至,丁丙识于八千卷楼。

朱竹垞校冥枢会要三卷 六册 宋刊本

(南宋)僧晦堂原著。南浔张芹伯藏。

此为宋僧晦堂摘录《宗镜录》中要旨而成,明叶氏《菉竹堂书目》及朱氏《聚乐堂艺文目》著录。卷末有"湖州报恩光孝禅寺住持嗣祖比丘道枢重开,时绍兴十五年岁次乙丑端午日谨题"一行。半叶十行,行二十字。"恒""玄"诸字阙笔。全书经朱竹垞删点,有"彝尊""竹垞"诸印。卷下末有竹垞手识五行。藏印有"董其昌印""兴祖""钱氏藏""镜清阁""真宋刊""芙初女史畹真印"。末有道光十四年嘉兴钱天树、十三年曷利佗居士手识尾钤"兆洛之印",程恩泽及道光丙申张尔旦、同治庚午宗建诸跋。

陶心云校唐一切经音义二十五卷又二卷

四册 同治八年重刻本

(唐)释元应原撰。李鸿梁藏。

按是书清同治己巳西泠僧明证重刻。依原校武进庄炘、嘉定钱坫、阳湖孙星衍本,乌焉之讹,仍不能免。光绪壬午,陶心云观察濬宣假得臧拜经校本,兼采卢抱经说及谭仲修、邵南江、王眉叔、陶子缜校本,悉心补校,备臻完善。前有光绪壬午心云校记。案濬宣有手录《古佚丛书目》,已著录。

罗镜泉校大藏音 一册 旧抄本

(宋)释处观著。瑞安孙氏玉海楼藏。

首有吉祥室印。

钱警石朱墨校老子道德真经写本 一册 咸丰时抄本

钱步恒藏。

此乃警石先生手自抄校本,有跋记。今为钱氏后人珍藏。先生仕履已见前《史记校勘记》手稿本条。

壬子四月三日，以王辅嗣注本校毕一过。深庐。

严可均校龙兴本异义三百四十九事，详见所著《铁桥漫稿》，略摘数事，以见梗概。余所录者为明刻河上公注本，然与《释文》所引河上本多不合，当从《释文》校定。四月十九日，深庐记。

咸丰二年二月朔写起，三月四日录完。钱泰吉。

葛叔霓校抱朴子内外篇七十卷　六册　刊本

（晋）句容葛洪原著。三台民教馆藏。

咏裳号叔霓，所著《辄囊丛稿》已著录。是编书眉有其朱笔手校甚多。每卷后有某年某月某日读至此并校一过等字。卷首有“葛咏裳字叔霓”“补录阴室”等印记。

罗镜泉校仙苑编珠三卷　一册　旧抄本

（唐）天台道士王松年原著。孙氏玉海楼藏。

册首钤“武林罗氏校本”印记，后附抄《石药尔雅》二卷。

集 部

鲍渌饮校栲栳山人岑先生诗集三卷 一册 抄本

(元)余姚岑安卿原著。周越然藏。

此系清乾隆旧抄本。多名家藏书印,墨书多讹,原有朱笔校正补抄。卷首有余姚黄璋题诗,书中亦有璋之墨笔校文。案岑安卿字静能,志行高洁,所居近栲栳峰,因以自号。璋字稚圭,一字华陔,梨洲先生玄孙,乾隆丙子举人,官江苏沭阳知县,著有《大俞山房集》。

佚名氏校栲栳山人诗集三卷 一册 旧抄本

(元)余姚岑安卿原著。孙氏玉海楼藏。

册端钤"海昌徐氏梦锦楼藏"印及"徐亨谦观之"印记。眉上粘有无名氏校笺十余条,又行间有朱墨字,殆即徐氏校笔。

吴兔床校玉楮诗集八卷 一册 明刊本

(宋)汤阴岳珂原著。孙氏玉海楼藏。

此海宁吴骞旧藏,明嘉兴岳元声刊本。册尾有吴氏手跋,末钤"兔床""漫叟"二印。册首有手录卢文弨跋,末钤"事学钟离存义概,书求宛委续余编"长方大印。卢跋后有自附题记。目录有阙叶,亦手笔写补。旧序下钤"拜经楼藏书印",卷一下有"吴兔床书籍印"。

吴介兹校玉楮诗稿八卷 二册 抄本

(宋)汤阴岳珂原著。嘉兴图书馆藏。

倦翁此稿,常熟周氏藏一万历刊本,嘉兴岳氏乃从周氏抄副,乞吴受福为之校勘,而此本即从岳本抄出。其小字注文,即吴氏校语也。

单不庵校仁山金先生文集四卷 二册 抄校本

(宋)兰溪金履祥原著。浙馆藏。

履祥字吉甫,事迹详《元史·儒林传》。此四卷盖《仁山集》最初之本,原为吴县潘氏旧藏,有"潘遵祁""潘奕隽""榕皋""三松居士"诸印。全书经萧山单不庵氏手校。案抄本中有永康胡氏藏本一种,可与此勘对。

孙琴西校山谷诗内外集五十八卷

十二册 乾隆刊任氏史氏三注本

(宋)分宁黄庭坚原著。瑞安孙氏玉海楼藏。

孙琴西先生于同治甲子至庚午数年间几经温读此书,故册中札记甚夥,并过录姚惜抱校语。又间见晚年覆阅之笔,盖用力勤矣。案刘存仁《屺云楼诗话》谓公诗酷似山谷,而得其神髓。俞樾《春在堂随笔》亦云:"君所师者宋之黄。"而巴陵吴南屏、马平王定甫、汉阳叶润臣诸先生,皆同时诗家,其于琴西之作,亦尝同声钦叹,以为诗法从黄学杜而来,今以此校本观之,尤可见其渊源。

周季贶校横塘集二十卷 八册 抄本

(宋)瑞安许景衡原著。瑞安孙氏玉海楼藏。

此传录山阴周季贶星诒藏本。册中有其校记。首盖"祥符周氏瑞瓜堂图书"之印,盖周氏原籍祥符也。瑞安孙氏所刊《永嘉丛书》本,即据此本订正吴兴陆存斋藏本,凡得二百六十余处。而据陆本订正此本者,亦得一百五十余处,其两非而为刊正者九十余处,彼此违异可两存者六十余处。景衡字少伊,为永嘉学派中元丰九先生之一,官至尚书右丞,卒谥忠简。

孙琴西校元遗山诗集二十卷　四册　汲古阁刊本

(金)秀容元好问原著。孙氏玉海楼藏。

孙琴西先生于咸丰间以朱墨笔评点数过。末册之尾手跋自谓将抄李、杜、韩、苏、黄、陆、虞、元八人之作,为唐宋以来八家诗。旧时浏览一过,皆略有去取,今乃抄定元诗云。所谓唐宋八家诗抄,尚未成书,而各集所见札记,无虑千数百条。今始由文孙延钊编入《逊学斋文史笺评》,将付印行云。

卢召弓校刘给谏集五卷　一册　旧抄本

(宋)永嘉刘安上原著。孙氏玉海楼藏。

余姚卢氏抱经堂旧藏抄本。首钤“卢印文弨”“竹泉珍秘图籍”“谡闻斋”三印,后有卢氏识语。瑞安孙氏《永嘉丛书》本付梓时,尝取此本与丰顺丁氏日昌及吴兴陆氏心源两藏本参订,兼采其长,以补文澜阁本。

劳季言校云松巢集不分卷　一册　抄本

(元)乐清朱希晦原著。瑞安孙氏玉海楼藏。

清仁和劳氏藏本。钤有“平父”“木芙蓉馆”“劳格”“季言”四印。平父,格兄权字,木芙蓉馆则权之室名也。册中有校语,后有跋记云:“甲午初夏,从述之大令借旧抄本校一过,补录五律六首。吴羌山人识,并朱笔。”盖能仁方丈诗后,尚有《刘仲山隐居》《野外》《喜子从海上远归》《岁晏书怀》《雁山僧舍中》《寄机上人》六首,并文澜阁本所未著录者也。玉海楼此册系吴兴陆存斋心源为之代购者云。闻玉海楼藏有朱氏五世孙熙廷刊五卷本,诗篇较此稍多云。

陶子缜手批韦苏州诗集二卷　八册　明刻

(唐)长安韦应物原著。绍兴张天汉藏。

子缜名方琦，所选《移情集》已著录。此手批《韦苏州集》，著墨不多，时有隽语。时在同治十二年，先生尚未登第，故于炼意寓情，时复寄思绵远焉。卷首有《韦苏州传》。

孙康侯校樊绍述集注二卷 二册 民国五年樊氏家刊本

（清）仁和孙之騄辑注。浙馆藏。

全书经仁和孙康侯先生朱蓝笔校过。康侯有《仁和县志稿》等，已著录。

孙玉仙校剡源集 二册 过校本

（元）奉化戴表元原著。四明张氏约园藏。

此为奉化孙玉仙先生锵手校本。

吴谷人校翠微南征录十一卷 四册 旧抄本

（宋）贵池华岳原著。诸暨陈氏仰逋居藏。

岳字子西，《宋史》有传。此书世鲜传本。清康熙时黄俞部于史馆抄得之，池州郎遂为重编刊行。《四库》著录。是为钱塘吴锡麟所校，纠正郎刻之谬。眉端朱批甚多，并补佚诗数首，分别夹注原诗中。首页有“娱园藏书”“叶树廉印”白文、“石君”朱文印，“吴印锡麟”白文、“谷人”朱文二小印。末有跋。

宋华子西先生《翠微南征录》，凡十一卷。元明以来，世鲜传本。国朝康熙间，温陵黄俞部始于史馆抄得之。池州郎遂，字赵客，重以乡里文献，久失其传，重加编次，刻以行世，此则其原本也。第一卷为上皇帝书，二卷以下为古今体诗，先七古，后五古，律诗亦然，终之以绝句。赵刻析上书为首卷，而于皇帝上加“宁宗”二字，则似后人追述之辞矣。原本于当时宵小姓氏，颇有空缺，宋时刊行，尚有避忌，因而讳之。而郎以明嘉靖间王崇志本改篡填补，又大加删削，竟失其本真。编诗为十卷，古律俱以五言冠七言，此似可也。然原本七古中《伤春》一首、《柴氏》一首，通体五字，末结以七字，前人多有此体，郎以入之五古，遂删去末句四字，以合其格，重失作者本意，是则不免截鹤之讥焉。且于题下注，往往删繁就简，时又窜入他书以乱之，爱古者似不应尔也。索居无事，偶出旧本，就郎本雠比，以消岁月，乃得其谬误，肆加涂抹，后有得吾书者，勿以有刊本而废弃之，则此书之大幸也夫？嘉庆丙子十有一月既望，钱塘吴锡麒书于正味斋。

汪龙庄校翠微南征录十一卷　一册　旧抄本

(宋)贵池华岳原著。孙氏玉海楼藏。

此清萧山汪辉祖所校环碧山房秘抄本。卷中朱墨笔校语颇夥。辉祖字龙庄，所著《龙庄先生诗稿》已著录。

方雪斋校韩集举正十卷　四册　传抄文澜阁本

(宋)莆田方崧卿原著。孙氏玉海楼藏。

方雪斋先生朱墨笔校补阙误字，每册首钤方成珪印。成珪遗著，如《集韵校正》《干常侍易注疏》，并孙仲容先生为之校定。此次展览会，均与陈列。又有《守孔约斋杂记》《字鉴校注》《韩集笺正》《敬业堂诗校记》《宝砚斋吟草》七种，皆有新近印行之本。所校古书，自本会此次所陈列之《吕氏家塾读诗记》《乾道临安志》及是书外，尚有《唐摭言》《困学纪闻》《王右丞诗集》。附记于此，以谂私淑先生者。

卢抱经校茶山集残本　二册　聚珍本

(宋)赣县曾几原著。浙馆藏。

清余姚卢文弨朱笔手校，有“文弨校正”印。卷一末识云“乾隆四十三年又六月廿日，东里卢弓父阅”一行。

孙琴西校归震川全集四十卷　十二册　乾隆时庐山景氏刻本

(明)昆山归有光原著。孙氏玉海楼藏。

同治乙丑丁卯间，孙琴西先生方丁忧归，主杭州紫阳书院讲席，故用蓝笔点读，又以黄笔传录梅伯言语。后迄光绪甲申时，年七十，复重温之，有墨笔札记。又以紫笔续录梅评，以墨笔传录吴南屏语。

案王定甫、吴桐云、邓伯昭、黎莼斋诸先生，咸谓先生之文，绝似熙甫，盖寝馈既久，有不期然而然者，观此益信矣。

李莼客校天籁集二卷　一册　刻本

(元)真定白朴原著。北平图书馆藏。

此李氏手校四印斋刻本。

不著姓氏人校周此山集四卷　四册　明抄本

(元)括苍周权原著。孙氏玉海楼藏。

册首钤“印溪黄子羽氏藏书记”。各卷有朱笔批校，不著姓氏。权字衡之，工诗，游京师，以诗贽见袁桷。桷深重之，荐为馆职，报罢。

卢抱经校唐荆川先生文集　陈列二册　刊本

(明)武进唐顺之原著。王氏九峰旧庐藏。

此余姚卢文弨手校本。末有抱经题识一行。

孙琴西校浣川集十卷　二册　抄本

(宋)永嘉戴栩原著。孙氏玉海楼藏。

孙琴西先生传录吴兴陆氏藏本。朱笔手校，并跋其后，盖据文澜阁本补正此本凡数十字。惟当时所见阁本残缺，其未能悉正者，先生以己意校订之。今永嘉黄氏所刻《敬乡楼丛书》，即以此为底本云。

孙仲容校浪语集三十五卷　十四册　抄本

(宋)永嘉薛季宣原著。孙氏玉海楼藏。

此传录新城陈硕士藏本，孙仲容先生手校。简端有札记数千条，盖据明祁承㸁淡生堂本及文澜阁本、仁和朱学勤藏御儿吕氏旧抄本、钱塘丁丙藏本，参合校理，朱墨骈萃。此《永嘉丛书》本所以为宝庆以后唯一之完善书也。惟札记拟附刊未果云。

周季贶校竹轩杂著六卷 二册 抄本

(宋)永嘉林季仲原著。孙氏玉海楼藏。

传录山阴周季贶星诒藏本。册首有"祥符周氏瑞瓜堂图书"之印,中多校语,末有其墨笔题识一则,谓原本购从福州陈氏转写文澜阁本。瑞安孙氏刻《永嘉丛书》时,辄以此本与文澜阁副本互勘定。季仲字懿成,官太常少卿,知婺州,自号庐山老人,尝侨居暨阳。

魏稼孙校冬心续集 一册 刊本

(清)仁和金农原著。杭县丁祁之藏。

稼孙仕履已具前抄本《龚定庵集外文》条。此亦经稼孙题䟦并校字。金氏有《冬心集中未刻诗》,已著录。

叶伯丹校夷白斋稿三十五卷 六册 依阁抄本

(元)临海陈基原著。临海项士元藏。

此叶氏传抄文澜阁本。经荫玉阁主人叶书手校。书字伯丹,号鹤帆,喜聚书,尤好网罗乡邦文献,分纂《台州府志·金石古迹门》,辑刻有《荫玉阁丛书》,撰有《台南洞林志补遗》等,亡虑皆董理掌故之作也。新刊《临海县志稿·文苑》有传。其《三台诗遗》稿本已著录。

杨定夫校东坡诗抄 一册 校本

(宋)眉山苏轼原著。黄岩杨子屏藏。

定夫名晨,仕履作述已见前《过校归方评点史记》。

卢抱经校拙轩集 残本 一册 聚珍本

(金)蓟州王寂原著。浙馆藏。

此卢文弨手校,有"文弨校正"印。卷一末手识云:"己亥年阅,癸卯年三月,改于此本上。弓父。"

王玫伯校容庵集十卷 四册 抄本

(明)仙居应大猷原著。黄岩县图书馆[藏]。

是书有项士元藏抄本,已著录。此从乾隆刊本传录,经王默庵手校。

鲍劳同校宁极斋稿一卷 一册 抄本

(宋末)陈深原撰。涵芬楼藏。

鲍以文传录吴氏瓶花斋本,复据汲古阁抄本别本及《元诗选》,手自校雠,订正吴本讹字。劳平甫重校一过,有鲍以文题字及劳权丹铅精舍诸印。

鲍渌饮校吾汶稿十卷 一册 明抄本

(宋)庐陵王炎午原著。涵芬楼藏。

此徐兴公旧藏,后归知不足斋,经鲍以文手校。曾藏嘉兴戴松门处。现已收入《四部丛刊三编》。

鲍以文三色笔校勾曲外史贞居先生集三卷 一册 抄本

(元)钱塘张雨著。涵芬楼藏。

此为知不足斋旧藏。经鲍以文用朱黄蓝三色笔校,所据本有十二种,互勘异同,纠其误收复出者,脱文漏句,悉为搜录。有"鲍廷博""知不足斋""鲍以文藏书""倚文"等印。雨字伯雨,工书画,善诗词,与赵孟頫、虞集等为文字解,尝居茅山,自号句曲外史。

劳校野趣有声画二卷 一册 抄本

(元)新安杨公远原著。涵芬楼藏。

书为公远后裔大观重辑,《四库全书》著录。是本编次与《四库》本同,劳巽卿先后校勘凡三遍,最后以知白亭刊本精校,即一点一画,亦不略过，字细如发，令人惊羡。末有“西吴费丹旭晓楼之印”朱文记。

罗镜泉校敦交集一卷　一册　旧抄本

（元）上虞魏弜原辑。孙氏玉海楼藏。

钱塘罗以智氏怡养斋藏本。首有罗氏题记一行，又有罗氏镜泉印。册中有其校记并朱笔。卷尾补录宋濂、魏弜、李孝光、张翥、贝琼、张庸诸家诗文若干篇。案《上虞光绪志·经籍门》云：“上虞魏氏《敦交集》一册。”《浙江通志》：“魏仲远辑，集中皆名贤唱和诗，其卷数无考。”沈奎刊补载朱彝尊跋曰：“《敦交集》一册，上虞魏仲远录其友酬和之诗也。作者二十四人，诗七十六首。其末宜有仲远题识，而今亡之，非完璧矣。册为我乡李太仆君实紫桃轩藏本，康熙丁丑予购得之云，不知即此本否?”案是书近有西泠印社吴氏聚珍本。

齐次风校古文楷法十卷　陈列一册　抄本

（清）怀宁鲁琢选。台州征品分会征集。

是编集文凡六十四首，都为韩、柳、苏、欧诸家记叙之作，而经齐次风评点者。前有“齐印召南”“曹源书屋”“胡心棠”“剑有凌云气，琴留万古心”诸朱印。

许迈孙校唐文粹　残本四册　刻本

（宋）吴兴姚铉原辑。王氏诒庄楼藏。

此系清仁和许增、谭献校刻，为许增七十岁以后手校之本。朱书眉批并断句，间加密圈。其第四册以下，闻仍由许氏后裔保存云。迈孙有《煮梦词》抄稿本，已著录。

陈仲鱼校唐诗英华二十二卷　二册　刻本

（清）吴江顾有孝选。四明张氏约园藏。

王子展校辑雅堂诗话二卷 一册 刊本

(清)南海潘衍桐原著。浙馆藏。

书为潘峄琴督学两浙时所刻,经仁和王存善批校。存善有手校《南朝史精语》,已著录。

孙琴西批选琉球诗录 二册 刻本

(清)瑞安孙衣言选。温州籀园图书馆藏。

孙琴西先生有琉球弟子阮诏、郑学楷、向克秀等,当时能传其诗于海外。此册系先生选定四人之作,而加以批语者,可见师弟授受渊源。

王子庄校大雅集八卷 二册 抄本

(元)天台赖良原编。临海项士元藏。

此经黄岩王棻校。曾藏临海叶氏荫玉阁。

王玫伯校大雅集八卷 二册 抄本

(元)天台赖良原辑。黄岩杨子屏藏。

是本为潍高氏办蟫居抄藏,黄岩王舟瑶校,并附手书跋文。前有杨铁崖序及赖善卿自序。自序称所选近二千余首,杨铁崖为留存三百首云。至此本与诸家刻本异同,备见王跋中。卷首有"台州杨定孚鉴藏图籍""翰生抄藏善本"诸朱印。

许迈孙抄校柯家山馆词三卷 一册 抄本

(清)归安严元照原著。浙馆藏。

修能为嘉道间作词名手。此清季仁和许氏娱园抄本,并经娱园主人手校圈点。

谭复堂校绝妙好词笺七卷 二册 刻本

(清)宛平查为仁、钱塘厉鹗同笺。沔阳卢慎之藏。

此宛平查氏刻本。经仁和谭复堂朱笔批点,卷末署名"仪",盖假字为名也。

周容斋评绝妙好词笺七卷 三册 抄本

(清)海宁查为仁、钱塘厉鹗原笺。张天方藏。

周容斋《绝妙好词笺评》系民国二十年张君向龙榆生假得过抄者。闻榆生本源出归安朱彊村藏本,彊村亲语榆生,此嘉善周尔墉评本云。

朱古微校涧泉诗余一卷 一册 抄校本

(宋)上饶韩淲原著。龙榆生藏。

此归安朱古微校本,另有双照楼主吴昌绶先生朱笔校识。古微有《湖州人物志》手稿本,已著录。昌绶字印臣,亦作印丞,一字伯宛,号松邻,光绪丁酉北榜举人。生平天资高朗,嗜书若命,善属文,尤好刻书,其《双照楼影刊词目》,既皆为宋元明精本,且以绝精之奏折纸、最上之御制墨印之,故为艺林所宝。入民国,曾任司法部秘书,寻卒。自著有《双照楼词》《龚定庵年谱》等。

朱古微校南涧诗余一卷 一册 抄校本

(宋)雍丘韩元吉原著。龙榆生藏。

此亦古微手校本。原封面有跋一则。

补遗

陈仲鱼校华严经音义四卷　一册　抄本

(唐)释慧苑著。孙氏玉海楼藏。

此钱塘罗以智旧藏海宁陈仲鱼氏校写本。首钤吉祥室印,末有罗氏朱笔手记数则。盖据以互勘者,有崇祯刻本、藏刊本、徐宝善刊本及别一抄本也。

郡邑丛书与总集[①]

一、小引

吾浙人士之汇刊乡邦郡邑丛书，传世者当以明末樊氏之《盐邑志林》为最早。迄于清代，播传尤多，由中叶以至末造，此倡百和，几蔚为一时风气。盖自嘉庆时临海宋氏之《台州丛书》导其先，继起者同治间有永康胡氏之《金华丛书》、瑞安孙氏之《永嘉丛书》，光绪间钱塘丁氏之《武林掌故丛编》《西湖集览》系从是编拆印，兹姑不计、《武林往哲遗著前后编》、嘉善孙氏之《槜李遗书》、归安陆氏之《湖州丛书》、绍兴徐氏之《绍兴先正遗书》、临海叶氏之《荫玉阁丛书》、黄岩王氏之《台州丛书续编》等，而钱塘丁氏所编刊，最称巨帙。宣统三年内，又有越中之绍兴公报社印《越中文献辑存书》及永康之胡氏后人辑刻《续金华丛书》。亘满珠一代，前后综计，盖凡得丛编十二种之多焉。共和建国以还，宇内刻书之风，浸就衰替，独吾浙人敬恭桑梓，流风未沫，踵武犹多。有若秀水金氏之《槜李丛书》、海盐谈氏之《武原先哲遗著初编》、乌程刘氏之《吴兴丛书》、鄞县张氏之《四明丛书》、绍兴周氏之《会稽郡故书杂集》、黄岩杨氏之《台州丛书后集》、温岭金氏之《赤城遗书汇刊》、仙居李氏之《仙居丛书》、如皋冒氏在瓯东所编刊之《永嘉诗人祠堂丛刻》、平阳黄氏之《敬乡楼丛书》等，咸称网罗辛劬，无愧堂构，而《吴兴》《四明》《敬乡》诸丛书，卷帙为尤富。其愿力宏者，若鄞

---

① 儆庐题，钤"归山韩叔仁印"。

张氏、仙居李氏，且尚谋有所嗣刻。又黄岩喻氏长霖编有《续台州丛书》，拟目待布，而青田端木彧拟刊未果之《处州丛书》，近闻其同邑刘耀东正谋赓续为之云。是两浙郡邑丛书之编刊，自衢龙游余绍宋搜罗三衢先哲著作颇多，闻有刊《衢州丛书》意，但迄今未见拟目严两属外，已各郡皆备，其多者且每郡刊至五六种。虽至今日，犹有方兴未艾之势，以视其他各省，盖罕与京矣。选辑乡哲诗文刊总集，亦以吾浙为独盛。自《会稽掇英总集》以降，代有作者，上自一郡一邑，下至一姓一家，巨帙简编，所在而是。遗文潜德，多赖以存。论世知人，尤资凭藉。凡诸史志艺文目所载者，盖难偻指计。今第就兹次征采所及省邑诸总集，依旧府属第之后方计台属十九种、宁温并十四种、湖十三种、绍十一种、嘉十种、杭九种、金六种、严四种、处一种并略及内涵，为览者钵，其所不知，姑付丘盖。

二、内容

（一）浙江省郡邑丛书简表

浙江省郡邑丛书简表

地别	书名	集数	种数	卷数	册数	辑刊人	刊印时期	收藏者	备注
杭州	武林掌故丛编	二六	一八七	四九八 内一一四种不著卷数	二〇八	清钱塘丁丙	清光绪九年嘉惠堂刊本	浙馆	所收自宋迄清皆为史子集部惟不尽属杭郡人作
	武林往哲遗著		五二	三〇二	六六	同上	光绪二十三年	同上	两书所收起自李唐迄于明代多属子集两部而集部尤多
	武林往哲遗著后编		一〇	一三六	三二	同上	光绪间	同上	
	西泠五布衣遗著		五	三一	一〇	同上	清同治十二年	同上	
	西泠词粹		五	九	四	同上	清光绪十一年	同上	收宋钱塘周邦彦片玉词等五家
	西湖集览		四七	七七	二四	同上	光绪九年	同上	此即从掌故丛编拆印者

续表

地别	书名	集数	种数	卷数	册数	辑刊人	刊印时期	收藏者	备注
嘉兴	槜李遗书		二〇	五五	二〇	清嘉善孙福清	光绪十四年	同上	自明至清凡二十六家
	槜李丛书	二	五	七六	一六	秀水金蓉镜	民廿三年金兆蕃校刊	同上	亦自明迄清代
	盐邑志林		四一	七三	一二	明海盐知县黄冈樊维城	明天启三年	九峰旧庐	所收自东吴至明代此书近有丛书集成本
	武原先哲遗著初编		一〇	不著卷数	二	今人海盐谈文灯	民国十年排印	浙馆	所收共十家皆近逝世者
湖州	湖州丛书		一三	七〇 内三种不著卷数	二四	清归安陆心源	清光绪湖城义塾刊	同上	所收皆清人著作
	吴兴丛书		四七	八四一	二三六	今人乌程刘承幹	民国九年起陆续刊	同上	历代郡人所著经史集皆备
宁波	四明丛书	（第一集）	二四	一三〇 内七种无卷数	六四	今人鄞县张寿镛	民二二年	同上	所收自汉迄清
	又	（第二集）	三六	一六六 内五种不著卷数	六〇	同上	民二三年	同上	所收自唐迄清
	又	（第三集）	二一	一八〇 内一种不著卷数	六四	同上	民二四年	同上	所收自宋至清
	又	（第四集）	六一	一九三 内四种不著卷数	八〇	同上	民二五年	同上	同上

续表

地别	书名	集数	种数	卷数	册数	辑刊人	刊印时期	收藏者	备注
绍兴	绍兴先正遗书	四	一三	一六七	四八	清会稽徐友兰	清光绪间	同上	明清人著作
	越中文献辑存书	二	一一	内二种九卷余不著卷数	六	清绍兴公报社	清宣统二年铅印	同上	明清人著作
	会稽郡故书杂集		八	不著卷数	一	今人绍兴周作人	民国四年	同上	纯属史部书自东吴迄清
台州	台州丛书	甲乙二集	七	七九	一九	清临海宋世荦	清嘉庆间	同上	自宋至清
	荫玉阁丛书		四	不著卷数	一	清临海叶书	光绪十九年	同上	均台郡先贤著
	台州丛书续编		一三	一一九	三一	清黄岩王棻等	清光绪廿四年	同上	宋元明清郡人著作
	台州丛书后集		一八	四三 内七种不著卷数	一四	黄岩杨晨	民国四年	同上	唐宋元明清郡人著作
	赤城遗书汇刊	甲	一六	五七	一二	温岭金嗣献	同上	同上	宋元明清郡人著作集部为多
	仙居丛书	一	一六	六五 内六种不著卷数	二〇	今人仙居李镜渠	民国廿四年	同上	自唐至明
金华	金华丛书		九〇	七〇八 内八种不著卷数	二七五	清永康胡凤丹	清同治中	同上	唐宋元明郡人经史子集著作
	续金华丛书		八一	四八八 内二一种不著卷数	一二〇	今人永康胡宗楙	清宣统时	同上	同上

续表

地别	书名	集数	种数	卷数	册数	辑刊人	刊印时期	收藏者	备注
温州	永嘉丛书		一三	二四六	六〇	清瑞安孙衣言	同治光绪间	同上	宋人集部为多
	永嘉诗人祠堂丛刻		一五	二二 内七种无卷数	九	今人如皋冒广生	民国四年	同上	宋元及清人集部为多
	敬乡楼丛书	（第一集）	一一	一〇二 内二种无卷数	一八	今人平阳黄群	民国十七年	同上	自宋迄清
	又	（第二集）	八	三七 内二种不著卷数	二二	同上	民国十八年	同上	同上
	又	（第三集）	一〇	五一 内二种不著卷数	二〇	同上	民国二十年	同上	同上
	又	（第四集）	一二	七九 内四种不著卷数	一八	同上	民国廿四年	同上	同上

（二）浙江省郡邑总集

清朝浙人诗存十六卷　十六册　乾隆三十三年洽礼堂刊

（清）钱塘柴杰编注。浙馆藏。

所收自清初迄乾隆初年止，计五七律诗各八卷，刊于广东。杰字临川，乾隆丙午举人，官国子监助教。刻此书时，方幕游羊城也。

两浙輶轩录四十卷补遗十卷

共三十二册　光绪十六年浙江官书局重刊本

（清）仪征阮元编。浙馆藏。

此为清嘉庆时阮文达公督学浙江时所选辑者。自清初至中叶，录诗九二四一首，三一三三人，补遗一九八一首，一一二〇人，共诗一一二二二首，四二五三家。

两浙輶轩续录五十四卷补遗六卷

共四十八册　光绪十七年浙局本

（清）南海潘衍桐编。浙馆藏。

光绪间，南海潘衍桐字峄琴督学浙江，慨慕阮文达遗风，踵为《輶轩续录》之选，甄采所及，凡五三八四家，一四九四九首内《补遗》六七五人，一四〇六首，编纂体例，一仍旧贯。案以上二种书版亦存本馆印行所。

浙江诗课十卷　四册　嘉庆刊本

（清）仪征阮元编。浙馆藏。

此亦阮氏督学浙江时，观风各郡，所订诸生应试之诗。

全浙诗话五十四卷　二十册　嘉庆丙辰怡云阁刊本

(清)会稽陶元藻辑。浙馆藏。

所录自古代迄清中叶,蔚为大观。元藻字龙溪,号篁村,乾隆时诸生。诗文负重誉,晚在西湖筑泊鸥庄,以著述自娱。

武林文献内外编三十三卷　四十册　抄稿本

(清)钱塘丁丙辑。刘氏嘉业楼藏。

历朝杭郡诗辑四十卷　二十册　稿本

(清)钱塘丁丙编。杭县丁宣之藏。

此为未刊稿,系丁松生先生辑于《杭郡诗三辑》已成之后,互见前乡哲遗书稿本项。

清朝杭郡诗辑三十二卷　十二册　同治十三年丁氏重刊本

(清)钱塘吴颢编。浙馆藏。

颢字仰颢,号洛波,一号退庵,乾隆已卯举人,官遂昌训导。是编起清初迄嘉庆,凡得一千三百九十人。案嘉庆庚申原本十六卷,经其孙振棫厘为三十二卷。

清朝杭郡诗续辑四十六卷　十六册　光绪二年丁氏重刊本

(清)钱塘吴振棫编。浙馆藏。

是编上接前辑迄道光,凡一千七百五十八人。振棫字仲云,号毅甫,晚号再翁,嘉庆进士,官至云贵总督。

清朝杭郡诗三辑一百卷　四十八册　光绪十九年丁氏嘉惠堂刊

(清)钱塘丁申、[丁]丙同编。浙馆藏。

是编上接续辑,下迄光绪时,凡四千七百八十三人。申,原名壬,字礼林，一字竹舟，丙胞兄，好学嗜书，昆季同心。文澜阁《四库》书遭燹后之救护与抄补，实申偕其弟左右之。阁书兴复后，得赏四品顶戴焉。丙事实已具前《武林坊巷志》。

⊙清朝杭郡词辑二十卷　二十册　稿本

近人杭县郑道乾编。浙馆藏。

此书自清初至末叶，共得六百五十四家。道乾字健庵，所著尚有《续两浙词人小传》，其稿亦归本馆，详后乡贤汇传项。

海昌诗系二十一卷　十六册　抄本

（清）海宁周广业辑，子勋懋补。九峰旧庐王氏藏。

《诗系》一卷，系周耕厓原辑，其子勋懋补辑。自六朝迄明，共三十八家。又《补遗》二十卷，则勋懋续辑，得五百余家。第一册首页有同邑吴骞题词二绝。广业有《孟子四考》等、勋懋有《闱事纪闻》等，已著录。

硖川诗抄二十卷附词抄二卷　四册　光绪十八年双山讲舍刊

（清）海宁曹宗载编。浙馆藏。

宗载有《紫硖文献录》，已著录。此书起明迄清中叶，凡硖石乡贤诗二百余家，二千余首。

硖川诗续抄十一卷附词续抄一卷　六册　光绪廿一年双山讲舍刊

（清）海宁许仁沐、蒋学坚同辑。浙馆藏。

仁沐字壬伯，同治乙酉举人，历官分水、常山、平湖儒学。学坚字子贞，光绪丙戌岁贡。此书上[继]曹作，自清中叶至末季硖人诗凡二百余家。

槜李诗系四十二卷　三十册　文澜阁本

(清)平湖沈季友辑。浙馆藏。

季友字客子,号南疑,康熙丁卯科副贡,少聪颖,精制艺及古文词,尤工诗,尝侍父山阴县署,毛西河一见,叹为旷世逸才。年二十六,刊《南疑集》行世,即纸贵一时。所著尚有《学古堂诗集》六卷。此为其表章乡献之辑,自汉晋迄清初,凡缙绅、韦布、闺秀、方外、寓贤之有吟咏传世者,皆录之,而以仙鬼题句及谣谚附焉。首有朱彝尊序,颇致推挹。

又一部四十二卷　十六册　刻本

嘉兴县图书馆藏。

续槜李诗系四十卷　二十册　清宣统辛亥金陵刊

(清)平湖胡昌基辑。浙馆藏。

昌基字星禄,号云伫,副贡生。以沈氏《槜李诗系》仅及清初,爰为续成此书。自康熙以迄嘉庆,凡著录作者一千九百余家,足与前书相埒。

槜李文系四十六卷　二十五册　手稿本

(清)嘉兴忻宝华著。嘉兴县图书馆藏。

此仿沈氏《诗系》例成书。

竹里诗萃十六卷　四册　光绪乙未刊本

(清)嘉兴李道悠编。浙馆藏。

《竹里诗萃》,道光间里人徐同柏即尝从事,其后继之者有数家,皆未杀青。光绪中,道悠以吴江籍而世寓竹里,遂成此书刻之。计自元迄清,得诗凡一百八十八家。道悠字子远,久寓嘉兴,著撰已略见前《闻湖志稿》条。生平工诗，至今竹里、闻川间溯述诗人者，犹称子远云。

竹里诗萃续编八卷　二册　民国十一年刻本

嘉兴祝廷锡辑。浙馆藏。

廷锡字心梅，号小雅。家有俟庐，富藏书，有声于时。民国二十五年卒。生前既襄李氏编《竹里诗萃》，复续为此书，得诗七十六家。

魏塘诗陈十五卷　六册　刻本

嘉善钱佳辑。平川半月刊社应征。

钱佳字平衡，号临谷，清诸生。此为其搜集魏塘乡哲之作。首有同邑许王猷、天长陈以刚序。所采诗，起唐迄明，颇多为他集所未见者。

柳溪诗征六卷　六册　稿本

嘉善周斌辑。平川半月刊社送陈。

周斌字芷畦，别署分湖渔侠，清光绪廪贡生，家柳溪今嘉善陶庄。擅诗，与当世诸名流相往还，并从事革命。著有《燕游草》、《雁宕游草》、《柳溪竹枝词》正续百五十首、《探梅游草》、《蹄涔集》、《脱网集》等。民国癸酉冬卒。是书起宋元迄晚近，凡一百六十家，已有中华书局排印本行世。

当湖文系二十八卷　十二册　光绪己丑年刊

（清）平湖朱壬林编。浙馆藏。

壬林原名霞，字礼卿，号小云，嘉庆进士，官至直隶清河道。此书自南朝至清中叶。所辑尚有《当湖朋旧遗诗》十卷，今未见。又案张宪和辑有《当湖文逸》有近刊本，见中庸君撰《平湖文献述概》《嘉区文献上编》第七三页。

濮川诗抄四十四卷　十二册　民国二十二年石印

(清)桐乡沈尧咨、秀水陈光裕辑。浙馆藏。

是书系据旧抄本重印,凡三十三家。合之为全集,分之则各为一家。按是书,《四库》附《存目》者仅三十五卷,并不著编辑者名氏,则已有佚缺故也。尧咨字饬臣,号山臞,诸生,生平慕张杨园之学,尚躬行,设教里中,从游甚众。光裕字谨堂,诸生。

⊙海盐诗话二卷　一册　稿本

今人海盐谈文灯著。著者藏。

所论诗家,凡二百余人。惟尚非定稿,互见稿本项。

案嘉属诗文总集,尚有《梅会诗选》(初二、三集,六册。乾隆中里人李稻塍辑,所采自明至清初。嘉兴县立图书馆有原刻本)、《梅里诗辑》(六册。朱彝尊尝辑梅里人诗,未成。乾隆中里人许粲因朱氏旧稿而广搜之,成此辑,较李稻塍犹备。道光末里人沈爱莲又续辑后十二卷册刻之)、《新溪诗抄》附《续抄》《三抄》(六册。乾隆时里人李元绣、沈莘士合辑诗抄,嘉道间许桢续辑。近里人朱士楷、郑纶章又辑三抄以补之。有通行本)、《新溪文述》(二册。清季郑之章辑。凡得七十余家,有铅印本)、《梅泾诗录》(三册。同光间里人董念棻辑,以继《濮川诗抄》之后,盖濮院别名梅泾也。所录自乾嘉至咸同,凡五十七家,未刊,稿藏董氏后人)、《闻湖诗抄》(一册。乾隆间里人孟彬辑,有通行本)、《续抄》(二册。咸丰间李王猷辑。通行本)、又《三抄》(二册。光绪间李道悠辑。道悠,王猷之从孙也。有通行本)等八种,见陆祖穀编《嘉邑首届文献展览品目》(嘉区《民国日报》二十六年元旦特刊嘉区文献),以其未曾预陈,特附记于此,以谂留心文献者。

清朝湖州诗录三十四卷　十二册　道光庚寅刊本

(清)乌程陈焯编。浙馆藏。

焯字暎之,号无轩,乾隆贡生,历官各县训导。此录起晚明,迄清嘉庆,凡九百数十家。

清朝湖州诗续录十六卷　六册　道光辛卯刊本

(清)归安郑遵佶编。浙馆藏。

此补前书所未逮,凡二百余家。遵佶字礼耕,号柳门,诸生,搜访文献甚勤。

吴兴诗存四集五十八卷　十六册　光绪十六年刊本

(清)归安陆心源辑。浙馆藏。

心源有手写《三余集》,已著录。是书自六朝至唐为初集,凡八卷;宋人为二集,二十四卷;元人为三集,六卷;明人为四集,二十卷。

吴兴诗话十六卷　二册　嘉庆刊本

(清)归安戴璐辑。浙馆藏。

璐字敏夫,号菔塘,乾隆进士,历官至太仆寺卿。此书自清初至中叶,凡二百家。

湖州词征二十四卷　四册　宣统辛亥刊

(清)归安朱孝臧辑。浙馆藏。

孝臧有《湖州人物志》,已著录。是书由宋至明,先专集十四家,为卷十有九;次辑本五十四家,为卷五。

清朝湖州词录六卷　二册　《吴兴丛书》本

同上人辑。浙馆藏。

此辑有清一代湖人诗余。自方大猷至方是仙止,都计一百三十六人。卷六为闺媛,无释道、寓贤诸目。

莲漪文抄八卷　二册　咸丰时刊本

(清)乌程汪曰桢辑。浙馆藏。

曰桢有《如积引蒙》及《荔墙词》，已著录。此其取近代南浔未刊十家文附于《南浔志》后者。汪氏所居为明董说莲漪草堂旧址，故题署如此。

浔溪文征十六卷　四册　民国甲子刊本

乌程周庆云辑。浙馆藏。

庆云字梦坡，以盐起家，颇好抡扬风雅。民国十二年，张宗祥主浙教厅，补抄文澜阁《四库全书》阙简时，颇资其力。民国二十四年卒，所辑刻书，尚有《两浙词人小传》等，兹亦预陈。此书上起元世，下迄近代，凡收文六十九家，二百八十五篇。

浔溪诗征四十卷附补遗　十八册　民国丁巳梦坡室刊本

同上人编。浙馆藏。

是书自元至清，共三百四十余家，五千九百余首。

浔溪词征　一册　民国丁巳梦坡堂刊本

同上人编。浙馆藏。

所收词自明赵舍迄清周庆森止，凡二十七家，百六十余首。

长兴文存稿不分卷　十二册　稿本

长兴王修辑。王氏诒庄楼藏。

修有《长兴先哲遗著征》等，已著录。此稿收自南朝至清季止，甄综颇富，惟尚未编定体例及次序。

长兴清诗存四十卷　六册　民国庚申刊本

同上人辑。浙馆藏。

从录有清一代箬溪人诗，得三百七十家，共一千四百三十首。

长兴词存六卷　二册　排印本

同上人辑。长兴县图书馆藏。

是编赓《长兴诗存》而作。自宋迄清，多所搜罗，凡得二十三家。末卷为词话。

皇朝四明风雅四卷　四册　嘉庆中刊本

（明）鄞县戴鲸辑。平湖胡苑春藏。

鲸有《四明文献考》，已著录。是辑各藏家罕见著录。首有嘉庆三十六年云间沈恺序及戴氏自序。所选明中叶以前鄞人诗，总得五十七人。闻北平图书馆藏有明抄本，系戴氏底稿本，内容与此亦异，惜不能并几勘之也。

四明雅选三卷　一册　张冷僧手抄本

同上人编。铁如意馆张氏藏。

此与前书编次稍异。卷末嘉靖丙辰鲸后序，则明刻本已佚。

四明文献集五卷　二册　明抄本

（明）鄞县郑真、陈朝辅同编。杨氏丰华堂藏。

又一部一百四十卷　送陈二册　抄本

（清）鄞县卢址辑。刘氏嘉业楼藏。

四明清诗略二十五卷续稿八卷　二十册　民二十年聚珍本

（清）鄞董沛辑。《续稿》近人忻江明辑。浙馆藏。

沛字孟如，号觉轩，光绪进士，以诗古文负重名。是稿系忻氏编定，复为续补，共得二千一百九十四家，九千四百六十八首。

四明近体乐府十四卷　六册　嘉庆时刊本

（清）鄞县袁钧编。浙馆藏。

钧字陶轩，诸生，曾举孝廉方正。是书录词五百首，凡百六十家，末一卷自作。

甬上耆旧诗三十卷　十八册　文澜阁本

（清）鄞县胡文学、李邺嗣编。浙馆藏。

文学字道南，顺治进士，官至太仆寺少卿。邺嗣字杲堂，明季诸生。是书上溯春秋，下迄明代，得诗三千余首，四百三十家。

又一部　十册　清康熙间刻本

浙馆藏。

续甬上耆旧诗一百二十卷　六册　民国戊午四明文献社排印本

（清）鄞县全祖望辑。浙馆藏。

祖望有《句余土音注》，已著录。此集自明季迄清顺康，凡六百家，一万五千九百余首。

溪上诗辑十四卷续编一卷补编一卷　七册　道光己酉刊

（清）慈溪尹元炜、冯本怀同辑。浙馆藏。

元炜字青辉，号方桥，嘉庆九年举人。本怀字慎旃，号酉卿，道光己亥举人。此为其合辑本邑乡贤遗诗。自两晋迄清，凡百零八家。元炜尚有《溪上遗闻集录》十卷、《别录》二卷，亦道光间刊行。

蛟川先正文存二十卷　十册　刊本

（清）镇海陈继聪辑。镇海县政府征集。

继聪字骏孙，同治九年举人，预纂鄞县、镇海、慈溪诸邑志。卒年六十余。民国邑志有传。

重辑蛟川耆旧诗六卷 四册 石印本

(清)镇海张本均辑。[浙]馆藏。

本均字郢荃,诸生。此就其祖懋建之原稿重辑而成。

蛟川耆旧诗系三十一卷 十册 光绪乙未校印本

(清)镇海姚燮辑。镇海县政府征送。

燮字梅伯,有手稿《西沪棹歌》等,已著录。此本,稿初藏家,后为邑人盛炳纬所得,始为校印行世,时距梅伯之殁已三十二稔矣。

剡川诗抄十二卷 二册 民国乙卯排印本

(清)奉化舒顺方、董彦琦编。浙馆藏。

此书采自秦汉至清初,凡百十六家,九百六十八首。顺方字象坤,号后村,康熙时岁贡,任宁海训导。彦琦字韦躬,康熙时副贡。

⊙剡川诗抄续编十二卷 二册 民国丙辰排印本

近人奉化江五民编。浙馆藏。

此系上接舒、董之遗,所收凡百六十八家,千四十七首,以迄最近止。

⊙剡川诗抄补编不分卷 一册 民国五年四明七千卷楼孙氏排印本

同上人编。浙馆藏。

此拾舒、董书之遗,所得凡三十九家,诗百三十二首。

会稽掇英总集二十卷　八二册

文澜阁《四库全书》本　道光元年山阴杜氏浣花宗塾刊

(宋)新喻孔延之编。浙馆藏。

延之于宋神宗熙宁四年知越州事,以会稽山水人物著美前世,而纪录赋咏多所散佚,因博搜旧籍及碑版石刻,自汉迄宋,辑为此编,凡得铭志歌诗等八百五篇,四库馆臣许为有功文献云。案宋人黄康弼有《掇英续集》五卷。丁氏《善本书室藏书志》收抄本,傅氏《华延年室题跋》卷中考述尤详。

越咏十二卷　八册　抄稿本

(明)山阴张天复辑。诸暨陈氏仰逋居藏。

越风三十卷　十册　清乾隆三十七年刊

(清)会稽商盘选。浙馆藏。

盘字宝意,号苍雨,雍正进士,官顺宁知府。工诗,有《质园诗集》。乾隆丁亥随军征缅甸,触瘴卒于行间。嘉庆《会稽县志·文苑》有传。此集采自顺治至乾隆朝止,凡越人诗数千首,分为初、二两编。

姚江逸诗十五卷　八册　清康熙刻本

(清)余姚黄宗羲辑。浙馆藏。

宗羲有手稿《明文案》,已著录。此集搜采姚邑乡贤逸诗,自南齐至明代,凡一百三十五人,一千三百三十七首。

续姚江逸诗十二卷　八册　清康熙末刻

(清)余姚倪继宗辑。浙馆藏。

继宗字复野,文忠公裔孙,梨洲门人也。此书所收自南雷而下,凡七十五家,一千二百十六首。

姚江诗存十二卷　四册　清乾隆癸巳刊本

(清)余姚张廷枚编。浙馆[藏]。

廷枚字唯吉,号罗山,诸生,嘉庆元年举孝廉方正。此书自清初以至雍乾,著录共一百六十五家。

⊙姚江诗录八卷　六册　民国二十年排印本

近人余姚谢宝书编。浙馆藏。

是编悉依黄、倪、张三书体例,断自清初,以迄最近,共收诗五百十八家,三千五百首。惟谢氏未见倪编完书,故所收不免稍有重复处。

诸暨诗存十六卷续集四卷诗余一卷附东埭诗抄一卷
十册　光绪辛卯郦氏摭古堂刊

(清)诸暨郦滋德、郭肇评选。诸暨民教馆藏。

滋德字黄芝,隐居浣溪,绝意进取,专力诗古文词。肇字复亨,岁贡生。是书原稿当咸丰辛酉兵燹,滋德以小襆袭写本,戒其子珩手挈之,仓黄勿失。事定后,由友人郭肇为之增编,而肇子琮更加参订,后系一跋。《诗余》一卷,亦滋德评选,肇所增编。末附《东埭诗抄》一卷,乃郭氏自作诗,浦阳戴兰畴选,各体具备,多有足备掌故者,实为暨邑诗人之林府也。

⊙诸暨诗英前编十一卷续编七卷　四册　民国廿五年铅印

今人诸暨徐道政编。浙馆藏。

此收自宋至近顷止之暨阳人诗,末附诗余。

历朝上虞诗集十六卷　四册　道光乙未刊

(清)上虞钱玫辑。浙馆藏。

玫字元杰,号汉村,廪贡生,历署西安教谕、长兴训导,道光初举孝廉方正。此集上虞累代人物歌咏，由汉至明，汇为一编，而于名胜古迹、物产山川之什，尤多所载录云。

⊙松陵文略二卷　一册　铅印本

今人上虞连光枢辑。浙馆藏。

光枢字伯彦。此书辑松夏历朝名贤遗文，上规典午，下讫明清，诗文各从其类，亦文征、诗征例也。

赤城集十八卷　八三册　文澜阁本　《台州丛书》本

（宋）临海林表民编。浙馆藏。

表民字逢吉，一字耘业，逌子。少禀父教，笃旧嗜书，尤好整辑乡邦文献，此其一也。原书二十八卷，今存十八卷。所辑不必皆台贤作，凡有关本郡之文字，悉采焉。

赤城后集三十三卷　五册　《台州丛书续编》本

（明）温岭谢铎编。浙馆藏。

铎字鸣治，有传抄本《桃溪净稿》，已著录。此续宋林氏之书，凡记九卷，传论十七卷，序跋七卷，编例一仍林氏之旧，其不分乡贤与流寓为内外二编，亦为后人所同讥焉。案临海黄瑞有《赤城三集》之编。《台州经籍志》云未见，盖已佚矣。

赤城别集五卷　二册　《台州丛书后集》本

（清）黄岩杨晨编。浙馆藏。

晨字定夫，有《过校归方评点史记》，已著录。此卷凡文四卷，诗词一卷，盖以上承宋林氏及清谢氏书者。又案今人项士元有《台州诗系初稿》十八册、《赤城三集初稿》六册，见寒石草堂所藏《台州书目》末附“慈园自著书”条。

三台文献录二十三卷 八册 荫玉阁抄本

(明)临海王允东等辑。项士元藏。

三台诗录三卷附词录二卷 十二册 清嘉庆元年刊

(清)太平戚学标辑。浙馆藏。

学标字翰芳,号鹤泉,为齐召南高足弟子,乾隆四十六年进士,历官涉县、林县知县。旋改宁波府学教授,三载归,主杭州紫阳、崇文诸书院讲席。道光五年卒,寿八十四。生平工诗古文辞,尤殚心乡邦文献,尝修《太平县志》及《台州外书》《风雅遗闻》等,皆征文考献之作也。其他纂著,备见《台州经籍志》。此书上采李唐,下迄清乾隆止,凡一千数百家。案鹤泉尚有《三台诗话》一卷,有抄本存项氏寒石草堂。

台诗三录八卷附录三卷 四册 抄稿本

(清)临海宋世荦编。黄岩杨子屏藏。

又此稿浙馆有传抄本。

三台诗遗一卷 一册 稿本

(清)临海叶书辑。临海项士元藏。

此拾戚氏及宋氏书之遗者,未刊。

台诗四录二十九卷 十四册 石印本

黄岩王舟瑶辑。浙馆藏。

舟瑶字玫伯,事实已见前《宁海将军固山贝子功续录》条。此补戚、宋两书之遗而续其后者,所采凡一千六百五十五家,五千六百首。

三台诗征未分卷　二册　手稿本

(清)黄岩管世骏辑。黄岩管之辙藏。

三台文征未分卷　一册　手稿本

同上人辑。同上家藏。

案宋世荦有《三台文抄》,已刊。王舟瑶有《台州文征内编》一百卷、《外编》五十卷,见《台州经籍志》。

三台名媛诗辑六卷　二册　刊本

(清)临海黄瑞辑。[临海]项士元藏。

瑞有《钱文考略》等,已著录。此选自唐迄清同治止之台州闺秀诗,凡六十余家,四百六十余首,词三十余首。同邑周少谦为之锓木。

三台名媛诗续辑三辑二卷　一册　稿本

同上人辑。同上家藏。

临海诗辑五卷　一册　手稿本

(清)临海黄瑞辑。临海项士元藏。

是编起唐项斯,迄宋周仁荣,元明清诗,已佚。案清临海叶书有《临海诗录》一种,系助潘衍桐编《两浙輶轩续录》时所作。《台州经籍志》云有抄本藏于家,不知今犹存否。

黄岩集三十二卷　送陈二册　光绪间县志局刊

(清)黄岩王棻、王咏霓同编。临海项士元藏。

棻有《六书古训》等,已著录。咏霓字子裳,号六潭,同治庚午举人,民国五年卒,寿七十八。此为其合编黄岩一邑先贤之撰作及有关本邑之异乡人作品而成,凡《文内外编》二十卷、《诗内编》十卷、《补文》一卷、《附录》一卷，首咏霓自序。《台州经籍志》著录。闻棻尚有《黄岩集续编》二卷，稿藏于家云。全书经管德舆世骏手批，密行小书，殆满书中。

黄岩遗集不分卷　八册　手稿

（清）黄岩管世骏辑。黄岩管之辙藏。

黄岩集别编　二十四册　手稿

同上人辑。同上家藏。

天台集三卷别编一卷续集三卷别编六卷　四册

文澜阁《四库》本　《台州丛书续编》本

（宋）临海李庚、林师蒧、林表民等辑。浙馆藏。

此录六朝迄宋代诸题咏天台之作。庚字子长，绍兴十五年进士，历官至兵部郎中。师蒧字咏道，布衣，表民其子也。《临海县志·文苑》并有传。案临海黄瑞有《天台后集》之作，见《台州经籍志》。当系承是集之后，惜已佚。又案明天台许鸣远编《天台诗选》六卷，有聚珍本，见项氏寒石草堂所藏《台州书目》。

清朝天台诗存十四卷　四册　光绪戊申木活字本

（清）天台金文田编。浙馆藏。

文田字性山，清光绪廿九年进士，山东即用知县。涵濡乡哲遗风，颇留心文献，曾订补许鸣远之《天台诗选》，成《补遗》及《续补遗》各一卷，由许氏裔孙佩荪排印行世，见项氏《台州经籍志》。此编上起清顺治，下迄光绪，凡收诗一百八十余家，八百七十余篇，盖即以上承许编者也。

回浦诗录残存六卷 五册 稿本

(清)宁海钱翼衢辑。钱趣园藏。

是书仅存《内编》一至六,当尚有《外编》,不知犹存人间否。

金华文统十三卷 六册 明正德间刊本

(明)江都赵鹤编。永康胡氏梦选楼藏。

鹤字叔鸣,弘治丙辰进士,官至山东提学副使。此其知金华府事时所编刊,最录婺郡先哲遗文,自宋忠泽至明章懋止,凡二十六家,一百三十五篇。前有翰林院大印,盖进呈《四库全书》馆本也。今《四库》附《存目》。

又一部

王氏九峰旧庐藏。

金华文征二十卷 十六册 明崇祯刻本

(明)马龙阮元声、忠州高倬选。胡氏梦选楼藏。

此阮、高二氏官金华府时所编刊,选自宋迄明。版心题“南京韩仕铉刻”。

又一部

王氏九峰旧庐藏。

金华文略二十卷 陈列二册 刻本

(清)东阳王崇炳辑。东阳张廷硕藏。

崇炳字虎文,清诸生,曾从萧山毛西河游。著有《学耨堂文集》,为金律校刊《率祖堂丛书》。此编选录婺郡乡贤遗著,分诗赋、论说、序跋、策记诸体。自汉至清,共一百十七人。《四库》入《存目》。

金华诗粹十二卷　六册　明崇祯刻本

(明)马龙阮元声选。胡氏梦选楼藏。

此亦阮氏官金华时所评选,录自南朝梁以迄于明季,凡二百五十四家。自乐府以迄六言,各体皆备。总目版心亦题“南京韩仕铉刻”。

汤溪诗存四卷　一册　原抄本

汤溪章敬修编。汤溪县政府征集。

敬修有《三余草堂稿》,已著录。此编俱汤溪邑人所作诗,民国新修邑志艺文失收。

东阳历朝诗九卷　二册　刻本

(清)会稽董肇勋编。东阳张廷硕藏。

肇勋字幼待,工诗文,康熙二十年任东阳训导时,选东阳自唐迄清之先正遗诗,刻为此书。

严陵集九卷　四二册

文澜阁《四库全书》本　光绪廿三年于湖官舍刊本

(宋)东平董弅编。浙馆藏。

弅,逌之子,绍兴间知严州府事,因辑严人诗文自六朝谢灵运、沈约以迄南宋初年止,都九卷。前五卷皆诗,第六卷有诗有赋,七至九皆碑铭、题记及杂文,不尽本地人作也。

国朝严州诗录八卷　二册　光绪二年刻

(清)上元宗源瀚辑。浙馆藏。

此宗氏知严州府事时所辑。凡收严人诗百余家,三百余首。

桐溪耆隐集一卷补一卷　一册　光绪庚寅春藻堂刻

(清)桐庐袁炯编。浙馆藏。

炯字羲庭,仕履待考。此录皆道咸时人诗,凡八家一百四十一首,又《补遗》十二家十二首。

⊙桐江诗综二册续编三册补编一册　共六册　稿本

近人桐庐臧承宣编。著者应征。

承宣有《桐庐风土志》等,已著录。此其未刊稿之一。

东瓯诗集七卷续集七卷补遗一卷　四册　明弘治十五年刊

(明)乐清蔡璞编,永嘉赵谏续编。瑞安孙氏玉海楼藏。

蔡编自宋王十朋至明黄淮,凡百三家。赵编自梁陶弘景至明章可象,凡百六十八家。《补遗》自李思衍至陈某,凡五十五家。互相甄补,则明以前温州一郡作者,亦略备矣。此弘治十五年所刻。璞字廷玉。谏字士忠,号东山,成化岁贡,官光泽训导。案浙江图书馆有弘治刊此书《续集》残本卷一至三,二册。

东瓯诗存四十五卷补遗一卷　十六册　乾隆五十五年刊本

(清)永嘉曾唯编。温州籀园图书馆藏。

此书所录宋以来温州先贤诗,凡九百六十八家,五千三百七十七篇,较前书卷帙羡至三倍。又《东瓯二集》止及弘治以前;中叶以后,永嘉诗社最盛,所有作品,略具于斯矣。唯字峰栖,号近堂,官溧阳知县。

东瓯文存八册续编二册　共十册　刊本

同上人编。孙氏玉海楼藏。

此集所收,皆清代温州人举业之文。

慎江文征六十卷 三十二册 传抄稿本

(清)永嘉周天锡编。永嘉区征辑乡哲遗著会藏。

天锡有手稿《列朝私纪》等,已著录。此历朝温州作家之总集,所录郡人佚篇,赖以传者不鲜,洵有功于地方文献也。此传录玉海楼藏抄本。案近人永嘉夏承焘辑有《永嘉词征》,自宋迄清,得百数十家,稿具待梓。

慎江诗类六卷 三册 手稿本

(清)永嘉周天锡编。瑞安孙氏玉海楼藏。

此编始刘宋谢灵运,终清朱彝尊,凡诗四百五十六首,皆涉温州文献。末卷附诗余七首,赋一首。题咏之作,附注山川;投赠之篇,略详家世,多志乘之所未详者也。

瓯雅二十六卷 六册 稿本

(清)永嘉陈舜咨编。永嘉区征辑乡哲遗著会藏。

舜咨字咨牧,又字云树,号春堤,嘉庆辛酉拔贡,能诗赋,工书画,著有《茶话轩诗集》。尝病曾唯《东瓯诗存》选辑太滥,删为是书,复增入何白诗四卷、陈之圣诗十首。案清平阳杨诗有《瓯海还珠集》一百二十卷,分《联珠》《遗珠》《明珠》三集。又依作者籍隶分内外编,收采极富,未刊,仅有抄本传世,已残十六卷,永嘉征集乡哲遗著会以方在传录副帙中,故未陈送云,特附志于此。

永嘉古文辞略 廿册 稿本

(清)瑞安孙衣言选。瑞安孙氏玉海楼藏。

衣言字琴西,有《郡志选举考正》等稿本,已著录。此本桐城义法,类辑温州历朝人之作。盖先生治古文辞五十年,同时师友如梅伯言、曾涤生、龙翰臣、朱伯韩、吴南屏、张濂亭诸先生,皆当代文学大家，相与商榷义法，造诣精深。晚年略仿姚氏《古文辞类纂》、曾氏《经史百家杂抄》之意，纂成此书，而分类与姚、曾二书颇有不同。每类下缀以小序，论列各种文之体用，而于永嘉文学之优点，特加表章。其言略曰："吾乡宋时诸先生为议论之文者，莫粹于文节陈公，莫雄于文定叶公；其次则王忠文公说理最为平实，而文稍逊焉。文节、文定皆博极群书，而尤熟于一朝之掌故与当世之利病，宜文之独绝。学者有得于文节，则可为欧、曾；有得于文定，则可为苏氏父子。"又曰："书序亦以陈、叶二公为最，而陈尤粹美，子固目录诸序，无以过之。"又曰："吾乡周恭叔，学于程氏，而独雄于文辞，其所作墓铭十余篇，庄严奇伟，乃酷似韩子。盖濡染有得于介甫，或以谓宗法东坡者，非也。其后《史记》之学益盛，文节陈公、文定叶公相继而起，皆以子长之瑰奇，兼孟坚之切至，而文章之盛，遂与北宋诸家抗衡。文节最邃于经，故其文温粹；文定最深于史，故其文横厉。学者取今之所选，熟而复之，其为韩、欧、《史》、《汉》，犹阶梯之可拾级而至也。行之为文节弟子，其《育德堂集》多至五十卷，予仅于蔡氏谱中搜获一篇，居然止斋嗣响。盖碑志之文，贵于有法，亦贵于无法。陈、叶二公皆规矩森严而不拘于绳尺之中者，其所以为一代雄文，学者固无事于他求云。"

永嘉集内编四十八卷二十四册外[编]二十六卷十册　稿本

(清)瑞安孙衣言辑。瑞安孙氏玉海楼藏。

温州征文之书，以周天锡《慎江文征》为最早。其书网罗颇富，惟以过于贪多，体例不无可议处见《温州经籍志》。琴西先生此书，则博征慎择，凡录文二十一类，一千四百六十二篇诰敕三六、谕戒二、札状六二、论说五、表四八、启五十、记二二六、序跋三百、赠序二九、寿序四四、书简七四、墓志铭二五四、传状四一、谥议三、祭文二一〇、颂一、赞九、铭十一、辞赋九、疏文四五、祝文三，视周氏之以传状碑志诸作，别录入《慎江献征》原书已佚者，体较完备多矣。又文中人物及史事，此编均详加考证，其关系于地方文献者尤大。《内编》所收均乡贤遗文，《外编》则为唐以来历朝异地名家有关瓯郡文献之作。两书以篇帙巨，未刊。现已由永嘉征集乡哲遗著委员会录副保存矣。

乐成诗录四卷 二册 光绪间刊

(清)乐清郑一龙编。温州联立籀园图书馆藏。

此录清朝乐清人诗。自陈一球至郑怀龄，凡一百二十六家，后附闺秀二家、方外三家。

罗阳诗始四卷 二册 咸丰时刊

(清)泰顺董斿辑。同上馆藏。

斿字旗常，号霞樵，廪生。著有《太霞山馆诗集》。此裒录其邑人诗。自明成化迄清嘉道间，都五十四家，六百二十二首。

平阳诗录 一册 抄本

不著编辑人。孙氏玉海楼藏。

此录存陈邦宪、徐尚宾、吴裕修、王之猷、陈敬修、何东来、顾怀清、顾清芳诸家诗各若干首，皆明末清初人也。

草堂管窥四卷 一册 抄稿本

(清)瑞安鲍作瑞辑。同上家藏。

作瑞，作雨弟，字号未详。此选自清初至中叶之瑞邑先正遗诗而成，未刊。

瑞安诗存未分卷 二册 抄稿本

(清)瑞安金正声辑。同上家藏。

正声字号待考。此编内容与鲍书相似。

瓯栝先正文录十五卷补遗一卷　十六册　道光十八年刊

(清)永嘉陈遇春辑。籀园图书馆藏。

遇春字镜帆,廪贡,能为古文辞,尤留意乡邦掌故。著有《梧竹山房文稿》。此最录东瓯先正宋文六卷,元文一卷,明文二卷、赋一卷;栝苍先正宋元文一卷,明文二卷。《补遗》不分瓯、栝,合为一卷。其文大半从地志录入。

缙云文征二十卷补遗一卷　八册　道光庚戌刊

(清)清苑汤成烈编。浙馆藏。

此为汤氏知缙云县事时所编刊。上起赵宋,下讫有清,凡诗十卷,一千七十四首,文十卷,三百十四篇。

刻书文献[1]

一、小引

镂版之兴，远在唐世，其初见于纪载者吴蜀，而浙为尤先。元微之《白氏长庆集序》自注谓“扬越间多作书摹勒乐天及予杂诗，卖于市肆”，似斯事已滥觞于中唐。五季之顷，流行渐盛，南北两宋，益蔚奇观，北宋监本刊于杭州者殆居泰半。南渡以后，临安既为行都，胄监所在，板书鳞萃。宋亡，废为西湖书院，而书库未毁，且颇有增益，世称院本。至明初始移入南监。其他诸州，自天水以还，亦富剞劂，公库郡庠，仍世雕造；而绍兴为监司安抚驻地，梨枣所传，几埒临安。又若湖之思溪，杭之南山，均有大藏全板，元初刊西夏字全藏于杭州，是则杀青之功，旁及于边裔殊语，而旷代名著如胡氏《资治通鉴音注》、王氏《玉海》，皆于其乡学刊行，剧可宝贵。至论私家镌刻，亦复足与媲美。在东都时，既尽刊四部，而宋季临安书肆，若陈氏父子之遍刻宋人诗集，导扬风雅，有助文教，至今书林尚传为嘉话焉。综观往古刊版之盛，盖未有如我浙者。眄彼闽蜀，方之褊矣。故此次本会，首即列目以求，冀资表阐。惜为时忽迫，复受时局景响，未见蒇备，致所罗列者，自唐宋以降，仅得八十三种内吴越二家；宋八：计杭属二、湖属三、金衢各一；元十一：杭二、嘉一、湖一、鄞三、金二；明六十一：杭二十八、嘉六、湖七、鄞绍各五、衢四、金严温各二。然此区区者，虽不过两浙刊书史之一

---

① 丁丑六月七一叟叶为铭书。

斑，而有传世最古刻本之后周显德间刊《宝箧印陀罗尼经》在，固亦可谓一夔已足欤？至编排次第，系以时代为经，地域为纬。其所刊之书，则不必皆乡贤遗著，即浙人之镂版于他省衙斋，或名宦寓贤之锓木于浙境者，如明余姚闻人铨刻《旧唐书》于苏州府学、正德间温州同知林长繁之刊《止斋先生文集》，亦所不废，盖所重者固在此不在彼也。浙籍刻书家之事有可征者，间详其行谊，否则阙疑，以俟更考。

二、名家刻本

吴越钱氏刊《一切如来心秘密全身舍利宝箧印陀罗尼经》一卷

吴兴县立图书馆藏。

此卷系昔年发现于吴兴天宁寺经幢象鼻中。经首“天下都元帅吴越国王钱弘俶印《宝荚印经》八万四千卷，在宝塔内供养，显德三年丙辰岁记”四行，次人礼塔象，次经文，每行八字至九字、十字不等。末空一行，题“宝箧印陀罗尼经”。曾为海宁王静安所见，以为唐刊经卷之传世者，此为最早，即吾浙古刻之存者，亦以此卷为最古云。吴兴潘廉深凤起君更有详记，兹录如后。

显德刊本《宝箧印陀罗尼经》，此卷出湖州天宁寺石幢象鼻中。湖州天宁寺，建自陈永定三年，初名龙兴；至吴越武肃王，更名天宁。中有石刻佛顶尊胜陀罗尼经幢二十四座，康熙中，已仅存八座。归安郑元庆撰《湖录》，手拓诸幢文以示朱彝尊，彝尊为之跋，文载《曝书亭集》。民国元年，天宁寺废，改建浙江省立第三中学校。是年冬，予来长斯校，视八幢者虽犹可数，而或断或圮，盖已过半。六年暑假，建筑校舍，卸其大殿前面东西二幢。予方治事室中，忽闻诸匠喧哗声，趋出问之，皆相顾嘿尔，徐徐答曰无他。天晚工散，止一小工，密询之，乃言幢中有字纸可辟邪，各人争夺取故尔。翌朝告工头，令好语诸匠，兼厚许之，数日后始得此经卷二，乃以其一属俞先生恒农藏之图书馆。十九年，予来南京，一日偶检丁卯增订本《观堂集林·显德刊本宝箧印陀罗尼经跋》，有近出湖州天宁寺塔中，今归乌程张语，异之，急驱书俞先生。盖俞先生以此卷乞题于朱彊村，而以某君之便携去。未几，某君下世，此经卷实未抵于朱，亦不解何由流入张氏。然缘此遂得王静庵先生考定，知其制出于唐小经卷，刊本传世者以此为最古，即吾浙古刻之存者，亦以此卷为最古，是可贵也。王先生案吴越忠懿王所造金涂塔塔里有题四行云：“吴越国王钱弘俶造八万四千宝塔，乙卯岁记。”而此卷刊于丙辰，在造塔后一年，部数亦与塔数同，以为殆即塔中物？而其文尾自注，则云："或云此卷本置于天宁寺石幢下象鼻中，鼻有石楔，近石楔脱落，乃得此卷，未知信否？姑记之，以广异闻。"曰姑记之，曰异闻，是王先生于传说实未尝确信。至甲子八月，雷峰塔倾，其砖中空，各藏《宝箧印经》一卷。其前题云："天下兵马大元帅吴越国王钱俶造此经八万四千卷，舍入西关砖塔，永充供养，乙亥八月日记。"经卷大小与显德刊本略同，则显德本出于石象鼻中之说殆信云云。是王先生于雷峰塔经卷出后，以象鼻之说为可信而后记之文。予案经幢为八面石柱，柱高四尺五尺不一，周广七尺八尺亦不一。八面刻经，上下面均平，上接短石柱，短柱之上，或鼓，或盖，或兽象，层叠而上，以至于颠。象鼻则在石柱上平面之中，底圆深约二寸，经卷杂置其中。考造幢之年，悉在唐代，象鼻为原有，抑因安放经卷而凿，则不可知。所可知者，凡诸目见者，可以释王跋之疑，而金涂塔殆非尽然？又塔数八万四千，显德本同，雷锋塔本亦同，疑此数或一时多数之通称，非必塔数、砖数与经卷数一一悉合，是又可知。民国六年，岁次丙辰，距显德丙辰适甲子一十六周，此经卷之隐于石隙，阅九百六十年，而纸质完好，黏合处亦不脱落，尤足珍异。雷峰塔经卷刊于乙亥，后于显德刊本者又二十年，雷峰塔倾于甲子，其出世早显德刊本约十年也。天宁寺石幢在山门外，两座尚存，余悉移置图书馆，此卷予仍将归之图书馆，用详述之如此。二十五年十月，廉深潘风起。

又二卷

西湖博物馆，浙江图书馆藏。

此民国十三年甲子八月西湖雷峰塔圮，于砖孔内发现。首有"天下兵马大元帅吴越国王钱俶造此经八万四千卷，舍入西关砖塔，永充供养，乙亥八月日纪"三行，次刻画人礼塔象，次经文，每行十字至十一字不等。按此卷刊印于宋开宝八年，后于天宁寺本二十年，其发现后于彼经者七年。又当时所印至八万四千卷，必非尽出于一板，故二卷大小款式虽同，而字体则微异，今并罗陈，以供研究本省版刻史者参观。其西湖博物馆藏者较完整亦系浙馆所赠与，浙馆藏本则首尾稍残。

两浙东路提举茶盐司刊《资治通鉴》二百九十四卷 送陈四册

(宋)涑水司马光著。九峰旧庐王氏藏。

末有“绍兴二年七月初一日,两浙东路提举茶盐司公使库下绍兴府余姚县刊板。绍兴三年十二月二十日毕工,印造进入”四行,及监雕校勘诸人姓氏。半页十一行,行二十字,白口,左右双边,上鱼尾下记鉴几,下鱼尾上记页数。敦、让、匡、玄、桓、洹、殷、徵、弘、境、完、慎等字阙笔,“构”字不避。间有景抄。有“敬一堂图书印”“桂堂王氏季积图籍”“汪印士钟”“阆源真赏”“宪奎”“秋浦”“平江汪氏藏书印”“有竹居”“平江汪宪奎秋浦印记”“铁琴铜剑楼”诸藏印。

宋临安府陈氏刊《甲乙集》十卷 陈列二册

(唐)新城罗隐著。九峰旧庐王氏藏。

此唐新城罗隐著。半页十行,行十八字,板心上记字数,鱼尾下记书名卷数。目录末有“临安府棚前北睦亲坊南陈宅经籍铺印”一行,字已模糊。卷中多墨钉,“徵”字、“玄”字缺笔。有“恬裕斋镜之氏珍藏”“瞿润印”“丕烈”“荛夫”“何绍基”“季振宜藏书”“王渔洋”“徐健庵”“安麓村”“钱遵王”诸印。卷十末有“泰兴季振宜沧苇氏珍藏”墨识一行,并“振宜之印”。尾有嘉庆辛酉、癸亥荛圃两手跋。

去岁顾涧蘋秋试归,为余言有宋板罗昭谏《甲乙集》,惜去迟,为他人得去,心甚怏怏。既而坊间人自金陵归者,告余颠末,盖是书在委巷骨董铺,嘉定瞿木夫往观之,需四两银,未能决其为宋刻,且欲俟涧蘋去一决之,故迟迟未得也。有顾氏者,在席氏扫叶山房作夥,素不识古书,闻白堤钱听默在彼,急取是书相质。听默本老眼,性又直,曰此等宋板书,何待看邪?顾某狂喜,即持银易归,并欲听默定价。听默估以数金,顾某颇不惬意,以为宋板书天壤希有,我从未买过,今幸得之,非重直不肯售,遂居奇。虽欲索观,必亲自解包,一展卷而已,什袭藏之,直视此书为至宝矣。余所好惟旧刻,罗集亦有一本,惜此四卷无目,故闻十卷本,欲蓄之以为全璧也。议价至一斤金,牢不可破。时余方北行,未及成交。顷自都门旋里,问坊间人,知尚未销,如愿偿之,而全书始获,至宝之说,竟与少见者同病，夫亦可笑已。因思甲寅秋，同年蒋宾嵎曾在金陵得宋本《孟东野集》赠余，为季沧苇安麓村所藏，今观是书图章正同。两书同出一源，而散失不知何时，今复俱归插架，翰墨因缘，何其深欤？卷首有文太清、渔洋山人两家图章，余所藏书未之见，更足以罕见珍，故特表出之。至于十卷本，毛刻亦然，然字句不尽合，谅未见宋刻庐山真面目，当以此为最耳。嘉庆辛酉夏六月望前一日挥汗书，黄丕烈。

癸亥夏五月望日，重展读于新居县桥之百宋一廛中，并取四卷残宋本展对一过，彼印本差后，纸背有至正十一年字迹，盖元印也。旧藏毛氏汲古阁与席玉照家，未知渠两家收藏时尚全否？卷中墨钉多同，间有旧人校补，字各书于上方，可谓慎重矣。就所补者录于此，以备参考。如卷二《金陵夜泊》"冷烟轻"下作"雾"字、《湖南春日怀古》"苍"下作"茫野树碍"字、《别池阳所居雨夜》"老农"下作"伤"字、《送内史周大夫自杭州朝贡》"三变"下作"殿"字、《绣》"一片绿罗"下作"反绛绡"字，卷三《重过随州故兵部李侍郎恩知因抒长句》"周高论百牙琴"上作"庄"字，卷四《姑苏台》"高泰伯开基日"上作"台"字，共七处，未知所据是何本。就字迹论之，当在毛、席两家收藏前。残刻已照此本影写补全，他日或与友人易去，未必久留我前，聊记梗概于此。荛翁识。按此已见《士礼居藏书题跋记》卷五。

南宋浙刻《晦庵先生文集》　送陈一册

（宋）新安朱熹著。山东省图书馆藏。

此清内阁大库旧藏《朱文公集》，系南宋浙江刻本，未知辑于何人。每半页十行，行十九字，两阑双边，版心上鱼尾下记书名及卷数，刻工有琪、詹世弟、黄劭、夏义、阮和、叶用、刘崇、詹太全、叶田、傅上、徐成、叶申、吴明、陈明、李才等。"廓""殷"二字缺笔。是册存卷二十、二十六、二十八、三十九、

宋湖州刊《通鉴纪事本末》　残存五册

（宋）建安袁枢著。浙馆藏。

宋宝祐五年丁巳，湖州赵与𥲅以严州初刊本字小且讹，乃易为大书，精加校雠，为序刻之。元时板置嘉禾学宫，明初归南监，成化中重

为补修,此即补修后印本。半页十一行,行十九字。

宋湖州刊《北山小集》残存四卷 一册

(宋)开化程俱新著。吴兴张芹伯藏。

俱字致道,开化人,举进士,官至徽猷阁待制。尝寓信安,故《直斋书录解题》及《梁溪漫志》均称为信安程俱。其集原四十卷,兹残存卷二十四、五、六、七共四卷。半页十行,行二十字,白口单边。鱼尾下记书名及卷数,“慎”字注御名。刻工有陈举、王昌、董明、王明、钱实、李松、施泽、高彦、施珣、章彦、章容、王荣、章宗、朱明、沈秀等,皆用乾道六年湖州公牍纸背摹刻,盖乾道时湖州官廨刻本。历藏黄丕烈、汪士钟家。

宋湖州刊《达磨大毗婆沙论》 一册

长兴王氏诒庄楼藏。

是经在藏经收字帙,全书二百卷,此仅存节字十二纸,为宋理宗嘉熙三年安吉州思溪法宝资福寺所刊,世称安吉州藏者是也。旧流入日本,为宜都杨守敬所见,携归。惜杨氏分析零沽,兹即其一脔云。

宋衢州刊《魏志》 残存十三页

杭县叶揆初藏。

卷末王国维手跋曰:“残本《魏志》卷二十八,存十三页,每半页十行,行大十九字,小廿二字,避讳至“完”“构”二字止。而孝宗讳“慎”字不避,此宋南渡初衢州刊本也。明南雍旧板,有宋衢州刊《三国志》,卷末有“修职郎衢州录事参军蔡宙校兼镂板,右迪功郎衢州州学教授陆俊民校正”二行。其板式行款,全与此本同,则此即衢州刊也。衢刊在南宋时,其板已入胄监。观南宋监刊诸史,《史记》、两《汉书》用两淮江东漕司刊本,《唐书》《五代史》用湖州刊本,则《三国志》即用衢本可知。自是而入元西湖书院,而入明南监。今南雍印本虽不见有宋刊一叶，当由明代修补，易尽旧板所致，则此又即南宋监本也。然求其根源，实出北宋监本。考宋初监本，诸史惟有十行十九字一种。余所见江阳傅氏所藏北宋刊《史记》、常熟瞿氏所藏景祐本《汉书》、嘉佑本《唐书》，与诸家所藏福唐重刊淳化本两《汉书》，皆十行十九字也。《国志》初刊于咸平，其行款自当与淳化三史同。然世讫未见有北宋刊本。惟黄复翁所藏单行《吴志》，后归归安陆氏者，前有咸平六年中书门下省牒及咸平三年校勘经进诸臣衔名，每半页十四行，行廿三字。昔人多以此为咸平祖刻，实则书中避钦宗讳“桓”字，又衔名中“勾当”字，皆改作“干当”，亦避高宗嫌名，为南宋重刊无疑。又据《竹汀日记》，谓黄藏《吴志》卷首衔名外，卷末并有校正人，其署衔云辟雍正陆氏《藏书志》失载，考《宋史·选举志》，徽宗崇宁元年始立辟雍，置博士、正录等官，与太学同，宣和三年罢，则辟雍正一官，惟徽宗朝有之，然则黄藏《吴志》，乃南渡后重刊徽宗朝本，谓为咸平祖本，鹘突殊甚。此本行款独与宋初所刊诸史同，则咸平本面目，自当于此本求之矣。又绍兴中，两淮江东漕司分刊前三史，今传世者，尚有淮南漕司所刊《史记》及残本两《汉书》，皆半页九行，行十六字，此本亦刊于绍兴中，乃用旧监本行款。盖南渡后诸史于各州郡分刊，板式自不能画一也。至半页十四行之本，诸史多有之。证以单行《吴志》，则当出于北宋末监本，然尚未能证实。惟咸平祖本面目，不存于单行《吴志》，而存于此本，则固目录家所当首肯也。庚申季秋，海宁王国维书于沪上寓舍之永观堂。按此亦见《观堂集林》卷二十一。

宋婺州刊《三苏先生文粹》七十卷 送陈二册

九峰旧庐王氏藏。

是书未知何人所编。目录末有“婺州东阳胡仓”“王宅桂堂刊行”两行木记，白口双边，狭行小字。半页十四行，行二十六字，纸泽莹洁，墨色浓黑，刻印极精。版心下鱼尾下记页数及刻工，刻工有先、李松、刘正、吴才、昌、吴正、佐升诸人。“玄”字、“慎”字缺笔。有“汪士钟”“三十五峰园主人”“孙思龢图籍篆”“孙印九仪”“汪宪奎”“秋浦”“平阳汪氏藏书印”及“铁琴铜剑楼”诸藏印。

元杭州刊《金史》 残存一册

山东省图书馆藏。

此元至正五年杭州路刻本，存列传七十一，三页；九十二，一页；九十二，十页半。半页十行，行二十二字，四周双边，板心上书列传，上鱼尾下书《金史》第几，下鱼尾下记页数。刻工有林安、章亳、虞孟淳、原良等。

元杭州刊《西夏文经》 一册

北平图书馆藏。

此西夏字藏经，即元河西字《大藏经》，奉旨刊于杭州路大万寿寺者。每半页六行，行十七字，上下双边，与元刊《汉字藏经》行款相同。

元嘉禾学宫刊《吕氏春秋》二十六卷 陈列二册

（秦）阳翟吕不韦著。杭县叶揆初藏。

此元至元时海岱刘贞守嘉兴，刻于嘉禾学宫者。半页十行，行二十字，小字双行。板心上鱼尾上记字数，中记书名卷数，下鱼尾上记页数，下记刻工。刻工有青字。卷首遂昌郑元祐序末，有“嘉兴路儒学教授陈泰、吴兴谢盛之刊”一行。高诱序首有“牧翁”朱文方印，则为绛云楼旧物。按刘贞守嘉兴时，刻书颇多，均称善本，此其一也。简端衬页有明谢复初手识。

万历甲戌仲秋望后，儆庵周子义、岳西华复初同观。

南雍修补此书，借数本校之，莫善于此，为所藏（案原文如此），惜亦缺十八卷十九、二十两页，从容当为补之。复初识。

元湖州沈伯玉刊《松雪斋文集》十二卷 陈列一册

（元）吴兴赵孟頫著。吴县潘氏藏。

此元湖州刊本。半页十行，行廿二字，黑口，双边，间有明代补版。目录后有“至元后己卯花溪沈氏伯玉刊于家塾”一行。卷十终有“松雪翁词，翰妙天下，片言只字，人辄传玩，公薨几二十年矣，而平生所为诗文，犹未镂版。今从公子仲穆求假全集，与友厚诚郑君再加校正，凡得赋五古诗一百八十四、律诗一百五十、绝句一百四十、杂著五、序二十、记十二、碑志廿六、制诰策题批答廿五、赞十、铭一、题跋五、乐府二十，总五百三十四，弁公行状谥文一卷，目录一卷，合为一十二卷，亟锓诸梓，识者得共观焉。至元后己卯良月十日，花溪沈璜伯玉书”十四行牌记。

元西湖书院刊《国朝文类》七十卷　三十六册

(元)真定苏天爵编。浙馆藏。

西湖书院为宋太学故址，至元始改。原藏四部书板二十余万，为全省板刻之总汇，天水一朝文献之所寄。降及元代，杭州镌刻犹为诸路冠。故辽金元三史及其他要籍，皆奉旨发西湖书院刊行，足征刻工之精。此元至元二年刊本，半页十行，行十九字，明初板入南监，故卷中间有明时南京吏部补版。旧藏海盐马笏斋家，九峰旧庐主人王绶珊先生近得之，以有复本，移赠浙馆焉。案西湖书院刻书，略见元泰定二年所立西湖书院重整书目碑，原石尚存，其拓本兹已预会陈列。

元西湖书院刊《文献通考》二百四十卷　陈列一册

(元)鄱阳马端临著。北平图书馆藏。

此亦元至元时西湖书院刻本。半页十三行，行廿六字。上鱼尾下记书名卷数，下鱼尾下记页数。刻工有山、元吉、华子仁、子华、才、宣、何、文甫、君仲等。其版明初入南监。

元庆元路刊《困学纪闻》二十卷　陈列二册

(宋)庆元王应麟著。九峰旧庐藏。

此元泰定二年庆元路儒学刊本。半页十行，行十八字，黑口，四周双边。板心上鱼尾下记书名卷数，下鱼尾上记页数。首有泰定二年门人袁桷序，次自序，次目录。卷二十末有“庆元路儒学学正胡禾监刊，孙厚孙宁孙校正”二行。又末为泰定二年十二月癸卯庆元路儒学教授吴郡陆晋之叙。案此书四明张氏约园亦有一部送陈。

元庆元路刊《玉海》附刻十三种 九十六册

（宋）庆元王应麟著。浙馆藏。

此元至元六年庆元路儒学刊本。半页十行，行二十字。其版明初入南监，故是本有明代补版。

元庆元路刊《春秋本义》三十卷残存十二卷 二册

（元）庆元程端学著。范氏天一阁藏。

端学，端礼弟，字时叔，至治进士，仕为国子助教，迁太常博士。是书凡三十卷，兹存卷十三之十八、二十五之三十，凡十二卷。半页十行，行廿二字，四周单边。板心上鱼尾上记字数，下记书名及卷数，下鱼尾上记页数。刻工有袁、叔璋、用、屠、良、仁、齐、修、先、子英、行、任、张璋、尾云、宋、王桀。首有“尚宝少卿袁氏忠彻印”阳文印。每册首钤“《颜氏家训》曰借人典籍，皆须爱护。凡有阙坏，就为补治。此亦士夫百行之一也。或有狼藉几案，分散部帙，童幼婢妾所污，风雨虫鼠所毁，实为累德。四明袁氏静思斋志”五行朱印木记。

元婺州刊《通鉴前编》十八卷《举要》三卷 二册

（元）兰溪金履祥著。汤溪县政府征集。

此元婺州路儒学刊本。线黑口，单边，半页十行，行二十二字，小字双行。版心上记字数，下记刊工姓名，有郑必清、翁子和、盛元吉、余宝、方景明等。

又一部《前编》残本十卷《举要》二卷

刻本同上。浙馆藏。

版心间有“明成化十二年南京吏部重刊”字。盖此婺州官版，后又入南监故也。

元兰溪范元璹刊《香溪先生范贤良文集》二十二卷 送陈二册

（宋）兰溪范浚著。四明张氏约园藏。

此书有孙氏玉海楼藏旧抄本，已著录。是为元至顺间其裔孙元璹刊本。按此亦有章懋序，盖亦翻刻本。

明兰溪县署重刊《香溪先生范贤良文集》二十二卷 八册

同上。永康胡氏藏。

此为明初兰溪令唐韶据旧刊重修本。首有同邑章懋序。曾藏江阴缪氏云轮阁。半页十一行，行廿二字，黑口单边。

明嘉靖浙江布政司刊《大乐律吕元声》六卷《律吕考注》四卷 五册

（明）莆田李文利著。浙馆藏。

此明嘉靖十四年浙江布政司刻本。卷六末有刻书木记。按明代杭州各公署锓版者凡五处，布政司其一也。据万历《杭府志》，布政司所刊书达二十七种，其中以史纂左编《浙江通志》卷帙为最巨云。

明浙江运司刊《鄂国金佗粹编》二十八卷《续编》三十卷 陈列二册

（宋）汤阴岳珂著。杭县叶揆初藏。

是书旧刊于浙运司。此明嘉靖时运使晋江洪富重刻本。黑口，半页九行，行十七字。历藏宛平王氏及晋江黄氏。

明万历浙江提学副使刻《陆王二先生要语摘抄》

二册　明万历刻本

(明)黄安耿定向、万安萧廪辑。九峰旧庐王氏藏。

此万历甲戌浙江官刻本，乃万安萧廪取耿楚侗《象山先生要语》，并摘抄《阳明先生全书》，合刻以示两浙诸生者。首有浙江提学副使瓯宁滕伯扬序。

明杭州刻《神僧传》九卷　二册

(元)无名氏著。九峰旧庐王氏藏。

此书不著撰人，《四库存目》著录。首有明永乐十五年成祖序。每卷次行题"西天竺青河发僧梓"。半页九行，行十九字。板心下方有"少谷山房"四字。

明杭州刻《赐闲堂稿》十卷　陈列首尾二册

(明)贵溪夏言著。杭县叶揆初藏。

明嘉靖二十五年钱塘田汝成序。半页八行，行十七字，四周双边。文皆编注年月，目连正文。卷末有"杭州府通判罗尚絅刻"小字一行。末附录纪恩诗。

明隆庆杭州刊《批点分类诚斋先生文脍前后集》二十四卷　十八册

(宋)吉水杨万里著。佚名氏编。浙馆藏。

《后集》总目后有"隆庆壬申仲春杭城朝天门翁文溪梓行"二行木记。朝天门，即今杭市鼓楼也。

明万历杭州刊《文字会宝》不分卷　二册

(明)钱塘朱文治纂。杨氏丰华堂藏。

此明万历戊申杭州刻本。所选历代名文，皆倩名手书成。《四库》附《存目》。

明万历钱塘刊《经济类编》一百卷 一百三十二册

（明）临朐冯琦辑。浙馆藏。

琦纂是编未竟，已卒，其弟瑗为之厘定，由琦门人钱塘郑之惠等刊行。卷首校刻姓氏后，有“大明万历三十二年校刻于浙虎林郡南屏山”一行。

明杭州容与堂刊《李卓吾批评琵琶记》二卷 二册

（元）永嘉高明著。明晋江李贽评。杭州叶揆初藏。

此明万历杭州刻本。版心下方有“容与堂”三字。上下卷皆有图，颇精妙，图末间镌“由拳赵璧模、新安黄应光镌”字。卷下第三十一至末四十二出，阙。按容与堂本《忠义水浒传》首李卓吾序后，题“虎林孙朴书于三三石畔”，未知容与堂主人即孙氏否？高明字则诚，元至正进士，官处州录事，辟丞相掾。明初，太祖闻其名，征之，以老病辞。生平工词曲，所著《琵琶记》，尤冠绝千古，不愧南曲之鼻祖焉。

同上刊《李卓吾先生批评玉合记》二卷 二册

（明）宣城梅鼎祚著。杭县叶揆初藏。

此亦上下卷，皆有图，黄应光镌。案此记明本，另有世德堂刊本。

同上刊《李卓吾先生批评红拂记》二卷 二册

（明）长州张凤翼著。晋江李贽评。杭县叶揆初藏。

此亦上下卷有图。首页第二行亦有“虎林容与堂梓”一行。案《红拂记》，明刊另有文林阁本。

明万历钱塘刊《宋林和靖先生集》四卷《附录》一卷　二册

（宋）钱塘林逋著。杭县杨氏丰华堂藏。

逋字君复，隐居孤山，称高士，卒后赐谥和靖先生，《宋史·隐逸》有传。此明万历四十一年钱塘何养纯刻本。凡诗二百八十九首，诗余二首，写刻颇精。

明万历杭州顾氏刊《历代名公画谱》不分卷　四册

（明）武林顾炳纂。杭县叶揆初藏。

此顾氏《画谱》。首题“武林顾炳黯然父纂，男三聘、[三]锡校刊”一行。按炳于万历间，以善画供奉内廷。是书传摹晋唐以来名笔，存其梗概，识者推为镕今铸古，能集大成。近有鸿文书局影印本。

明万历杭州高氏刊《雅尚斋遵生八笺》十九卷《总目》一卷附图　三十六册

（明）钱塘高濂著。浙馆藏。

濂字深甫，号瑞甫，工乐府。此万历中自刊，初印本，纸墨精洁，视后来之翻本迥殊。

明杭州张氏刊《论衡》三十卷　陈列三册

（汉）上虞王充著。杭州叶揆初藏。

此明万历武林张樸刊本，末有“虎林郁文瑞书”一行。刻工有黄尚涧、尚润、尚澗等。首有“焦循私印”“里堂”朱文方印。

明万历杭州刊《海内奇观》十卷　陈列二册

（明）钱塘杨尔曾著。杭县叶揆初藏。

尔曾字圣鲁，号雉衡山人，又号卧游道人。此明万历中杭州刻本，字大悦目，板心有“夷白堂”三字。凡例末有“钱塘陈一贯绘，新安王忠信镌”二行。按尔曾他编有《东西晋演义》《韩湘子全传》等书，亦武林刊本。

明天启杭州朱氏花斋刻《春秋繁露》十七卷　六册

(汉)广州董仲舒著。浙馆藏。

此天启时杭州朱养和花斋刻本。版心有“花斋藏版”四字。养和字元冲，其兄养纯字元一，雅好古学，家有蒨园，常集诸名士，雠校著本，剞劂行世。所与往还者，如吴郡汪明际、杭州沈鼎新，均一时知名士。此书即元一与沈自玉同参评而由元冲校订付刊者。

明天启杭州朱氏花斋刻《管子》二十四卷　□册

浙馆藏。

此亦天启乙丑朱养和刻本。版式同上。

明仁和郎氏刻《五雅》四十一卷　六册

浙馆藏。

此天启时仁和郎氏奎金字公在堂策槛刻本，世称郎氏《五雅》者是。版心下方有“堂策槛”三字。《五雅》者:《尔雅》《埤雅》《小尔雅》《逸雅》及《广雅》也。

明仁和郎氏刻《墨子》十五卷　六册

浙馆藏。

此天启中郎兆玉用晋江李贽评选本刊行，版心题字同上。兆玉字完白，仁和人，万历四十一年癸丑进士，官淮安同知。

同上刻《白虎通德论》四卷　一册

(汉)安陵班固著。杭县叶揆初藏。

同上刻《风俗通义》十卷 陈列一册

（汉）南顿应劭著。杭县叶揆初藏。

右二书均天启时郎奎金刻，卷面有“堂策槛”白文大方印，又“杭城花市溪香馆发行”及“本衙鸠工绣梓，翻刻千里必究”两行朱记。

明杭州朝爽阁刻《商子》二卷 一册

旧题秦商鞅著。杭州叶揆初藏。

此天启时杭州朝爽阁以杨叔庵、顾邻初评释本刊行，题“仁和朱蔚然订”。卷面题“朝爽阁藏板”。又有“杭城段景亭发行”朱记。案蔚然，天启辛酉举人，又有《关尹子注》，浙馆有藏本。

明杭州横秋阁刻《鬼谷子》一卷 一册

旧题周鬼谷子著。杭县叶揆初藏。

题“明杨慎评注，张懋寀校梓”。卷面有“横秋阁藏板”字及“虎林嘉树里张衙发行，翻刻千里必究”两行朱记。

明季杭州刻《广快书五十种》 陈列二册

（明）仁和何伟然纂。九峰旧庐藏。

天启时刊《快书五十种》，乃乌程闵景贤士行刻，仁和何伟然仙臞参订。此则伟然续为之者，刻于杭州。

明杭州张氏刊《彩笔情辞》二卷 二册

（明）虎林张栩选。杭县叶揆初藏。

天启甲子，张栩叔同甫选刊。所辑套数，凡二百余，及小令二百余阕。刻图甚精。卷一赠美类题“古歙黄君蒨刻”。

明杭州张氏白雪斋刊《新镌出相乐府吴骚合编》四卷 四册

(明)虎林张楚叔辑。杭县叶揆初藏。

卷首有“虎林张府藏板,翻刻千里必究”二行正书朱记,及“词余之传,其来尚矣,佳本之获,世颇罕焉。往刻吴骚诸集,海内风驰,坊刻效颦,终难继武,第流行日久,积渐模糊,选帙屡分,未称合璧。兹特审音选订,精心删补,写丽情而务除俗套,搜旧曲而博览新声,更加画意穷工,增一编之荣色,点板合法,师九宫之渊源,敢云大雅之复兴,实彰骚坛之全盛云尔。白雪斋谨识”十一行正书朱记。图刻凡六页,甚精。首序板心有“古歙汪成甫镌”六字。卷端大题下自署“骚隐主人选”。

明末杭州徐氏家刻《四书经学考》十卷 八册

(明)钱塘徐邦佐著。浙馆藏。

崇祯元年自刊于杭州。卷首有武林赵林翘崇祯戊辰进士序。

明末杭州昭庆寺刻《仪注备简》十卷 六册

(明)释大惠集。浙馆藏。

卷首有崇祯丙子钱塘闻启祥刻书序。

明钱塘胡氏刊《彩线贯明珠秋檠录》一卷 一册

(明)海宁董谷撰。海宁县图书馆藏。

谷字硕甫,明正德时举人,有《碧里后集》抄本,已著录。此胡文焕《格致丛书》原本,《四库·别史类》附《存目》,云不著撰人名氏。此王国维旧藏。末有其手跋三则。

此吾乡碧里先生书也。碧里为从吾道人子,以文名。嘉靖《海宁县志》九卷,即蔡大令延碧里所撰也。壬子癸丑间,得此本于日本京都冷摊,越七年己未正月记之。国维。

碧里先生所著书有《澉水续志》九卷，余于上虞罗氏见写本。《碧里杂存》二卷，见《盐邑志林》。其余存者，惟此书而已。

朱子宇苍主吾邑图书馆事，方搜罗乡邦文献，因寄此本，俾邑人世守之。辛酉三月九日，国维又记。

明万历海宁县署刊《无垢先生横浦心传录》三卷《日新录》一卷 四册

（宋）诸城于恕编。浙馆藏。

宋钱塘张九成字子韶，号横浦居士，亦称无垢居士，官至礼部侍郎，卒谥文忠。是录为其甥诸城于恕所编，明万历四十三年海昌知县方士骐校刻，附《孟子发题》一篇，系宋施德操著。同时所刻，尚有文集二十卷。

明海宁陈氏刊《樱桃梦》二卷 一册

（明）海昌陈与郊著。北平图书馆藏。

与郊字广野，号隅阳，万历甲戌进士，官至太常少卿。此为其所著《詅痴符》之第一种，末有“万历丙辰修玄之年，海昌陈氏绘像镂版”篆文两行。首有图二十，镂刻甚精。其中一页有“长洲钱谷鸣”五字，盖剞劂氏也。

同上刊《文选章句》二十八卷 二十四册

（明）海宁陈与郊编。浙馆藏。

题“浙汜陈与郊编”。首万历二十五年自序。案是书见《四库存目》。

明嘉兴项氏万卷堂刊《古言》 二册

（明）海盐郑晓著。浙馆藏。

明嘉靖四十四年乙丑嘉禾项笃寿刊。项氏，晓之外甥也。

同上刊《全史论赞》八十卷　陈列二册

（明）嘉禾项笃寿辑。九峰旧庐藏。

是书，《四库》附《存目》。所录由《史记》至《元史》，目后有"嘉禾项氏万卷堂梓"两行木记。每书目录后有"嘉禾项氏刻于万卷堂"一行。首嘉靖丙辰莆田康大和序，末题"嘉禾曹全刻"。

同上刊《今献备遗》四十二卷　八册

（明）秀水项笃寿纂。浙馆藏。

是编纪朱明一代勋名德业之可传者，凡二百有四人。首有万历癸未秋自序，目后有"癸未孟秋万卷堂刻梓"一行。按项氏万卷堂所刻书，自上述各种外，尚有《郑端简公奏议》十四卷、《东观余论》三卷等。

又一部　陈列二册

九峰旧庐王氏藏。

明秀水沈氏刊《于少保萃忠传》十卷　十二册

（明）钱塘孙高亮著。浙馆藏。

高亮字怀石。是书一名《旌功萃忠录》。每卷四传，凡四十传。天启中秀水沈国元评刊本，卷首有图。

同上刊《皇明通纪从信录》四十卷　四十六册

（明）东莞陈建辑。秀水沈国元订。浙馆藏。

此万历庚申秀水沈国元刊本。案此书浙馆共有二部，又北平图书馆及故宫博物院图书馆亦有焉。

明隆庆海盐郑氏家刊《吾学编》残存三十卷 十四册

(明)海盐郑晓著。浙馆藏。

原本十四种,六十九卷,兹存九种。为隆庆元年其子履准刻本。首丰城雷礼序后,有“海盐夏儒刻”五小字。

又一部 陈列一册

临海三台民教馆藏。

明万历海盐彭氏家刻《楚台疏略》十卷 五册

(明)海盐彭宗孟著。浙馆藏。

宗孟字孟公,万历二十九年进士,官至监察御史。此其官御史时奏疏。万历末自刻本。其万历廿八年乡试墨卷真迹,尚存海盐张菊生先生处,兹已征到附陈,详后选举文献项。

明平湖屠氏家刻《兰辉堂集》十二卷 陈列二册

(明)平湖屠应埈著。九峰旧庐藏。

应埈字文升,号渐山,嘉靖进士,官至谕德,工诗文。此嘉靖壬子家刻本。《四库》附《存目》。

明平湖赵氏家刊《雪庐读史快编》六十卷 六十册

(明)平湖赵维寰著。浙馆藏。

维寰字无声,万历二十八年庚子顺天乡试第一,署海宁教谕,寻擢刊曹转郎中。此天启四年甲子维寰子韩刊行,从《史记》讫《元史》,卷数与《明史·艺文志》合。按《四库存目》,此书只四十四卷。自《史记》讫《新唐书》,则残本也。《平湖志·艺文》因之,盖未见原本。

又一部

平湖陆清澄藏。

明平湖赵氏家刻《雪庐焚余稿》十卷　陈列四册

(明)平湖赵维寰著。九峰旧庐藏。

此崇祯二年家刻本。

明吴兴凌氏刊《史记评林》一百三十卷　三十二册

(明)乌程凌稚隆辑。浙馆藏。

稚隆字以栋,号磊录。迪知弟。此万历四年凌氏家刻初印本,版心有"顾櫰写""戴文刻""邓钦刻"诸字。

明吴兴凌氏桂芝馆刻《文选锦字录》廿一卷　十册

(明)乌程凌迪知辑。浙馆藏。

题"吴兴凌迪知稚哲辑,弟稚隆以栋校"。迪知号绎泉,嘉靖进士,官至兵部员外郎。首目录后有"万历丁丑春仲吴兴凌氏桂芝馆梓行"两行。版心间题"长洲顾櫰写""吴郡王伯才刻"。《四库》附《存目·类书》。

同上凌氏刻《名世类苑》四十六卷　十二册

(明)乌程凌迪知辑。浙馆藏。

此明万历四年刻,亦见《四库存目》。

同上凌氏刻《万姓统谱》残存一百四十一卷《氏族博考》十四卷　四十册

(明)乌程凌迪知辑。浙馆藏。

此万历七年刻。《四库》著录。

明乌程闵氏套印《考工记》二卷 二册

浙馆藏。

同上刊《檀弓》二卷 二册

同上。

右二书并万历四十四年乌程闵齐伋二色套印本。齐伋字寓五，生平嗜刻书，套印之精，剞劂之富，家声之永，与同邑凌氏相骖靳。其印本至今尚为收藏家所宝，仅武进陶兰泉湘家已得百十七种，而吴兴周氏越然言言堂积年网罗，亦不在少云。

同上刊《庄子南华真经》四卷 六册

浙馆藏。

同上刊《列子冲虚真经》八卷 二册

同上。

右二书亦闵齐伋朱墨套印本。

明乌程凌氏套印本《琵琶记》四卷 陈列一册

（元）永嘉高明撰。北平图书馆藏。

《琵琶记》有李卓吾评点本，已著录。此乌程凌氏朱墨套印本。首列空观主人凌濛初《凡例》，次刻图十一叶，甚精。末书“吴门王文奂”。濛初字立房，号初成，空观主人其别号也，官上海县丞。

明乌程凌氏套印本《会稽三赋》四卷附图 二册

（宋）乐清王十朋著。浙馆藏。

明季乌程程弘宪朱墨套印本。十朋字龟龄，号梅溪，绍兴中举进士第一，累官至龙图阁大学士，卒谥忠文。《宋史・名臣》有传。

闵氏刻《兵垣四编》不分卷附《九边图论》一卷《海防图论》一卷《辽东军饷论》一卷《日本考略》一卷 十册

(明)乌程闵襄子编。浙馆藏。

此天启元年闵氏三色套印本。

同上刻《游名山记》六卷 四册

(明)吴郡都穆著。浙馆藏。

此明季乌程闵元衢刻本。元衢字康侯,号瓯余生。自以终身不第,有似罗隐,著有《罗江东外纪》。

明吴兴沈琇卿刻《唐荆川批选史记》十二卷 五册

(明)武进唐顺之评选。浙馆藏。

此明天启二年癸亥吴兴沈琇卿刻。琇卿字石公,事实不详。

同上刻《唐荆川批选汉书》四卷 三册

(明)武进唐顺之评选。浙馆藏。

此亦沈石公刻本。惟较上种后一岁刊。

明吴兴张氏刊《经钼堂杂志》八卷 四册

(宋)归安倪思撰。吴兴周越然藏。

每卷首题"吴兴张辂校刊",末有辛酉改元潘振跋。按辛酉乃天启元年,振为潘大复之子,此盖补刊万历庚子大复本。另有九峰旧庐王氏藏一种,版本与此相同,已列前乡贤遗书刻本项。

明嘉靖四明杜氏刊《三辅黄图》六卷 送陈一册

不著撰人。萧山朱氏别宥斋藏。

此明嘉靖甲子,青州府知府四明杜思子睿重刻,四明薛晨子熙校。

传本罕见。案思字子睿，号武川，光绪《鄞县志》有传。薛晨事实未详。

明鄞县余寅序刻《子汇》三十四卷 送陈二册

（明）无锡周子义编。四明张氏约园藏。

此明鄞县余寅刻。首有序。版心注万历四年及五年刊诸字，盖剞劂凡亘二年矣。寅字君房，所著《农丈人集》刻本，已著录。此书近已由上海商务印书馆收入《丛书集成》，并影印入《元明善本丛书》中。

明鄞县张氏刻《胜游录》五卷 四册

（明）鄞县张时彻编。张伯岸藏。

时彻字维静，号东沙，有《摄生众妙方》《芝园集》等，已著录。此本末有万历丙戌男邦侗刻书跋。

明鄞县孙氏家刊《剡溪漫笔》六卷 四册

（明）四明孙能传辑。九峰旧庐藏。

能传字一之，万历进士，官至工部员外郎。此万历甲寅能传弟能正校刻。首有能传自述及能正小引。述引之下，俱钤作者印章，盖为家藏初印本。

同上刊《益智编》四十一卷 送陈二册

（明）四明孙能传辑。四明张氏约园藏。

此亦孙能正刻。行式同前书，盖同时所刻。《四库》附《存目》。

明季定海县学刊《历朝捷录大成》二卷 二册

（明）上虞顾充著。浙馆藏。

充字回澜，隆庆丁卯举人，官至南京工部都水司郎中。此书为万历中定海县学刊本，时充方官定海教谕。此书见《禁书总目》。

明山阴俞氏刻《青霞文集》残存一卷　二册

(明)会稽沈炼著。浙馆藏。

炼字纯甫,别号青霞山人,嘉靖戊戌进士,官至锦衣卫经历。此嘉靖四十五年山阴俞咨益刻。卷端俞序及茅坤序已佚。原书十一卷,兹仅存首卷。案是集《四库》著录。

明余姚闻人诠刻《旧唐书》二百卷　四十册

(五代)刘昫等奉敕撰。浙馆藏。

此明嘉靖时,余姚闻人诠校刻于苏州府儒学。人诠字邦正,号北江,嘉靖进士,官至辰沅兵备,为王阳明弟子。案此本本馆近又自庄氏兰味轩得到一部。

同上刻《新唐书》二百五十卷　送陈二册

(宋)欧阳修等奉敕撰。九峰旧庐王氏藏。

明余姚胡氏刻《两京遗编》　送陈二册

(明)余姚胡维新辑。九峰旧庐藏。

维新,嘉靖己未进士。此万历十年辛巳,胡氏任大名兵备副使时,刻于豫之洹水县者。《四库》附《存目》。原本存世尚不鲜,近上海商务印书馆既收入《丛书集成》,并影印原本入《元明善本丛书》中,其传布益可久远矣。

明诸暨来氏刻《楚辞》五卷　二册

(明)萧山来钦之注。陈季侃藏。

崇祯戊寅陈洪绶序,附图十二幅,亦章侯所绘,雕缋甚精。按陈氏曾主萧山来氏家。

明天启径山刻《径山志》十四卷 陈列二册

（明）上虞宋奎光辑。余杭县图书馆藏。

此天启四年甲子原本，久未印行，近始招工摹印者。

明金华刊《渊颖吴先生集》十二卷《附录》一卷 四册

（元）浦江吴莱著。永康胡氏藏。

莱字立夫，延祐中举于乡，试礼部不利，退而讲学终身，门人私谥为渊颖先生。是集门人宋濂编刊于明洪武时，卷首目后有“金华后学宋璲誊写”一行，此盖嘉靖翻刻本。

明金华刊《潜溪集》八卷 八册

（明）浦江宋濂著。永康胡氏藏。

此据元至正时浦江郑氏初刻本重刊。全书版心下方以“金、石、丝、竹、匏、土、革、木”八字分卷。

又一部

四明张氏约园藏。

明三衢夏相摹宋刻《古今合璧事类备要》三百六十六卷 五十册

（宋）建安谢维新辑。浙馆藏。

目录后有“嘉靖壬子春三月，三衢近峰夏相宋板摹刻，至丙辰冬十月事竣”两行。卷首题“三衢夏相重摹宋板校刻”。

明三衢叶宝山堂刻《重刊校正唐荆川文集》十二卷 送陈二册

（明）武进唐顺之著。杭县叶揆初藏。

首晋江王慎中序，后有“嘉靖癸丑书林叶氏武进梓行”篆文木记二行。目录末有“是集因无锡板差讹太多，乃增删校正无差，谨告四方贤明士大夫君子，须认此板，三衢叶宝山堂为真，故禀”正书木记四行。卷末有“嘉靖癸丑冬浙江叶宝山堂”行书木记二行。

明三衢大西堂刊《重校窦太师疮疡经验全书》八卷附《世传秘方》四卷附图　四册

（宋）肥乡窦默撰。（明）裔孙梦麟增订。浙馆藏。

案此明隆庆三年衢州大西堂刊本。卷首题“明三衢大西堂绣梓”。

明衢州童氏刊《昭代明良录》二十卷　二十册

（明）淳安童时明著。浙馆藏。

是书于万历三十五年初刻于海虞，此三衢童文龙绣梓本。时明本字泰徵，曾知常熟县事，此即刊成于任所。卷首题“清溪童时明编次”“海虞李乔新、钱世桥校正”“三衢童文龙绣梓”三行。前有海虞翁宪知、顾云程、李乔新、龚立本、汉东杨涟、桐江邵士斗、同邑吴德舆及自序。顾序首页版心下方有“海虞王绛刊”五字，盖衢人出资而刊于海虞者也。据杨序，泰徵所著尚有《纯忠录》《时务八考》二书云。

明严州府署翻宋刊《新雕宋朝文鉴》一百五十卷　四十八册

（宋）金华吕祖谦编。浙馆藏。

此为明天顺八年严州府张邵龄据宋本翻雕，版心“国”字铲改“宋”字痕迹尚在。卷中字迹颇不一律，则弘治修版以后所印也。

明严州府署刊《范文正公政府奏议》二卷《奏议续集》二卷《书牍》一卷　四册

（宋）吴县范仲淹著。浙馆藏。

同上刊《范忠宣公奏议》三卷　二册

（宋）吴县范纯仁著。浙馆藏。

右二书为宋吴县范文正公父子所著，并明嘉靖时严州府知府韩叔扬重刻。《四库存目》录是书，无《续集》，且谓前后无序跋。此本有《续集》及滁上胡松序，皆馆臣所未见者。

明温州府署刊《梅溪前后集并奏议》五十四卷 十四册

(宋)乐清王十朋著。瑞安孙氏玉海楼藏。

梅溪有闵刻《会稽三赋》，已著录。此明正统五年温州教授何濬校，知府刘谦刻。册中间见孙琴西先生手笔圈点及校注。此集至清雍正间，经邑令唐传鉎重编，取前后集攙合移易为五十卷，诗则易编年为分体，遂至先后紊乱，尽失宋明以来旧本面目。今宜重刊此本，以广流传，俾存真相。

明弘治温州刊《木钟集》十卷 四册

(宋)永嘉陈埴著。瑞安孙氏玉海楼藏。

埴字器之，为朱子高弟。明永乐中修《五经大全》，所称潜室陈氏是也。此明弘治十四年温州知府邓淮刻于郡斋。丁氏《善本书室藏书志》“淮”字误作“汇”。此书后有同治六年知府陈思燏重梓本，其版今并佚。按是书虽以集名，而实则语录，故《温州经籍志》入子部儒家类。

明温州刊《止斋先生文集》五十二卷 十册

(宋)瑞安陈傅良著。瑞安孙氏玉海楼藏。

傅良字君举，号止斋，乾道中进士，官至宝谟阁待制，卒谥文节，学者称止斋先生。此明正德元年温州同知林长繁刻本。首有“会稽钮氏世学楼图籍”及“石溪钮氏家藏”二印。卷中有孙琴西先生校笔，系《永嘉丛书》底本之一。按此刻即止斋门人曹叔远原编，明弘治末，永嘉王瓒从秘阁录出者，以视后来印本均远胜，复得琴西先生多所勘补，尤为完整矣。

附录　有关浙江刻书史文字集目

两浙古刊本考二卷　一册　《王忠悫公遗书》本

海宁王国维著。浙馆藏。

宋湖州思溪圆觉禅院新雕大藏经目录二卷

见《昭和法宝总目录》。浙馆藏。

宋安吉州思溪法宝资福禅寺大藏经目录二卷

见同上。浙馆藏。

元杭州路余杭县白云宗南山大普宁寺大藏经目录四卷

见同上。浙馆藏。

明吴兴闵氏刊书目

见《河南图书馆馆刊》第三期。

明吴兴闵版书目

武进陶湘编。见《青鹤》杂志五卷第十二期。

书　谈

吴兴周越然著。见《小说月报》廿二卷第七号。案此节讨论吴兴凌、闵两氏套印事。

径山寺刻藏述

陈豪楚著。《浙江图书馆馆刊》四卷第三期。

浙江省立图书馆藏书版记

毛春翔著。见同上馆刊四卷第六期。

书林清话十卷 民国九年叶氏观古堂刊本

(清)长沙叶德辉著。

藏书文献[①]

一、小引

浙江藏书风气，远肇有宋，元明以降，奕叶不绝。盖自镂板继写本而起，典籍之网罗较易。又以世运推移，旧椠日稀，闳览之士，因相率以广搜为事，铢积寸累，浸成巨丽，足补官藏之不逮，资学人之问津。习尚所驱，波谲云兴。自宋陈直斋以降，若元之吾子行、张贞居，明之范东明、祁尔光，无不以多聚图籍名。爰逮有清，其风尤盛。乾隆开四库馆，征书宇内，各行省进呈者，即以两浙为最夥。若范氏天一阁、鲍氏知不足斋、孙氏寿松堂、吴氏瓶花斋、汪氏振绮堂，咸为艺林所耳熟能详者。他若吴氏拜经楼、陈氏向山阁、余姚四明两卢氏抱经楼，以至朱氏结一庐、劳氏丹铅精舍等，犹仆难数。太平军兴，文籍散落，而皕宋楼陆氏、八千卷楼丁氏，于烽烬之余，拾残补佚，厥功甚伟，更用能与海虞之瞿、聊城之杨，对峙为海内四大藏家。流风休畅，迄今未沫。据近人统计，我浙藏书以时代论，凡宋代三十余家，明代八十余家，至清则激增至二百六十余人；以地域论，浙西最盛，浙东次之；而以现状论，则四明天一阁已历禩五百，近年重建整目，灵光岿然，开全国私家藏书史未有之奇局；而瑞安孙氏玉海楼，楹编世守，朱墨如新，尤见著述家藏书之美，与其继承先绪之盛。此次私家应征品之数量，亦以玉海楼所送二百余种三百余件为最多。他若台州项氏

---

① 沙文若题耑。

寒石草堂、宁波冯氏伏跗室、张氏约园，亦颇脍炙人口。浙西则陆、丁之旧藏，虽散之他方，而嘉湖之间，藏书犹盛。若南浔刘氏嘉业藏书楼之插架缥缃，既雄视海内，即杭县王氏九峰旧庐比年力搜旧椠，亦颇多收获，而于全国方志，网罗尤备。盖遗风流韵，历久不衰。渐水东西，交辉相映。或守先待后，或晚起胜前，固各有其独至也。兹就当时征集所得各家藏籍，凡杭属十四、嘉属八、湖属四、鄞属六、绍属十二、台属三，金属温属各一，都共四十九家，八十种，一一依地域胪述左方。而以收藏书目八十一种、藏家遗像、图卷以及新编古今人有关浙江藏书史之著述集目凡书六、文五六缀其后，俾关心书林文献者，有所稽考，庶几于表扬先芬之外，兼以抒策励后起之忱焉尔。

二、内容

（一）名家藏帙

孙氏寿松堂藏《新刊名臣碑传琬琰之集》一〇七卷

三十二册　宋刊本

（宋）眉州杜大珪辑。现藏浙馆。

仁和孙宗濂字栗忱，号隐谷，乾隆九年甲子举人，一试春官不第，即息影故园，搜书为乐。庭有乔松，因构堂曰寿松，为插架所，年四十三卒。子仰曾，字虚白，号景高，岁贡生，克绳祖武，收藏益富，卓然与振绮堂汪氏、绣谷亭吴氏、天一阁范氏、知不足斋鲍氏、飞鸿堂汪氏，并称为浙江六大藏书家。乾隆时四库馆开，征书天下，仰曾应诏进书二百三十一种，得邀《佩文韵府》之赐，其宋本《乾道临安志》且蒙乾隆御笔题识焉。是书即二百三十一种之一。堂中藏书，早随洪、杨兵火俱烬，此幸携存在外，得庆孑遗，现归本馆，且由上海商务印书馆借印入《四部丛刊》，更可共湖山同寿矣。堂主原编有《书目》四卷，亦于兵燹失去，致今无由窥当年之美富云。

汪氏振绮堂藏《沈氏三先生集》四十卷　四册　明覆宋括苍本

（宋）钱塘沈遘、[沈]适、[沈]辽撰。现藏浙馆。

钱塘汪宪字千陂，号鱼亭，乾隆乙丑进士。家有振绮堂，藏书极富，称浙中六大藏家之一。长子汝瑮，字坤伯，于《四库全书》开馆时，应诏献书二百十九种，与寿松孙氏同获《佩文韵府》之赏。次子璐，撰《藏书题识》五卷，兹已征到陈列。璐孙诚撰《振绮堂书目》五卷，已刊。咸丰庚辛之乱，汪氏累世所藏始散。

汪氏开万楼藏《历代臣鉴》三十七卷 十册 明宣德内府刊

明宣宗御撰。现藏浙馆。

汪启淑字秀峰，号讱庵，本歙人，徙居杭，遂为杭人，住杭城小粉场。其开万楼藏书百橱，缥缃美富，驰名宇内，与汪氏振绮堂、吴氏绣谷亭、范氏天一阁、鲍氏知不足斋、孙氏寿松堂，并称为浙中六大藏家之一。四库开馆时，启淑进书五百廿四种，获赏《图书集成》一部，士林荣之。家有厅事曰飞鸿堂，故世亦谓之飞鸿堂汪氏焉。所藏精骑，以宋版《三朝北盟会编》及《文苑英华》为最。自经大乱，缥缃四散矣。

吴氏绣谷亭藏《啸翁老人诗》三卷 三册 传抄本

（清）杭州释显鹏著。现藏九峰旧庐。

显鹏字彬远，住杭州东郊栖禅院。工吟咏，少年诗多不存。此晚年作，题《啸翁老人村居以后诗》，钱塘丁文衡茜园所选刊，格调清纯，不堕语录习气。原有康熙时刻本，是为绣谷亭校藏本，首有乾隆时吴城手识。吴焯字尺凫，号绣谷，清钱塘人，所居在杭州九曲巷口，与振绮堂汪氏衡宇相望，喜聚书，其藏书处曰瓶花斋，著称当代。所辑《薰习录》，则纪所藏秘册也。吴城字敦复，号瓯亭，焯长子，监生，承其先业，雅好搜求，数十年丹黄不去手。瓶花斋所藏书，虽不及两汪氏、鲍氏、孙氏之富，但校雠甚精。传抄秘笈，版心恒有“瓶花斋抄本”五字，为得者所宝。其精品以宋本《咸淳临安志》为最，即今南京国学图书馆所藏者也。

鲍氏知不足斋藏《菊磵集》一卷 一册 旧抄本

（宋）余姚高翥著。现藏浙馆。

翥字九万，号菊磵，孝宗时游士，此即其遗著《信天巢遗稿》之辑佚本。惟较《四库》著录本，又完缺不侔矣。知不足斋为清鲍廷博藏书所。廷博字以文，号渌饮，原籍皖之歙县，居邑西长塘，故世称长塘鲍氏。自其父敏庵迁寓杭城后，遂家焉。曾迁寓乌镇，故或谓为桐乡人。其父筑室储书，取《戴记》“学然后知不足”之义，颜其室曰知不足斋。至以文，所收益富。乾隆时开四库全书馆，以文命子士恭献书六百二十六种，为海内私家进书之最多者，后得颁赐《古今图书集成》一部。曾刻所藏秘笈数百种，为《知不足斋丛书》，声动皇室。惟其所得宋元刊本，随时与人博易或投赠参后严氏芳椒堂藏《周益公书稿》严跋，尤以归于黄氏士礼居、汪氏艺芸精舍者居多。乾隆五十六年辛酉冬火灾，书亦稍烬据书稿严跋，及道咸间则抄校诸本，亦归归安丁氏、仁和劳氏及吴兴陆氏十万卷楼云。

同上家藏《武林耆旧集》　四册　旧抄本

无名氏辑。现藏苏州图书馆。

案此书见《江南图书馆书目》及丁氏《武林坊巷志》引用书目。《江南目》作吴允嘉撰，当亦丁氏书归金陵后散出者。

何氏梦华馆藏《新序》十卷　四册　明正德五年楚藩刻本

（汉）宗室刘向撰。现藏瑞安孙氏玉海楼。

何元锡字敬祉，号梦华，清乾嘉间钱塘监生，精于目录之学。其梦华馆藏书八万卷，多善本，手自抄录秘书达数百册。是书有“何印元锡”及“钱塘何氏梦华馆嘉庆甲子所得书”方印，尚有“同元读过”印，则似曾历藏寿松堂孙氏者。

同上家藏《四书典故备考》　残存二册　抄本

（清）钱塘周庆承纂。现藏嘉业楼。

此亦何氏梦华馆旧藏，后归巴陵方氏碧琳琅馆。庆承字小塍，仕履待考。

同上家藏《藚古介书》残本无卷数　八册　明末刻本

(明)金定邵暗生编。现藏浙馆。

有“何印元锡”白文方印、“梦华馆藏书印”白文方印。

罗氏吉祥室藏《雍录》十卷　四册　明嘉靖锡山安氏刊本

(宋)新安程大昌撰。现藏瑞安孙氏玉海楼。

罗以智字镜泉,钱塘拔贡,有《金石综例跋》,已著录。家富藏书,有《吉祥室藏书目》。是本册首有“江东罗氏所藏”印记。

朱氏结一庐藏《古今律历考》七十二卷　二十四册　明万历刻本

(明)安肃刑云路撰。现藏浙馆。

仁和朱学勤,咸丰癸丑进士,好聚书,值咸丰庚申,英人焚淀园,京师戒严,朱提一笏至厂肆,即可得书兼辆,以是得宋元旧本七十余种。子澂,续有所益。清宗室怡贤亲王安乐堂之珍藏散出后,即为朱氏所得。光绪中,澂殁,遗书八十柜,为其戚丰顺张佩纶携去。辛亥鼎革,佩纶之书又散矣。

同上家藏《风雅翼》十四卷　十二册　明刻本

(元)上虞刘履编。现藏浙馆。

有“朱学勤修伯甫”阳文方印、“结一庐藏书印”阳文方印。是书《四库》著录。案此书乡贤遗书刻本项有九峰旧庐王氏藏本,已著录。

丁氏八千卷楼藏《远村吟稿》不分卷　一册　乾隆间刊

(清)钱塘陈鉴著。现藏浙馆。

八千卷楼为清钱塘丁申、丁丙兄弟藏书所。闻楼名起于其祖掌六公,洪、杨乱后,申、丙昆季竭力访求,储积益富,乃扩为前后小三八千卷楼,以救护抄补文澜阁《四库全书》,光绪帝有“嘉惠书林”之诏,因名其堂曰嘉惠堂。所藏珍籍累二十万卷,与聊城之杨海源阁、常熟之瞿铁琴铜剑楼、归安之陆十万卷楼,并称为清季四大藏家焉。此本末有松生丙先生手跋,据谓是太平兵燹后重得遗书之首种云。光绪末,双丁兄弟相继逝世后,其后人以经商失败,尽货其书于江南图书馆。虽其书现仍完存南京之国学图书馆,无嫌于楚弓楚得,然在乡人士视之,固不无有书林寂寞之感也。

同上家藏《苍玉洞题跋》 一册

(清)钱塘魏锡曾影摹。现藏杭县丁宣之家。

洞在福建临汀。此书为稼孙所影摹,旧藏八千卷楼。稼孙有手校《苍润轩碑跋》等,已著录。

又《金渊集》六卷 一册 武英殿聚珍本

(元)钱塘仇远著。现藏杭县丁阶平家。

远字仁近,在宋咸淳间即以诗名,至元中,尝为溧阳教授,旋罢归,优游湖山以终。是集《四库》著录。此为铜活字本,曾藏宣城李氏瞿硎石室,后归丁氏。现犹守在令裔,盖鬻余片甲也。

杨氏丰华堂藏《皇明从信录》四十卷 四十六册 明刻本

(明)秀水沈国元撰。现藏浙馆。

近人杨见心先生藏书斋名丰华堂,收藏颇富,尤以志书为多,惜已于民国十八年为清华大学购去。今所余者已仅,此为其残膏剩馥之一。

陈氏向山阁藏《楚辞句解评林》十七卷 六册 明万历刻本

(明)盐官冯绍祖著。现藏浙馆。

向山阁主陈鳣字仲鱼,有《经籍跋文》等,已著录。性好藏书,遇宋元佳椠,不惜善值收之。居恒与吴门黄丕烈、同邑吴骞互相传录。

晚营果园于紫微山麓，中构向山阁，储书十万卷，次第勘读。每册钤印二：一曰“得此书费辛苦，后之人其鉴我”；一刻己戴笠像，上记“仲鱼图像”四字，亦有钤“鱣读”及“简庄艺文”者。其书后多归金陵朱绪曾开有益斋。咸丰三年，金陵之陷，书多化去，此不过其残鳞而已。

同上家藏《唐十二家诗》二十四卷 十册 明嘉靖刊

（明）永嘉张逊业编。现藏孙氏玉海楼。

此明嘉靖三十一年刻本。册端有“鱣读”及“简庄艺文”二印。此书凡王勃、杨炯、卢照邻、骆宾王、沈佺期、宋之问、陈子昂、杜审言、王维、孟浩然、高适、岑参集各二卷。自孟、杜、岑三家外，余皆并赋编之，不仅诗也。同治戊辰，孙仲容先生得此书于沪上，以为镂刻精致，为晋安郑能刊本所不及。逊业，孚敬子，字懋公。

吴氏拜经楼藏《策场备览》一百七十三卷 十六册 明抄本

（明）上海唐周辑。浙馆藏。

海宁吴骞字槎客，号兔床，其拜经楼藏书几达五万卷，与陈仲鱼向山阁并称海宁两大藏家。尝得宋本《咸淳临安志》九十一卷、《乾道志》三卷、《淳祐志》六卷，刻印曰“临安志百卷人家”。子寿旸，著有《拜经楼藏书题跋记》行世。洪、杨之乱，其书四散。

同上家藏《花庵诗抄》一卷 一册 稿本

（清）海昌许奎著。现藏嘉业楼。

奎初名植，字伯勤，号冠娄，诸生，寄籍海盐，工诗。此与《冠娄诗草》稿并藏南林刘氏嘉业藏书楼。

蒋氏别下斋藏《初学记》三十卷

二十册 明九洲书屋重刻锡山安氏本

(唐)徐坚等奉敕撰。现藏浙馆。

海宁蒋光煦字日甫,号生沐,诸生,候选训导。藏宋元旧椠及精抄希觏之本颇富。尝校《涉闻梓旧》一百卷、《别下斋丛书》九十卷,《斠补隅录》十种,俱称善本。所藏精骑,闻以宋刊孙氏《九经直音》《马总意林》《高丽图经》等为著。惜传世不久,亦浸归流散云。

朱氏衎庐藏《卢忠肃彭节愍家书合抄》

一册 同邑崔以学手抄本

(清)海宁吴昂驹辑。现藏浙馆。

海宁朱昌燕字苓年,号衎庐,岁贡生。所藏书籍,有关地方文献者多,惜已散入燕市。民国十七年同邑费寅为编《衎庐旧藏书目》一卷,已印行。昂驹字千仲,海宁岁贡,著《竹初山房诗草》。《海昌艺文志》未收。为诗宗查初白,潘氏《辅轩续录》曾采入二首。

高氏稽古堂藏《吕氏家塾读诗记》三十二卷

十四册 明嘉靖刻本

(宋)金华吕祖谦撰。现藏浙馆。

明嘉兴高承埏,崇祯十三年进士,官至工部主事。其稽古堂藏书八十柜七万卷,与项氏万卷堂争富。此本有其藏印二:“高承埏印”“醉李高承埏字八遐家藏书记”。又有“绿荫堂”“吉氏家藏”诸印,不知其为谁氏藏记矣。

项氏万卷堂藏《古乐苑》五十二卷 八册 明刻本

(明)西吴梅鼎祚选。现藏浙馆。

明檇李项笃寿之万卷堂,与其弟元汴字子京,号墨林子,所居曰天籁阁之白雪堂所藏法书名画，并驰名于世。此本印记曰“万卷堂藏书记”，曰“槜李项药师藏”。药师名靖，疑即笃寿之后人。

冯氏石经阁藏《蕡洲文稿》 二册 手稿本

（清）嘉兴徐抡元著。现藏九峰旧庐。

此嘉兴冯登府旧藏。前有石经阁藏印并柳东手跋，谓此系徐氏手抄云。抡元字不夜，一字南畺，著有《怀旧诗》一卷，见阮氏《輶轩录补遗》。

吴氏小匏庵藏《大戴礼记》十三卷 一册 明末坊刻本

（汉）梁人戴德著。现藏浙馆。

嘉兴吴仰贤字牧驹，咸丰进士，官云南迤东道。著有《小匏庵诗存》《诗话》等。

朱氏潜采堂藏《天台林公辅先生文集》残存□卷 一册

（明）临海林右著。现藏吴兴周越然家。

右字公辅，洪武中，与叶见泰等并征，官中书舍人，与方正学友善，积仕至右春坊大学士，奉命辅导皇太孙。以事谪中都教授，弃官归。靖难初，与正学同被祸惨死。后追赠礼部尚书，谥贞穆，《明史》有传。是集原二卷，《四库》附《存目》。此残存首卷一册，系清初吴梅村手抄本，末页有“梅村手抄”四字，尾钤“吴印伟业”“某村”二印。首页有“朱彝尊锡鬯父”“梅会里朱氏潜采堂藏书”二印。又有“谦牧堂”“谦牧堂书画记”二印，则此书曾经清宗室揆叙收藏也。全书楷法精整，半叶十二行，行二十字。浙馆有传录本。

朱氏曝书亭藏《续资治通鉴长编》一百八卷

二十四册 旧抄本

（宋）安稜李焘著。现藏瑞安孙氏玉海楼。

此昆山徐氏传是楼抄本，即从宋本移录者。首有朱锡鬯跋，钤“曝书亭珍藏”“竹垞”“朱彝尊印”三印。尾有乾学子骏跋。又各册端钤“沈揆石手定本”之印。

秀水庄氏兰味轩藏《唐宋白孔六帖》一百卷

四十册　明嘉靖刻本

（唐）下邽白居易、衢州孔传辑。现藏浙馆。

秀水庄祖基字守斋，别署兰味轩主，宦游各地，喜购书，所蓄善本数万卷。本馆善本书库藏其遗书颇多，如正德慎独斋本《文献通考》、嘉靖本《文章辨体》及本书，皆称明代精刊。

马氏汉唐斋藏《全芳备祖》五十八卷　送陈二册　旧抄本

（宋）天台陈景沂著。现藏黄岩杨氏。

海盐马玉堂字笏斋，道光辛巳副贡，性耽书籍，闻善本，必展转购录。以得宋刊《两汉会要》、绍兴监本《新唐书》，因颜其储书处曰汉唐斋。庋藏秘册甚多，洪、杨兵燹后散出，大半为陆氏皕宋楼、丁氏八千卷楼所收。其汉、唐两书，则一归朱氏，一归川沙沈氏云陆树藩说。此本有“马玉堂笏斋”印，又“杨定孚鉴藏图籍”印。案笏斋藏书，浙馆亦有数种，如宋刊《晋书》及元西湖书院本《国朝文类》是也。

马氏汉唐斋抄藏《玉山草堂雅集》　残存二册　旧抄本

（元）昆山顾瑛编。现藏瑞安孙氏玉海楼。

海盐马氏汉唐斋故物，今归玉海楼者甚多，此其一也。是为旧抄残本，上册题《草堂雅集》，存柯九思一家。首钤“武原马氏藏书”“读史精舍”“张印载华”“松下藏书”等印记。下册存陈旅及乐清李孝光二家。陈旅卷首题《玉山雅集》卷后之一，钤“马印玉堂”“笏斋”二印。李孝光卷中有孙琴西先生墨笔校注，尾钤“古盐张氏”“芷斋图籍”二印。案《逊学斋文抄》卷十有《书玉山草堂集后》一篇，盖琴西先生尝见温叔明所藏旧抄全书十三卷，于卷中得张天英、郑东、高明、陈秀民四家之作，皆温州乡先哲也。案玉海楼又藏有此书旧抄残本，存钱塘张天雨、天台丁复二家。册中钤“晋江黄氏父子藏书印”，兹亦应征陈列。又有归安章紫伯磨兜坚室藏本，见后。

张氏涉园藏《负暄野录》二卷 一册 明抄本

(宋)长乐陈槱纂。[现]藏张菊生家。

此明隆庆辛未叶伯寅抄本，乃借录锡山秦汝立氏藏本者，半叶十行，行十六字。原为海盐张氏涉园旧藏，并有秀水朱氏潜采堂藏印。末有伯寅手识多行。其书影已载本会《图录》。

右《负暄野录》一帙，莫知何人所述。其发明今古碑刻及翰墨诸法，后又附以文房四宝之评，盖博雅之士也。先君俾茅雪山草录，而不及楷誊，遂致板散乱。至正七年五月初吉，梅雨连日，因理故书而辑之。计其岁月，则四十九载矣。光阴去速，可以慨叹。拜手而题于左右，王东起善题。

至正七年，青龙丁亥六月旦日，里生古雍樊士宽借观，谨识于后。

嘉靖三年八月，吴郡沈辨之借录于野竹斋，永保老目一玩。

隆庆改元二月，借录于锡山泰汝立氏。汝立，尚书公之孙，富而博雅，其所访求抄裒异书甚多，慕尤梁溪之风而兴起者，此其一种。

三月初吉，进香云岩，舟中无事，校正于石门道中。

四月朔旦，叶伯寅恭焕敬识。

案涉园为清海盐张惟赤藏书所。惟赤字侗孩，号螺浮，康熙时由进士累官给事中。归田后，起涉园，亭馆之胜，甲于东南。子皓，孙芳湄，增葺台榭，率族人读书其中，用是积书益富，经百余年不衰。嘉道中，名藏家如吴骞、鲍廷博、陈鳣、黄丕烈辈，恒屡相通假，互资校雠。迨洪、杨之劫，始园圮书散。惟赤九世孙元济号菊生，于光宣间搜求累年，复臻美富，而上海商务印书馆涵芬楼之珍藏及《四部丛刊》所影印广布之名椠孤帙，亦均元济所一手征存，为旧籍续命者。螺浮先生之赴宴鹿鸣时所领之银杯，兹亦蒙菊生应征陈列，详后选举文献项。又案此书见《四部丛刊三编目》末附拟续出书目，盖不久亦可景印矣。

同上家藏《卢户部诗集》十卷　二册　明抄本

(唐)蒲卢纶著。现藏张菊生家。

此明抄本,半叶十一行,行三十字。有"乐志堂""张氏芷斋"等藏印。

严氏芳椒堂藏《周益公书稿》残存二卷　一册　宋刻本

(宋)庐陵周必大著。九峰旧庐藏。

原书十五卷,残存一至二卷,一册,半叶十行,行十六字。版心上记字数,上鱼尾下记书名,下鱼尾下记叶数。刻工有士正、江全、才仲、一新、胡邦俊、蔡琪、景年、文伯、邓明、邓仁等。卷中有墨钉。有"贞元""季雅""元照之印""严氏九能""西溪严氏芳椒堂""香修""孝林堂""蟫盦""群碧楼印"诸藏印。有九能手跋三则。案九能有手写《东莱书说》,已著录。

去岁仲秋,余过乌镇,以文先生赠予《周益公书稿》首二卷残本,纸墨绝佳,有贞元、季雅二图,知是凤洲藏书。季冬之月,以文家厄于火,是册得免落他人之手,於乎悕与! 壬子元旦,芳椒堂主人严元照偶书。

辛亥秋八月下澣,仆访知不足斋主人鲍君以文于乌镇,言及《周益公集》,以文出宋椠残本两册观之,云得自苏州,纸墨古雅可喜,欲从假读,以文即举以相贻,良友之惠,不敢忘也。亟记之册后,以志勿谖云。廿八日漏三下,独坐书。芳椒堂主人严元照。

以文又赠陈思所刻《中兴群公吟稿戊集》七卷五册,仅戴石屏、高菊磵、姜白石、严葺谷四家,纸墨古艳,板甚狭小,行十,格十八,为前后断烂,不可书跋,附识于宋本《周益公集》尾。元照又书。

章氏磨兜坚室藏《顾仲瑛玉山草堂集》八卷　三册　旧抄本

(明)□□徐义世辑,博罗张萱订。现藏瑞安孙氏玉海楼。

此小辋川旧抄本。各册中钤"磨兜坚室"及"荻溪章紫伯珍藏本""归安章绶衔字紫伯印""紫伯过眼""笛江"等印记。册尾钤"瓜紵外史"印,册中有陆存斋改补之笔。绶衔,归安恩贡生。好聚书,多善本,熟于掌故,于乡邦文献,尤为谙习。同治间预修府志,订讹补阙,颇著勋劳,著有《磨兜坚室诗抄》。

王氏诒庄楼藏《皇朝仕学规范》四十卷残存第一卷　一册　明覆宋本

(宋)钱塘张镃著。

镃字功甫,号约斋,官奉议郎,直秘阁,善书画,著有《南湖集》。此本每叶廿二行,行廿一字,上下黑口,四周双边,中有鱼尾。首题《皇朝仕学规范》,犹沿宋本。诒庄楼为长兴王修藏书斋名,修有《长兴先哲遗著征》等,已著录。

同上家藏《欣赏牌谱》一卷　一册　明归安茅氏刻本

(明)长兴顾应祥著。

应祥有《静虚斋惜阴录》,已著录。此茅氏辑刊《续欣赏编》本,有"林屋蔡氏天际楼珍藏"印。

范氏天一阁藏《毅庵奏议》二卷　一册　明嘉靖刻

(明)慈溪孙懋著。现藏吴县潘氏。

懋字德夫,号毅庵,正德进士,官至应天府尹。此天一阁进呈四库馆底本,中多经馆臣朱墨笔勾乙。

同上家藏《鲁般营造正式》残存六卷　一册　明刊本

佚名氏著。

黑口,四周双边,半叶八行,行十五字,详载营造尺寸,吉利时日及方位。每卷后有诗。为海内孤本。

同上家藏《明英宗实录》三百六十一卷 陈列一册 明抄本

(明)陈文等修。现藏嘉业楼。

半页十一行,行廿一字。

同上家藏《明宪宗实录》二百九十三卷 送陈一册 明抄本

(明)刘吉等修。现藏嘉业楼。

半页十一行,行二十字。

同上家藏《明武宗实录》一百九十七卷 送陈一册 明抄本

(明)徐光祚等修。现藏嘉业楼。

全书起弘治十八年五月,迄正德十六年三月,兹陈列卷一至八,一册。为嘉靖四年中军都督府掌府事太傅兼太子太傅定国公徐光祚等奉敕纂。

同上家藏《明世宗实录》五百九十六卷 陈列一册 明抄本

(明)徐阶等修。现藏嘉业楼。

卷首有叶德辉长跋。

同上家藏《童溪王先生易传》三十卷 五册 明抄本

(宋)宁德王宗传著。仍藏范氏天一阁。

此乌丝阑明抄本。题"迪功郎前韶州州学教授王宗传景孟撰"。半页十一行,行廿一字。案是书《四库》著录直隶总督采进本,著者淳熙八年进士,官韶州教授,董真卿以为临安人。朱竹垞《经义考》据卷首宁德林焞序称与宗传生同方,学同学,同及辛丑第,以为临安人者误云,今从之。此为明抄旧本,不知与《四库》本有何异同。

卢氏抱经楼藏《明穆宗实录》七十卷 陈列一册 明抄本

(明)张居正等修。现藏嘉业楼。

此四明卢氏抱经藏江阴李氏抄本之复本,半页十行,行二十字。抱经楼为清鄞县卢址藏书处,嘉定钱大昕为作藏书记。址字青厓,有《四明文献集》抄本,已著录。

同上家藏《清太祖实录》十卷《太宗实录》十卷《世祖实录》一百四十四卷 各陈列一册

现藏嘉业楼。

同上家藏《三史文类》 五册 明嘉靖刊

(明)慈溪赵文华著。现藏王氏九峰旧庐。

三史者,《左传》《史》《汉》也。首有嘉靖丁酉岁自序。文华有《赵氏家藏集》,已著录。

同上家藏《鲒埼亭诗集》 二册 抄本

(清)四明全祖望著。现藏吴县潘氏。

此四明抱经楼卢氏抄本,盖从原稿录出。祖望仕履已见前《句余土音注》。

全氏鲒埼亭藏《少微通鉴全篇》二十卷 二十册 明嘉靖刊

(宋)崇安江贽著。现藏浙馆。

鲒埼亭为全祖望书斋名,又有双韭山房,储书至五万余卷,尝以两万卷自随,舟车必偕。《鲒埼亭集》中有自撰《双韭山房藏书记》,叙述致详。

冯氏醉经阁藏《大事记续编》七十七卷

二十四册 明成化刻

(明)义乌王祎著。现藏九峰旧庐。

醉经阁为清慈溪冯云濠藏书所。云濠有《宋元学案补遗》传抄本,已著录。而此书乡贤遗书刻本项亦已著录。

叶氏得一居藏《慎言》十三卷 二册 明刊本

(明)仪封王廷相著。现藏浙馆。

叶元堦字仲兰,号水心,别号赤堇山人,慈溪县学生。其得一居藏书极富,书端恒钤"得一居珍藏"朱记。此本仅有阳文"赤堇山人"一印。

冯氏耕余楼藏《石田先生集》不分卷 四册 万历乙卯写刊本

(明)长洲沈周著。现藏浙馆。

耕余楼为清慈溪冯氏辨斋藏书所,孙德祖《寄龛文存》卷二有《耕余楼藏书记》。据称辨斋以营运致富而知藏书,并仿天一阁法,构耕余楼以资收储,然不四五年,书已汇载之沪,付诸书贾云。

钮氏世学楼藏《六臣注文选》残本五卷 三册 明刻本

(梁)萧统辑。现藏浙馆。

明会稽钮石溪世学楼藏书数千函,百万卷。其小说一类亦达数百种,商濬《稗海》皆从彼借刻。崇祯庚午间,其书始散,本馆所藏仅此一种。

祁氏淡生堂藏《曹文贞公诗集》十卷 四册 明抄本

(元)砀山曹伯启撰。现藏周越然。

此明抄文贞公诗集,半页十行,行二十字。每册首页有"澹生堂经籍记"阳文方印、"旷翁手识"白文方印、"山阴祁氏藏书之章"等印。

首册原护叶有“澹生堂中储经籍，主人手校无朝夕。读之欣然忘饮食，典衣市书恨不给。后人但念阿翁癖，子孙益之守勿失。旷翁铭”六行朱文大方印。淡生堂为祁承㸁藏书所，鼎革时，其家尽载之至云门山寺，尚遗元以来传奇八百余部，其后尽流转于姚江御儿乡《静志居诗话》云。承㸁字尔光，有刻本《宋西事案》，已著录。

沈氏鸣野山房藏《二刘文集》七卷　四册　旧抄本

（宋）永嘉刘安节、[刘安]上著。现藏浙馆。

安节有《刘左史集》，其弟安上有《刘给谏集》，并已著录。此本《左史文集》四卷、《杂著》一卷，安上则《给谏文集》五卷、《诗集》二卷，为鸣野山房山阴沈复粲藏书。沈氏遗书，本馆凡得五种。按南京国学图书馆有沈启溶《鸣野山房书画记》，则山房之名不始于复粲，特至复粲始著耳。其书至道光间散出，精本半归同里杨鼎云赵之谦《仰视千七百二十九鹤斋丛书序》。

李氏小李山房藏《古文类选》十八卷　十四册　明隆庆刻本

（明）揭阳郑旻选。现藏浙馆。

小李山房，山阴李宏信藏书所。宏信号柯溪，当与桂未谷同宦云南，为未谷刻《札朴》。喜藏书，多珍本，有《小李山房书目》四卷。宋李公择有李氏山房，柯溪之小李山房，或即本此。

同上家藏《师山先生文集》八卷《遗文》一卷《附录》一卷　二册　明嘉靖刻本

（元）歙县郑玉著。现藏浙馆。

周氏瑞瓜堂藏《绘事微言》四卷　四册　明抄本

（明）江都唐志契纂。现藏浙馆。

山阴周星诒字季贶，精簿录学，喜聚书，因得明抄《北堂书抄》，遂以颜其楼曰书抄阁，收藏颇富，大半得之于闽中陈氏带经堂，多名人抄校精本。光绪间，因事遣戍，其书悉为长洲蒋凤藻所得。此本有瑞瓜堂印记。瑞瓜堂亦其斋号也。有《窳横诗质》，已著录。

傅氏长恩阁藏《考工记图解》二卷 二册 明万历刻本

（宋）闽中林希逸撰。现藏浙馆。

有“陶水师曹山远曙斋藏书”“傅以豫茂臣氏之印记”“同治癸亥阳月华延年室重装”等朱章。山阴傅节子有《傅氏先世事实编》等，已著录。其藏书多为明季遗书及乡邦文献，近均已散佚。

同上家藏《南渡录》附《三垣笔记》 八册 抄本

（明）兴化李清著。现藏永新贺扬灵。

此为南明史书，时李氏位历三垣，故附篇曰《三垣笔记》。第八册为傅氏节子题跋。全书有朱笔评校。有“长恩阁藏书”“节子辛酉以后所得书”“傅氏抄本”三朱印。

上虞兰芎山福仙禅院藏《宋版大藏经》送陈一卷 一册

现藏上虞中山图书馆。

宋碛砂板梵夹本，向藏上虞兰芎山福仙禅院，较近影印本所据者为犹佳云。半叶六行，行十七字。

同上家藏《明板华严经》一卷 一册

现藏上虞中山图书馆。

明永乐版，向藏上虞兰芎山福仙禅院。

同上家藏《明板大藏经》一卷 一册

现藏上虞中山图书馆。

此明倪文正元璐公奏颁之本。大半残缺，现在整理中。是为《杂阿含经》卷二十一，向藏兰芎山福仙禅院。

同上家藏《朱书华严经》陈列第九卷　朱笔写本

现藏上虞县中山图书馆。

此系《华严经》第九卷，朱笔书，书人及时代无考。向藏上虞兰芎山福仙禅院。

王氏知足知不足馆藏《诚斋文脍前集》十二卷《后集》十二卷　十八册　明隆庆刻

（宋）吉水杨万里著。现藏浙馆。

知足知不足馆为萧山王绍兰藏书所，收藏至富，与同里王宗炎十万卷楼、陈春湖海楼、陆芝荣寓赏斋同时著称于世。所著《周人礼记》等未刊遗稿，已著录。

王氏十万卷楼藏《九谷考稿本》　二册　归安丁锦鸿写本

（清）歙县程瑶田著。现藏陆庆誉。

丁锦鸿字升衢，与程瑶田同时，此其手抄瑶田《九谷类聚考》也，复经瑶田亲加增订，以朱笔录于册中。此十万卷楼旧藏本，末有丁氏手跋。宗炎号谷塍，有手校《康熙字典》，已著录。

丙申冬，易田将束装南归，余索《说文》《九谷类聚考》抄之。易田复留数日，手自增订。临行，又谓余曰："适记《后汉书·乌桓传》云：'其土地宜穄及东墙。'《新唐书·北狄奚传》'稼多穄'。乌桓奚即貉地，穄即黍之异名，二条可为《孟子》'夫貉五谷不生，惟黍生之'之佐证。"余谓《三国志·乌丸传》注引《魏书》云："乌丸地宜青穄东墙，《魏书》当即晋王沈所撰者，在《后汉书》《新唐书》之前，不宜遗之。"易田首肯。今书卷末以当跋云。丁酉五月，归安丁锦鸿升衢氏志于京师扬州会馆之西偏。

陈氏湖海楼藏《乐律全书》残本七种　二十一册　明万历刻本

（明）宗室朱载堉著。现藏浙馆。

湖海楼为清萧山陈春藏书处。春字东为，喜蓄书，与同里汪继培友善。继培精校雠簿录之学，每得善本，恒互资商榷为乐。其编刊《湖海楼丛书》，亦多藉汪力，得以风行宇内，称善本焉。

汪氏环碧山房藏《今献备遗》四十二卷　十六册　明万历刻本

（明）嘉兴项笃寿撰。现藏浙馆。

萧山汪辉祖有《龙庄诗稿》手稿，已著录。其藏书斋曰环碧山房，收藏颇富。子继培、继壕，能世家学，然经洪、杨之乱，山房珍储，耗以尽矣。

邵氏二云藏《岑嘉州集》八卷　四册　明刻本

（唐）南阳岑参撰。现藏浙馆。

余姚邵晋涵，乾隆进士，官至侍读学士，博闻强识，著述甚富。是书有“邵氏二云”“晋涵之印”藏印。

叶氏荫玉阁藏《茝亭诗存》　一册　荫玉阁抄本

（清）仙居汪衔著。现藏临海项士元。

衔字本孚，为朱庚年弟子，其诗笔清妙称于时。此临海叶氏伯丹书抄本，有“叶氏藏书”及“荫玉阁印”。伯丹倜傥嗜古，聚书博览，喜搜乡邦文献兼嗜金石，荫玉阁所藏甚富。殁后，遗书多归其乡许兼善、项士元家。其手辑《三台诗遗稿》已著录。

洪氏兰雪轩藏《地理枝言》一卷　一册　写本

（清）临海洪枰著。现藏项士元。

枰字世持，号平木，曾从齐召南学，乾隆四十五年举于乡，历官新昌训导，嘉善教谕。子颐煊、震煊等，并负重名，著《存我堂诗选》之洪瞻陛，即其孙也。颐煊时，已富藏书。及洪、杨之乱，小停云山馆珍藏，多被池鱼之殃。迨瞻陛，乃复重振旧业，兰雪轩其收藏书籍、字画、金石之所也。

陈氏枕经阁藏《海峰堂稿》十八卷　五册　旧抄本

（明）温岭叶良佩著。现藏临海项士元。

良佩字敬之，嘉靖进士，官至刑部郎中。此为枕经阁旧藏。前有“枕经旧藏”“襄臣珍藏”两印。枕经阁者，温岭陈襄臣树钧之藏书斋也。襄臣，清廪生，好收台州先哲著述，先后搜访，得四百余种，多稿本抄本，本省府县志书亦富。近闻其志书部分已鬻归上海商务印书馆，其余亦散去不少矣。

永康应氏藏《陶学士文集》二十卷　六册　明弘治刻本

（明）太平陶安著。现藏浙馆。

清永康应宝时字敏斋，道光举人，官至江苏按察使。藏书颇富，本馆得其遗书二十余种，此其一也。

孙氏玉海楼藏《中吴纪闻》六卷　二册　明抄本

（宋）昆山龚希仲著。

瑞安孙氏玉海楼为近代温属之最大亦最久之藏书家，其书之搜集始于清太仆孙琴西先生衣言。先生官翰林日鹤俸所入，辄以置书。同治间，监司金陵，值洪、杨乱后，故家遗书散出，时仲容征君亦随侍衙斋，父子同好，恣意采拾，十余年间，遂至积籍八九万余帙，乃归于故里瑞城东北金带桥北建大楼五楹以贮之。太仆自谓虽视王深宁所见不逮十之四五，然颇自谓富矣。因取深宁叟所以名书者，手题以榜其楼。楼中收藏，类经太仆乔梓校读，朱墨绚烂，蔚为是楼之特色。楼书现由文孙延钊掌管，肯堂、肯构仍能世守无失。此次展览，承惠假陈列多种，其中校本一项，尤为本会生色不少焉。此白绵纸无格抄，有“袁熹”“广期”白文、“之隽”白文、“石牧”朱文、“少湖”及“逊学斋收藏图籍”朱文诸印，中多朱笔校字。

同上家藏《四书经疑贯通》八卷　二册　明抄本

（明）王充耘讲授。□□□□□。

乌丝阑抄，半页十行，行二十字。卷一首页有“绣谷亭读藏书”白文长方、“吴城字敦彝”朱文、“璜川吴氏收藏图书”朱文［诸印］。卷八尾有逊学斋收藏印。卷首多蛀损，首页第二三行，题“进士王充耘与耕讲授”“进士□□□□□□□□”二行。

同上家藏《巨鹿东观集》十卷　二册　明抄本

（宋）东郊魏野著。

序首页有“董其昌”朱印，目录首页有“韵璈仙馆”白文印。

同上家藏《石林老人避暑录话》四卷　四册　明张青父抄本

（宋）叶梦得著。

竹纸无格子抄，半页十行，行二十字。间有残损处。序页有“壶斋监赏”“桐轩主人藏书印”并朱文长方、“姑苏吴岫家藏”朱方诸印。取与项氏宛委堂本互校，颇多胜处，叶氏楙花庵所据以校正者为惠定宇校录吴方山岫本，此即其原本云。末有清咸丰丹徒庄棫手识六则，及光绪间孙仲容征君朱识一行。

《避暑录话》四卷，张青父手录。后学顾苓得自吴氏后裔，检阅数过，如对古人。

石林老人为南宋名臣，熟悉掌故。兹编虽无大政迹，然遗闻轶事，颇备见闻，故近代丛刊往往收之，良可爱也。体例在唐宋诸小说之上，稍逊于沈存中《笔谈》，比之范文穆《吴船三录》，则较胜矣。此册为先君子所藏。顾跋称为张青父手抄，书中并无青父跋语，青父亦不知为何许人。重与不重，不在是也。栝棬手泽，对之廓然；遗书世守，且惧且畏。时咸丰五年夏五，孤棫记。尾钤“留为永宝”二印。

卷题乙卯，考梦得之时在绍兴三四年，书中言避居七年，则在汴城失陷前一年。少蕴非临泉中人，绍兴之中，安得闭门谢客乎？五月初十日，又记于于野居。尾钤“忠棫制印”白文。

《纲目》，建炎三年己酉，以叶梦得、张澂为尚书左右丞；三月，叶梦得罢，王渊直枢密；四月，而苗刘之祸作矣。乙卯为绍兴五年，则避居七年之说，岂三年左丞之命，未赴召乎？丹徒庄棫又记于灯下。尾钤“蒿庵”朱印。

《录》中称陆希声宅，建炎三年，随驾渡江，取宜兴，不觉居此七年。则建炎三年罢职之后，杜门未出。建炎三年己酉，距绍兴乙卯七年，非汴城未失陷时也。衷白庵主人题。

□众绿如翠幕，□临流如渔梁争渡声，坌集于耳，天渐□黑，新月如银，蜻蜓蝴蝶，往来不定，何异征君草堂乎？人生随处有乐境，特汩于尘俗，习与理忘也。□□□庄棫题。

又末有孙仲容征君朱笔手识云：“光绪已卯于江宁买得此册，以毛刻本校之，异文甚夥，故是佳本。”

同上家藏《浮溪文集》十五卷《附录》一卷　四册　旧抄本

(宋)德兴汪藻著。

卷一及卷九首页有“曾在鲍以文处”朱文方印。首载《宋史》汪氏本传。

同上家藏《侯鲭录》八卷　四册　明嘉靖甲辰芸窗书院刊

(宋)宗室赵德麟著。

版心鱼尾上有“芸窗书院刊”五字。序首页有“先懒居士”白文、“逢”“庆”朱文三印。序末有牌子“嘉甲靖辰夏吉旦，芸窗书院重刊”两行。前有“苏淳仁印”半白半朱、“雅山苏伯元氏珍藏印”白文两记。并有明万历甲午六月郁嘉庆手跋，与西湖掌故有关。

此本是沈士龙贻我弟叔遇，吾过水西草堂见之，即取之归。士龙每多方为吾致小说，何不以此书见贻？士龙曰：“料此在何必有，故置之耳。”噫！凡事每失于意料之外每如此。万历甲午六月廿一日夜，同士龙、子逸从湖中访无巳和上于毛家埠，谭至夜半，别归，大月明，泊孤山下小酌。检囊中脯，欲削之佐酒，偶携是书来，遂记之。拙口居士。尾钤“郁印嘉庆”“郁氏藏书阁印”“不系舟渔口斋”等白文三印。

卷一首有“逢庆之印”“郁庆叔氏”二白文印。卷五首有“苏淳仁印”及“理学之家”朱文印。卷末又有郁氏手识两则五行。

聊复翁与东坡先生最善，先生每称宗室之贤，必曰令时，尝有表荐之。故此书记先生事独详，约有七十余事。

是书旧□善本，此是□刻过者，差落太多，殊不快口，可恨。□□□□□□□□中无事记此。

更末有孙□颂及云韶跋记，惜遭蠹损。又“孙淳仁印”“伯元”及“中容过眼”诸白文印。

补　遗

蒋氏茹古精舍旧藏《水心先生文集》二十九卷

十二册　明景泰二年重刻

（宋）永嘉叶适著。（明）章贡黎谅编集。现藏瑞安孙氏玉海楼。

此景泰重刻本。四周双线边，上下黑口，双鱼尾，半页十二行，行二十字。总目半页六行。第一行有“咸丰庚申以后收藏”朱文长方、“乌程蒋维基记”朱文方印。卷首有景泰二年三月泰和王直序、《重刊叶水心先生文集序》，末页后半已为书贾抽去。次门人大梁赵汝谠序，又次正统十三年处州府推官黎谅刻书缘起记十七行。卷首衬页有同治七年海陵钱桂森跋。

右序结衔系景泰二年三月荣禄大夫太子太保兼吏部尚书泰和王直书，后页黎序题正统十三年，向来书贾作伪，往往刓去序跋年月，□□宋椠，可笑也。此书见归瑞安同年孙琴西观察，因为补其年月之阙以返之。同治七年七月廿五日，海陵钱桂森识于京师寓舍之愧学斋。尾钤“犀庵手校”白文、“小天目山樵者”朱文二印。

案维基字厚轩，号蛰庵居士，湖州南浔人，工书画，好聚书，收藏数万卷，多精品，其于乡先辈著作，网罗尤富。藏书印曰“蒋胡子”。

右列诸藏家，系第就当时预陈本室诸家藏品编次，计共四十三家。惟在其他诸门如稿本、抄本、校本、刻本等项内，实尚有不少藏家之文献在，耳目所接者，杭属如西湖僧六舟墨王楼旧藏之赵晋斋《碑录》《徐文长文集》、仁和朱氏碧溪草堂藏《说文理董后编》、许氏娱园藏《吴谷人校翠微南征录》、谭氏复堂藏《说文声律表》、劳氏丹铅精舍藏《诗考》《麟台故事》《墨庄漫录》《雪松巢集》《宁极斋集》、海宁徐氏梦锦楼藏《无名氏校栲栳山人诗集》、唐氏讽字室藏《史记校勘记》《海宁县志》、张氏小清仪阁藏《明党祸始末记》；嘉属历藏海盐石鼓亭清仪阁两张氏之《海盐两彭先生诗笺合册》、嘉兴张氏寒松阁藏《寒松阁诗》、石门吕氏藏《建康古今记》《金石录》、归安吴氏两罍轩藏之《两罍轩尺牍》及《校汉碑录》、戴氏谪麐堂藏《求古录礼说》及《自校鬼谷子》；宁属鄞郭氏金峨山馆藏《连珠均考》、定海黄氏爱经居藏《尚书启幪》、镇海姚氏大梅山馆藏《西沪棹歌》；绍属会稽杜氏大吉楼藏《石匮书》、李氏困学楼藏《手校本宋书》、余姚卢氏抱经楼藏《切近编》及自写《矶渔诗稿》、萧山陆氏三间草堂藏《契丹国志》、上虞王氏天香楼藏《上虞志增补》；台属临海洪氏小停云山馆藏《倦舫碑目》、葛氏忆绿荫室藏《抱朴子内外编》、李氏钟秀盦藏《片羽仅存集》、江氏培桂轩藏《周易解》、黄岩王氏诵芬堂藏《周易参变》《作室解》、杨氏崇雅堂藏《过校归方评点本史记》、温岭林氏凌沧阁藏《知我轩近说》等。䇿较计之，当尚有数十家，今姑附识于此，不复一一互见，以累篇幅云。编者谨记。

（二）藏家簿录

浙江采集遗书总录十一卷　六册　乾隆卅九年刊

（清）平湖沈初等编。浙馆藏。

初字景初，号云椒，乾隆二十八年癸未榜眼，授编修，累官户部尚书，卒谥文恪。四库馆初开，征书天下，浙江在杭州太平坊设采访遗书局，初以在籍侍讲受聘为总裁。局务结束，乃编为是录，而后一代征书之掌故，得有所稽考，以视当时其他各省之有书无录，致后世有杞宋无征之叹者，文恪之功为不细矣。案文恪后亦曾任四库馆副总裁。

是录共收书四千五百二十三种，五万六千九百五十五卷，内不分卷者，二千九十二册，后采入《四库》者，仅七百卅二种，《存目》一千五百零五种，从可见当时寓禁于征之烈矣。

文澜阁嘉庆书目　五册　旧写本

不著编辑人。浙馆藏。

此为嘉庆间旧目。每册首有宁绍分司满汉合璧关防。原封面题“钦颁文澜阁《四库全书》□部书目清册”及“杭所承办商人吴恒聚造送”。底封面题“嘉庆二十五年十二月□日，杭所承办商人吴恒聚协同司事某等敬造”。每目下多标完缺或有无提要，于某年禀明有案字样，盖此为当年主管官查核阁书之档册，至有裨于阁史之参稽者也。

又一部　五册　旧写本

不著编辑人。浙馆藏。

是为民国二十五年，本馆新从绍兴傅氏长恩阁后人购得者，内容视上一种颇有异同。封面及各页骑缝均盖“两浙江南都转盐运使司之印”满汉合璧关防。虽无年月可稽，然以理度之，似当较上一种为稍早。

壬子文澜阁所存书目四卷补一卷

民国十二年浙江公立图书馆补刻本

归安钱恂编。浙馆藏。

此为阁经洪、杨兵燹丁氏补书以后所编之简目。详注旧抄、补抄之卷数，而未著撰人，故本馆正拟重编。末附《补目》一卷，为余杭章箴所编，系因民国四年钱氏向北京文津阁补抄阙卷及陆续购回旧抄，多为前目所未备也。恂字念劬，为本馆首任馆长。箴字仲铭，太炎先生之仲兄，为本馆第三任馆长，并于本馆卓有勋劳者。

杭州藏书楼书目 一册 光绪二十八年刊本

仁和邵章编。浙馆藏。

章字伯䌹，前清光绪廿八年壬辰进士。久侨北平，杭州藏书楼即清季先生在故里提倡新学时所促成者。

浙江藏书楼甲编书目一卷乙编书目一卷

三册 光绪二十三年铅印本

钱塘杨复编。浙馆藏。

复字见心，即丰华堂主人也。其旧藏明刊《皇明从信录》已收，现年七十一。此为其清季掌理藏书楼时所编，亦即本馆最早之书目也。

好古堂书目附收藏宋元版书目四卷 一册 抄本

(清)仁和姚际恒编。江苏国学图书馆藏。

互见前抄本项。

好古堂家藏书画记二卷续记一卷

《读画斋丛书》本　《美术丛书》本

(清)仁和姚际恒编。浙馆藏。

振绮堂书录　六册　稿本

(清)仁和朱文藻著。杭县叶揆初藏。

见上稿本项。

藏书题识二卷　陈列一册　稿本

(清)钱塘汪璐著。杭县叶揆初藏。

互见上稿本项。此汪氏本《书录》而作,原五卷,兹残存二卷,系汪氏后人得自钱塘丁氏者。

振绮堂书目五卷　二册　排印本

(清)钱塘汪诚编。浙馆藏。

诚字十村,璐子,官刑部主事。《振绮堂藏书目》,此最为详括。

竹崦盦传抄书目一卷　一册　《观古堂书目丛刻》本

(清)仁和赵魏编。浙馆藏。

魏有《碑录》手稿,已著录。

竹崦盦金石目录四卷　五册　宣统元年刻本

(清)仁和赵魏编。浙馆藏。

小蓬莱阁金石文字　五册　宜都杨氏翻刻嘉庆五年本

(清)钱塘黄易著。浙馆藏。

易字小松,号秋盦,乾嘉间人,官济宁同知,精金石书画,名满海内。小蓬莱阁中收藏亦甚富。

清吟阁书目四卷　一册　民国三年印本

（清）仁和瞿世瑛编。浙馆藏。

世瑛字良玉，号颖山，喜藏书。清吟阁中，凡藏名人抄本七百九十二种，批校抄本四百七十五种，影抄宋元本三十种，多秘笈异本。此外古今旧籍亦富。庚申洪、杨陷杭，书均化去矣。

结一庐宋元本书目　一册　《观古堂书目丛刻》本

（清）仁和朱学勤编。浙馆藏。

学勤藏有明刊《古今律历考》《风雅翼》等，已著录。

结一庐书目四卷　二册　《观古堂书目丛刻》本　《晨风阁丛书》本

（清）仁和朱澂编。浙馆藏。

澂字子清，伯修子。

续语堂碑录不分卷　十一册　光绪九年刻本

（清）仁和魏锡曾辑。浙馆藏。

锡曾字稼孙，有手校《苍润轩碑跋》，已著录。

玉雨堂书画记四卷　□册　《美术丛书》本

（清）仁和韩泰华著。浙馆藏。

泰华字小亭，文绮孙。由兵部郎历官陕西粮储道。公余搜访金石，忘其为风尘吏也。又访求元名家文，十余年中得百数十家，半系传抄《四库》所无或元刊尚存者，为《元文选》，以十家为一集。道光庚戌，首集甫成，即毁于燹云。

善本书室藏书志四十卷附录一卷

十六册 光绪二十七年刊本

(清)钱塘丁丙编。浙馆藏。

丙有《武林坊巷志稿》等,已著录。

八千卷楼书目二十卷 十册 民二十二年排印本

(清)钱塘丁立中编。浙馆藏。

立中字和甫,松生子,能世其家学,光绪十七年辛卯科举人,著有《禾庐诗稿》及《松生府君年谱》等。

善本书室藏书目 一册 稿本

(清)钱塘丁丙编。丁阶平藏。

用《古今图书集成》稿子写,有"八千卷楼""嘉惠堂"两印。盖《八千卷楼书目》之雏形也。

嘉惠堂新得书目 三册 稿本

(清)钱塘丁丙编。丁阶平藏。

上册记戊子、己丑、庚寅、辛卯四年所得书目;中册记壬辰、癸巳、甲午三年所得书目;下册记乙未、丙申、丁酉、戊戌四年所得书目。卷首各有丁丙手写小引,八千卷楼藏书史之重要档册也。

(附)缪荃孙致欣翁手书 一通 二页

汪蔼庭藏。

缪荃孙字炎之,号筱珊,世称艺风先生,江阴人,光绪丙子进士,授编修。负文名,尝从翁同龢、潘祖荫、张之洞、李文田游,专攻考证、碑板、目录之学,有艺风堂藏书。清季端方督两江时,请购杭州丁氏藏书,倡立江南图书馆。会叶奂彬氏有非议端方将佳书提去之语,缪氏特为此书辩之。观此可知丁书亦有未售与该馆者。

经籍跋文不分卷　二册　稿本

(清)海宁陈鳣著。杭县叶揆初藏。

互见前稿本项。内多其藏书题跋。案是书有《式训堂丛书》《校经山房丛书》本及《涉闻梓旧》本,浙馆均有之。

拜经楼藏书题跋记六卷

《拜经楼丛书》本　《别下斋丛书》本　《式训堂丛书》本

(清)海昌吴寿旸著。浙馆藏。

寿旸字虞臣,楼主骞子也。以父授以宋刊《东坡先生集》,因自号苏阁。此其手编,尚仅限于家藏书之有题跋者云。

东湖杂记六卷　《云自在龛丛书》本

(清)海宁蒋光煦著。浙馆藏。

此蒋氏收藏题跋。光煦字日甫,一字爱笋,号生沐,自号放庵居士,喜收藏,积书十万卷。其旧藏《初学记》已著录。

别下斋书画录四卷　四册　同治四年排印本

(清)海宁蒋光煦编。浙馆藏。

此系同邑管庭芬所重编。

寅舫藏书目　一册　抄本

(清)海宁蒋光焴编。浙馆藏。

光焴字寅舫,光煦弟,亦好藏书,造次必以古籍自随,著有《敬斋杂诗小说》一卷。

朱珩庐旧藏抄本书目　一册　抄本

海宁费寅编。浙馆藏。

此为海宁朱昌燕藏书目。昌燕有所藏《卢忠肃彭节愍家书合抄》，已著录。寅字景韩，光绪举人，曾任本馆编纂，精鉴赏，其藏书均已散出。

又一部　民国十八年铅印《朱珩庐遗稿》本

浙馆藏。

静惕堂宋元人集书目　一册　《观古堂书目丛刻》本　《古学汇刊》本

（清）秀水曹溶编。浙馆藏。

溶有《崇祯五十宰相传》旧抄本，已著录。生平好收宋元人诗文集，宋人自柳开《河东集》以下，凡一百八十家，元人自耶律楚材《湛然集》以下，凡一百十五家，此其汇目也。

倦圃流通古书约　《知不足斋丛书》本　《榆园丛刻》本　《娱园丛刻》本　《藕香零拾》本

（清）秀水曹溶编。浙馆藏。

此编法良意美，足为后世私家藏书楷模。

潜采堂宋元人集目录　一册　《观古堂书目丛刻》本　《古学汇刊》本

（清）秀水朱彝尊编。浙馆藏。

彝尊有《经义考》手稿等，已著录。

潜采堂书目　一册　《晨风阁丛书》本

（清）秀水朱彝尊编。浙馆藏。

曝书杂记三卷 甘泉乡人稿本 《式训堂丛书》本 《校经山房丛书》本 《别下斋丛书》本

(清)嘉兴钱泰吉著。浙馆藏。

泰吉有《史记校勘记》,已著录。此其藏书题记。

观妙斋藏金石文考略十六卷 六册 雍正七年刻

(清)嘉兴李光暎著。浙馆藏。

光暎字子中,家富收藏,搜罗金石文字不遗余力。传子奇昌,孙崇基,俱长铁笔。

清仪阁所藏古器物文十卷 十册 民十四年涵芬楼石印本

(清)嘉兴张廷济著。浙馆藏。

廷济有传抄稿《清仪阁诗抄》,已著录。

清仪阁藏器目一卷 《灵鹣阁丛书》本

(清)嘉兴张廷济编。浙馆藏。

文瑞楼藏书目录十二卷 《读画斋丛书》本

(清)桐乡金檩编。浙馆藏。

此桐邑金檀藏书目。檀字星轺,诸生,自幼嗜古,好蓄异书,遇善本,虽重价不吝,或假归手抄,筑文瑞楼以贮之,所刻书亦以精善称。

江村书画目一卷 一册 东方学会铅印本

(清)平湖高士奇编。浙馆藏。

士奇字澹人,号江村,官至礼部侍郎,卒谥文恪。士奇供奉内廷颇久,工书画,精鉴赏。

爱日吟庐书画录四卷补录二卷续录八卷别录四卷

六册　排印本

(清)平湖葛金烺编。浙馆藏。

金烺字景亮,号毓山,光绪癸未进士,官刑部郎中。少有才名,博通经史,藏书数万卷,传璞堂之珍庋,至今尚为令裔世守焉。此其收藏书画簿录。

皕宋楼藏书志一百二十卷续志四卷

三十二册　光绪八年十万卷楼刊本

(清)归安陆心源编。浙馆藏。

心源有《手写三余集》,已著录。

陆氏守先阁捐助书目　一册　铅印本

吴兴图书馆编。浙馆藏。

此皕宋楼廛存之书,未流入海外而捐藏公家者。

陆心源遵捐国子监书清单　一册　抄本

嘉业楼藏。

此系宁海章梫自实录馆抄出,末有章氏跋曰:"右书目一百四十余种,光绪十四年五月十五,浙学政瞿鸿禨奉呈发交国子监收藏者。庚子之乱,监中书籍,盗窃殆尽,无复知有陆氏捐助之书矣。前年予在实录馆移取军机处档案,此目及原折在焉,因录以归。今来上海,晤南浔刘子翰怡,多蓄宋元明以来故书,并购得陆氏捐助入监精抄本二种,陆故君同郡乡先生之讲求藏书者,遂转录进书原目付之,亦湖州掌故之一助云。癸丑秋,宁海章梫记。"

千甓亭古专图释二十卷 十册 光绪十七年石印本

(清)归安陆心源辑。浙馆藏。

千甓亭专录四卷续录四卷 一册 光绪七年刊本

(清)归安陆心源辑。浙馆藏。

凌氏鸿术堂捐助书目 一册 铅印本

吴兴图书馆编。浙馆藏。

此吴兴凌绂曾氏藏书,捐赠该馆者。

两罍轩彝器图释十二卷 八册 同治十一年刊

(清)归安吴云著。浙馆藏。

按此即咸丰六年吴让之所刻《二百兰亭斋收藏金石记》,后删去石刻五种,增订为此书。云字平斋,有《两罍轩校汉碑录》及《尺牍》稿本,已著录。

两罍轩藏器目一卷 《灵鹣阁丛书》本

(清)归安吴云编。浙馆藏。

梅花草盦藏器目一卷 《灵鹣阁丛书》本

(清)归安丁彦臣编。浙馆藏。

彦臣字筱农,官至山东督粮道。

求古精舍金石图四卷 四册 嘉庆十八年刻本

(清)乌程陈经著。浙馆藏。

经有《陈辛畬日记》稿本,已著录。

虚斋名画录十六卷续录四卷 八册 宣统己酉年刊

乌程庞元济编。民国甲子刊《续录》。浙馆藏。

元济字莱臣，号虚斋，雄于资而好书画，故收藏颇富。

梦坡室获古丛编十二卷 十二册 民十六年石印本

乌程周庆云编。浙馆藏。

庆云有《浔溪词征》等，已著录。

适园藏书志十六卷 六册 民国五年刊

吴兴张钧衡编。浙馆藏。

钧衡字石铭，南浔人，喜收藏，插架之富，几埒刘氏嘉业楼。近年珍蓄虽多已散出，然为令裔所守者，尚不少书林之瑰物，如本届张芹伯君所应征陈列之《甲乙集》及朱竹垞《手定词稿》之类，即其例也。所辑刊《适园丛书》，其全部版片，兹已由芹伯君慨赠本馆印售，藉广流传，尤见张氏堂构之美而流泽之弘焉。

鉴止水斋藏书目四卷 一册 排印本

（清）德清许宗彦编。浙馆藏。

宗彦字积卿，号周生，嘉庆己未进士，授兵部车骑司主事。好藏书，鉴止水斋中，插架累累，观此目可见。久侨杭城，马市街旧寓尚可过访，其斋额则为瑞安林大同所得。林君且以移颜其居，盖林君生前固学宗其乡先哲陈止斋傅良、叶水心适之学者云。

直斋书录解题二十二卷 十二册 文澜阁《四库全书》本

（宋）安吉陈振孙著。浙馆藏。

振孙字伯玉，直斋其号也。尝分教鄞学，宰南城，倅莆田，积仕至侍郎。所至喜聚书，收藏至五万一千一百八十余卷。此即其自撰题记也。通行本有《聚珍版丛书》及江苏书局本，浙馆并有之。

诒庄楼书目八卷　四册　排印本

长兴王修编。浙馆藏。

长兴王季欢先生修曩尝宦游燕京，公暇辄偕其夫人搜书以为乐，所得珍椠奇籍殊多，朝鲜刻本所蓄尤富。丁卯南归，卜居武林，迭遭灾变，藏弆多失，念书之聚散靡恒，遂以其残存举而寄存浙江图书馆，盖视此目所载，已不逮十之五六矣。其遗著《长兴先哲遗著征》等，已著录。

天一阁书目十卷碑目一卷　九册　嘉庆十三年阮氏文选楼刊本

（清）鄞县范光甸编。《碑目》，范懋敏编。浙馆藏。

此为阮文达公督学浙江登阁观书后，属范氏后人编辑者。

天一阁见存书目四卷　四册　光绪十五年刻本

（清）武进薛福成编。浙馆藏。

此为薛叔耘官宁绍台道时所编。兵燹以后，阁藏已视阮录时大不侔矣。

天一阁书目十二卷　四册　抄本

（清）诸城刘喜海编。青岛张镜夫藏。

此目纂辑在阮、薛二目之间，与二目多有异同，且足补薛目之阙。系刘喜海服官浙中时，登阁观书所辑成者。青岛张镜夫得刘氏原稿，手录之。本馆商承张氏同意，会后并录副一份矣。

重编宁波范氏天一阁图书目录　一册　民十九年印本

中山杨铁夫编。浙馆藏。

此为杨氏宦鄞时所刊。阁藏经宵小巧偷潜夺以还，视刘、薛诸目，尤有每况愈下之感。

抱经楼藏书志六十四卷　二十册　民十三年排印本

（清）慈溪沈德寿编。浙馆藏。

德寿字药庵，少即嗜书，及观陆氏皕宋楼后，益殚力征存，先后所得凡三万五千余卷，并仿陆氏《藏书志》例纂为斯目。

约园善本藏书志　二册　稿本

鄞张寿镛辑。约园藏。

鄞张咏霓先生富藏书，总近十万卷，善本以明刻及乡贤遗著为多。此目尚系五年前所编，近得者尚未列入也。所编刊《四明丛书》，已见前《郡邑丛书表》，有功于四明之文献者尤巨。

醉经阁书目　一册　传抄本

（清）慈溪冯云濠编。浙馆藏。

云濠有《宋元学案补遗》稿本，已著录。

澹生堂书目十四卷　绍兴《先正遗书》本

（明）山阴祁承爜编。浙馆藏。

承爜仕履已具前《宋西事案》条。此其家藏书目，考明以前著作者无能起置焉。

澹生堂藏书集训略　一册　抄本

（明）山阴祁承爜编。浙馆藏。

澹生堂藏书约　山阴沈氏鸣野山房抄本

朱别宥藏。

又[一部] 《知不足斋丛书》本 《藕香零拾》本

浙馆藏。

弈庆藏书楼书目 一册 抄本

(清)山阴祁理孙辑。北平圕藏。

理孙字弈庆,承㸁孙,能守楹书,兼工绘事。

越缦堂书目 一册 传抄本

浙馆藏。

越缦堂为清会稽李慈铭斋名。慈铭字莼客,有《越中先贤祠栗主目次》等,已著录。生平博学精思,一时罕两,收藏颇富,身后多散,大部归国立北平图书馆。此不知何人编,亦未悉其究为全目否也。

华延年室题跋不分卷 二册 排印本

(清)山阴傅以礼著。浙馆藏。

互见前稿本项。

书抄阁行箧书目 一册 抄本

(清)山阴周星诒编。浙馆藏。

星诒事实已具前《窳櫎诗质》条。

古越藏书楼书目二十卷 八册 光绪三十年石印本

(清)会稽徐树兰编。浙馆藏。

树兰字仲凡,候选知府。生平好义举,曾捐建绍兴府中学堂及此楼,并编是目以供众览。南通张謇为作《藏书楼记》。

环碧山房书目 一册 抄本

(清)萧山汪辉祖编。浙馆藏。

辉祖有手写《龙庄先生诗稿》,已著录。

倦舫碑目附续碑目 一册 传抄本

(清)临海洪颐煊编。浙馆藏。

互见前稿本项。

小停云山馆金石目录一卷 抄本

(清)临海洪瞻墉编。项士元藏。

小停云山馆金石书画过眼录 《文澜学报》二卷第一期抽印本

项士元著。

金氏鸿远楼所藏台州书目四卷 二册 民国三年活字本

太平金嗣献编。浙馆藏。

嗣献字剑民,号谔轩,又号鹤仙。少禀父教,留心乡邦文献,鸿远楼中,缥缃充牣。惜民国庚寅年,不戒于火,楼藏悉烬焉。其编刊《赤城遗书》已著录。

寒石草堂所藏台州书目 一册 《浙江图书馆馆刊》单行本

临海项士元编。浙馆藏。

著录共七百十五种,除通行本外,有明刊二十余种,明抄一种,稿本五十一种,精写本十种,较金氏鸿远楼已后来居上。原目载《浙江图书馆馆刊》四卷第一期。

退补斋书目四卷　一册　抄本

吴乃应编。浙馆藏。

此永康胡凤丹氏藏书。凤丹字月樵，官至湖北道员，致仕后，设退补斋书局于杭州，所刻精审称善本。其编刻《金华丛书》已著录。

梦选楼所藏金华书目　一册　《浙江图书馆馆刊》单行本

永康胡宗楙编。浙馆藏。

宗楙字季樵，光绪举人，少禀其父月樵先生之教，亦好网罗乡献，《续金华丛书》之刊刻，亦竟其先人未完之志者。丛书书版既已于昔岁捐赠浙馆，此为前岁编寄本馆馆刊四卷第六期印布者。全目共四百十一种，中有元刊一，明刊四十余种，明抄八，影宋抄一，影元二，日本刻二，旧抄十二，《四库》录副本十一种。

二铭草堂金石聚十六卷　八册　同治十二年钩刻本

（清）西安张德容编。浙馆藏。

德容字松坪，咸丰癸丑进士，官岳州知府。酷好碑版，精于鉴别。殁后，所藏都为西安县丞元和杨宝镛所得，杨氏所聚，近亦散尽矣。

乐清陈氏芸香精舍书目　二册　抄本

（清）乐清陈瑮编。温州籀园图书馆藏。

瑮字熙暤，号璜生，晚号勿庵老人，咸丰戊午岁贡，著有《闻妙香斋吟草》，又补辑《白石山志》，芸香精舍为其晚年藏书读书之处，自作藏书记，述其收藏经过甚详。此目亦系自编，计经部一百三十一种，一千四百四十五卷；史部百种，四千一百八十三卷；子部一百六十二种，二千四百十九卷；集部一百九十八种，四千二百九十五卷，都凡五百九十一种，一万二千三百六十一卷。

玉海楼藏温州乡先哲遗书目录 一册 《浙江图书馆馆刊》单行本

瑞安孙延钊编。浙馆藏。

此孙君将其祖琴西太仆、父仲容征君两世所收温州文籍，类次成目。凡明刊本三十二，明写本二，稿本十，传抄本一，抄本二百有十，日本刊本一，都四百六十二种。其中有经太仆、征君先后批校者，尤足贵也。原目载《浙江图书馆馆刊》四卷二期，孙君另有《玉海楼藏书总目》及《善本藏书志》各若干卷，在编写中。

瑞安黄氏蔘绥阁藏书目 《图书馆学季刊》本

瑞安陈准编。浙馆藏。

目分四卷。卷一经部，计二百〇一部；卷二史部，计三百三十四部；卷三子部，计二百九十部并丛书；卷四集部，计二百七十六部，都一千一百零一部。原目曾于民国十九年六月发表于中华图书馆协会所印《图书馆学季刊》第四卷第二期。现在阁中藏书，其善本由黄氏后人移庋沪上，所余普通本，悉捐归温州籀园图书馆。该馆为设龛奉祀，以志不忘云。

东海藏书楼书目 四册 民九铅印本

青田徐则恂编。浙馆藏。

则恂字允中，任浙省水警厅长有年，好聚书，近已散出。

附征书约二种

台州访书约 一册 光绪八年刻本

（清）黄岩杨晨著。温州籀园圕藏。

晨字定夫，有校本《归方评点史记》，已著录。从清光绪八年，先生征访台州乡哲遗书目及其条约，先将库目录出，及《四库存目》与未收者，一一搜求，并征私家藏稿，盖其时先生以翰林院编修充国史馆协修，而国史馆方续纂儒林、文苑列传，拟此以备采择也。

征访温州遗书约 一册 光绪四年刊本

（清）瑞安孙诒让著。温州籀园圕书。

此清光绪三四年间，孙先生征访温州先哲遗书约。其时先生纂《温州经籍志》甫脱稿，自虑摭采未宏，特刊布此约，以广征求云。

（三）藏家史籍

文澜阁志二卷附录一卷　二册　光绪九年丁氏嘉惠堂刊

（清）余姚孙树礼、仁和孙峻同编。浙馆藏。

树礼字和叔，清光绪举人，清季曾任文澜阁董事，民国二十六年卒，寿九十一。峻字康侯，有《仁和县志稿》等，已著录。此为乱后，丁氏兴复文澜阁后，属两先生编辑者。书成，丁氏即梓入《武林掌故丛编》中。而康侯后亦为阁董，至阁书并归浙江图书馆为止焉。

武林藏书录五卷　二册　丁氏家刊本

（清）钱塘丁申编。浙馆藏。

申字竹舟，有与弟丙合编之《清朝杭郡诗三辑》，已著录。

吴兴藏书录不分卷　一册　范声山杂著本

（清）乌程范锴编。浙馆藏。

锴字声山，号白舫，清乌程例贡生，有隽才，工诗词，好远游。留心掌故，其《声山杂著》皆关乡邦文献也。

天一阁藏书考　一册　民廿一年金陵大学印本

余姚陈登元著。浙馆藏。

登元字伯瀛，东南大学毕业，著有《邵二云年谱》《古今典籍聚散考》《中国文化史》《中国田制史》等。是书于天一藏书之渊源及规制，纪述颇详。

附单篇文字集目

《天一阁藏书记》,黄宗羲,《南雷文案》卷二。

《天一阁藏书记》,全祖望,《鲒埼亭集外编》卷十七。

《书天一阁事》,冯登府,《石经阁文集》卷八。

《天一阁始末记》,缪荃孙,《艺风堂文漫存》卷三。

《存心堂藏书序》,毛奇龄,《西河合集》卷二十四。

《陶子清图书序》,邵廷采,《思复堂文集》卷六。

《重修曝书亭记》,许宗彦,《鉴止水斋集》卷二十。

《重建曝书亭记》,洪颐煊,《筠轩文抄》卷二。

《重修曝书亭记》,冯登府,《石经阁文集》卷三。

《二老阁藏书记》,全祖望,《鲒埼亭集外编》卷十七。

《胡梅磵藏书窖记》,全祖望,《鲒埼亭集外编》卷十八。

《小山堂藏书记》,全祖望,《鲒埼亭集外编》卷十七。

《小山堂祁氏遗书记》,全祖望,《鲒埼亭集外编》卷十七。

《双韭山房藏书记》,全祖望,《鲒埼亭集外编》卷十七。

《旷亭记》,全祖望,《鲒埼亭集外编》卷二十。

《重书旷亭记》,赵一清,《东潜文稿》卷上。

《欣托斋藏书记》,杭世骏,《道古堂文集》卷十八。

《抱经楼记》,钱大昕,《潜研堂文集》卷二十一。

《杭州灵隐书藏记》,阮元,《揅经室三集》卷二。

《鉴止水斋记》,许宗彦,《鉴止水斋集》卷十四。

《秀水计氏泽存楼藏书记》,张鉴,《冬青馆甲集》卷四。

《泽存楼藏书后记》,张鉴,《冬青馆乙集》卷四。

《玉海楼藏书记》,孙衣言,《逊学斋文续抄》卷三。

《玉海楼旁新作小斋记》,孙衣言,《逊学斋文续抄》卷三。

《丰华堂藏书记》,吴昌绶,《松邻遗集》卷四。

《传书堂记》,王国维,《观堂集林》卷二十三。

《库书楼记》，王国维，《观堂集林》卷廿三。

《散书记》，袁枚，《小仓山房文集》卷廿九。

《散书后记》，袁枚，《小仓山房文集》卷廿九。

《花雨楼读书记》，张寿荣，《舫庐文存》卷三。

《两浙藏书家史略》，辰伯，《清华周刊》卅七卷九、十合期。

《答瞿子久问两浙藏书家》，陆树藩，《图书馆学季刊》一卷三号。

《浙江藏书家考略》，项士元，《文澜学报》三卷第一期。

《温州藏书家考》，孙延钊，《籀园图书馆年刊》第一期。

《丁氏抄补文澜阁〈四库全书〉缺简追记》，张寨骞，《浙江图书馆月刊》一卷二期。

《补抄文澜阁〈四库〉书记》，张宗祥，《文字同盟》第五期。

《文澜阁〈四库全书〉史稿》，张崟，《文澜学报》第一集本。

《西湖文澜阁规制征故》，张崟，《浙江图书馆馆刊》三卷第二期。

《丁氏兴复文澜阁书记》，陈训慈，《浙江图书馆月刊》一卷七、八两期合刊。

《天一阁考略》，编者，《学风》五卷第一期。

《天一阁之现状》，钱南扬，《北平图书馆馆刊》五卷一号。

《重整范氏天一阁藏书记略》，赵万里，《国立北平图书馆馆刊》八卷第一号。

《秋籁阁之残影》，项士元，《浙江图书馆馆刊》四卷第六期。

《嘉惠堂藏书之回顾》，张崟，《浙江图书馆馆刊》一卷七、八期合刊。

《皕宋楼藏书渊源考并购获本末》，岛田彦桢，《国粹学报》四卷七号。

《嘉业藏书楼记》，刘承幹，《图书馆学季刊》一卷三号。

《吴兴刘氏嘉业堂藏书记略》，黄孝纾，《青鹤》二卷第十二、十四、十六、廿二期，又三卷三、四期。

《南浔刘氏嘉业堂观书记》，张崟，《浙江图书馆馆刊》四卷第三期。

《求恕斋善本瞥记》，夏定域，《浙江图书馆馆刊》四卷第三期。

Nancy Lee Swann,"Seven Intimate Library Owners", in Harvard Journal of Asiatic Studies, Vol. l. No. 34.

《中国藏书家考略》,杨立诚、金步瀛,民国十八年浙江省立图书馆印。

《中国藏书家考略之补充与改正》,金天游,《浙江图书馆馆刊》二卷二期。

《宋代私家藏书概略》,袁同礼,《图书馆学季刊》二卷二号。

《明代私家藏书概略》,袁同礼,《图书馆学季刊》二卷一号。

《清代私家藏书概略》,袁同礼,《图书馆学季刊》一卷一号。

《清代藏书家考》,洪有丰,《图书馆学季刊》一卷一号至四号二卷一号。

《藏书记事诗》,七卷,六册,清长洲叶昌炽著,家刻本,较《灵鹣阁丛书》所收六卷本为佳。

《续藏书记事诗》,近人广东伦明著,载《正风月刊》第二十、二十一、二十四等期。又庐江刘声木亦有此作,见《直介堂丛刻目》,未刊行。

《藏书绝句》三十二首,湖北王葆心著,载《文史》杂志第二、三、五期。案蟫隐庐有石印本,伪充杨守敬著,见本馆馆刊三卷第三期书报提要。

右四书五文,系一部分述及浙省藏书文献,故均低一格系之于末。

（四）藏家遗像及其他

孙景高先生遗像摄影　一帧

浙馆藏。

仰曾，宗濂子，字虚白，号景高，清贡生，候选盐运司运同，胚胎家学，酷喜藏书，事实已略具前寿松堂藏《名臣碑传琬琰之集》条。此像原轴，现尚存孙氏后人君牧家。

丁礼林先生遗像　一轴

八千卷楼丁氏藏。

此为清钱塘八千卷楼主人丁竹舟申先生遗像，山阴王云所绩。行实已具前《清杭郡诗三辑》条。

松梦寮主人著书图　一轴

八千卷楼丁氏藏。

此丁竹舟先生胞弟松生丙先生遗像，亦王云绘。

文澜补书图一卷

八千卷楼丁氏藏。

此丁氏抄补文澜阁《四库全书》后所绘之纪念图。图出樊熙手笔，广西陈璠题端。光绪七年十月六日覆谭钟麟修复文澜阁奏请颁题扁额之上谕、谭氏原折、丁午之购补文澜遗书议及文澜补书记等并附焉。

文澜归书图一卷

同上家藏。

书库抱残图共三卷

同上家藏。

右均丁氏兴复西湖文澜阁之纪念图卷。每图均有各家题端及题咏，详见《文澜阁志·附录》，不备纪。其摄影已具本馆馆刊一卷第七、八期合刊，可以参看。

八千卷楼摄影 善本书室摄影　各一帧

浙馆藏。

丁氏八千卷楼有三：储《四库》著录书者，在前进，曰八千卷楼，其下嘉惠堂在焉。储《四库存目》及《未收书》曰后八千卷楼，在后进，上下并五楹，其后偏西，另有楼房三楹，上曰小八千卷楼，下曰善本书室，中藏宋元刊本约二百余种，其明代精椠、先贤稿本及旧抄名校之本都二千余种附焉。盖丁书之菁英悉萃于是云。

嘉惠堂额　一幅

同上家藏。

丁氏兴复文澜阁后，浙抚谭钟麟为奏请颁书匾额，得覆谕中有“洵足嘉惠艺林”之语，丁氏因即取以名其堂，此即其题榜底本也。

后八千卷楼额　一幅

同上家藏。

此后八千卷楼之榜书。

灵隐书藏记一卷

浙江省立西湖博物馆藏。

清嘉庆间，仪征阮文达公抚浙时，于西湖灵隐寺建灵隐书藏，以贮图籍，并自为记，倩翁覃溪方纲书之。洪、杨之乱，湖上梵刹亦罹浩劫，灵隐之储籍与镇江之焦山书藏，先后俱散。此记真迹及藏印，不知何时流入京华，以民国十八年为杭郡邵伯絅先生所见，乃亟出资收购以遗西湖博物馆，较之焦山书藏之渺无遗迹者，为差胜矣。案灵隐书藏书均盖有藏记，此项书闻温州方面尚有收得者云。

灵隐书藏印(木质)　一颗

同上馆藏。

蒋生沐先生遗像　一张

蒋复璁藏。

先生讳光煦，字日甫，生沐其号也。事实已具前藏书文献别下斋藏《初学记》条。

涉园图卷一卷

张菊生藏。

此查昉为海盐张螺浮先生所作。涉园，螺浮之藏书处，事已略具前校本《负暄野录》条。

华阳经阁图　一幅

崇德李印谭藏。

华阳经阁为崇德邑庙主持杏苑道人藏经之所。杏苑善画兰，颇负时誉。道光间吴江沈雒为之图像，尚有石刻华阳经阁碑记行世。

陆存斋先生遗像摄影　一帧

浙馆藏。

先生讳心源，字刚甫，存斋其号也，仕履已略具前手抄《三余集》条。旧以皕宋楼驰名宇内，实则其中尚有元或明覆宋刊在，而析一书为数种，如《百川学海》及《玉海》附刻十三种之类以充数者亦有之，故号称宋本二百种，核其实则不过百许部而已。藏书处名于世有三：皕宋楼藏宋版，十万卷楼藏明后秘刻及名人抄校近儒著述之类。两楼实仅一楼析成，非有别筑。守先阁则在潜园，藏抄本及明以后刻本之类，均钤有守先阁奏记图章。其书已于清光绪卅一年四月，以十万圆之代价，全部贩归日本岩崎氏之静嘉堂文库。东邦所守汉籍，向乏史集两部，至此顿有暴富之喜，至以为于国有光，足偿杨惺吾访书之失云。民国二十五年五月，本馆同仁访书南涛，道出吴兴，过弔潜园遗址，因商承主人同意，摄得存斋遗照及皕宋楼潜园等影片，以备藏书家掌故焉。

吴兴陆氏皕宋楼及潜园照片 各一帧

浙馆藏。

范东明司马像 一轴

鄞县范氏天一阁藏。

先生字尧卿，号东明，有《天一阁集》，已著录。阁藏琳琅满架，兼又规制美备，用能历禩五百，子孙克守，迄今犹巍然为书林之鲁殿灵光，蔚为本省文献之特色。阁制，常年书楼严扃，非各房子孙齐至，例不启镭。本会得鄞县文献委员会及范族之助，乃得借到珍藏陈列。闻阁藏五百年来，除乾隆修《四库》时进书外，此盖为第二次云。公之手迹，本会陈列有手卷一轴，现藏于萧山朱氏别宥斋。

范汉衡先生遗像 一幅

鄞县天一阁藏。

先生讳懋柱，字汉衡，尧卿七世孙，清诸生。乾隆开四库馆，征书海内，先生以家藏旧籍六百余种进焉。

小停云山馆图 一轴

项士元藏。

小停云山馆为清临海洪筠轩颐煊之藏书处，冯登府尝为之记。洪、杨之乱，馆毁，藏书数万卷悉烬。惟拓本及法书名画以另室庋藏得免，今多归同里项君士元许。此图为嘉庆庚午年，台州陈受笙均画，有宋翔凤、仪克中、王衍梅、吴崇梁、胡森、黄弥本、姜安等题咏，藏书家一重要掌故也。其收藏金石字画，有目录，已见前收藏目录中。

岁暮归书图 一轴

寿松堂孙氏藏。

此为清仁和孙氏寿松堂劫后收回宋刊《名臣碑传琬琰之集》以后之纪念图，仁和陈豪绘图，丁修甫、俞曲园、吴敬疆、丁松生以迄近人海宁张宗祥等题咏。

孙琴西先生画像 一轴

瑞安文献委员会藏。

琴西先生讳衣言，为玉海楼主人，所著《郡志选举考正》等稿本、所辑《永嘉古文辞略》等及所校《汲古阁史记》等，并已著于录。官侍讲日，又曾预修《宣宗实录》。所著又有《瓯海轶闻》五十八卷，家刻未竣，现方由永嘉区征集乡哲遗著委员会补雕，即将完蒇云。又著有《逊学斋诗文抄》三十七卷。光绪二十年卒，寿八十。文孙延钊撰有《年谱》十卷，待梓。

逊学斋篆额 一幅

瑞安孙氏玉海楼藏。

此孙琴西先生书室之额。同治二年癸亥，独山莫郘亭先生友芝所题。时琴西先生权安徽庐凤颍兵备道，郘亭先生亦客曾文正公幕也。

百晋精庐篆额 百晋陶斋隶额　各一幅

孙氏玉海楼藏。

瑞安孙仲容先生搜罗温州晋宋以来古砖逾百种，因自署其居曰百晋精庐。光绪九年入都应礼部试，晤福山王廉生先生懿荣，属为作此，分篆、隶两体。

五凤砖研斋篆额　一幅

瑞安孙氏玉海楼藏。

孙仲容先生尝收得嘉兴姚氏旧藏《汉五凤砖研》，因别署所居曰五凤砖研斋。此额为常熟杨咏春观察沂孙所书，有己卯六十七印章，盖光绪五年作也。砖研原物及拓片，今并由孙氏送会陈列。

经微室篆额　一幅

瑞安孙氏玉海楼藏。

经微室系孙仲容先生读书著述之室。同治十三年甲戌，先生计偕入都，属顺德李若农侍郎文田为题此额。

一盂庵篆额　一幅

瑞安孙氏玉海楼藏。

孙仲容先生因收藏有周要君盂，别署其书室曰一盂庵。俞曲园太史樾为题此额，后系以跋，于“庵”字有所考释。末署丙申，则光绪二十二年太史七十六岁所作也。周要君盂并已由孙氏检送陈列。

颐园春宴图影片　一幅

瑞安孙氏玉海楼藏。

颐园为玉海楼旁小园，孙琴西太仆七十以后所筑，盖取林下颐养之义。时太仆介弟止庵学士亦逾古稀，因作此图，亦所谓集桃李芳园、叙天伦乐事者也。绘图者平阳陈昙。图中一老执杖坐石上者即为太仆，一老扶筇徐步而来者，则学士也。图前有合肥李文忠公鸿章题字并词一阕，后有题咏诗若干首。

玉海楼藏书记影片　一幅

瑞安孙氏玉海楼藏。

玉海楼为孙太仆藏书处。太仆自为之记。后至宣统三年，太仆从子诒泽为追书此幅，以悬于楼上之壁间。诒泽字仲闿，号处震，晚署蕉斋居士，书法汉魏，兼工篆籀，擘窠大字，尤为擅长。

玉海楼木扁影片　一幅

瑞安孙氏玉海楼藏。

光绪十四年戊子，孙太仆筑玉海藏书楼成，属吴县潘文勤公祖荫为题“玉海楼”三字隶额，揭之楣间。文勤并跋云：“琴西世丈以深宁叟名其书者颜其藏书楼，且以公诸乡里后生之能读书者，其用意深厚已。光绪己丑季春，年家子潘祖荫并识。”

黄鲜庵先生画像　一幅

瑞安文献委员会藏。

先生系瑞安蔘绥阁主人，讳绍箕，字仲弢，鲜庵其号也，承其父漱兰侍郎之教，学有家法。光绪庚辰成进士，由翰林院编修累迁至侍读学士，外简湖北提学使。光绪丁未，卒于官，年五十四，著有《鲜庵遗稿》。其蔘绥阁藏书大略，已具前收藏目录项。

附　录

浙江省文献展览会专号总目录[①]

---

① 《浙江省文献展览会专载》,《文澜学报》季刊第二卷第三、四期合刊。

浙江省文献展览会专号上册目录

甲、浙江省郡邑丛书简表

乙、浙江省郡邑总集

刻书文献

一、小引

二、名家刻本

[附]有关浙江省刻书史之文字集目

藏书文献

一、小序

二、插图(嗣出)

甲、范东明父子与天一阁(三帧)

乙、丁松生兄弟与八千卷楼(三帧)

丙、陆存斋及皕宋楼(三帧)

丁、孙景高先生与寿松堂藏本之一斑(三帧)

戊、南林刘氏嘉业藏书楼(四帧)

三、内容

甲、名家藏帙

乙、藏家簿录

丙、藏家史籍

[附]有关浙江藏书史文字集目

丁、藏家遗像及其他

细　目

乡贤遗书

郡邑丛书与总集

刻书文献

藏书文献

《中国近现代稀见史料丛刊》已出书目

第一辑

莫友芝日记
汪荣宝日记
翁曾翰日记
邓华熙日记
贺葆真日记
徐兆玮杂著七种
白雨斋诗话
俞樾函札辑证
清民两代金石书画史
扶桑十旬记(外三种)

第二辑

翁斌孙日记
张佩纶日记
吴兔床日记
赵元成日记(外一种)
1934—1935中缅边界调查日记
十八国游历日记
潘德舆家书与日记(外四种)
翁同爵家书系年考
张祥河奏折
爱日精庐文稿
沈信卿先生文集
联语粹编
近代珍稀集句诗文集

第三辑

孟宪彝日记
潘道根日记
蟫庐日记(外五种)
壬癸避难日志　辛卯年日记
嘉业堂藏书日记抄
吴大澂书信四种
赵尊岳集
贺培新集
珠泉草庐师友录　珠泉草庐文录
校辑民权素诗话廿一种

第四辑

江瀚日记
英韶日记两种
胡嗣瑗日记
王振声日记
黄秉义日记
粟奉之日记
王承传日记
唐烜日记
王锺霖日记(外一种)
翁同龢家书诠释
甲午日本汉诗选录
达亭老人遗稿

第五辑

袁昶日记
吉城日记
有泰日记
额勒和布日记
孟心史日记·吴慈培日记
孙毓汶日记信稿奏折(外一种)
高等考试锁闱日录
东游考察学校记
翁同书手札系年考
辜鸿铭信札辑证
郭则沄自订年谱
庚子事变史料四种(外一种)
《申报》所见晚清书院课题课案汇录
近现代"忆语"汇编

第六辑

江标日记
高心夔日记
何宗逊日记
黄尊三日记
周腾虎日记
沈锡庆日记
潘钟瑞日记
吴云函札辑释
新见近现代名贤尺牍五种
稀见淮安史料四种
杨懋建集
叶恭绰全集
孙凤云集
贺又新张度诗文集
王东培笔记二种